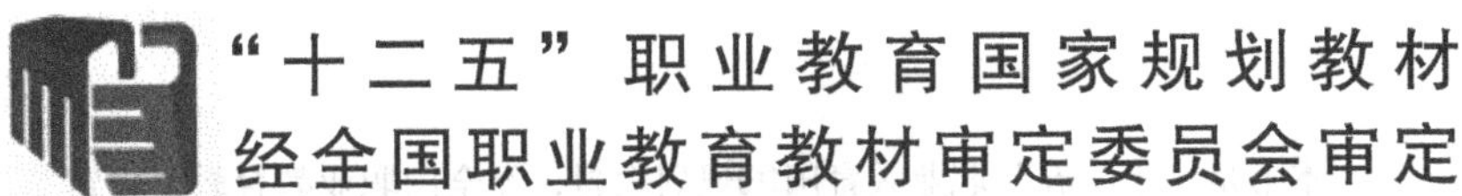

办公设备原理与技能训练

第3版

主 编 吕 汀

副主编 赵 晶

参 编 李贺田 王明清

主 审 安海权

机 械 工 业 出 版 社

本书是“十二五”职业教育国家规划教材，经全国职业教育教材审定委员会审定。本书所对应课程是一门实践性较强的课程。学生通过学习本门课程，可以对常用的办公设备的工作原理及结构有一定的了解，能正确操作打印机、扫描仪、传真机、数码多功能复合机、数码速印机等现代办公设备，懂得如何维护和保养设备，能处理常见的故障。

本书是根据学生的认知规律、培养目标以及岗位要求而编写的；是在新理念的指导下，将基础知识和基本技能结合在一起，在完成规定学习内容的同时，为学生个性化学习和主动探究留出了充分的时间和空间。本书强调了学生充分利用教师给予的以及自己收集的信息，以完成“任务”的实践活动，实现在解决实际问题的过程中获取知识和发展能力的目标。本书努力做到图文并茂、引人入胜，便于学生课前预习和课后思考。

为方便教学，本书配备电子课件等教学资源。凡选用本书作为教材的教师均可登录机械工业出版社教育服务网 www. cmpedu. com 免费下载。如有问题请致信 cmpgaozhi@ sina. com，或致电 010-88379375 联系营销人员。

图书在版编目(CIP)数据

办公设备原理与技能训练/吕汀主编. —3 版. —北京：机械工业出版社，2015. 6（2022. 1 重印）
“十二五”职业教育国家规划教材
ISBN 978 - 7 - 111 - 50079 - 7

Ⅰ. ①办… Ⅱ. ①吕… Ⅲ. ①办公设备 - 高等职业教育 - 教材
Ⅳ. ①C931. 4

中国版本图书馆 CIP 数据核字（2015）第 085739 号

机械工业出版社（北京市百万庄大街 22 号　邮政编码 100037）
策划编辑：刘子峰　　责任编辑：刘子峰
责任校对：刘秀芝　　封面设计：陈　沛
责任印制：郜　敏
北京富资园科技发展有限公司印刷
2022 年 1 月第 3 版第 6 次印刷
184mm × 260mm · 15 印张 · 371 千字
4801—5800 册
标准书号：ISBN 978 - 7 - 111 - 50079 - 7
定价：42. 00 元

电话服务　　网络服务
客服电话：010-88361066　机　工　官　网：www. cmpbook. com
010-88379833　机　工　官　博：weibo. com/cmp1952
010-68326294　金　书　网：www. golden-book. com
封底无防伪标均为盗版　机工教育服务网：www. cmpedu. com

第3版前言

本书所对应课程是一门实践性较强的课程。学生通过学习本门课程，可以对常用的办公设备的工作原理及结构有一定的了解，能正确操作打印机、扫描仪、传真机、数码多功能复合机、数码速印机等现代办公设备，懂得如何维护和保养设备，能处理常见的故障。

本书是根据学生的认知规律、培养目标、岗位要求而编写的；是在新理念的指导下，将基础知识和基本技能结合在一起，在完成规定学习内容的同时，为学生个性化学习和主动探究留出了充分的时间和空间。本书强调了学生充分利用教师给予的信息和自己收集的信息，以完成“任务”的实践活动，实现在解决实际问题的过程中获取知识和发展能力的目标。本书努力做到图文并茂、引人入胜，便于学生课前预习和课后思考，培养学生的学习能力和解决问题的能力。

在使用本书学习时，注意以下几个特点：

1. 教与学本着“实践—理论—实践”原则

本书以任务的形式，安排学生先进行简单实践，包括认识设备外形、结构和操作面板，进行简单的设备操作等，使学生先有一个感性认识；然后再介绍原理和内部结构，从感性认识提高到理性认识；最后，同样以任务的形式让学生再实践，进行较复杂的操作及维护训练。这样做，在第一次实践中遇到的问题可在原理课上找到答案，到再次实践时又起到复习、巩固和提高的作用。

2. 集教、学、练、测于一体

本书中有明确的任务，执行任务中和完成任务后以及该单元结束时的“检测练习”中均有问题和练习让学生解决，学生可不用练习本，把答案就写在书上，成为教材的一个组成部分。这些问题一般在书中是找不到答案的，必须通过学生思考、互相探讨、查找资料和教师辅导才能解决。

3. 教师要起到指导作用

本书不像传统的教材面面俱到，从起因开始一直讲到未来的发展，而是就事论事，必需、够用即可，所以需要教师引导学生学习。书中问题很多，我们强调的重点是学生思考问题的过程，而不是结果。只要学生思考了，提出问题了，就达到了学习目的的一大半，而另一半就需要在教师的引导启发下找到答案。这是本书的一大特点，对教师和教学方法提出了更高的要求。

本书第3版在前两版的基础上，结合办公设备的技术发展及教学实践，修改和增加了部分内容，介绍了一些办公设备新机型。同时对第2版中的疏漏进行了修正。

本书由吕汀担任主编，赵晶担任副主编，参与编写的有李贺田、王明清，安海权任主审。

由于本书是一种对教学改革的探索性尝试，且编者水平有限，第3版也还难免有疏漏和不完善的地方，恳请广大教师和学生批评指正，以利于更好地进行教育教学改革，让学生拥有更好的教材，顺利完成学习任务。

编　者

目　　录

第1单元　概　　述

1.1　现代办公的特点

1. 办公

办公这个词大家都很熟悉，但你能确切地说出办公的含义吗？其实办公是处理集体事物的一类活动，是信息处理的重要组成部分。办公的核心是实现管理，办公室是信息的集散枢纽。办公活动过程就是处理信息流的过程。

你能说出这些信息都包含哪些吗？

社会与科技的发展，已使现代办公明显表现出了信息时代的重要特征：大量信息需要在办公过程中检索、处理、存储和发送发布。现在信息的来源已是多渠道全方位的，其中又以互联网为信息的最重要来源，互联网使用户能够在全球范围内迅速、及时、准确地查询到所关心的信息。面对这样一个快节奏的信息时代，传统的办公方法，即以人工为主的办公方法，已经不能适应现代办公的需要。因此，急需实现办公手段的现代化，也就是人们通常所说的办公自动化。

2. 办公自动化

办公自动化（Office Automation，OA）是指办公活动过程或办公系统中的自动化。其定义为：**应用计算机技术、通信技术、系统科学、管理科学等先进科学技术，不断使人们的一部分办公业务借助于各种办公设备，并由这些办公设备与办公人员构成服务于某种办公目标的人机信息系统**。这个定义告诉我们，现代办公区别于传统办公有两个明显的特征：一是利用先进的科学技术；二是使用现代化的办公设备。这也就意味着，作为现代办公的从业人员，必须适应办公技术和手段的变化，更新传统的办公观念，积极学习和使用现代办公技术和设备，从而达到以最快的速度获取最大量的信息并借此提高工作效率的目的，提高在信息时代和市场经济环境中取胜的概率。

办公自动化系统中有各种机器，如计算机、复印机、速印机、电话机、传真机、网络设备、光盘刻录机等，这些设备统称为硬设备，或称硬件。而各种信息设备中还需要有管理设备的软件，如计算机的操作系统、网络操作系统、文字处理软件、专项工作程序软件等。

3. 移动办公

移动办公也可称为3A办公，即办公人员可在任何时间（Anytime）、任何地点（Anywhere）处理与业务相关的任何事情（Anything）。这种全新的办公模式，可以让办公人员摆脱时间和空间的束缚，单位信息可以随时随地通畅地进行交互流动，工作将更加轻松有效，整体运作更加协调。这样既提高了工作效率、加强了远程协作，又可轻松处理常规办公模式下难以解决的紧急事务。

根据具体应用方式的不同，“移动办公”大致可以分为两种类型。一种需要在掌上终端安装移动信息化客户端软件才能使用，一种则无须装载软件，借助运营商提供的移动化服务就可以直接进行移动化的办公。第一种类型能实现的功能非常强大，对于掌上终端的要求也较高，一般需要以智能手机为终端载体，通过在公司内部部署一台用于手机和计算机网络信息对接的服务器，使得手机可以和企业的办公系统、财务系统等联动，其业务主要面向大中型企业和政府部门。而后一种方式则能实现一些常规的企业办公功能，如中国移动的 ADC 移动办公业务，它不需要企业设置任何服务器，也不需要在手机上安装软件，可以通过租赁中国移动等提供的一站式 OA 服务，实现包括如“公文流转、日程管理、企业通讯录、手机硬盘、即时通信、企业资讯”等在内的常规企业办公功能。

1.2　现代办公系统的主要功能

现代办公系统的功能体现在三个层次上：第一个层次是办公日常事务的处理；第二个层次是信息处理，主要功能是收集、筛选和处理所关心的信息，为决策提供相关信息；第三个层次是决策支持功能，这种功能是由智能化的决策系统软件对支持决策的信息进行优化处理和判断，供决策人员在决策时参考。

图 1-1 所示为不同层次人员与 OA 系统的关系。

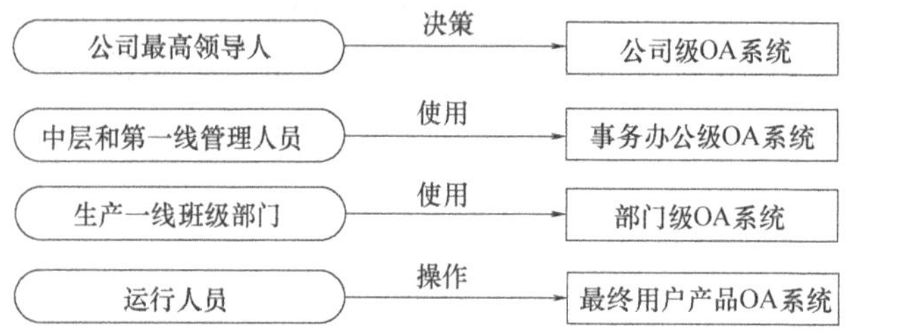

想一想，你希望将来在哪一个层次？现在就要努力！

图 1-1　不同层次人员与 OA 系统的关系

依据层次的不同，现代办公系统的主要功能有：**文字处理、语音处理、数据处理、表格处理、图形与图像处理、辅助决策、资料再现、电子邮件。**

1. 文字处理

文字处理包括文字的编辑、修改、存储、打印以及版式设计、映像处理等。由于汉字处理在我国是办公室的主要工作之一，因此办公自动化系统必须有相应的比较完善的文字处理系统，以简化编辑和排版过程，从而大大提高办公效率。

2. 语音处理

语音处理是指利用计算机技术对语音进行识别、合成、存储、电话自动拨号等。经过多年的研究，语音处理系统目前已走向实用阶段。利用这一先进技术，办公人员可以通过对计算机讲话实现文字录入，使办公人员从大量的文字输入工作中解脱出来。

3. 数据处理

数据处理是对大批定量数据的计算机输入、增加、删除、存储、分类、索引、报表、查询、检索等文档管理工作。为了减少数据的冗余度，保持数据的一致性和独立性，形成了数据库技术。数据库技术是计算机技术的重要分支，是办公自动化的重要支柱，目前已得到广泛的应用。

4. 表格处理

表格处理是指利用计算机来进行表格的设计、处理和制表等全部操作，实现各个环节的自动化，使办公人员摆脱了繁重的抄写整理工作。常用的计算机中文制表软件有 CCED 和 Excel，WPS 和 Word 也具有很强的表格处理功能。通常将表格处理与文字处理功能合为一体，统称为文字处理系统。

5. 图形与图像处理

图形与图像处理是指利用计算机把图形或图像以数字形式输入，按照一定的要求处理后，再把数字输出恢复为图形或图像。利用计算机的图形功能，可得到各种醒目的彩色统计图，使办公人员直观地认识到各种信息之间的关系。利用计算机的图像处理功能，可以输入、输出照片或图像，并可对它们进行图像数字化、增强、复原、压缩、分割、识别等处理。随着数字视频的发展，视频图像处理技术如网络视频会议等，已在办公自动化中开始应用。

6. 辅助决策

辅助决策是指利用计算机协助办公人员根据计划和必要的信息，进行分析、判断进而提供决策的可选方案。换言之，就是利用计算机的智能化处理软件，对复杂的事件的决策提供可行的各种方案，协助甚至替代办公人员进行决策或预测。

7. 资料再现

资料再现是指各种打印、复制、复印及图片制作等功能，该功能的实现可利用高性能复印机或使用计算机系统来实现。

8. 电子邮件

电子邮件是指利用计算机网络和通信技术实现高速、准确的文件传递功能，这要求各部门及相关单位的办公用计算机都必须联成网络。由于电子邮件具有准确性高、速度快、费用低、使用方便等特点，因此现在已经成为很重要的信息传递手段。

1.3 现代办公设备的类别、现状及发展趋势

1. 现代办公设备的类别

现代办公设备可以根据设备对信息的作用形式进行分类。

（1）信息处理设备 信息处理设备包括微型计算机、扫描仪、各种打印机等。这类设备的主要功能就是对文字、数据、图形、图像、声音等信息进行加工处理，并将处理后的信息加以保存。

（2）信息传输设备 电话和传真设备已为大家所熟悉，计算机网络是最热门的信息传

输设备。不论是服务于一个单位或一个区域的计算机局域网络，还是服务于一个国家乃至全球的远程通信计算机网（又称广域网，其中国际互联网（Internet）是最大的广域网），都是当今技术和应用发展最快的信息传输设备。

（3）信息复制设备　数码多功能复合机是最常用的信息复制设备，高速数码一体化油印机、光盘刻录机等也会在办公中用到。当然，信息在计算机的硬盘及光盘之间也经常进行复制，传真机的收发过程也可看成是复制过程，广义上讲它们也都是信息复制设备。

（4）信息存储设备　包括录音机、摄像机、数码照相机、计算机文档存储系统（硬盘、光盘、U盘）等，可把文档和影像信息存储起来。

注意

随着数码复合机的普及，已经可以把信息的处理、传输、复制和存储集于一台机器完成，提高了办公效率和办公质量。

（5）影像设备　照相机、摄影机、录像机、激光影碟机等都是现代办公常用到的影像信息获取、存储和播放设备。近几年，由于数码照相机和数字摄像机技术的日益成熟，其在信息设备和办公中的重要性有了较大提高，应用也更加广泛。

（6）办公辅助设备　幻灯机、投影器、视频展示仪、碎纸机等也是现代办公中时常用到的设备。有的还把电扇、空调、加湿器也算作办公辅助设备。

2. 现代办公设备的现状及发展

随着计算机技术和通信技术的发展，以及社会的进步所带动的对改善工作环境的要求，现代办公设备与技术也在不断发展，已经实现或部分实现了以下技术：

1）现代办公设备实现了高性能、多功能、复合化、微型化和系统化，新的现代化办公设备将不断推向市场并被广泛应用，如PDA（电子记事本、掌上电脑）。

2）现代办公系统已经实现了数字化、智能化、虚拟化、网络化和综合化，主要体现在多媒体办公计算机软件的进一步丰富和完善，计算机系统及网络系统信息传送技术的进一步提高，计算机系统及网络系统安全保密技术的进一步加强等，并逐步实现各类信息的综合化处理。

3）现代办公系统已经实现了家庭化、移动化，通信技术和设备在现代办公中将起更大作用。计算机网络的通信速度将会更快，无线办公将大行其道。我们会切身体会到远程办公与本地办公几乎无时间差，而新的现代时空观将会迫使我们进一步更新办公观念。

4）现代办公设备的人性化、彩色化设计将会更加符合人机工程的设计标准，使用户能够在充满友好的现代办公环境中愉快地进行办公活动。

1.4　办公设备使用的基本要求

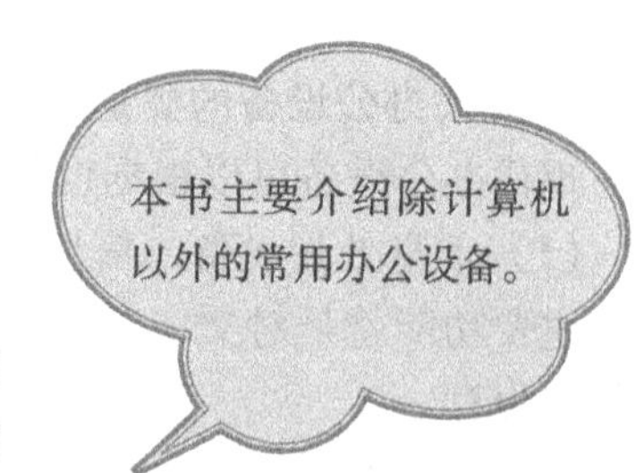

1. 工作环境的基本要求

通常，办公设备的工作环境要求清洁、通风，有一定的操作空间，温度、湿度适中。办公设备要避免阳光直晒，防止其对光电器件和光导体光电性能的影响（如导致制品质量下降或机器不能正常运转）。夏季不要放置在直接接受空调冷风的出口处，冬季不要放置在直接接受热源反射的地方，同时避免放在常有强烈振动的地方。另外，大型机还要求水平放置，水平度误差应小于5mm。

2. 电源的基本要求

办公设备要注意使用与其相匹配的电源，应有专用的接插板。电源插板也要有足够的容量，并避免周围有频繁起动的用电设备，如电梯等。否则，办公设备容易发生故障，严重的会损害设备，甚至危机人的生命。有些设备（如复印机）要注意接地，这样可防止静电荷过多时放电伤人。

3. 办公设备的正确操作方法和使用中的注意事项

（1）正确的操作　办公设备大多是集机、光、电、计算机于一体的精密设备。要使设备长期地正常工作，正确的操作是必不可少的。如果操作不当，就可能造成意想不到的损失。所以在操作前，一定要阅读使用说明书，或由熟悉设备的人员进行指导，并在日常的使用过程中坚持正确的操作方法，延长机器的使用寿命。

（2）注意事项　各种办公设备都有各自的使用特点，在日常操作中应多加注意，以免产生误操作，丢失某些资料数据。如有些传真机，关闭总电源开关时，存储器中的图像信号和记录数据将被自动清除，保密信箱发送和中断转发控制方式也会被清除。对于复印机，随着机器工作时间的延长，各部件都会出现一定程度的磨损、老化、失效，当出现某种故障时，决不可草率处理，要首先弄清原因，避免由于处理不当出现新的问题。

4. 办公设备常用纸张

办公设备常用的纸张是复印纸。复印纸是用特殊方法生产的，可以防止油墨污染，并具有吸附或半吸附性。复印纸的保管必须正确，因为纸的质量不佳会造成制品图像质量差、起皱和卡纸等问题，这就要求在保存复印纸时要注意防潮通风，避免放在有阳光直射或尘土太大的地方。堆放时要十分平整，尽量不用线绳捆绑，避免纸张压出折痕或破裂。

复印纸常用规格分为A型和B型，复印纸的规格见表1-1，其中A3、A4、B4、B5最为常用。

表1-1　复印纸的规格

纸的标准	幅面尺寸/mm	纸的标准	幅面尺寸/mm
A0	840×1188	B1	728×1028
A1	594×840	B2	514×728
A2	420×594	B3	364×514
A3	297×420	B4	257×364
A4	210×297	B5	182×257
A5	148.5×210	B6	128.5×182
A6	105×148.5		

在使用复印纸时，应按下列步骤操作：

1）打开纸包，用手抓住纸的一端抖动几下（如图1-2所示），以排除有缺残的纸张或异物等，同时消除一些静电。

2）然后在清洁的桌面上将纸挫齐，以减少卡纸或同时进两张纸的可能。

3）按照正确的方法将一叠纸放入办公设备的纸盒中。

图1-2　抖纸

1.5　检测练习

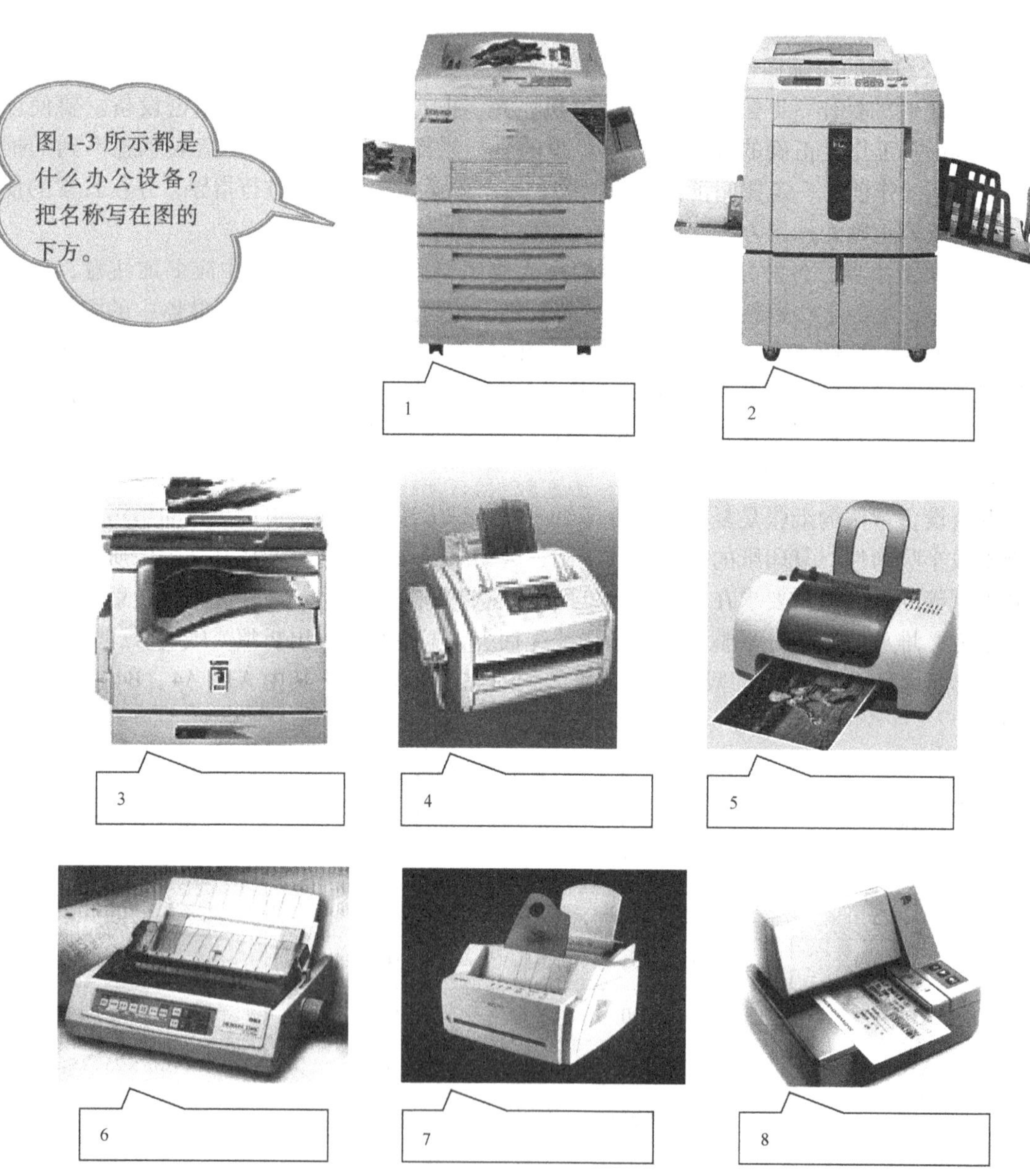

图1-3　办公设备

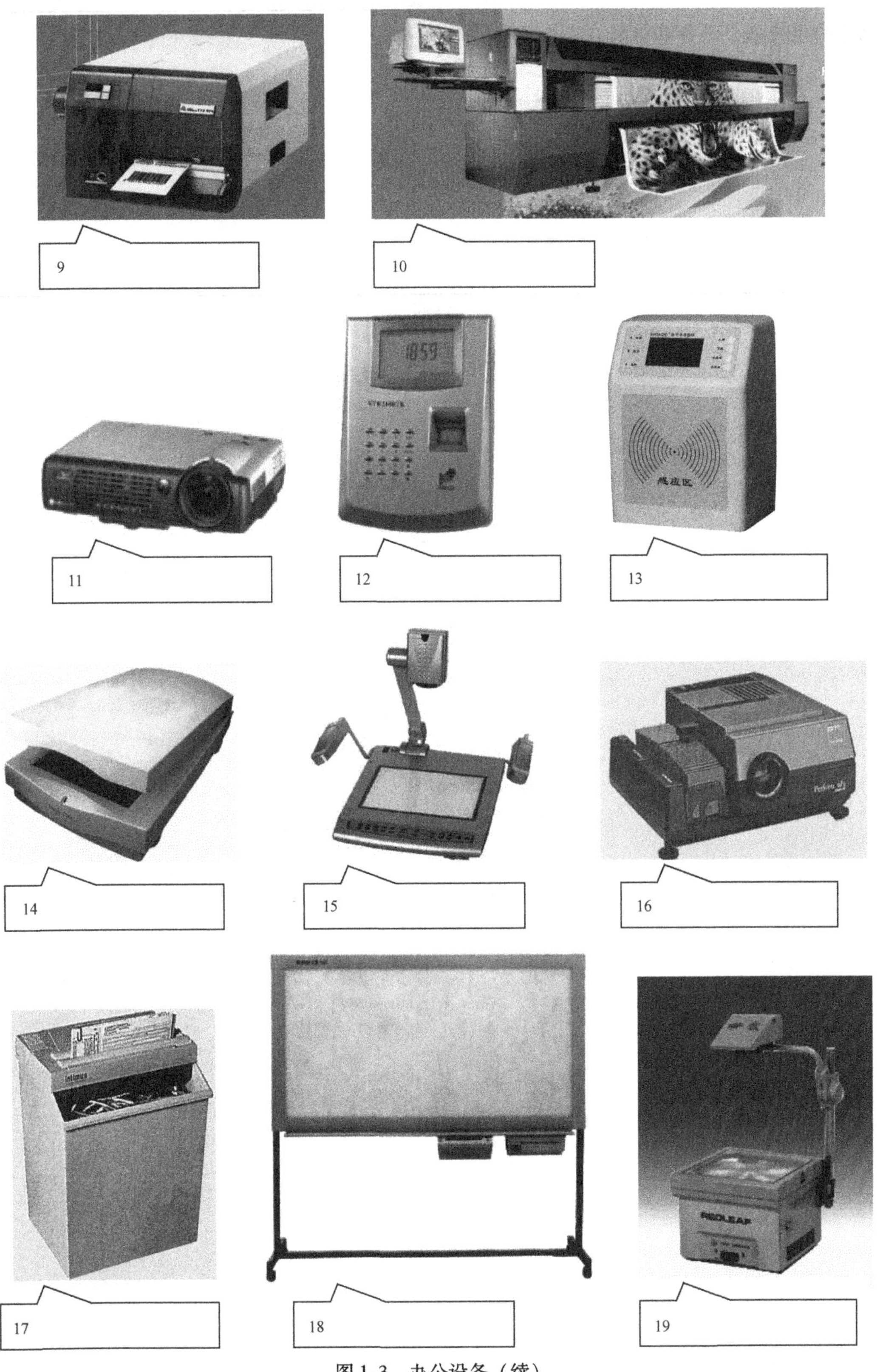

图 1-3　办公设备（续）

把你知道的办公设备品牌写在下面：

第 2 单元　打　印　机

打印机是计算机系统中常用的外围输出设备，其功能是把已存储在计算机内的文稿、图片等内容打印输出，形成书面文件或图片。

办公用打印机按其工作方式分，有击打式和非击打式两类；按色彩分，有单色和彩色两种。目前市场上常见的打印机有三大类：针式、喷墨式和激光式打印机。

打印机分类：
- 击打式：针式打印机
- 非击打式：
  - 喷墨打印机
  - 激光打印机

2.1　打印机技能训练一

2.1.1　任务一　针式打印机的结构、安装及简单操作

1. 针式打印机的外形结构

图 2-1 所示为映美 LQ-380K 针式（高速点阵）打印机的外形图。

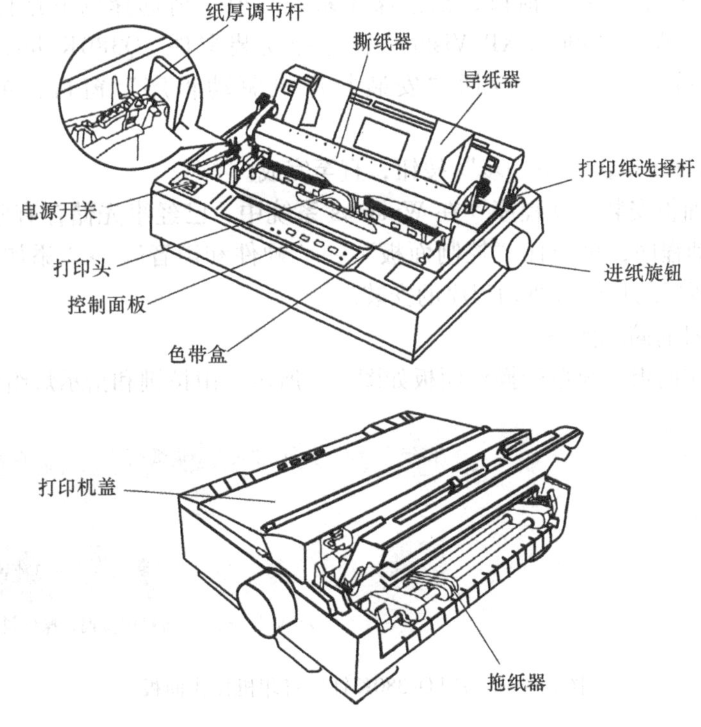

图 2-1　映美 LQ-380K 针式打印机的外形图

2. 安装

办公用打印机一般都与计算机连接，所以要安装打印机的驱动程序。打印机一般都带有驱动程序（光盘），或从网上下载。

（1）打印机的连线　打印机上一般有两根线，一根是电源线，另一根是数据线。安装时要将电源线正确地连接到打印机上。

打印机与计算机连接时，应注意接口形式，如图2-2所示，且连接前一定要关闭计算机。

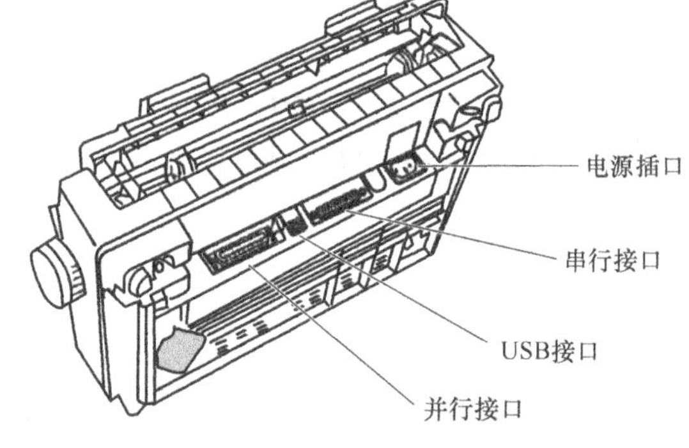

图2-2　打印机接口

（2）Windows 7系统中的驱动程序手动安装流程

1）选择“开始”→“设备和打印机”。

2）选择“添加打印机”，出现“添加打印机向导”窗口，单击“下一步”按钮。请仔细阅读选择指示，选择“添加本地打印机”，然后单击“下一步”按钮。

3）出现“打印机端口”窗口，选择可用的端口，如选择“LPT1：打印机端口”，单击“下一步”按钮。

4）出现“安装打印机驱动程序”窗口，选择“从磁盘安装”，单击“下一步”按钮。

5）出现“从磁盘安装”窗口，根据操作系统环境，请选择以下路径：光驱路径→“驱动程序”→“WIN 2000（XP-Vista）”，选择安装文件LQ380K. inf，单击“打开”按钮，再单击“确定”按钮，返回“安装打印机驱动程序”窗口，单击“下一步”按钮。

6）按照提示逐步单击“下一步”按钮，直至完成。

（3）用控制面板安装驱动程序　在Windows系统中，已经事先储存有常用打印机品牌的常用机型的驱动程序，可选择“控制面板”→“硬件和声音”→“添加打印机”，按照提示，逐步完成所要的打印机驱动程序的安装。

3. 针式打印机的简单操作

（1）认识操作面板　简单的操作面板如图2-3所示，由按键和指示灯组成。

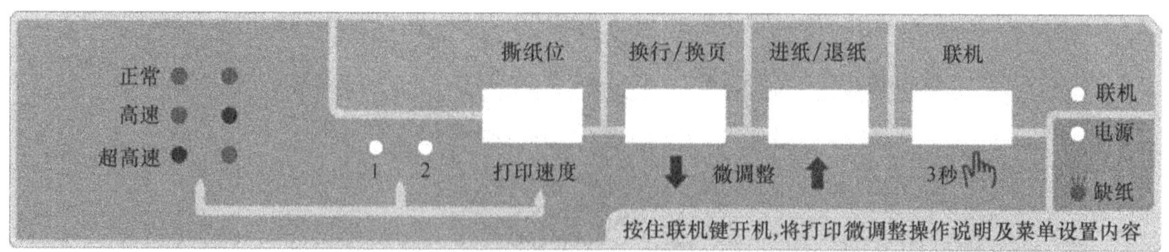

图2-3　映美LQ-380K针式打印机操作面板

指示灯与操作键的功能见表2-1。

表2-1　映美LQ-380K针式打印机指示灯与操作键的功能

指示灯	常亮	闪亮	灭
联机（绿色）	联机状态	微调整状态	脱机状态
打印速度灯1、2	指示当前所设定的打印速度		
电源（红色）	已接通打印机电源	缺纸	已关闭打印机电源

在连续打印时按键的功能如下：

1）撕纸位。

① 在脱机状态下，若此时打印纸处于打印位置，按一次“撕纸位”键，则走纸到撕纸位。

② 在脱机状态下，若此时打印纸处于撕纸位置，按一次“撕纸位”键，则退纸到第二页或当前页的起始打印位置。

2）换行/换页。在脱机状态下，若打印纸处于打印位置，按此键（持续时间小于0.5s）一次，则打印机按当前设定的行距进纸一行。若持续按此键，则连续进纸一页。

3）进纸/退纸。

① 当打印纸处于备纸位时，按一次“进纸/退纸”键，打印纸自动进到起始打印位置处。

② 当打印纸处于起始打印位置时，脱机状态下按一次“进纸/退纸”键，打印纸自动退回备纸位。

③ 当打印纸处于一般打印位置时（非起始打印位置），脱机状态下按一次“进纸/退纸”键（持续时间小于0.5s），打印纸就往后退一行；持续按此键，若可退的打印纸长度大于一页纸长，则退纸一页，若可退的打印纸长度不够一页纸长，则退回到备纸位。

④ 当打印纸处于撕纸位置时，按一次“进纸/退纸”键，打印纸自动退纸一页。

4）联机。

① 在脱机状态并已装纸情况下，按此键打印机进入联机状态，“联机”灯亮，此时可执行打印命令；在联机状态下按此键，打印机进入脱机状态，“联机”灯灭，此时打印机暂不能打印。

② 在脱机状态下，若打印纸处于撕纸位置，按一下“联机”键，则退回到当前页（或第二页）的起始打印位置处。

5）按键组合功能。按键组合功能见表2-2。

（2）针式打印机的简单操作

1）打开计算机内所要打印的文稿，并确定所需纸型的大小。

2）打开打印机开关（机器将自动检测），将选择好的纸型装入导纸器中，并调整导纸器的位置，如图2-4所示。此时，纸张应自动进入打印区域。

3）如纸没装好，可按住“进纸/退纸”键，纸张会自动退出，再从新安装。

4）在计算机中选择“文件”→“打印”命令，打印文件。

注意：此时打印机是否会打印？如不打印怎么办？

表 2-2　映美 LQ-380K 针式打印机按键组合功能

按　　键	功　　能
联机＋电源	进入打印设定方式，可修改出厂默认设置，联机下再长按“进纸/退纸”键，进入菜单设置模式
进纸/退纸＋电源	中文自检
换行/换页＋电源	打印针测试，检测打印针的好坏
撕纸位＋电源	英文自检
撕纸位＋换行/换页＋电源	十六进制打印

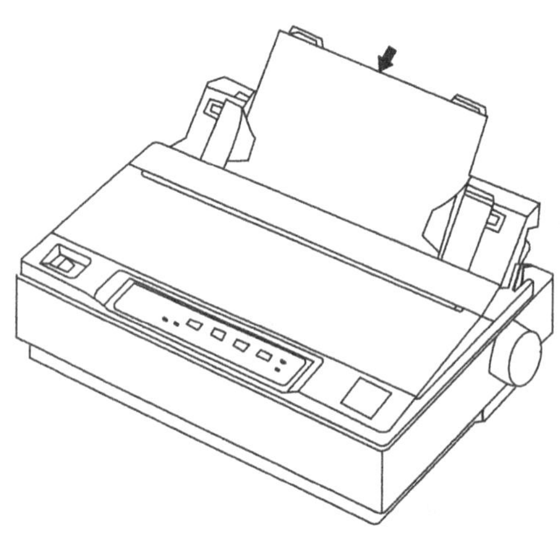

图 2-4　打印纸装入导纸器

2.1.2　任务二　喷墨打印机的结构及简单操作

1. 喷墨打印机的结构

图 2-5 所示为一种喷墨打印机的结构示意图。

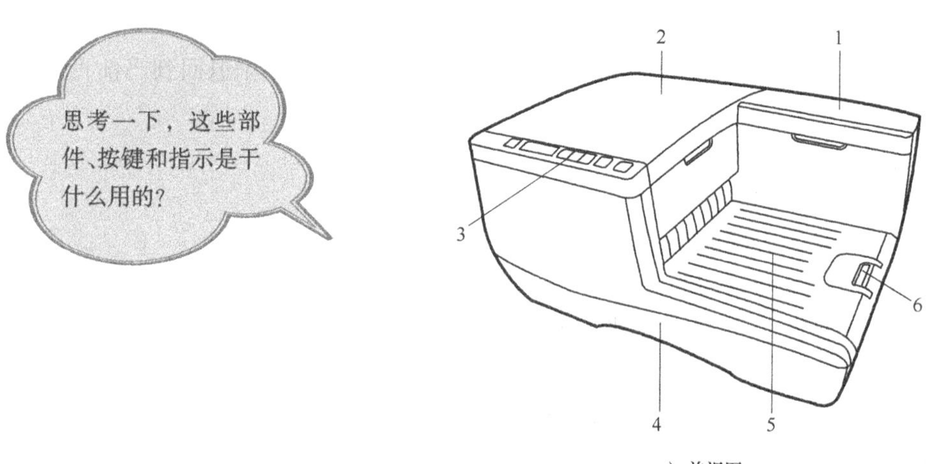

a）前视图

1—墨盒检修盖　2—打印头盖　3—控制面板　4—纸盒 1（主纸盒）　5—出纸盒　6—挡纸器

图 2-5　喷墨打印机的结构示意图

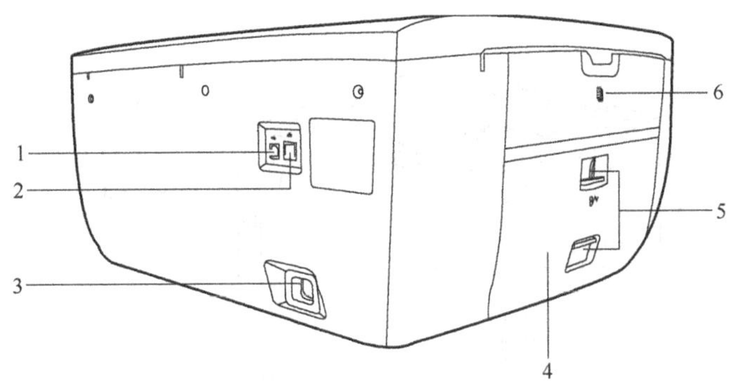

b）后视图

1—USB端口 2—以太网端口 3—电源插座 4—侧检修门 5—侧检修门卡销 6—纸盒2（多功能纸盒）

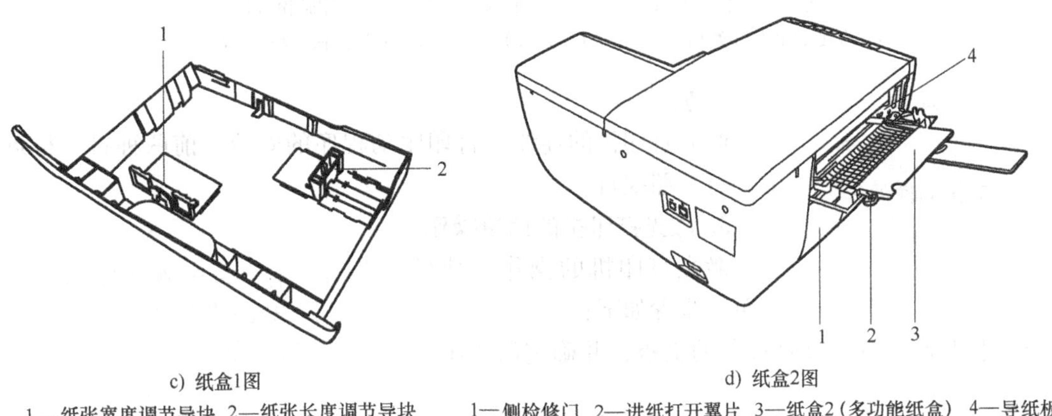

c）纸盒1图

1—纸张宽度调节导块 2—纸张长度调节导块

d）纸盒2图

1—侧检修门 2—进纸打开翼片 3—纸盒2（多功能纸盒） 4—导纸板

图2-5 喷墨打印机的结构示意图（续）

2. 安装

喷墨打印机的连线和打印驱动程序的安装与针式打印机近似，可参照执行。有的喷墨打印机有 USB 接口。

3. 喷墨打印机的简单操作

喷墨打印机的操作比较简单，步骤如下：

1）打开计算机内所要打印的文稿，并确定所需纸型的大小。

2）打开打印机开关（机器将自动检测），拿出一沓选择好的纸型，将其抖动以消除静电。升高纸架延伸板，将纸装入纸架上的导纸板中，并调整导纸板的位置。

3）在计算机中单击“打印”按钮，打印文件。

2.1.3 任务三 激光打印机的结构及简单操作

1. 激光打印机的结构

图2-6所示为惠普 LaserJet Enterprise 600 M 602 打印机的外形图。

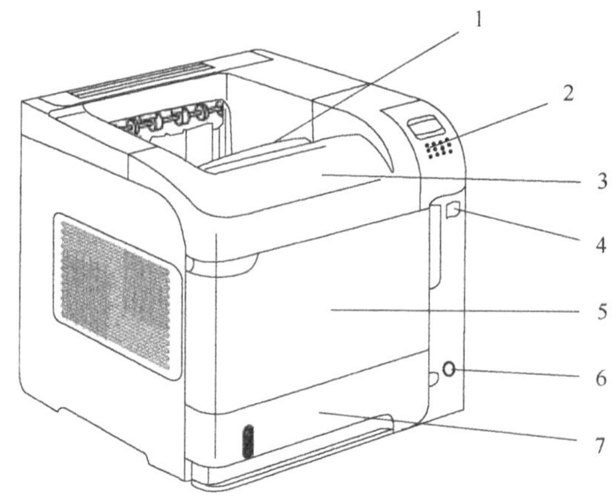

图2-6　惠普 LaserJet Enterprise 600 M 602 打印机外形图

1—顶部出纸槽　2—控制面板　3—顶盖（由此可取放打印碳粉盒）
4—直接 USB 打印端口　5—纸盘1（拉开）　6—“开/关”按钮　7—纸盘2

2. 安装

激光打印机的连线和打印驱动程序的安装与前两种打印机近似，可参照执行。

3. 激光打印机的简单操作

激光打印机的操作也比较简单，步骤如下：

前两种打印机的自动检测有什么现象？激光打印机有吗？是否都必须调整导纸板？

1）打开计算机内所要打印的文稿，并确定所需纸型的大小。

2）打开打印机开关，拿出一沓选择好的纸型，将其抖动以消除静电，装入纸张输入盒的导纸板中或装入进纸盘中，并调整导纸板的位置。

3）在计算机中单击“打印”按钮，打印文件。

你所用的打印机与上面讲的一样吗？相比较，喷墨和激光打印机使用都比较简单。还有哪些不清楚的问题，可以问老师和同学，并把问题记下来。带着问题学才能学好。

把你的问题记在这里：

上面问题的答案：

2.2 打印机的工作原理及系统机构组成

2.2.1 针式打印机的工作原理及系统机构组成

1. 针式打印机的工作原理

针式打印机是一种点阵式打印机，利用打印针撞击色带和纸打印出组成字符或图形的点阵。其具体工作原理是：在联机状态下，接口接收到计算机主机发送的打印命令，经打印机的 CPU 处理后，在字库中找到需要打印的字符及图形的编码地址，按顺序找出相应的编码，送往打印头控制电路，激励打印头中每根打印针的电磁线圈，控制其打印针是否出针。当出针时，打印针通过色带击打打印纸，在打印纸上印出所需要的字符（汉字）或图形。

字库是用于存放所有 ASCII 码（美国标准信息交换代码）字符编码，并为其中的每一位编码分配地址，以备打印时取出的信息库。汉字库也是由唯一表示一个汉字的点阵编码集所构成的打印信息库。

图 2-7 所示为点阵式打印机打印字符 E 的过程。

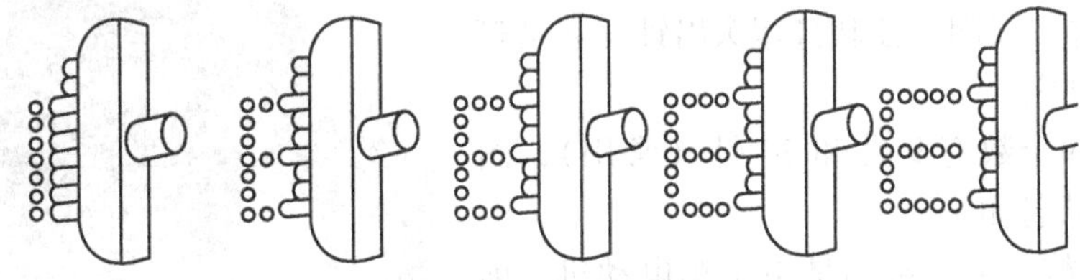

图 2-7 点阵式打印机打印字符 E 的过程

打印针的击打方式有储能式和拍合式两种，如图 2-8 和图 2-9 所示。

储能式打印头由永磁铁、线圈、衔铁及衔铁簧片等组成。平时永磁铁通过衔铁簧片，使打印针存储击打能量。当线圈通电时，铁心和线圈组成的电磁铁建立一个与永磁铁磁场相反的磁场，使永磁铁对衔铁簧片的吸力减小。当吸力小于衔铁簧片的弹性恢复力时，衔铁簧片上的能量释放，推动衔铁簧片使打印针出针，打印针通过色带撞击卷附着纸的打印辊上，这样就在纸上打印出一个点。线圈断电后，衔铁和衔铁簧片又被永磁铁吸回到出针前的位置，打印针收回。

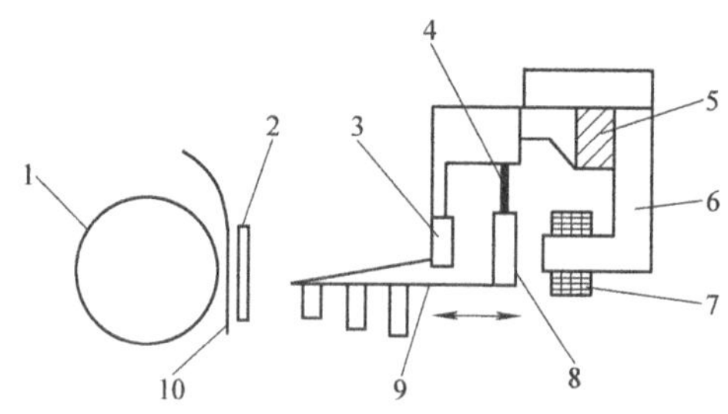

图2-8　储能式打印头工作原理简图

1—打印辊　2—色带　3—限位块　4—衔铁簧片　5—永磁铁　6—铁心　7—线圈　8—衔铁　9—打印针　10—打印纸

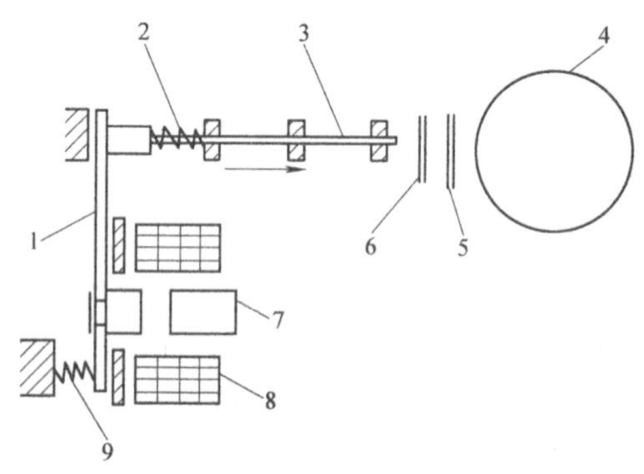

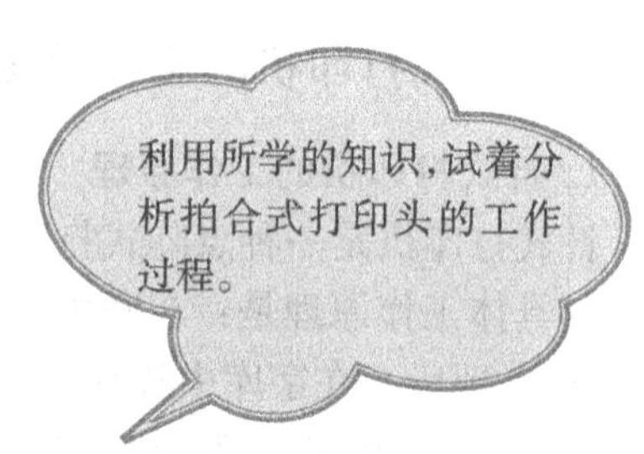

图2-9　拍合式打印头工作原理简图

1—衔铁　2—针复位弹簧　3—打印针　4—打印辊　5—纸　6—色带　7—铁心　8—电磁线圈　9—衔铁弹簧

2. 针式打印机的系统机构组成

（1）机械部分　打印机的机械部分主要包括打印头、字车机构、走纸机构和色带机构，另外还有机壳和机架。

1）打印头。打印头又称印字机构，被装载在字车上。工作时，当控制电路传来打印命令的脉冲后，通过激励电磁线圈，控制打印头出针。它是打印机的关键部件之一。

打印头针的个数有9针和24针（常用），图2-10所示为针式打印头。

图2-10　针式打印头

2）字车机构。字车机构是由字车电动机、前后导轨、字车滑动架、调速滑轮、调速带及滑轮张力板等构成，如图2-11所示。工作时，字车电动机通过传动系统控制调速带驱动字车滑动架沿前、后导轨做左右往复直线间歇运动。而字车上的打印头在打印命令的控制下，随字车滑动架的移动经色带击打打印纸，完成打印工作。

3）走纸机构。走纸机构由走纸步进电动机、送纸调节杆、打印辊、压纸杆、走纸齿轮、离合器轮和链齿器等构成，如图2-12所示。它是驱动打印纸换行的机构。工作时，走纸步进电动机通过传动系统拖动打印纸沿纵向前、向后移动，并按照规定的节拍不断字。

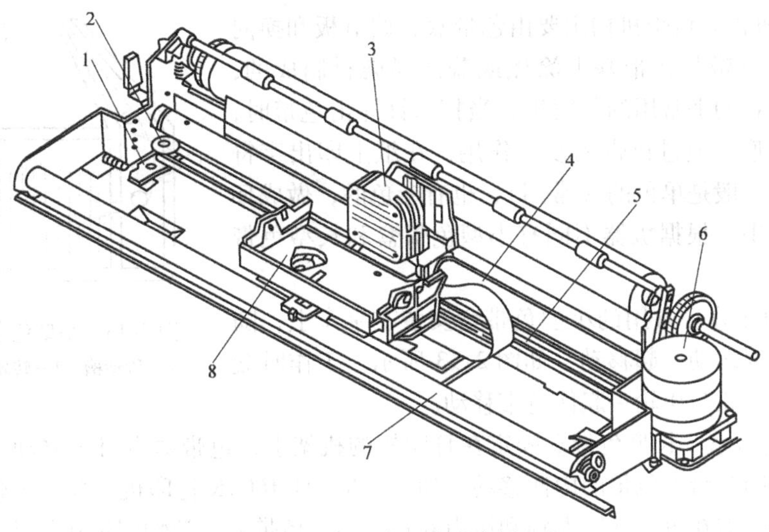

图2-11　字车机构示意图

1—滑轮张力板　2—调速滑轮　3—打印头　4—前导轨　5—调速带　6—字车电动机
7—后导轨　8—字车滑动架

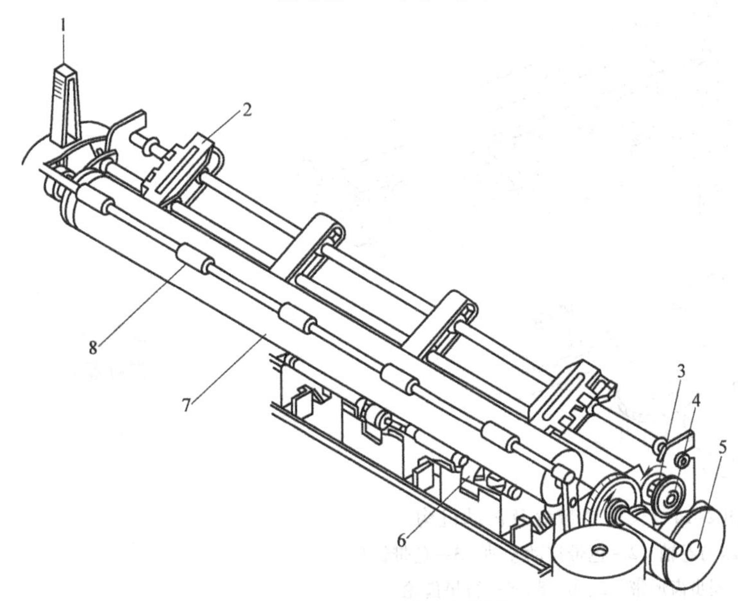

图2-12　走纸机构示意图

1—送纸调节杆　2—链齿器　3—走纸齿轮　4—压轮　5—走纸步进电动机
6—离合器轮　7—打印辊　8—压纸杆

走纸控制有两种：一种是打印辊式（单页过纸），适用于无走纸孔的打印纸；另一种是链轮式（连续过纸），适用于有走纸孔的打印纸。它们靠送纸控制杆来选择。

针式打印机常用于打印一些报表、单据等，其所用的纸是一种专用的带孔连续纸。所以，在打印时，打印机要利用纸上的孔来带动纸进入打印区域，以保证打印位置的准确性。

4）色带机构。色带机构主要由色带盒、调节板和换向机构等组成。色带是在带基上涂黑或蓝油墨染料制成的，它的作用如同我们平常用的复写纸，当打印针撞击色带时，使针击打的点痕，通过色带的复印作用，在纸上印出字符或图形。色带一般是单色的（常用），也有彩色的，做成环形装入色带盒中。根据机器不同有小型色带盒和长型色带盒之分：

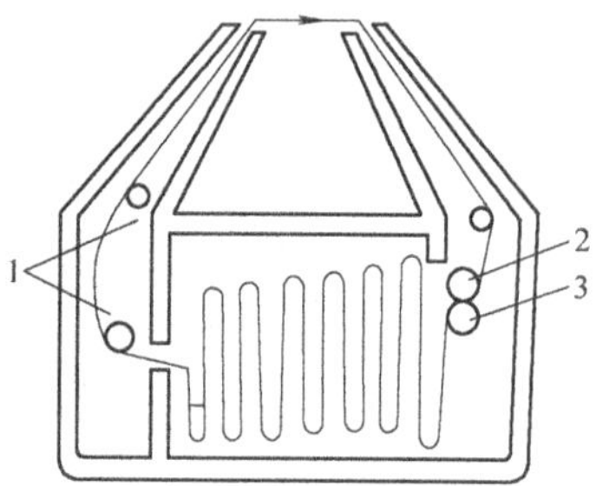

图2-13　小型色带盒示意图
1—传动槽　2—转轮　3—压轮

① 小型色带盒。常用的小型色带盒安装在字车上，随字车的左右往复运动一起移动，如图2-13所示。工作时盒内转轮转动，转轮与压轮一起使色带移动。

② 长型色带盒。长型色带盒固定在打印机的机架上，色带盒本身不移动，而是由字车的移动带动打印头沿着色带的内侧移动。如爱普生LQ-1600K打印机，环形色带装在长型色带盒内，将色带卡在色带移动卷轴和压力卷轴之间，色带移动卷轴固定在传动机构的色带驱动齿轮上，由色带驱动齿轮的转动来带动色带的移动，如图2-14所示。

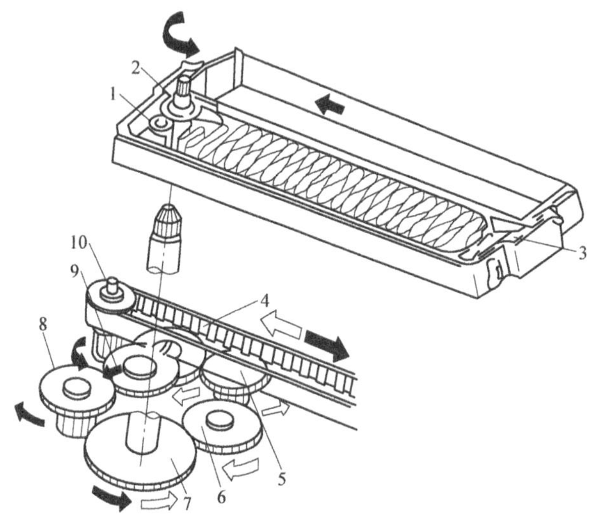

图2-14　长型色带盒及传动机构
1—色带压力卷轴　2—色带移动卷轴　3—色带簧片
4—同步齿形带　5、6、8、9—行星齿轮
7—色带驱动齿轮　10—从动齿轮轴

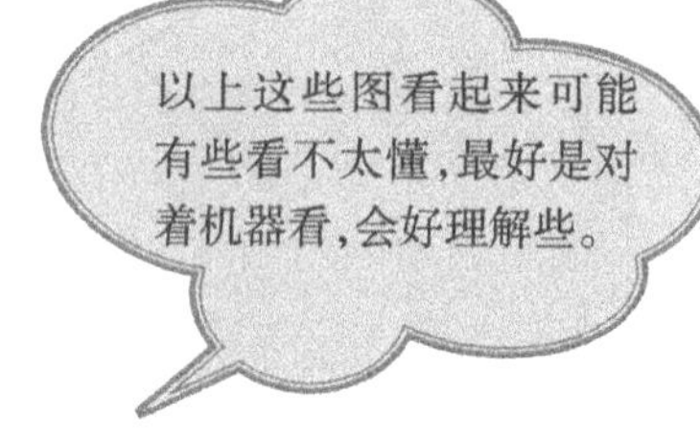

针式打印机无论何种色带盒，其换向机构中的齿轮结构总使色带驱动齿轮单向旋转，不管字车左移还是右移，色带移动卷轴总使色带盒中的色带朝一个方向循环移动。

（2）电路部分

1）控制电路。办公设备的控制电路本身就是一个完整的微机系统。针式打印机的控制电路由微处理器、存储器、输入/输出电路、定时器/计数器、串行接口和中断系统等集成在一个芯片上，用这样高性能的单片机来取代微处理器及外围电路。

控制电路有以下几个主要功能：

① 连接计算机，即通过串行接口或并行接口接收来自计算机的打印命令和控制命令，

将打印机的状态信号及应答信号送给计算机。

② 控制打印头按控制命令打印不同的字符或图形。

③ 控制字车左右移动。

④ 控制走纸机构的走纸以及报警等。

⑤ 控制打印机执行自检功能。

⑥ 操作打印机控制面板上的控制信号，如按键的状态和指示灯等。

2）驱动电路。针式打印机的驱动电路包括三部分：打印头驱动电路、字车电动机驱动电路和走纸电动机驱动电路。这些驱动都是在控制电路的控制下进行的。

3）打印机状态检测电路。打印机状态检测电路用于检测打印机的工作状态，所检测的信号都送入 CPU 中。各种机型设置不一，但所有打印机都有字车初始位置检测电路和纸尽检测电路，分别用于检测字车是否返回左端初始位置，以及打印机是否装有打印纸。有的打印机还设置有打印头温度检测电路，用于监控打印头温度。有的还设置送纸调节杆位置检测电路，用于设置走纸方式。

4）DIP 开关读入电路。针式打印机通常都设置有 DIP 开关，用于设定打印机开机时的若干功能状态，如选择国际字符集、行间距、页长、零字体、高速或高密打印方式等，一般情况下不用调整。

5）其他电路。其他电路还有操作面板电路、接口、电源等。

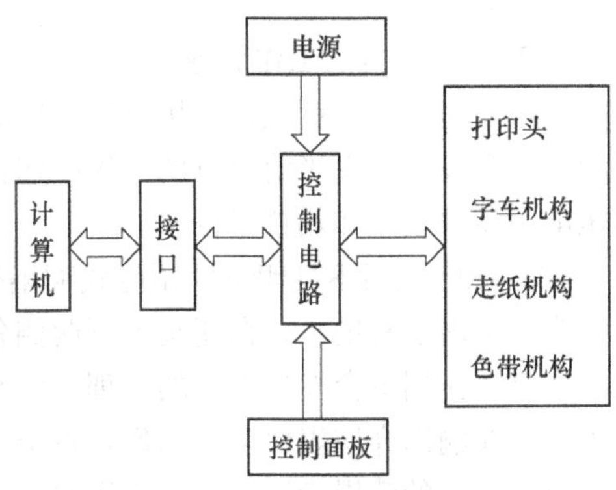

图 2-15　针式打印机结构框图

针式打印机的基本结构分为机械部分和电路部分，图 2-15 所示为其结构框图。还有哪些问题不清楚，请记在下面。

把你的问题记在这里：

上面问题的答案：

2.2.2 喷墨打印机的工作原理及系统机构组成

1. 喷墨打印机的工作原理

喷墨打印机是在针式打印机之后发展起来的非打击式打印机。早期的喷墨打印机都采用连续式喷墨技术，而当前流行的喷墨打印机大都采用随机式喷墨技术。随机式喷墨技术主要有压电式喷墨技术和热喷墨技术。

（1）压电式喷墨打印机　压电式喷墨打印机的工作原理如图2-16所示。喷墨打印机的打印头喷头内装有墨水，在喷头上下两侧各装有压电晶体，在压电晶体上施加脉冲电压，利用它在电压作用下会发生形变的原理，使其变形后产生压力，从而挤压喷头，使喷嘴中的墨汁喷出，在输出介质表面形成图像。每个喷头上的压电晶体通过电路连到打印机数据形成电路。所有喷嘴的喷墨管道连到一个墨水盒，为了避免墨水干涸及灰尘堵塞喷嘴，在喷头部装有一块挡板，不打印时盖住喷嘴，在喷嘴的头部还保持恒温的装置，用以保持喷嘴头部的温度不变，从而使打印出来的点阵大小不受环境温度的影响。

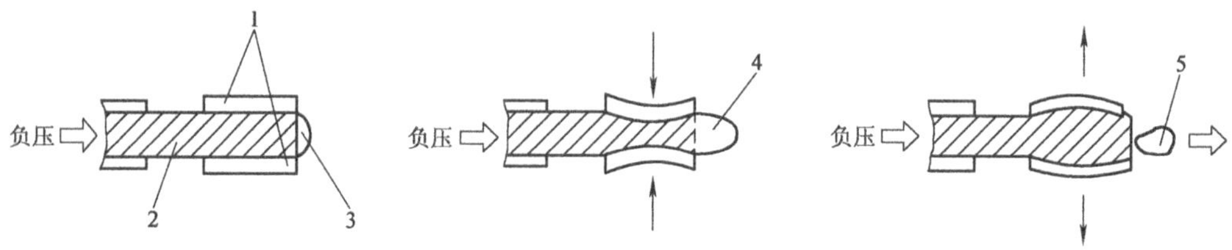

图2-16　压电式喷墨打印机的工作原理

1—压电装置　2—墨水腔　3、4、5—墨水

（2）气泡式喷墨打印机　气泡式喷墨打印机的工作原理如图2-17所示。气泡式喷墨打印机是让墨水通过细喷嘴，在其喷头的管壁上装有热元件，加在热元件上的电脉冲信号，由打印机数据形成电路提供。当幅值足够高、脉冲足够小的脉冲电压作用于热元件时，热元件急速升温，将喷头管道中靠近热元件的墨水汽化，形成一个微小气泡。气泡受热膨胀形成较大的压力，将喷嘴处的墨水顶出喷到输出介质表面，形成图像或字符。当墨滴喷出后，由于毛细管的作用，再把墨水从墨水盒中吸入喷嘴内，填满喷嘴。微小气泡变大形成薄的蒸汽膜，该蒸汽膜将墨水和热元件隔离，所以墨水并不加热（故不需要墨水的冷却装置）。

2. 彩色喷墨技术

目前实用的是混色法，常用减法混色法。减法混色法的原理是利用三补色在白纸上进行

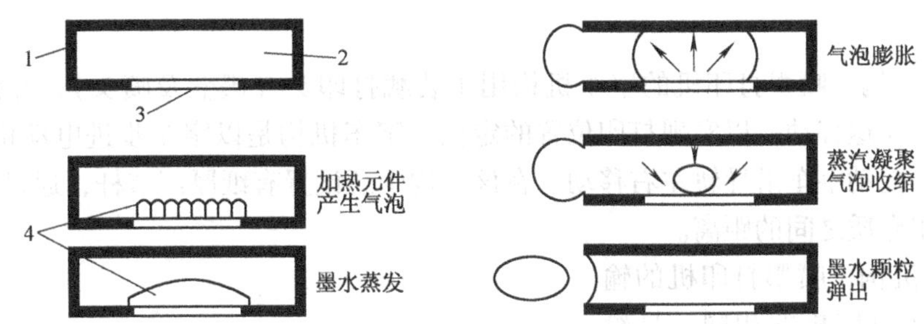

图2-17 气泡式喷墨打印机的工作原理

1—喷嘴 2—墨水 3—加热元件 4—气泡

两种颜色的混合而获得七种颜色。三原色是指红（R-Red）、绿(G-Green)、蓝(B-Blue)。三补色是指黄（Y-Yellow)、品红（M-Magenta)、青（C-Cyan)。三补色之间的混色关系如图2-18所示。

实际使用三补色或三原色来混合得到的黑色并非纯黑。所以，喷墨打印机一般都添加了纯黑墨盒。

3. 喷墨打印机的系统机构组成

（1）机械部分 喷墨打印机的机械部分主要包括墨盒和喷头、清洗系统、字车机构、输纸机构和传感器等几个部分。

1）墨盒和喷头。喷墨打印机的墨盒和喷头有两种类型，一种是墨盒和喷头二合一的一体化结构，另一种是墨盒与喷头分离式结构，两种方式各有优缺点。一体化结构的喷头，其整体结构简单、体积小，但消耗品费用高，墨盒中的墨水用完后，要连同喷头一起更换。而分离式结构的喷头，当墨水用尽或打印质量差时，只要更换墨盒即可，有利于降低消耗品的费用。现在的喷墨打印机都能打印彩色图案，故墨盒也是分为黑色和其他颜色（有些是装在一个盒子里)。图2-19所示为墨盒外形图。

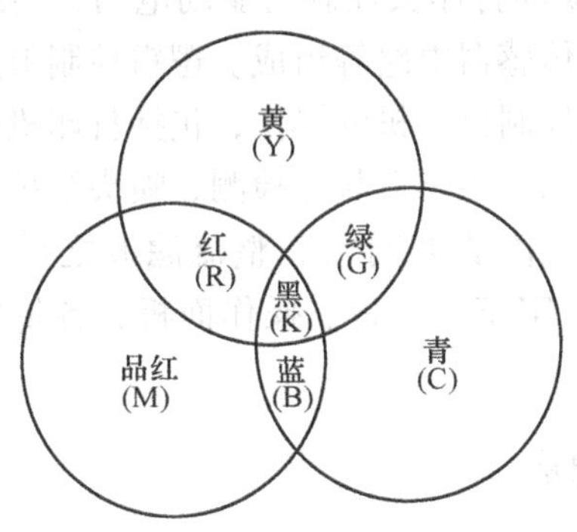

图2-18 三补色之间的混色关系

图2-19 墨盒外形图

2）清洗系统。清洗系统是喷墨打印机的喷头维护装置，用于实现喷嘴盖帽和清洗操作。该系统主要由喷嘴帽、空气阀、墨泵和墨水传感器等组成。当打印机未通电时，喷嘴被喷嘴帽密闭，以免墨水干涸和外漏。接通电源后，打印头自动进行清洗操作，包括擦拭喷嘴和抽吸墨水两步。由擦刷来除去喷嘴表面残存的墨水和纸张纤维。与此同时，墨泵抽吸喷嘴中的旧墨水，换进新墨水，将旧墨水送至废弃墨水吸收器中，以保证喷嘴中的墨水流动通畅。

3）字车机构。喷墨打印机的字车机构用于装载打印头（墨盒及喷头），并沿着字车导轨做横向间歇往返移动，以实现打印位置的定位。字车机构是以字车步进电动机为动力源，经齿轮传递，拖动字车沿导轨左右移动。在该机构中还设置有纸厚调节杆，通过它可以调节打字头与打印介质之间的距离。

4）输纸机构。喷墨打印机的输纸机构与针式打印机的相同，是给打印机提供纸张输送功能的机构，运动时必须和字车机构很好的配合才能完成全页的打印。通常有多种输纸方式，既可连续输纸，又可单页输纸。图2-20所示为输纸机构示意图。

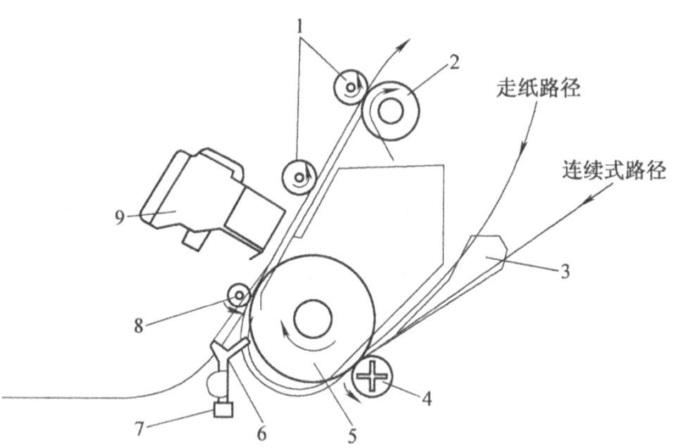

图2-20　输纸机构示意图

1—齿轮　2—弹出辊　3—分隔板　4—走纸辊的后底部
5—走纸辊　6—纸尽传感器标志　7—纸尽传感器
8—前部引导轨　9—气泡喷墨头

5）传感器。

① 光电传感器：包括字车初始位置传感器、纸尽传感器、墨盒传感器等，都采用光电传感器，分别用于检测打印机各部件的工作状态。

② 温度传感器：主要用于检测喷墨打印机的打字头及打印机内部的温度，以保证打印机能够正常工作。

③ 薄膜式压力传感器：主要用于检测打印机墨水通道的压力，以保证墨水适量，并判断墨盒中有无墨水。

（2）电路部分　喷墨打印机的电路分为逻辑控制电路和电源两部分。

1）逻辑控制电路。该电路主要由主控电路、喷墨打印头控制与驱动电路、输纸电动机控制与驱动电路、接口电路、操作面板控制电路和传感器电路等组成。逻辑控制电路的主要功能是分析来自计算机的控制命令和打印数据，并控制打印机的操作，包括打印机的机械控制与驱动、接口控制、打印数据控制、操作面板控制、传感器状态检测、喷头维护等。

2）电源部分。该部分是将220V交流电经过交流滤波网络和整流滤波之后，转换成+5V和几组不同的直流电源，分别向逻辑电路板、字车电路板、操作面板、各传感器、字车电动机、输纸电动机及蜂鸣器等供电。

2.2.3　激光打印机的工作原理及系统机构组成

由于激光打印机的工作原理是借鉴静电复印的工作原理，所以这里首先要了解一下静电复印的原理。

1. 光导体知识

要完成静电复印工作，有一个重要的部件（材料）就是光导体。光导体是一种光敏半导体材料。它具有光电导现象，即当光导体受到光照时，其导电能力发生显著变化：电阻率下降，导电能力增强。

光导体的电导率与它对光的敏感程度成正比，所以光导体又称感光体，其感光度对光导体的导电性能影响很大。不同的光导体材料对不同颜色的光其感光度是不一样的，只是对光谱中某一颜色区域的光的光感度高，离开这一区域，则光感度降低，甚至没有光感度。

静电复印机用的光导体材料主要有：硒（Se）及硒合金、硫化镉（CdS）、氧化锌（ZnO）、非晶硅（Si）和有机光导体（OPC）等。图2-21所示为光导鼓的外形图。由于最早使用的是硒材料做的光导鼓，故也俗称为硒鼓，至今还沿用其名，但现在常用的是有机光导体（OPC鼓）。图2-22所示为有机光导鼓的结构图。

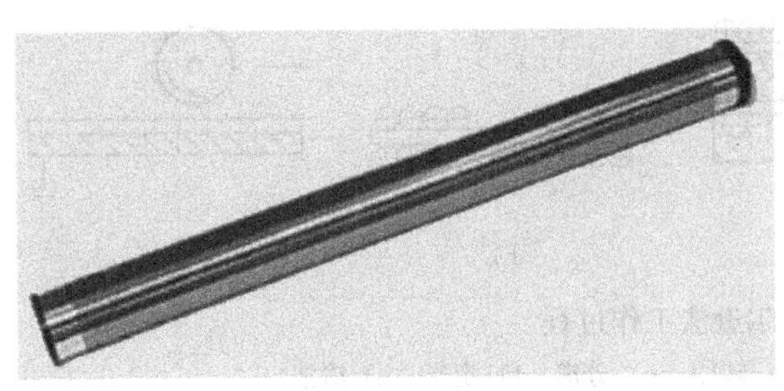

图2-21 光导鼓的外形图

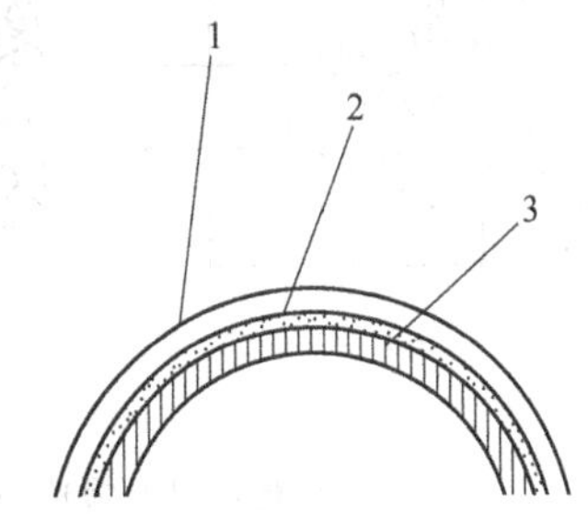

图2-22 有机光导鼓的结构图
1—电荷传递层 2—电荷产生层 3—铝基座

2. 静电复印原理

静电复印技术是美国物理学家卡尔逊最早研究出来的。其原理是应用静电复印法，在复印过程中通过光导体把光信号转换为静电信号，从而使原稿的图像在光导体表面形成由静电组成的“静电潜像”。再利用静电使带电的显影剂（色粉）附着到“静电潜像”上，形成可见的图像。最后再把该色粉图像转移到纸或其他介质上，经过固定，则在纸上形成牢固的文字及图像。由此看出，静电复印时的成像过程是：原稿图像信息→ 光信息→ 静电信息→ 色粉图像信息→ 复印品图像信息。

随着科技的进步，静电复印技术也有了快速的发展，但基本的工作原理还是卡尔逊的方法，其基本过程可简单地分为6个步骤：充电、曝光、显影、转印、定影、清洁，因此也称为卡尔逊6步法。

卡尔逊法静电复印机的工作过程如图2-23所示。

（1）充电 充电是静电复印过程的第一步，目的是使光导体带上均匀的静电荷。最原始的带电方法是摩擦带电。而静电复印机中的实用带电方法是电晕充电，即在不见光的情况下，利用电晕放电法使空气电离，在光导体表面均匀地沉积一层电荷，使光导体带电（又称敏化），如图2-23a所示。

（2）曝光 静电复印机的曝光应用的是反射曝光法，就是利用光源照射原稿，原稿再将光像反射到光导体上，使光导体表面形成看不见的、由静电组成的“静电潜像”，如图2-23b所示。

（3）显影 显影的作用是将“静电潜像”转变为可以看得见的色粉像。在显影过程中，利用异性电荷相互吸引的原理，先让用于显影的色粉粒子带上与光导体表面电荷极性相反的电荷，再通过显影装置使色粉与光导体接触，利用静电引力使静电潜像吸附上色粉颗粒，变成色粉图像显现出来，如图2-23c所示。

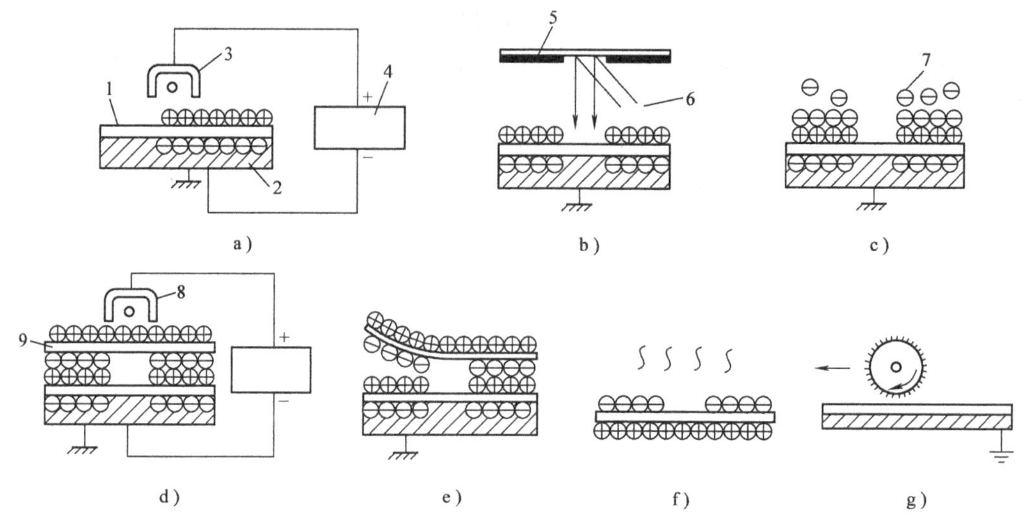

图2-23　卡尔逊法工作过程

a）充电　b）曝光　c）显影　d）转印　e）分离　f）定影　g）清洁

1—P型光导层　2—底基　3—电晕电极　4—直流电源　5—原稿　6—光源

7—色粉　8—转印电极　9—转印介质

（4）转印　将光导体上的可见色粉图像转换到转印介质（常用的是复印纸）上的过程称为转印。常用静电转印法完成转印工作。其基本过程是：利用高压电晕放电方式，在纸的背面充以与色粉带电极性相反的静电高压（比光导体上的电荷更强），这个高压电场把纸推向光导体，相互吸紧。这时色粉图像被吸到纸上，形成色粉图像。等到纸从光导体表面分离下来后，就完成了色粉图像的转印，如图2-23d、e所示。

转　印　率

光导体表面的色粉图像转移到复印纸上的百分率称为转印率。转印率是衡量转印效果的指标。理想的转印率是100%，然而由于多种原因，一般转印率只有70%～85%，最好的也只能达到90%。

（5）定影　转印时，纸上的色粉图像是附着在纸上的，一抹即掉，无法使用。因此必须把图像固化在纸上，这个过程称为定影。其方法是：将色粉图像用加热的方法（或采用冷压的方法，或者既加热又加压的方法），使色粉融化渗入纸中，从而形成牢固、耐久的图像，如图2-23f所示。经过定影的复印件才是实用的复印成品。

为什么有残余色粉和残余电位?

（6）清洁与消电　经过以上5个过程，静电复印的成品就制造出来了。由于经转印后，光导体表面仍存有残余的色粉和剩余的电位，如不清除，则在复印下一张时必将出现上一张图像（或字迹）的痕迹，因此还须进行清洁和消电，以清除转印工序后光导体表面的残留色粉和剩余电荷，使其恢复光电性能，为下一循环的复印做好准备，如图2-23g所示。

图2-24所示是运用卡尔逊法的静电复印机的复印过程示意图。

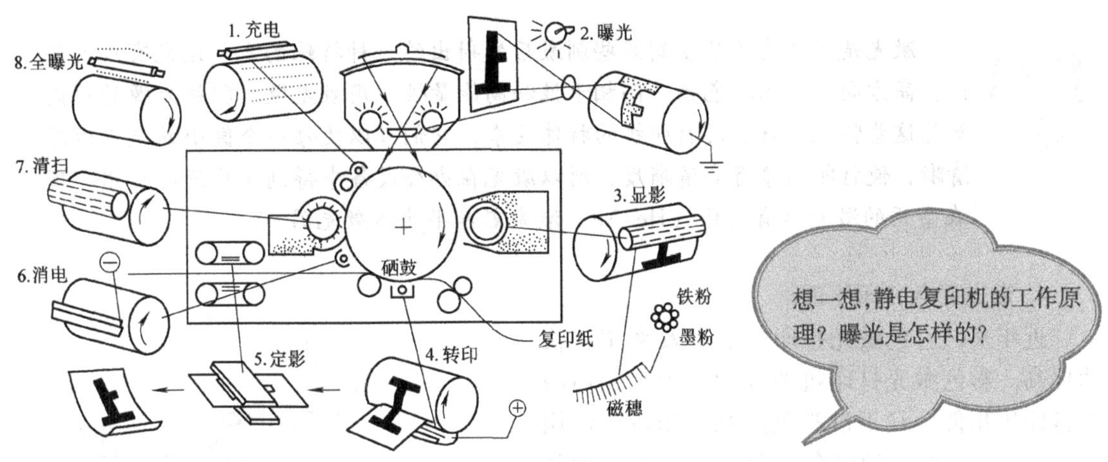

图 2-24　静电复印机的复印过程示意图

3. 激光打印机的工作原理

图 2-25 所示为激光打印机的工作原理示意图。激光打印机工作时，没有纸质原稿，是把计算机中的信息打印出来，其借鉴了静电复印原理。其核心部件也是光导体，经过充电、曝光、显影、转引、定影和清洁 6 个步骤，把图文印在纸上。两者所不同的是曝光过程，激光打印机是由激光扫描来完成的。具体来说，激光器接收到来自计算机的二进制图文点阵信息后，经过处理发射激光束，通过光学系统，把聚焦后的光束射到旋转的光导体表面上，从而完成整个扫描过程。这样有图文的地方的电荷保留，没有图文的地方的电荷消失，在光导体上生成了看不见的图文“静电潜像”。图 2-26 所示为激光扫描形成潜像的示意图。

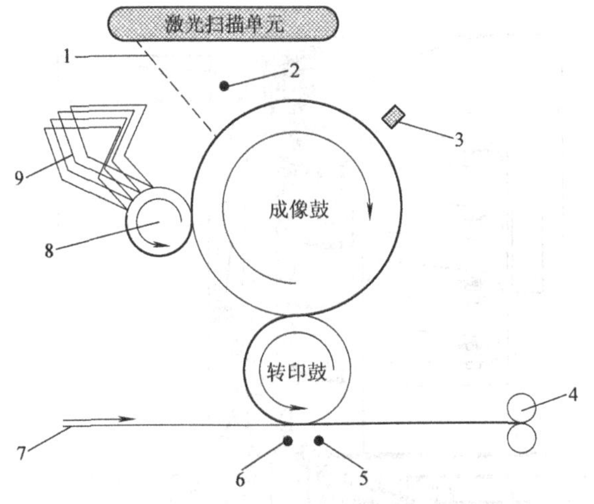

图 2-25　激光打印机的工作原理示意图

1—激光束　2—充电装置　3—放电灯　4—加热辊　5—纸张放电装置　6—纸张充电装置　7—纸张　8—显影辊　9—碳粉盒

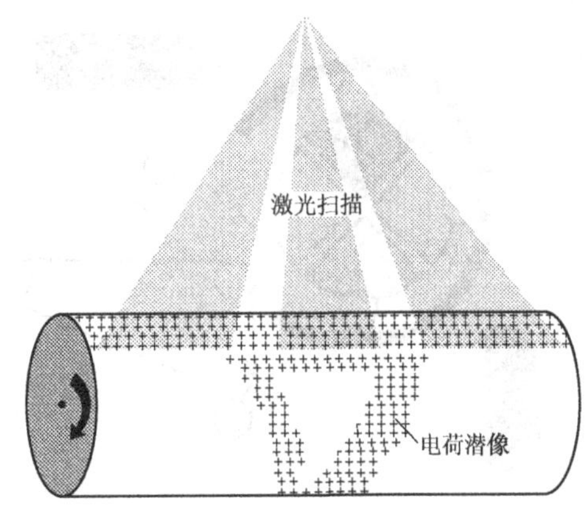

图 2-26　激光扫描形成潜像示意图

激光是由某些物质受到某些刺激后发射出的一种特殊的光。该光有4大特性：高方向性、高单色性、高相干性和高能量性。用激光做打印机光源的原因就是这些特性正好满足打印机的特殊要求，它们可以使每一个微小的光点边缘清晰，使打印图像有高清晰度，所以激光在办公设备中得到了广泛的应用。现在常用的激光器有气体（He-Ne）激光器和半导体激光器。

4. 激光彩色打印原理

近年来，彩色激光打印机的普及率正在快速提高。彩色激光打印机的成像原理与黑白激光打印机相似，只不过彩色激光打印机要使用黄、品、青、黑4种颜色的色粉。对于4种颜色，彩色打印要进行4个打印循环，基于CMYK色系，每次处理一种颜色。这4个打印循环有两种处理方法：一种是利用转印胶带，每处理一种颜色，将色粉从光导鼓转到转印带上，然后清洁光导鼓，再处理下一种颜色，最后在转印带上形成彩色图像，再一次性地转印到纸张上；另一种方法是处理完一种颜色，色粉就吸附到光导鼓上，接着处理下一种颜色，最后一次性地转印到打印纸。图2-27所示为激光彩色打印原理图，图2-28所示为单鼓彩色激光打印机原理示意图，图2-29所示为四鼓彩色激光打印机原理示意图。

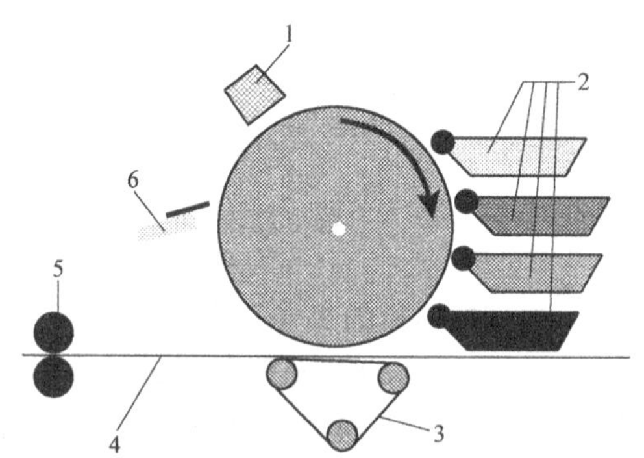

图2-27　激光彩色打印原理图
1—充电电极　2—墨粉盒（4种颜色）
3—传送带（转印带）　4—打印纸
5—加热器　6—清洁器

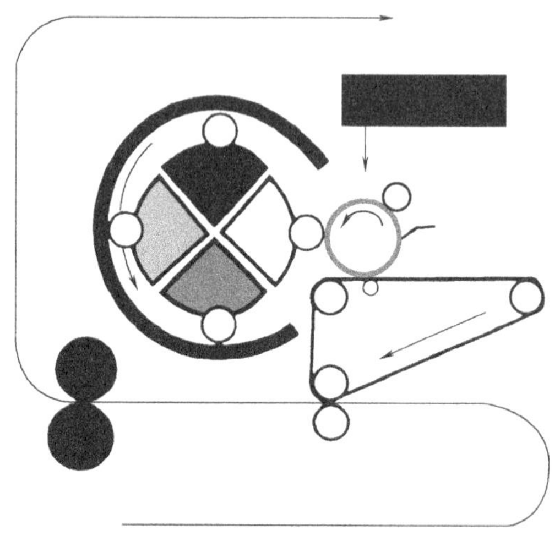

图2-28　单鼓彩色激光打印机原理示意图

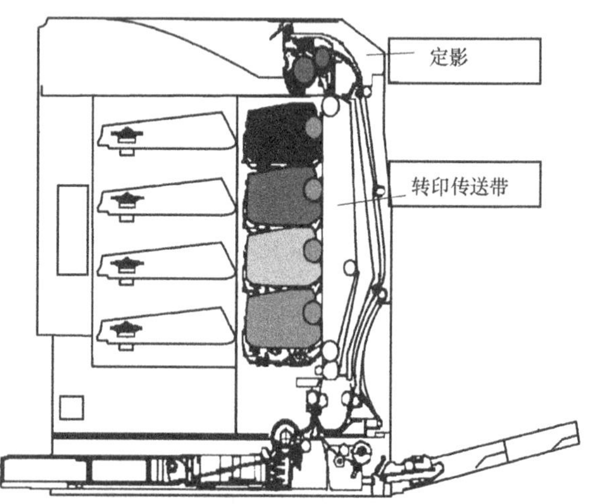

图2-29　四鼓彩色激光打印机原理示意图

四鼓彩色激光打印机采用一次成像技术，拥有4个独立的成像系统，即有4个激光发射器（或LED阵列组）和4个光导鼓。在处理彩色文稿或图像时，4个激光发射器和4个光导鼓同时进行激光照射，同时吸附C、M、Y、K这4种颜色的色粉，然后一次性将图像转印到纸张上定影输出。所以，其在打印速度上占有很大优势，已经可以取代单鼓机。另外，由于LED成像系统的成本比较低，因此，采用LED成像技术的打印机都采用一次成像技术。

5. 激光打印机的系统机构组成

（1）激光扫描系统　激光扫描系统是激光打印机的重要组成部分。它的核心部件是激光写入部件（即激光打印头）和多面转镜，如图2-30所示。激光器发出激光后，经过扫描反光镜和透镜组，用声光调制器对激光进行调制。根据图文信息对激光束的光强进行调制，经扩展透镜进行放大，在光导体表面形成所需的光点直径。为使光束在光导体上进行全程扫描，需要对光束进行偏转，为此需采用光偏转器（多面转镜）。多面转镜是一个由多面镜和电动机组装成为一体的组合体，其性能直接影响到像素的排列精度，因此对多面转镜和电动机转速的精度要求是很高的。

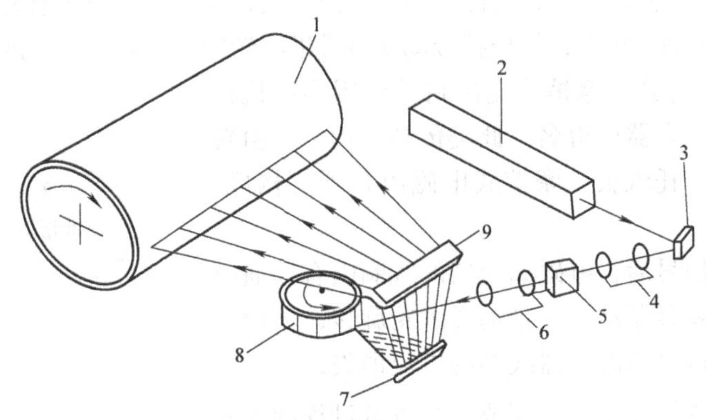

图2-30　激光扫描系统

1—光导体　2—激光器　3—扫描反射镜　4、6—透镜组　5—声光调制器
7、9—反光镜　8—多面转镜

采用半导体激光器（LD）的打印机，可以对LD直接进行调制，无需用声光调制器，其余部分基本相同。

（2）机械结构　图2-31所示为激光打印机部分机械结构示意图。

1）色粉盒。色粉盒是激光打印机的重要部件。色粉盒内包括色粉、光导体鼓、显影辊、显影磁铁、初级电晕放电极、清扫器等。当色粉盒内色粉用完后，可以将整个色粉盒卸下更换（现在也有灌粉的）。

2）纸张传送机构。激光打印机的纸张传送机构和复印机相似。纸张由搓纸轮送进机器内，进纸辊将纸输送到转印区域。转印后的纸经输纸带进入定影辊，从而完成打印工作。目前，打印机采用的走纸机构主要有吸引式和摩擦式两种。

① 吸引式传动方式。吸引式走纸机构是因为该机构采用了吸引式电磁离合器而得名。此类传动机构主要由进纸凸轮、定位凸轮、托纸板、吸引磁心、电磁线圈、复位弹簧、回位弹簧等构成，如图2-32所示。

当接收到走纸信号后，主控电路输出的控制信号通过驱动电路放大后，为电磁线圈提供导通电流，使电磁线圈产生的磁场对铁质挡板进行控制，致使进纸凸轮转动，将打印纸送入

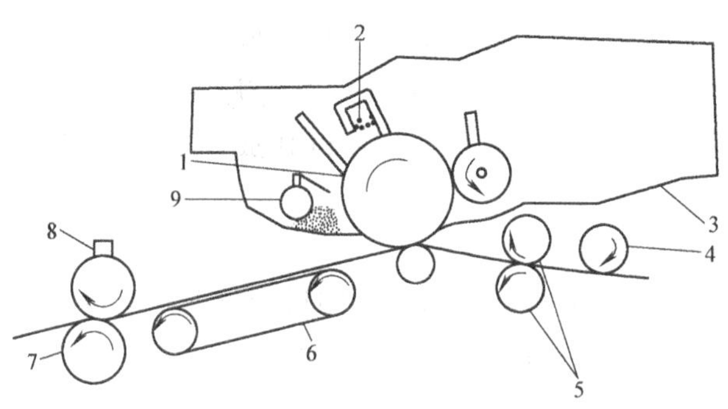

图2-31　激光打印机部分机械结构示意图

1—光导体　2—初级电晕充电器　3—色粉盒　4—搓纸轮　5—进纸辊
6—输纸带　7—定影辊　8—定影辊清洁器　9—清扫器

打印通道而完成进纸。随后，流过电磁线圈的电流消失，其产生的磁场消失，失去对铁质挡板的控制，在回位弹簧的作用下，铁质挡板动作将进纸凸轮锁住，完成一个进纸过程的控制。

② 摩擦式传动方式。摩擦式走纸机构是因为该机构采用了摩擦式电磁离合器而得名。此类传动机构主要由转动齿轮、定位凸轮、托纸板、摩擦式电磁离合器等构成，如图2-33所示。

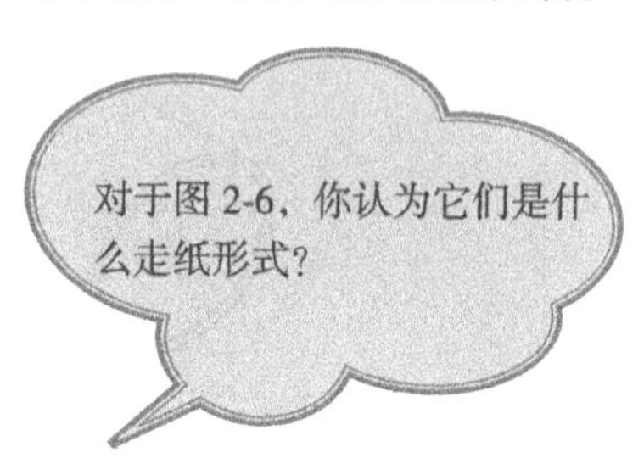

当接收到走纸信号后，电磁离合器的线圈因有导通电流而产生磁场，使离合器动作，带动搓纸轮旋转，从而完成进纸。随后，流过电磁离合器线圈的电流消失，失去对搓纸轮控制，搓纸轮停止工作，完成一个进纸过程的控制。

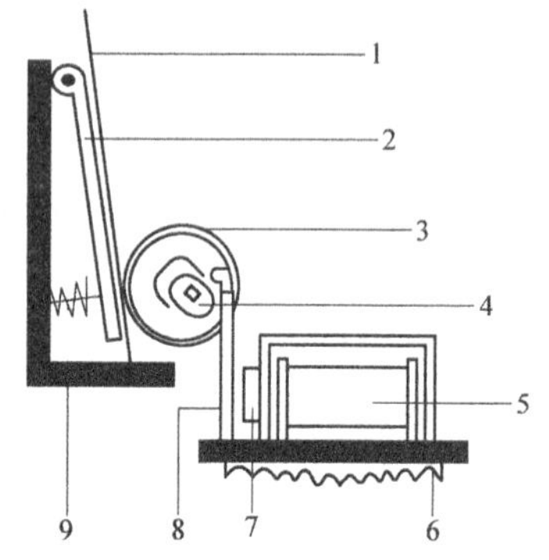

图2-32　吸引式走纸机构示意图

1—打印纸　2—托纸板　3—进纸凸轮
4—定位凸轮　5—电磁线圈　6—回位弹簧
7—吸引磁心　8—铁质挡板　9—复位弹簧

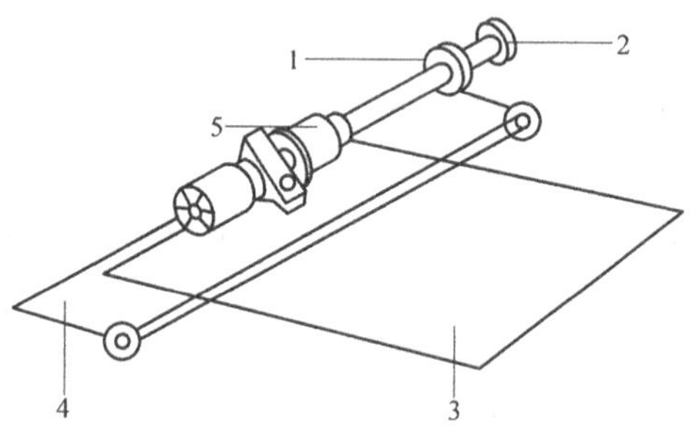

图2-33　摩擦式走纸机构示意图

1—定位凸轮　2—转动齿轮　3—打印纸
4—托纸板　5—摩擦式电磁离合器

3）定影加热。定影上辊的加热，现在常用陶瓷加热器。图2-34所示为陶瓷加热器结构示意图。

（3）检测系统　为了确保激光打印机正常、可靠地工作，激光打印机设置了检测系统。检测系统主要由检测传感器和主控电路（单片机）构成。检测传感器用于检测打印机各个部位的工作状态，通过主控电路处理后便可保证打印机安全、可靠地工作。激光打印机采用的传感器主要用于温度异常检测、机械位置检测、走纸状态检测等。

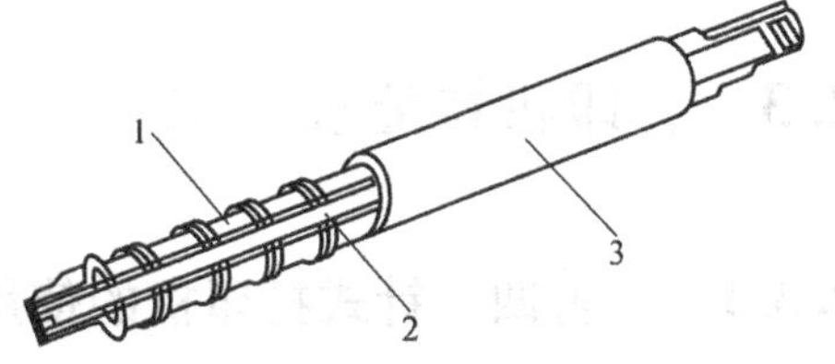

图 2-34 陶瓷加热器结构示意图
1—支架 2—陶瓷加热片 3—定影膜

（4）驱动电路 激光打印机的驱动电路主要包括扫描驱动电路、主电动机驱动电路和走纸驱动电路。扫描驱动电路就是驱动扫描电动机旋转，带动扫描多棱镜工作，从而完成对感光鼓的扫描、曝光工作。主电动机驱动电路是为了驱动主电动机旋转而设置的，再配合各传动齿轮工作来实现打印。走纸电动机驱动电路就是为了驱动走纸机构而设置的。

（5）控制系统 控制系统主要用来协调和控制打印机的各系统之间的工作，从接口系统接收数据，控制激光扫描单元、检测传感器、控制交、直流电压的供电以及节能模式等。

以上是 3 种常用打印机的工作原理和部分系统机构的组成情况。还有哪些问题不清楚，请记在下面。

把你的问题记在这里：

上面问题的答案：

2.3　打印机技能训练二

2.3.1　任务四　针式打印机的使用与维护

1. 针式打印机的使用

打印机是与计算机连接使用的计算机输出设备，可以利用计算机来实现多种打印功能。试着完成下面的一些打印要求：

1）打印预览。

2）打印第2、5、6页。

3）打印第3~6页。

4）打印第1、3、5、7、…99页。

5）双面打印。

6）横向打印。

7）选择不同的打印机进行打印。

8）打印过程中停止打印。

2. 针式打印机的维护

（1）打印机耗材的更换　针式打印机的耗材主要是色带。色带用旧后要及时更换，更换的方法有两种，一种是只换色带，另一种是更换整个色带盒。下面是映美LQ-380K针式打印机更换色带盒的步骤：

1）关闭打印机电源，卸下打印机盖，如图2-35所示，将打印机盖向后折起，再向上提起。

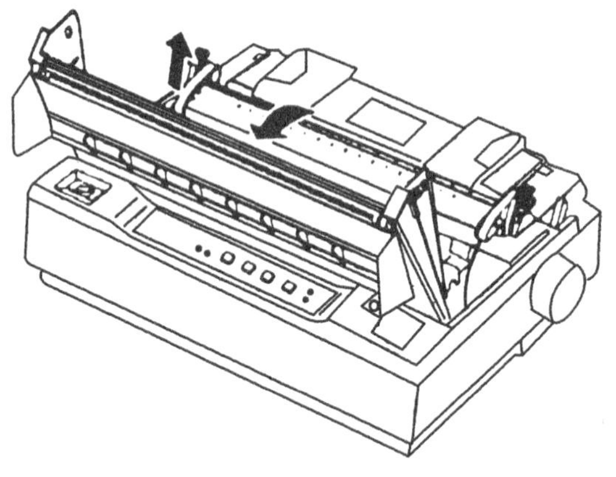

图2-35　卸下打印机盖

2）卸下撕纸器。用力压紧撕纸器左右两边的锁定片，然后向上提起撕纸器，如图2-36所示。

3）将纸厚调节杆拨到最高位置，将打印头移到打印机中间位，取下色带盒中间的分离片，如图2-37所示。

4）将色带盒有旋钮的一面朝向自己，按箭头方向旋转色带旋钮，绷紧色带以便于安装，如图2-38所示。

5）按图2-39所示，将色带盒装进打印机，然后按住色带盒的两边，使色带盒两边的卡扣对准打印机两侧的安装槽（卡扣必须安装到位），稍用力向下按，直到完全卡到位（发出咔嚓一声）。

6）按图2-40所示，用手或其他辅助物将色带芯拨入到打印头和金属导片之间，并确保色带无扭曲；按箭头方向转动色带旋钮，绷紧色带以便色带更好地到位。

7）把打印头从一边到另一边反复滑动几次，以确保色带安装到位。色带安装好后，请将纸厚调节杆拨回原位，重新装上撕纸器与打印机盖。

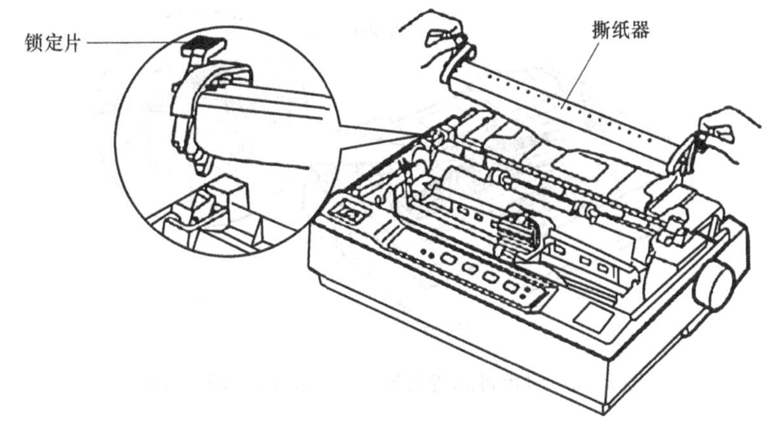

图2-36　卸下撕纸器

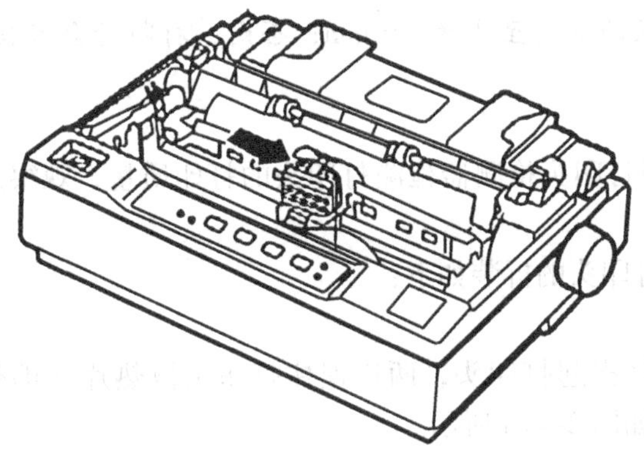

图2-37　将打印头移到打印机中间位

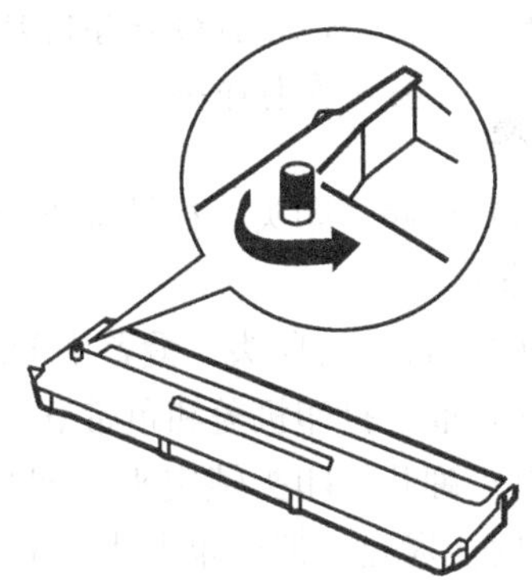

图2-38　按箭头方向旋转色带旋钮

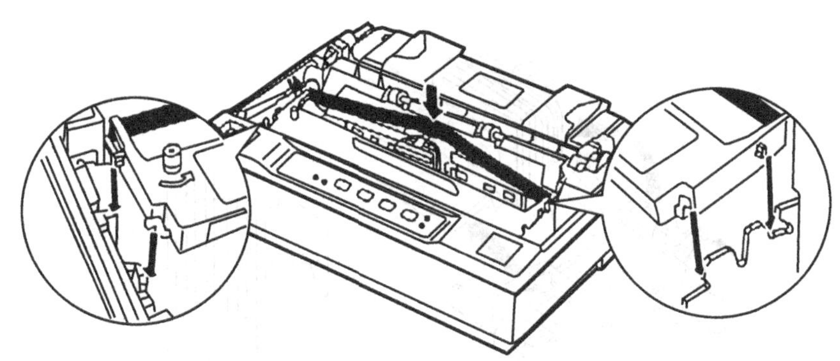

图2-39　安装色带盒

注意

在打印机处于开启状态时，请不要移动打印头，否则会损坏打印机。此外，如果刚使用过打印机，打印头可能很热，请勿触碰打印头。

（2）进行检测

1）运行自检程序。通过自检可以确定打印机在运输中有无损坏，还可以得知色带的安装是否正确。

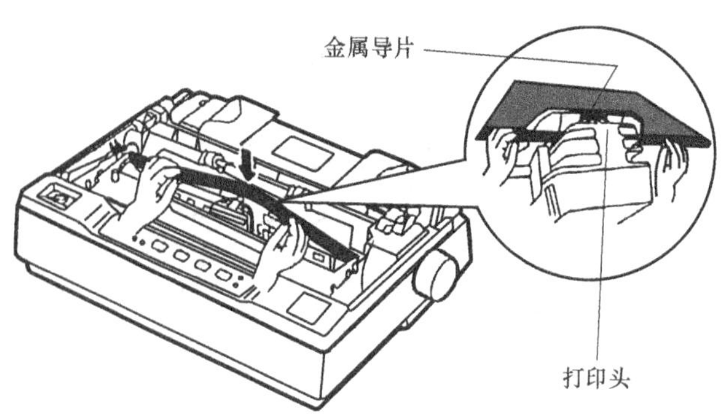

图2-40　将色带芯拨入到打印头和金属导片之间

同时按“进纸/退纸”+“电源”进行中文自检。

注意

运行自检程序时所用的打印纸的宽度至少为210mm；否则，打印针会直接打印在打印辊上。

2）检测打印头。在教师指导下，用专用打印头检测器检测打印头的打印质量，观察是否有断针。

（3）拆装打印头　爱普生LQ-1600KⅢ打印头的拆装如下：

1）取下打印机盖和色带盒。

2）翻开打印头锁定夹，朝打印辊侧轻轻提起打印头，两边捏住打印头散热片（即外壳）向上提起，把打印头从字车上取下来，如图2-41a所示。

3）拔去打印头连接器上的两根柔性扁平电缆（FPCR和FPCF），拿出打印头，如图2-41b所示。

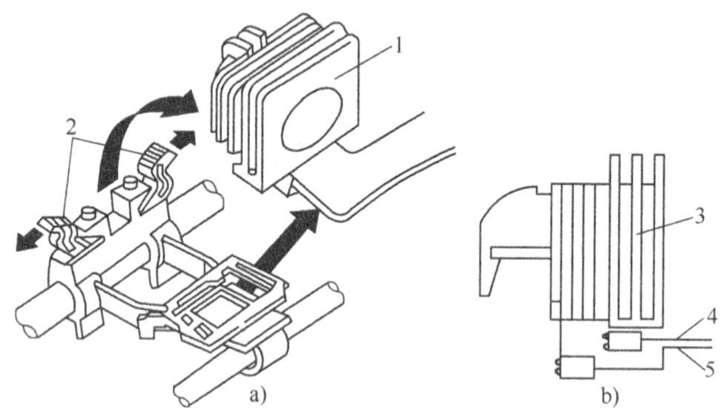

图2-41　爱普生LQ-1600KⅢ打印头的更换
a）打印头拆卸　b）断开扁平电缆
1、3—打印头　2—打印头锁定夹　4—FPCR　5—FPCF

4）用酒精棉球擦洗打印头前面的墨污，查看一下是否有缺针情况。如有，可换针或更换打印头。

打印头断针是打印机最常见的故障，这种故障几乎占到总故障的一半。24针的打印头分长针、短针两种规格，各12根，这24根针分奇（短针）偶（长针）双列排列。如果打印头中有断针，打印出的字符/汉字就会出现缺点少划的情况。

（4）针式打印机的清洁

1）整机的清洁。

① 表面清洁。经常使用中性清洁剂擦除打印机外壳上的色带墨渍、油污和灰尘等，以保持外观清洁。

② 机内清洁。包括：扫除机内纸屑和尘土；用柔软的布擦除字车导轴上的污垢；清除传感器上的纸屑和尘土，以免造成打印机工作时误检测。

2）清洗打印辊。色带上的油墨及蜡纸上的石蜡对打印辊都有腐蚀作用，时间一长会使打印辊变得凹凸不平，并加速老化。因此，为了避免上述现象发生，要定期清洗打印辊。用柔软的布蘸上酒精，清除掉打印辊上的油泥、污垢，使其保持平滑光洁。

3）打印头的清洗。一般打印头每打印5万字或使用3个月就应进行清洗。清洗的方法有多种，易装卸式打印头在清洗时可卸下打印头，将打印头前端出针处1～2cm浸在无水酒精中，视其污染程度浸泡数分钟，用小毛刷清洗针孔，然后晾干即可。这种方法的优点是清洗彻底。

也可不必将打印头从打印机上卸下，具体步骤如下：

① 将打印色带从打印机卸下，在打印辊上夹上吸水性好且表面光滑的纸。

② 将打印头控制杆拨到“1”的位置，即用打印头与打印辊间距最小的一挡。

③ 用医用棉花蘸足无水酒精，接通打印机电源。

④ 启动打印机开始打印，同时手拿酒精棉球跟随打印头移动，并均匀捏紧棉球。

⑤ 随着打印过程的进行，酒精均匀地渗入打印头内部。

⑥ 随着打印针的出针操作，会把打印针及打印针导向孔中的污垢溶解后并带出。

⑦ 连续操作几次，就可将打印头清洗干净。

4）打印机的润滑。要定期对打印机械装置的有关部件用润滑油进行润滑。润滑前一定要先清洁打印机。主要润滑部位是有相对运动的部件，如字车导轨、字车机构、输纸机构和色带机构中的齿轮以及一些活动轴、滑轮等。

针式打印机除了上述的使用方法和维护，还有很多没有涉及的问题。同学们感兴趣，可查阅有关资料。请把问题记在下面。

把你的问题记在这里：

上面问题的答案：

2.3.2　任务五　喷墨打印机的使用与维护

1. 喷墨打印机的使用

与针式打印机一样，喷墨打印机也可以利用计算机来实现多种打印功能。请完成下列操作：

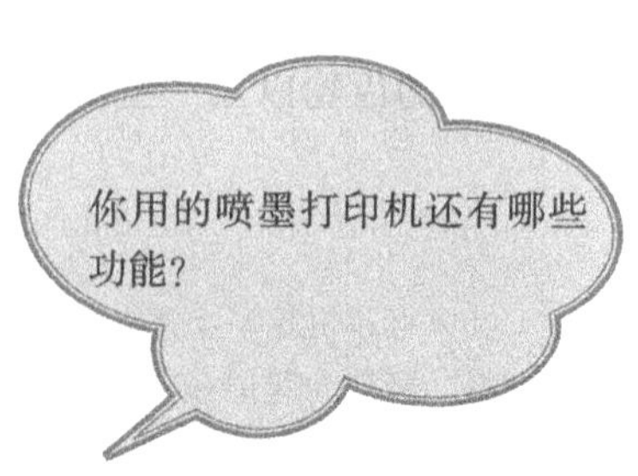

1）应用计算机安装佳能 Bubble-JetBJC-2000 打印机驱动程序。

2）选择彩色打印。

3）进行喷嘴检查。

4）进行双面打印。

2. 喷墨打印机的维护

喷墨打印机的墨盒是其主要消耗品，用完需马上更换。每种机器的墨盒形状不同，安装方法也各有不同，但安装都比较简单。例如，联想 RJ610N 打印机更换墨盒的方法如下：

1）如图2-42所示，抬起墨盒检修盖及四个墨盒盖，以暴露出墨盒槽。从吸塑包装中取出墨盒，注意不要跌落以免墨盒损坏。

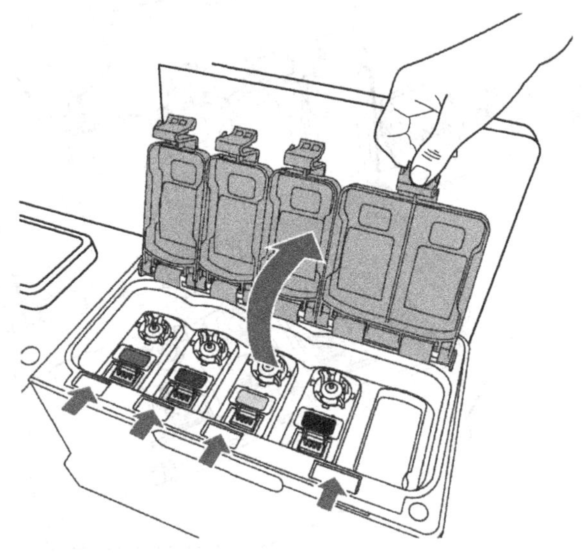

图2-42　抬起墨盒检修盖及四个墨盒盖

2）在将墨盒插入到打印机上的墨盒插槽中之前，应撕下每个墨盒上附带的两个拉片，如图2-43所示。

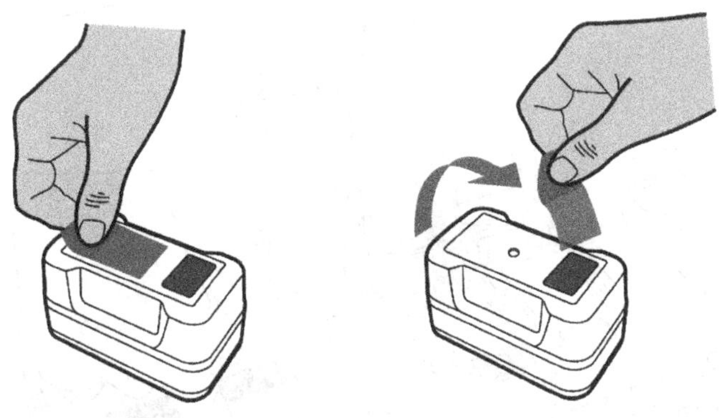

图2-43　撕下每个墨盒上附带的两个拉片

3）墨盒插槽颜色各不相同，请检查墨盒与插槽上的颜色标记，并将墨盒插入到其对应颜色的墨盒插槽中，如图2-44所示。

4）合上墨盒盖，确保将其牢牢扣紧，如图2-45所示。

5）关闭打印机顶盖，等待至少2min以便墨水充满打印机中的墨水管道。

注意

黑色组合墨盒适用于最右边的插槽。每个墨盒上有一个机械部件，用于防止将墨盒插入到错误的插槽中。每个插槽具有颜色标记。如果墨盒难以插入，请检查颜色是否一致，再尝试换槽插入。

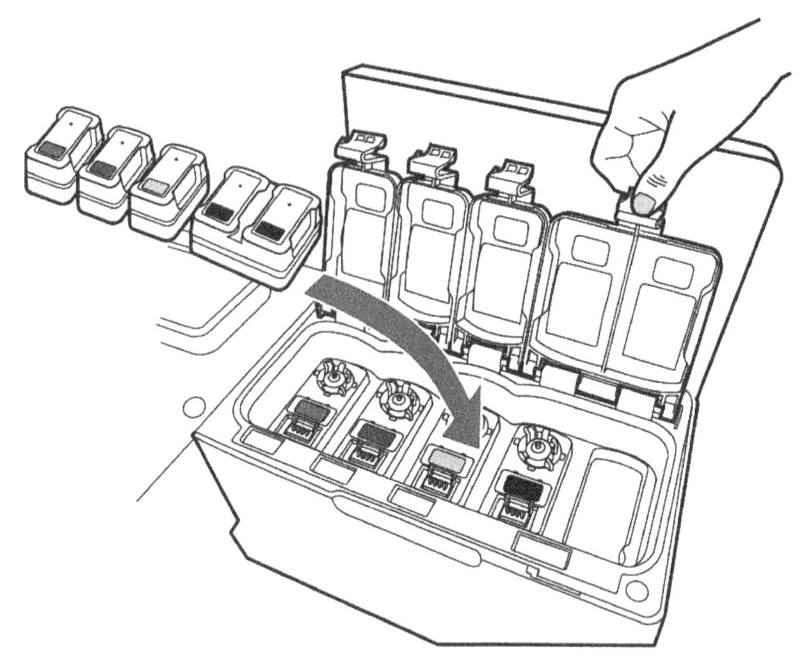

图2-44　按顺序安装墨盒

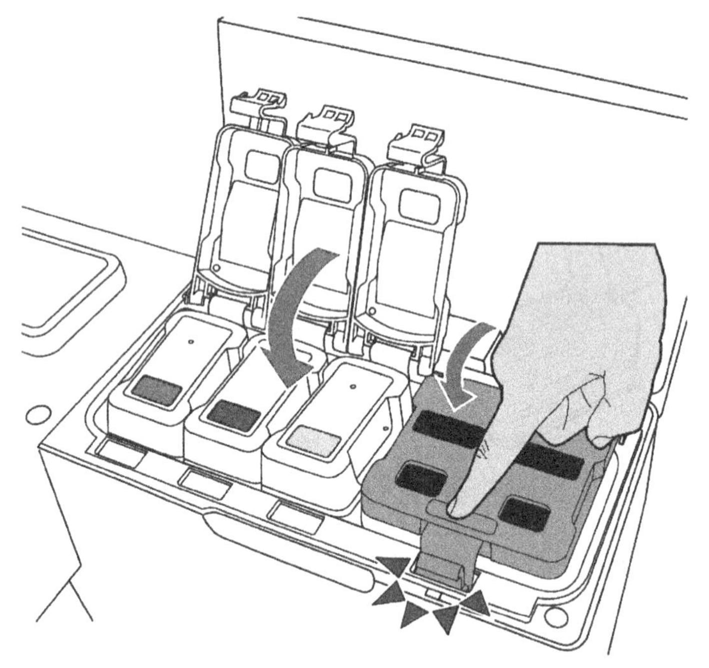

图2-45　合上墨盒盖

有些喷墨打印机在安装墨盒时用打印软件来控制，并同时调校打印头（墨盒）及打印喷嘴检查图案，以确保获得最佳打印效果，使用时应注意。对于彩色墨盒，可单独更换某一颜色的墨盒。喷墨打印机可利用驱动程序中的“维护”选项清洗打印头，但会消耗墨水，因此在必要时才清洗打印头。

3. 喷墨打印机常见故障处理方法

喷墨打印机常见故障处理方法见表2-3。

表2-3　喷墨打印机常见故障处理方法

故障类型	故障原因	处理方法
打印质量差	打印纸不符合要求	更换打印纸
	喷嘴沾污或阻塞	执行喷头清洗操作，或更换喷头
	墨盒中墨水已用完	更换墨盒
	输纸辊沾污	清洁输纸辊
	清洗系统产生故障	检修清洗系统
	逻辑电路或字车电路板产生故障	更换或检修电路
卡纸或无法加纸	打印纸不合格	更换打印纸
	送纸路径有异物	清除异物
	纸传感器有故障	更换或检修传感器
	输纸电动机或输纸电动机控制与驱动电路有故障	更换或检修电路和电动机
	输纸机构中机械部分有故障	检修输纸机构

在教师指导下，进行喷墨打印机故障的处理。

2.3.3　任务六　激光打印机的使用与维护

1. 激光打印机的使用

与针式打印机和喷墨打印机一样，激光打印机也可以利用计算机来实现多种打印功能。请完成下列操作：

1）打印测试页。

2）进行双面打印。

3）进行信封打印。

2. 更换光导体组件

小知识

激光打印机的光导体组件有3种形式：①一体化光导鼓，其色粉盒、光导鼓和显影磁辊是一体的，一般不允许充加色粉。②二体化光导鼓，即一部分为不需要经常更换的光导鼓，另一部分为显影磁辊与色粉盒。当用完色粉后，只需更换显影磁辊与色粉盒就可以。③三体化光导鼓，即光导鼓分为3个独立的部分，光导鼓、显影磁辊和色粉盒。采用鼓粉分离技术，在用完色粉后只需更换碳粉盒即可。现在可以对使用过的光导体再生和添加色粉，但需要一定的技术支持。

光导体组件是激光打印机的主要耗材。以惠普 LaserJet Enterprise 600 M 602 为例，说明更换光导体组件的步骤。

1）打开顶盖，如图 2-46 所示。

2）从机器中取出旧的打印碳粉盒，如图 2-47 所示。

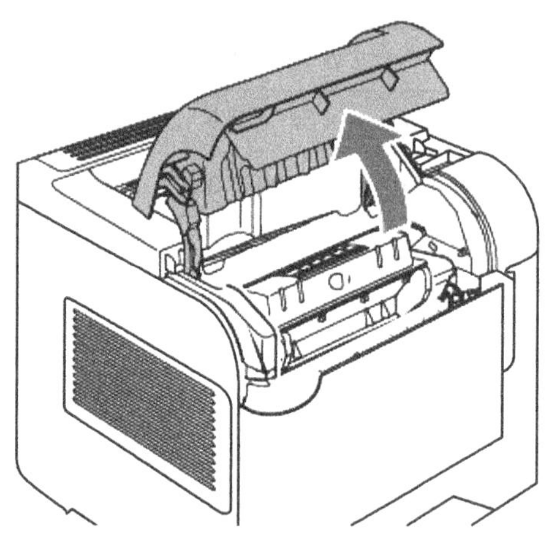

图 2-46　打开顶盖

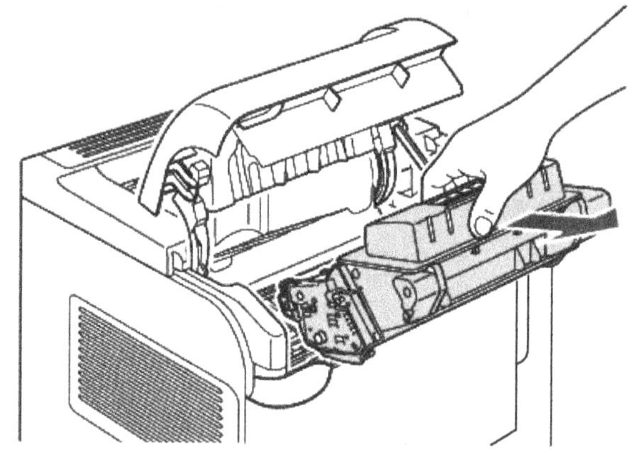

图 2-47　取出旧的打印碳粉盒

3）从包装袋中取出新的打印碳粉盒。将用完的打印碳粉盒装入包装袋以回收，如图 2-48 所示。

4）抓住打印碳粉盒的两侧，轻摇打印碳粉盒，使碳粉分布均匀，如图 2-49 所示。

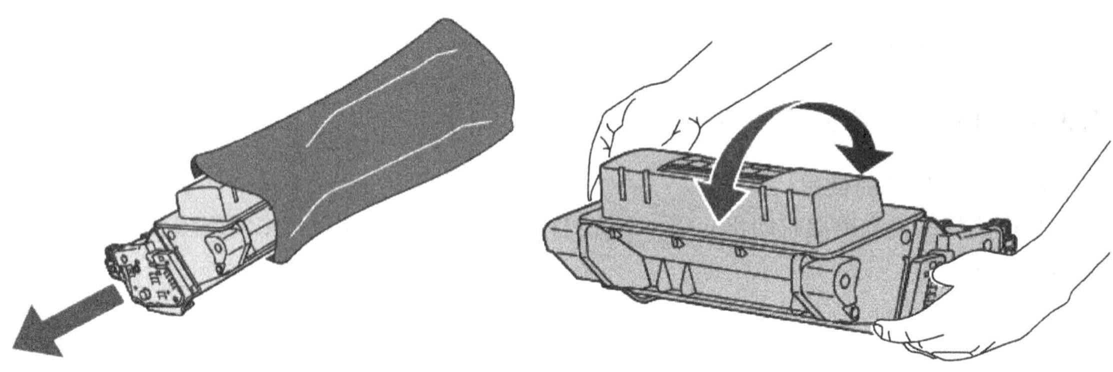

图 2-48　从包装袋中取出新的打印碳粉盒

图 2-49　轻摇打印碳粉盒

5）从新的打印碳粉盒上取下装运锁，并撕下装运胶带，如图 2-50 所示。

6）将打印碳粉盒与产品内部的导轨对齐，插入打印碳粉盒直至其牢固就位，然后合上顶盖，如图 2-51 所示。

3. 卡纸问题的解决

卡纸是所有与纸有关的办公设备会经常出现的故障，激光打印机也不例外。出现卡纸后，应小心取出整张纸，不能有碎片留在机内。卡纸可能会出现在与纸张接触的任何部位。下面举例说明取出卡纸的方法，训练时应在教师指导下进行操作。

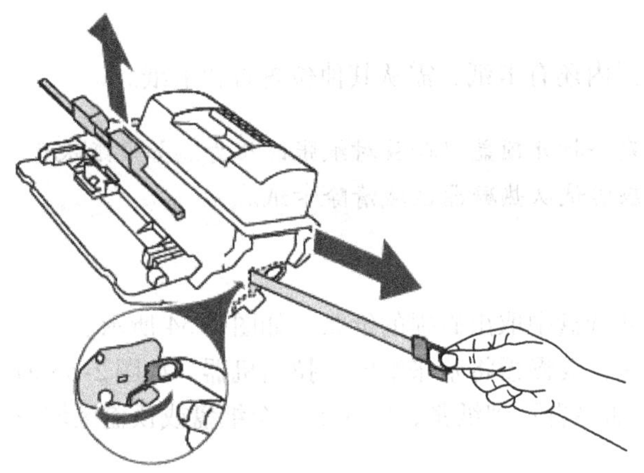

图2-50 撕下装运胶带

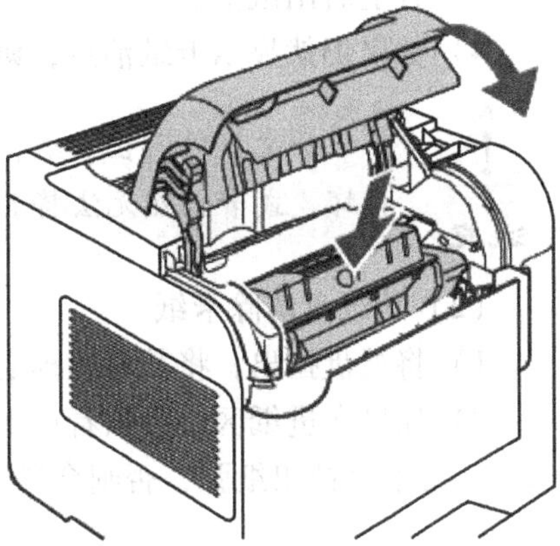

图2-51 合上顶盖

（1）从后出纸槽清除卡纸

1）打开后出纸槽，如图2-52所示。

2）抓住纸张两侧，然后慢慢将纸张拉出卡纸部位，如图2-53所示。

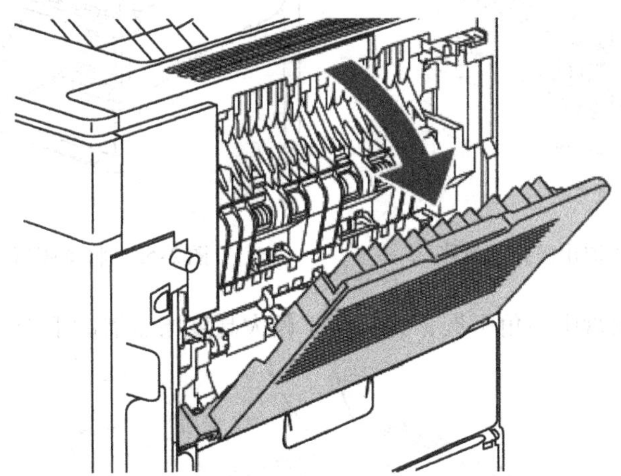

图2-52 打开后出纸槽

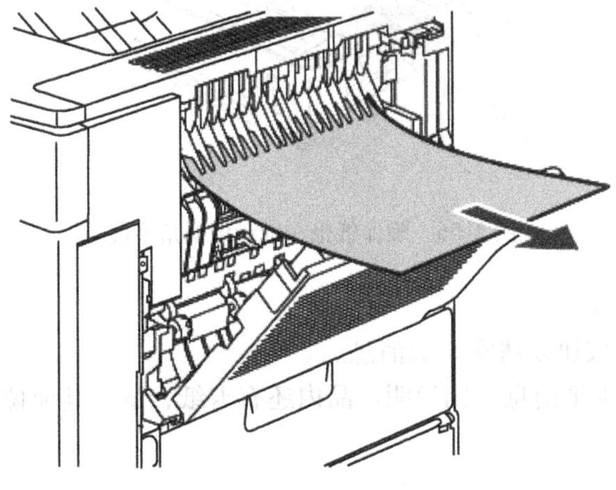

图2-53 将纸张拉出

3）合上后出纸槽。

4）如果仍然显示卡纸消息，则说明机器内还有卡纸，需从其他位置查找卡纸。

注意

如果很难取出卡纸，则尝试完全打开顶盖以释放对纸张的压力。如果纸张已损坏，或者仍然无法将其取出，应尝试从热凝器区域清除卡纸。

（2）从纸盘清除卡纸

1）将纸盘拉出，将其稍微提起，然后从纸盘中取出破损的纸张，如图 2-54 所示。

2）如果在进纸区域可以看见卡纸的边缘，要慢慢将整张纸向下拉出机器，如图 2-55 所示。不要平直拉出纸张，否则会撕裂纸张。如果看不到纸张，则在下一个纸盘或顶盖区域查找纸张。

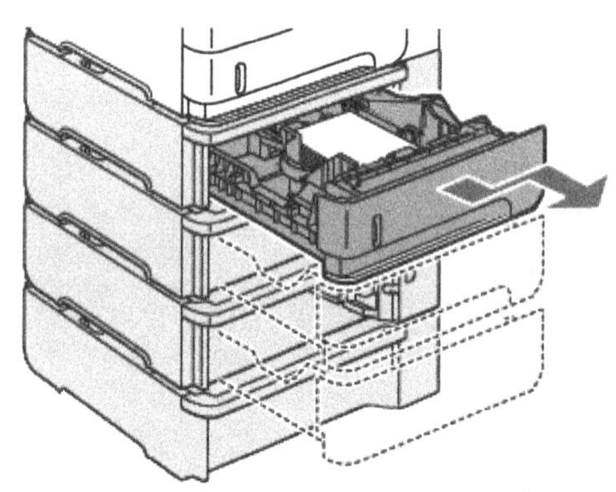

图 2-54　从纸盘中取出破损的纸张

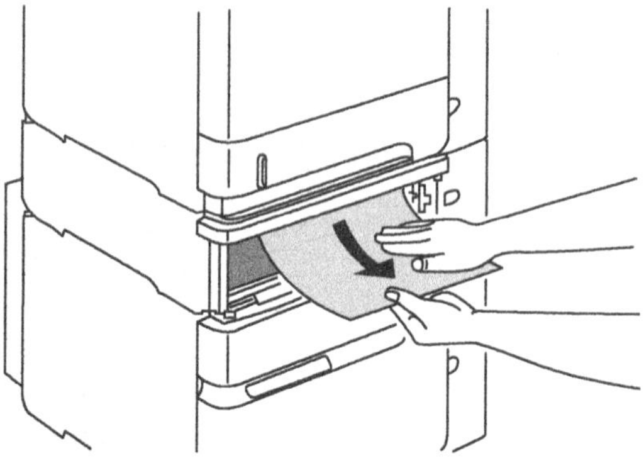

图 2-55　将整张纸向下拉出机器

3）确保纸张在纸盘中四角平展，并且位于最大高度指示器的下面，如图 2-56 所示。

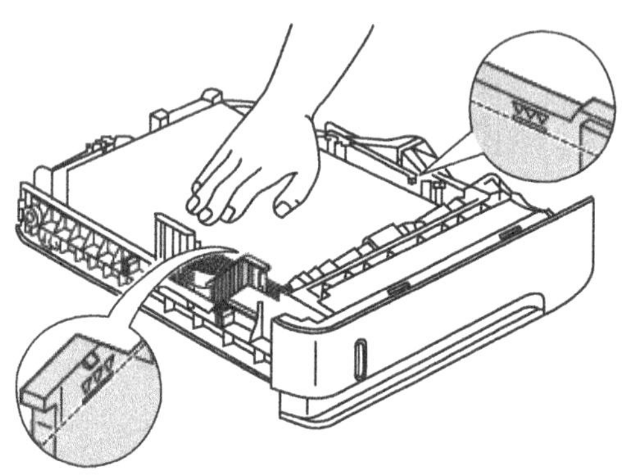

图 2-56　确保纸张在纸盘中四角平展

4）将纸盘滑入产品。

5）按下“确定”按钮以清除卡纸消息。

6）如果仍然显示卡纸消息，则说明产品内还有卡纸，请从其他位置查找卡纸。

喷墨打印机和激光打印机的应用有与针式打印机相同的地方，也有各自的使用特点。除了上述的使用方法和维护，还有很多没有涉及的问题。同学们感兴趣，可查阅有关资料。请把问题记在下面。

把你的问题记在这里：

上面问题的答案：

2.4　检测练习

1. 用带孔的连续纸进行打印操作。
2. 卡尔逊6步法是__________、________、__________、____________、__________、__________。它们各自的目的是什么？
3. 图2-57所示为3种不同光导体的光谱特性曲线，横坐标是光线的波长，纵坐标为光导体的光感度。该图说明了什么？

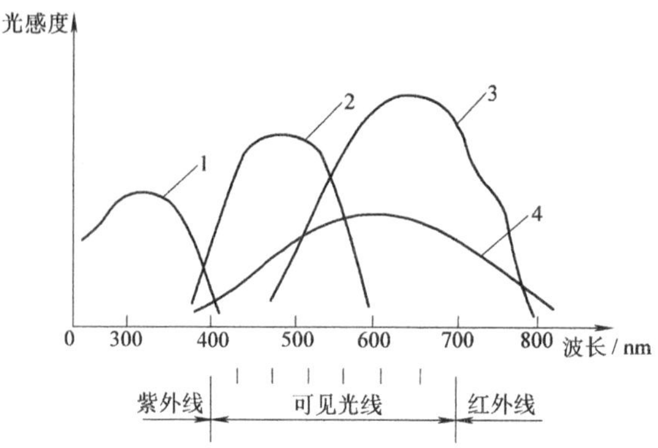

图2-57　3种不同光导体的光谱特性曲线

1—氧化锌（ZnO）　2—硒（Se）　3—硫化镉（CdS）　4—增感后的ZnO

4. 在使用三种常用打印机时各应注意什么？

5. 在维护和更换耗材时各应注意什么？

6. 下表是三种常用打印机的对比表，根据你的体会，填写完成此表。

	针式打印机	喷墨打印机	激光打印机
噪声			
打印质量			
打印速度			
打印多份复制			
彩色打印			
对打印纸的要求			

第3单元　扫　描　仪

3.1　扫描仪技能训练一

3.1.1　任务一　认识扫描仪的外部结构及安装扫描仪

1. 扫描仪的外部结构

办公常用的扫描仪是平板式的，其外部结构如图3-1所示。它由顶盖、玻璃平台和底座构成。玻璃平台用于放置被扫描的文件，顶盖大多采用浮动顶盖，以适应扫描不同厚度的对象。

扫描仪是一种图形、图像输入设备，主要用于将各种形式的图像信息（如图片、照片、胶片、图样以及文稿等）输入到计算机中，以便对这些信息进行处理、管理、使用、存储和输出等。扫描仪的种类较多，按扫描原理分为平板式、手持式、滚筒式和胶片扫描仪；按用途分为通用型和专用型。

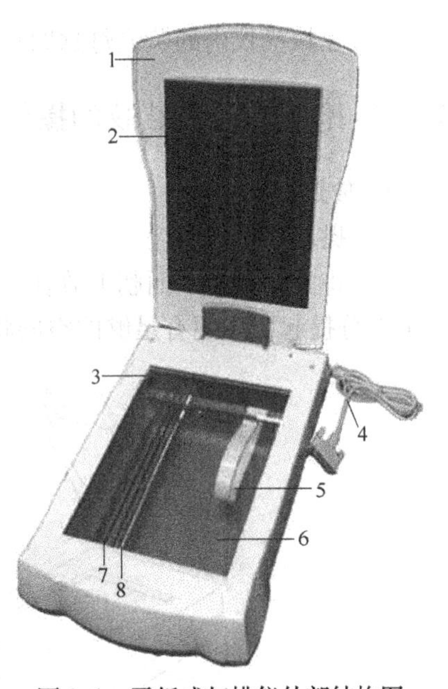

图3-1　平板式扫描仪外部结构图
1—顶盖　2—压稿胶垫　3—扫描头
4—接口电缆线　5—数据软排线
6—玻璃平台　7—传动带
8—扫描头支撑滑杆

2. 扫描仪的安装

（1）检查电源　扫描仪的电压标示在扫描仪的后面或背面。一般其电源插头是特殊的，有的带稳压电源，使用时需注意。有的扫描仪本身没有电源开关，插上电源插头后会自动开启。

（2）扫描仪开锁　有些扫描仪有一个锁定机构，以便在运送过程中保护机器。在操作扫描仪之前，必须先对扫描仪进行解锁操作，否则有可能造成扫描仪的损坏。以后在搬动扫描仪时要加锁，以防止损坏扫描仪的镜头。开锁时参照使用说明进行操作，锁位置一般在扫描仪的底部。

你使用的扫描仪是什么样的?

（3）连接计算机　扫描仪与计算机的连接一般常用USB接口和EPP接口（打印机口）。

1）在将EPP缆线连接到计算机之前，要确认已关闭了计算机和外围设备。连接好后，打开扫描仪电源，启动计算机，Windows操作系统将自动检测出用户的扫描仪，并对系统设置进行更新。

2）使用USB接口的扫描仪安装更简单。现在一般的计算机均支持USB接口的使用。先安装驱动程序，连接扫描仪后同样系统会提示找到新硬件。

（4）安装驱动程序　一般在扫描仪的包装盒中，随机附带有相应的扫描仪驱动程序（光盘）或从网上下载。将光盘插入光盘驱动器，会自动启动驱动程序安装界面，按照提示一步一步地完成安装。

（5）扫描仪的测试　扫描仪在开启后会快速地自我测试。有的扫描仪在开机后，会有下列情形：

1）在扫描仪面板上的POWER指示灯亮起。

2）POWER指示灯旁边的READY指示灯会闪烁一下。在30s的预热过程之后，扫描仪就会进行自我测试，且扫描架会前后移动约1.5cm。如果没问题，READY指示灯就会持续亮着。

3）在扫描仪内的荧光灯这时候也会亮起。当扫描仪开启时，灯不会熄灭。

3.1.2　任务二　扫描仪的操作

1. 放置原稿

1）提起文件盖。

2）将要扫描的一面朝下放在扫描仪的玻璃上，如图3-2a所示。扫描厚的文件时，文件盖可充分提起，以便有足够的空间将文件放在扫描仪的玻璃上，如图3-2b所示。

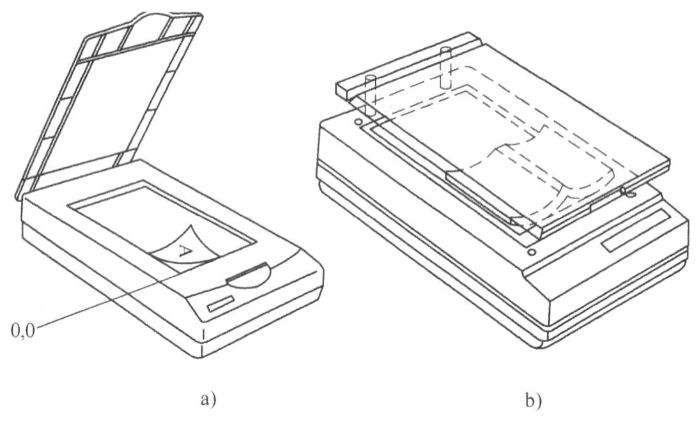

图3-2　文件的放置位置

2. 开始扫描

启动应用程序软件，单击“扫描”按钮，图像就会被扫描，并传送到可以将它储存成文件的应用程序软件中。

现以N-TEK扫描软件为例说明扫描过程。

1）双击 N-TEK 扫描软件图标，如图 3-3 所示。

图 3-3 双击 N-TEK 扫描软件图标

2）扫描仪自动开始预扫描，将被扫描图像扫描进软件，如图 3-4 所示。

图 3-4 扫描仪自动预扫描

3）在软件界面的右侧有一列选择键，根据需要进行选择和调整。对原稿类型进行选择，如图 3-5 所示。

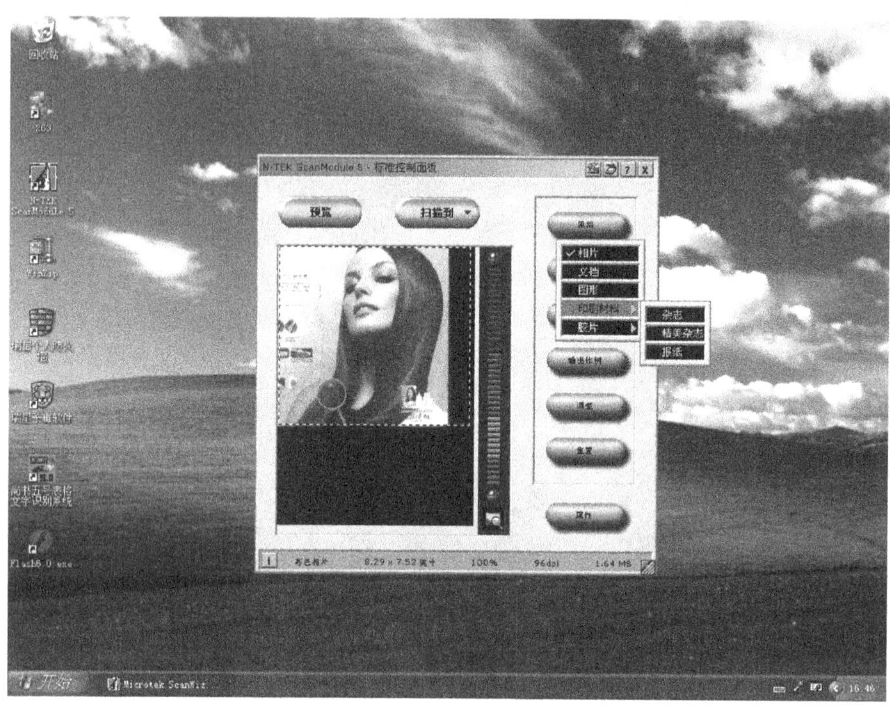

图 3-5　选择原稿类型

4）对扫描类型进行选择，如图 3-6 所示。

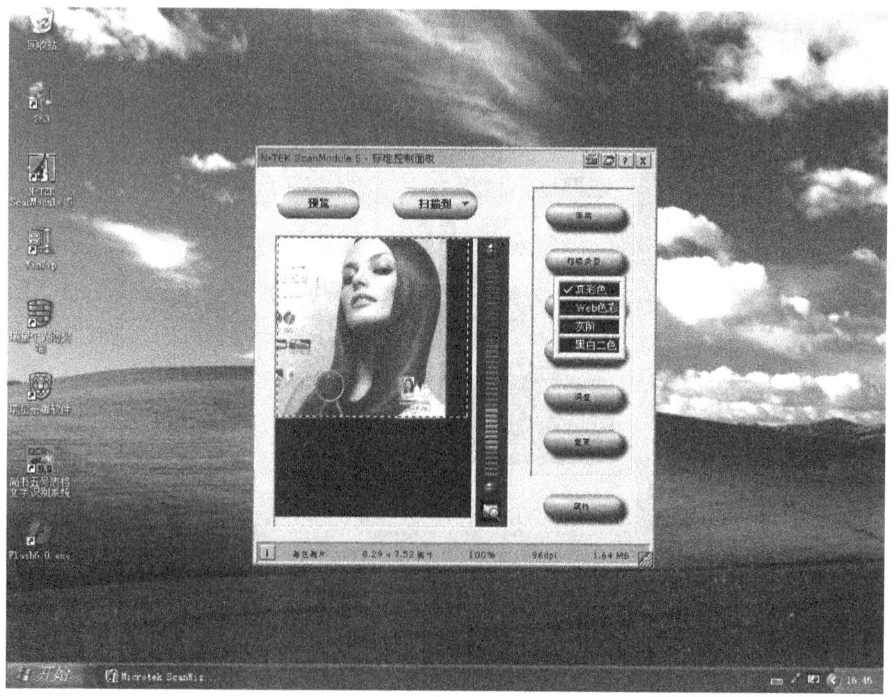

图 3-6　选择扫描类型

5）对输出目的进行选择，如图 3-7 所示。

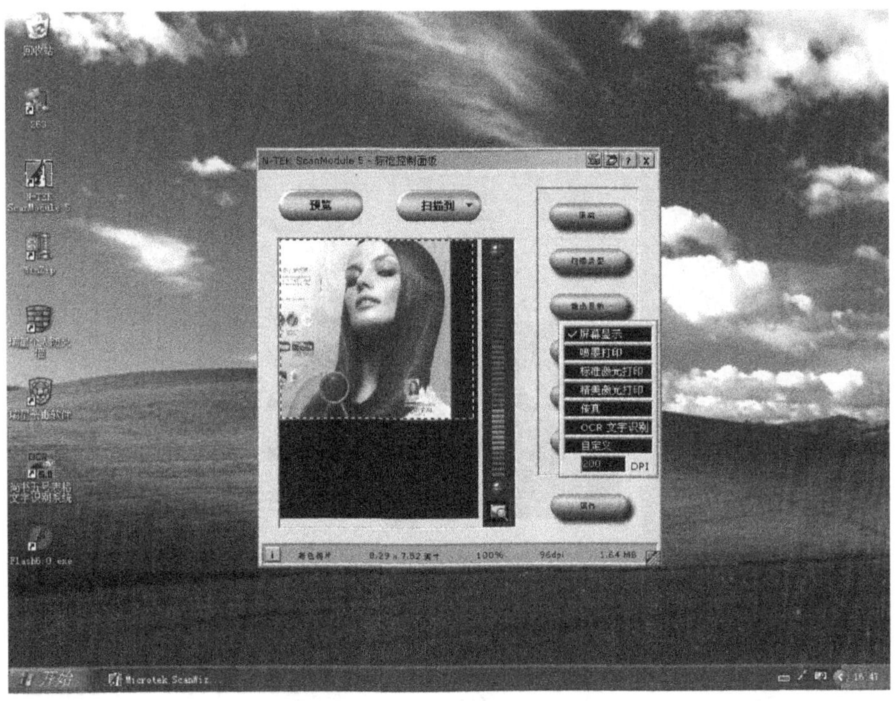

图 3-7　选择输出目的

6）对输出比例进行调整，如图 3-8 所示。

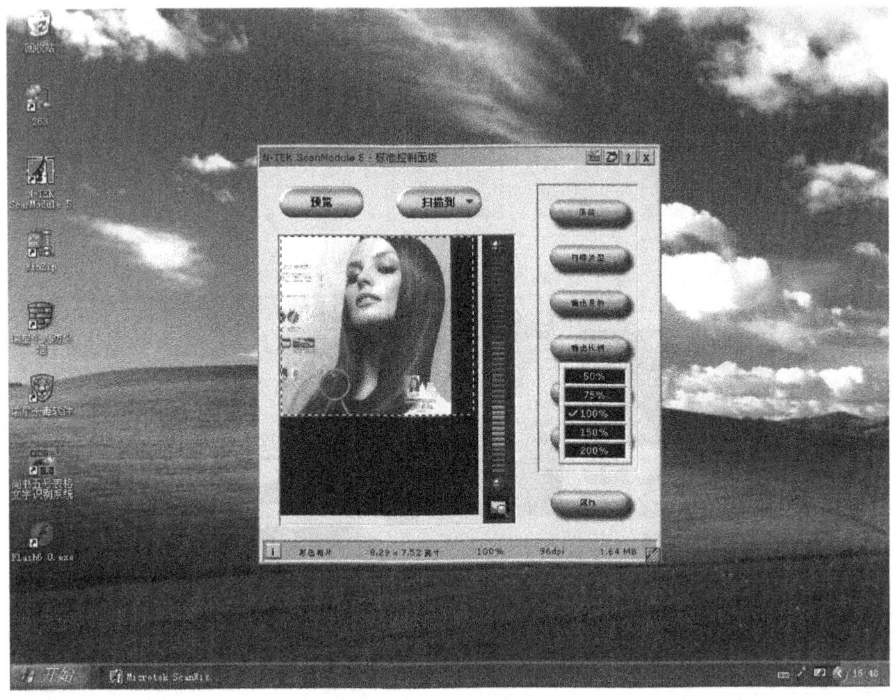

图 3-8　调整输出比例

7）对图像效果进行调整，如图3-9所示。

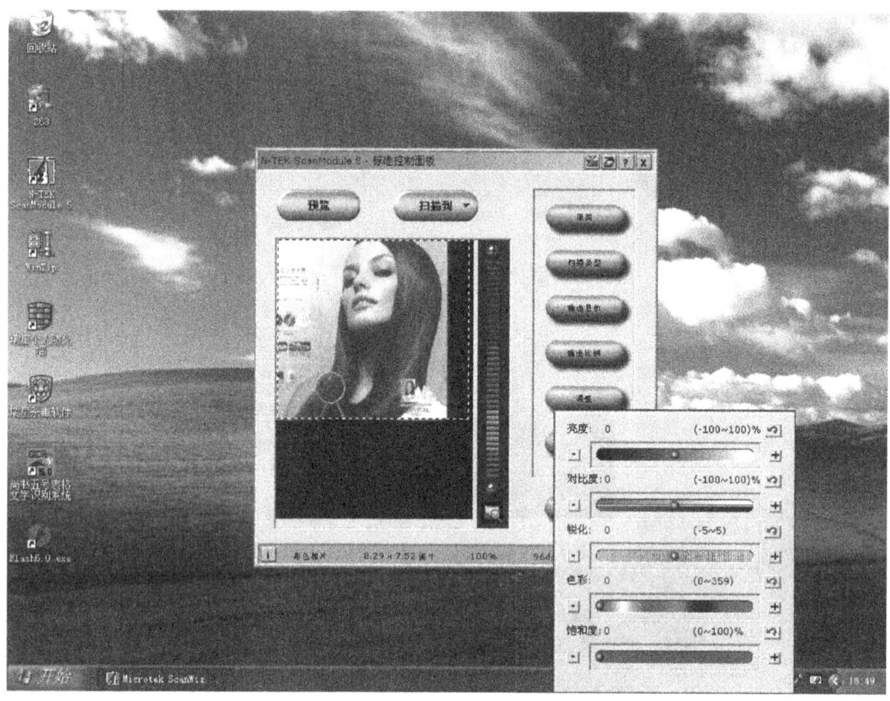

图3-9　调整图像效果

8）对属性进行调整，如图3-10所示。

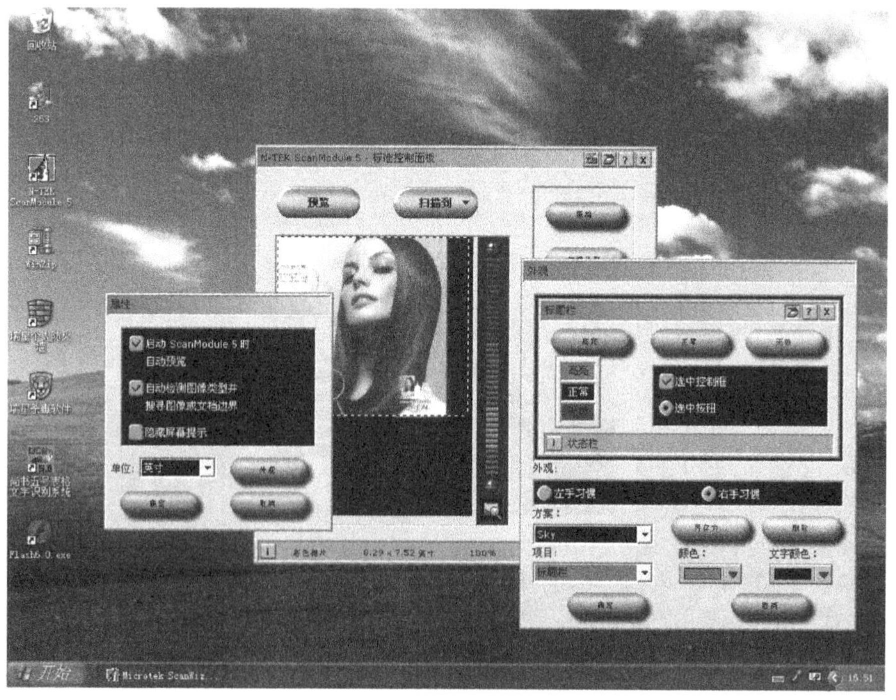

图3-10　调整属性

9）如果需要限定扫描范围，可用鼠标拖动图像周边的虚线框到合适的位置，如图 3-11 所示。

图 3-11　调整扫描范围

10）如果觉得效果不好，可单击“预览”按钮重新预扫描。如果觉得符合要求，可单击“扫描到”按钮，选择保存位置和类型，进行图像保存，如图 3-12 所示。

图 3-12　保存扫描图像

以上是扫描仪的一般使用方法。有些调整项目不一定非调整。你用的扫描仪与上面讲的一样吗？在操作过程中还有哪些问题可写在下面，自己琢磨或与老师、同学一起探讨。

把你的问题记在这里：

上面问题的答案：

3.2 扫描仪的工作原理、内部结构及性能指标

3.2.1 扫描仪的工作原理

对照图 3-13，试着自己分析说明扫描仪的工作过程。

平板式扫描仪获取图像的方式是先将光线照射到待扫描的材料上，光线反射回来后再由一个 CCD 或 CIS/LIDE 的光敏元器件实现光电转换。扫描仪的工作过程如图3-13所示。

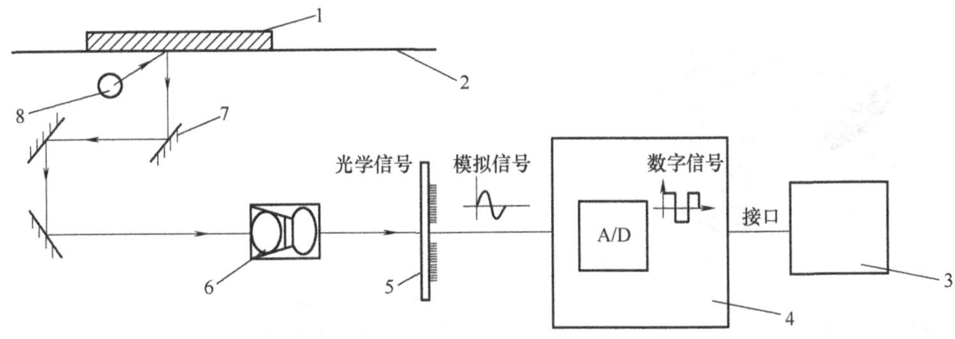

图3-13　扫描仪的工作过程

1—扫描原稿　2—玻璃　3—计算机　4—扫描仪主板　5—CCD　6—镜头　7—反射镜　8—灯管

大家对CCD应该不太陌生（因为数字照相机要用它），它是电荷耦合器件，可把接收到的光信号转变为电信号。它是利用微电子技术制成的表面光电器件。在一片硅单晶上集成了几千到上万个光敏晶体管，并分为三列，用红、绿、蓝三色的滤色镜罩住。光敏晶体管在受到光线照射时产生电流经放大后输出，从而形成对应原稿的电荷图像。CCD在办公设备中经常要用到，是非常重要的元器件。

3.2.2　扫描仪的内部结构

扫描仪的内部结构主要由机械传动机构和光电系统构成。图3-14所示为扫描仪内部结构图，图3-15所示为扫描仪光电系统示意图，图3-16所示为扫描仪扫描头结构图。

1. 机械传动机构

机械传动机构由步进电动机、传动带和扫描头移动支撑滑杆组成。扫描头卡在传动带上，由传动带带动在支撑滑杆中纵向移动。步进电动机由步进驱动电路驱动，其步进精度决定了扫描仪的纵向扫描精度（机械分辨率）。

2. 光电系统

光电系统主要由光源、光学系统、感光元器件、模-数（A-D）转换器、图像转换器和硬件接口组成。扫描头中包括光源、光学系统、感光元器件等。

（1）光源　扫描仪是通过读取反射或者透射的光线来获取图像信息的，因此光源品质的好坏将直接影响到最终的扫描结果。目前，扫描仪产品基本上使用的都是低压辉光放电管。这种光源的优点是无灯丝、寿命长、发光稳定，可以获得很高的扫描质量。

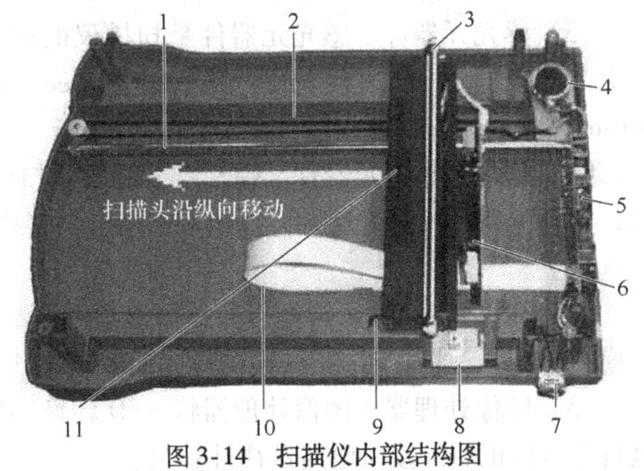

图3-14　扫描仪内部结构图

1—扫描头支撑滑杆　2—传动带　3—灯管　4—步进电动机　5—电路板1　6—电路板2　7—电源开关　8—扫描头锁定开关　9—扫描头锁定卡扣　10—数据软排线　11—扫描头

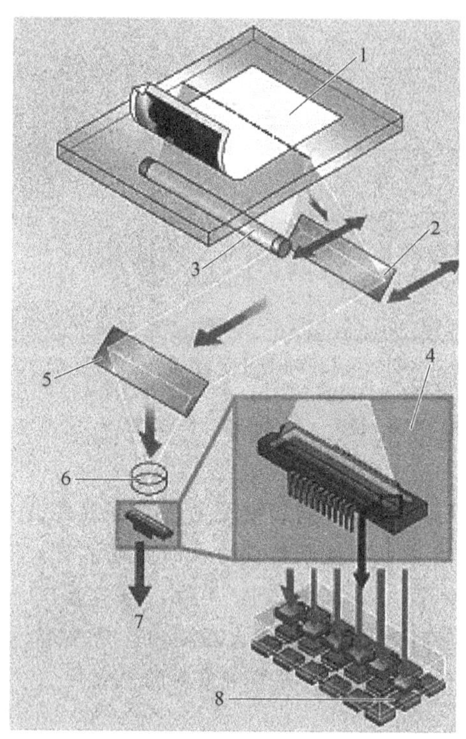

图3-15　扫描仪光电系统示意图
1—原稿　2、5—反射镜　3—光源
4—电荷耦合器件（CCD）　6—透镜
7—到A-D转换器和输出处理
8—感光像素元器件

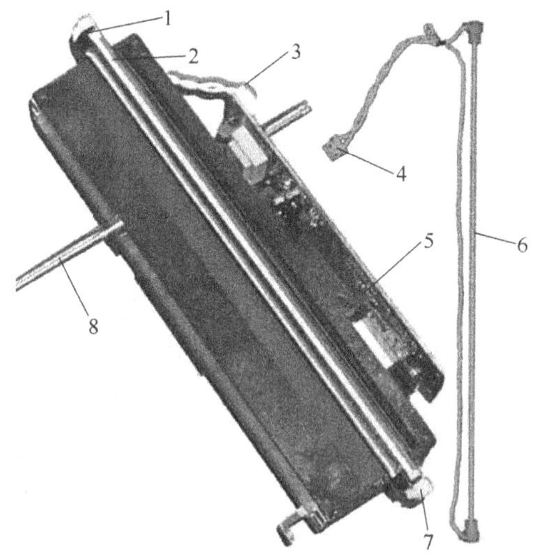

图3-16　扫描仪扫描头结构图
1、7—灯管卡座　2—灯管　3—灯管电源插座
4—灯管电源插头　5—电路板　6—取下的灯管
8—圆形金属导轨

（2）光学系统　光线在进入感光元器件之前，必须经过由几只反光镜和一个透镜组所组成的光学系统。镜头的作用是将光线汇聚于感光元器件上，产生清晰而不失真的图像。因此，镜头是极为精密的重要光学部件。

（3）感光元器件　感光元器件是扫描仪的核心，直接影响到扫描的效果。通常使用的有电荷耦合器件CCD（Charge Coupled Device）和接触式图像传感器CIS（Contact Image Sensor）。

CCD是常用感光元器件。CIS是一种新的扫描技术，发光体用LED（发光二极管）排列，并且不经过反射镜反射，直接被光耦合器接收。这种技术主要用于低档手持式扫描仪和传真机上。

（4）模-数（A-D）转换器　扫描仪的模-数（A-D）转换器接收感光元器件CCD传来的模拟电信号，将它转换为二进制数字信号后再送到图像处理器进行处理。

（5）图像处理器　图像处理器将A-D转换器传来的二进制数字信号，进行运算、处理、进行参数校正后经接口电路送往计算机。

3.2.3　扫描仪的主要性能指标

扫描仪的主要性能指标包括分辨率、灰度级、色彩位数、扫描速度等。

1. 分辨率

分辨率（Resolution）表示扫描仪对图像细节的分辨能力，或者指扫描仪的光学系统可以收集的实际信息量。分辨率是衡量扫描仪品质的一项重要标准，一般常用每英寸有多少个点来衡量（dpi），也可用每英寸的线条数来衡量（lpi），其数值越高，性能越好。

分辨率又有光学分辨率和插值分辨率之分。

（1）光学分辨率　光学分辨率又称硬件分辨率，是指CCD的实际分辨率（即所采集到的影像细节数量），是扫描仪硬件水平所能达到的实际分辨率，它又细分为水平（X轴）分辨率与垂直（Y轴）分辨率，前者是由CCD的分辨率、光学系统、硬件结构决定，而后者与所使用的传动装置的分辨率密切相关。在产品的技术说明书上注明分辨率为水平×垂直各为多少dpi，如300×600dpi。前面的数字表示CCD的分辨率，后面的数字表示在1in（1in=0.0254m）的距离中，步进电动机所走的步数，即扫描过程中两条水平线之间的距离。

扫描仪的分辨率通常指的是光学分辨率，大多数为300dpi和600dpi。扫描仪的常见分辨率见表3-1。

表3-1　扫描仪常见分辨率

300×600dpi	适用于家庭用户进行普通图像的扫描及小型办公用户进行文档扫描
600×1200dpi	中档扫描仪，适用于专业图像处理和桌面印刷排版系统
1200×2400dpi	专业级扫描仪，用于专业平面设计和精印刷等领域

（2）插值分辨率　插值分辨率是利用软件技术来提高分辨率，俗称最大分辨率。其方法是在硬件所产生的影像信息中插入一些像素。这种方法使得到的扫描影像更自然、更富有层次。

一般情况下，分辨率越高，它所得到的影像就越清晰，所占用的存储容量也越大，售价就越昂贵。

2. 灰度级

灰度级表示每个像素经光电转换后电平的量化值范围，即影像的亮度层次范围，单位为bit。级数多，说明扫描仪图像的亮度范围大，有能力从纯黑到纯白之间平滑过渡，层次丰富，真实感强。目前多数扫描仪的灰度是1024级。该指标常用于黑白扫描。

3. 色彩位数

色彩位数是指所能表示的颜色数值，也就是扫描仪能扫描出的颜色种类数，通常用位（bit）来表示，如8位只能表示256种颜色。

目前市场上扫描仪的色彩位数一般有24位、30位、36位、42位和48位等几个档次。只有30位以上才有资格称为真彩扫描仪，因为色彩位数可以决定颜色数量。例如，30位彩色扫描仪是以30位的数字来描述每个像素点上的颜色，它能达到10亿色。而36位的超级彩色扫描仪可得到687亿色。

小知识

自然界的颜色是丰富多彩的，在计算机屏幕上我们只能模拟出与大自然大概一致的色彩，方法是通过RGB（红绿蓝）三原色的合成来实现。计算机在存储一种色彩时，实际上是存储了生成它的RGB三原色的一组数据。

4. 扫描速度

扫描速度的表示方法一般有两种，一种用扫描 A4 幅面所用的时间来表示，另一种用扫描仪完成一行扫描的时间来表示。

扫描仪的扫描速度取决于接口卡的数据传输速率，同时还与信号处理过程中的接收、转换、传送关系密切。另外，扫描速度还与所使用的驱动软件有关。

扫描仪的其他性能指标还包括扫描幅面、接口方式和感光元器件等。

以上讲述的是扫描仪的工作原理、内部结构组成及主要性能指标。你觉得决定扫描仪价格的因素有哪些？还有什么不清楚的问题可记在下面。与老师及同学一起探讨，查找有关资料，找到答案。这对提高你的学识水平是很有帮助的。

把你的问题记在这里：

上面问题的答案：

3.3 扫描仪技能训练二

3.3.1 任务三 扫描仪的使用

1. 扫描仪的高级控制面板使用

前面已经进行了简单的扫描仪操作。我们还可以利用扫描仪的高级控制面板对扫描原稿进行更多方面的处理。如图 3-17 所示，按右上角转换图标，进行高级控制面板的转换。转换后的界面如图 3-18 所示。我们可以进行图像类型、分辨率、尺寸、亮度和暗度、曲线修正、彩色修正、滤镜、去网等操作。同学们可自己进行调整，看看有何变化。

图 3-17 高级控制面板的转换

2. 汉字识别系统

办公用扫描仪经常使用的功能主要有两项，一项是图像扫描，另一项是文字识别功能。借助于 OCR（光学字符识别）技术，扫描仪具有进行汉字识别等文字编辑功能。尚书汉字识别系统是现在常用的汉字识别系统。它进行文字处理的过程如下：将整页文字通过扫描仪输入到计算机，然后通过 OCR 软件对扫描图像中的文字进行识别及校对，从而完成各种印刷汉字的自动录入，同时可以对所输入的文本进行编辑、校改、查询和替换等操作。

图3-18　高级控制面板

小知识

OCR是光学字符识别的简称，是利用模式识别算法，分析文字的形状特征，从而判别不同的汉字。其工作流程如下：文件→扫描输入→图像处理→版面划分→文字识别→文字编辑→文档存储。OCR技术包括图像预处理技术、版面分析技术、切分和识别技术及版面还原技术等。OCR识别的正确率除了与软件本身有关系外，与所识别文件的原稿质量也有很大关系。OCR不仅能识别文字、表格，也可扫描图像。

应用尚书汉字识别系统，应首先安装该系统。使用步骤如下：

1）将被扫描文本放在扫描仪上，用鼠标双击尚书汉字识别系统图标，即可进入尚书汉字识别系统图像处理界面，如图3-19所示。

2）单击左上角的“扫描”按钮，扫描仪将原稿扫入软件，如图3-20所示。如觉得图像不理想，可调整原稿位置，再单击“预扫”按钮重新扫描。可以看出，其界面与图3-4相似。此时“原稿”选择“文档”，“扫描类型”选择“黑白两色”，“输出目的”选择“OCR文字识别”，其他项可不选，再调整扫描范围。

3）单击“扫描”按钮，得到如图3-21所示界面，进入图像调整选项。

4）在调整界面的左面有一列选项，根据扫描结果进行放大缩小、选择识别范围、擦涂、旋转、倾斜校正等操作。图3-22所示为利用倾斜校正功能对原倾斜的扫描影像进行校正(可进行多次)。

5）对多余部分可进行擦涂或选择识别区域。单击“识别”按钮，软件进行文字识别，得到如图3-23所示界面，在该界面可进行文稿校对。由于软件有一定的识别率，所以有些

图3-19 尚书汉字识别系统图像处理界面

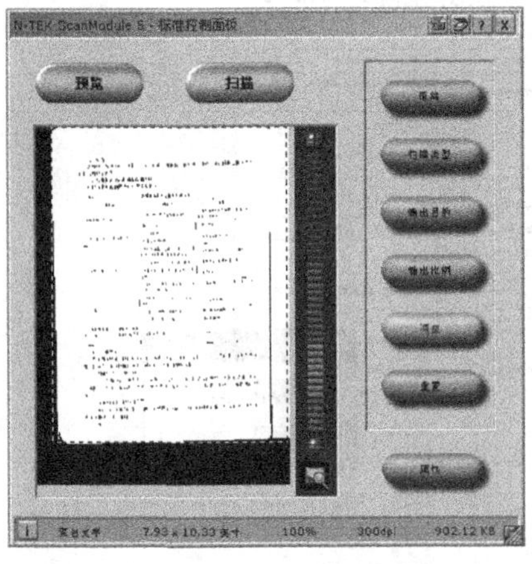

图3-20 扫描文件

部分与原稿不符，可在此界面进行修改，也可另存为或复制成Word文档再修改。

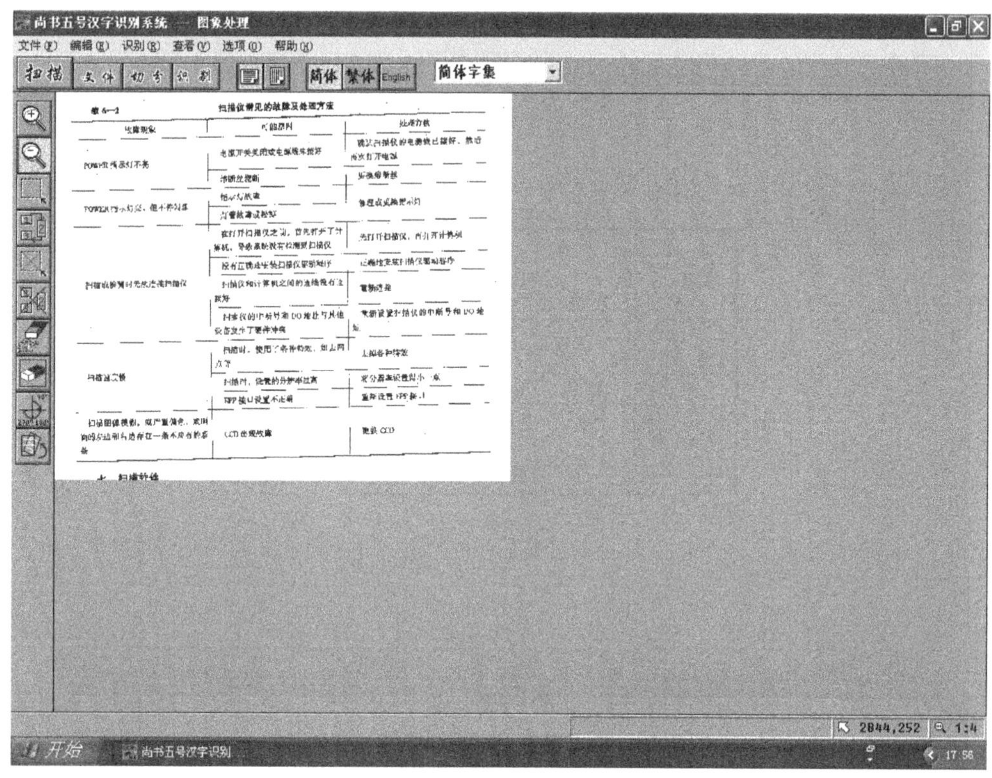

图 3-21　调整界面

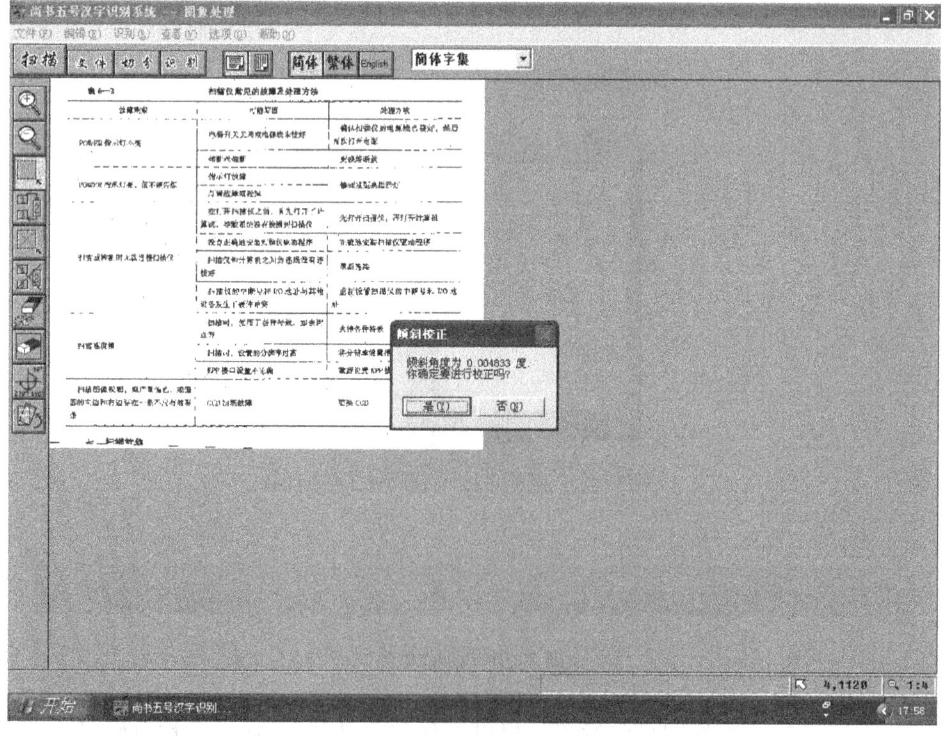

图 3-22　倾斜校正功能

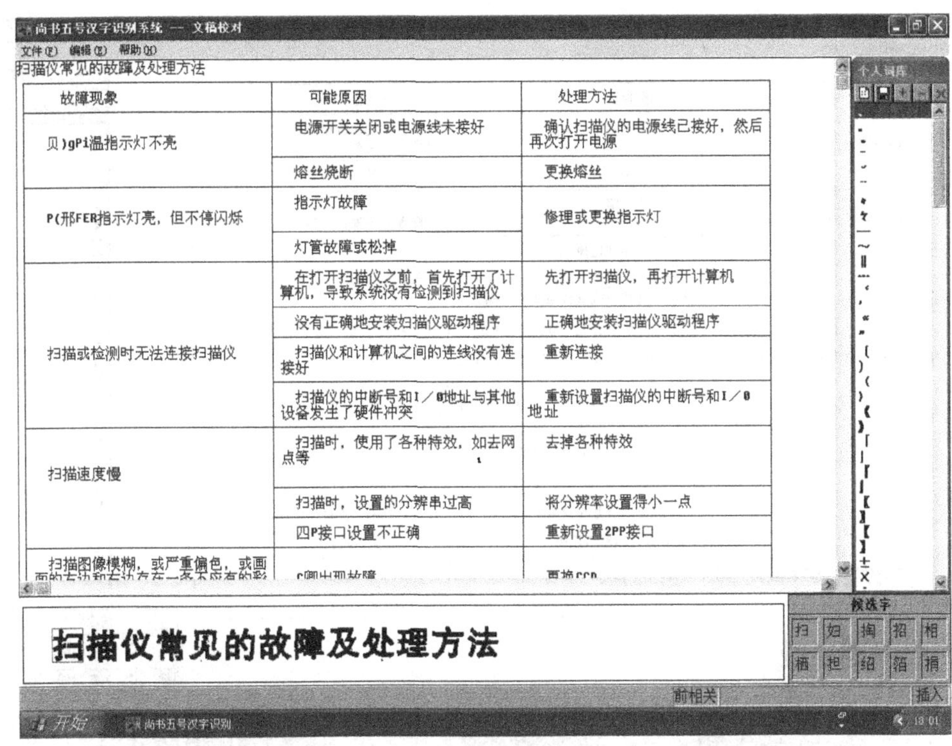

图3-23　文稿校对界面

6）如图3-24所示，界面左下方为所选择段落的原稿文字。可将光标选在错字前，如右下角的“候选字”和“前相关”有所需要文字，双击选中即可。如没有，可直接输入所要文字。

7）修改完成后，可将该文稿“另存为”一个文档；也可涂黑全选，选择“复制”命令然后直接粘贴到Word文档中，如图3-25所示。

3. 对已有文件的编辑

利用OCR软件，扫描仪还可对已有文件进行编辑。应用清华TH-OCR软件进行文件编辑，步骤如下：

1）安装完清华TH-OCR软件后，双击桌面（或选择开始菜单）上的“清华TH-OCR”，如图3-26所示，进入清华TH-OCR软件，如图3-27所示。图像版面分析界面如图3-28所示，编辑修改界面如图3-29所示，工具条各快捷键功能如图3-30所示。

2）选择“文件”选项，打开文件夹，如图3-31所示。

3）选择所要编辑的文件，单击“加入”按钮，如图3-32所示。

4）选定所要编辑的文件区域，如有表格可选择“表格”识别框，如图3-33所示。

5）如选定所要编辑的文件区域较多，可进行“区域顺序”设定，选择所需要的编辑顺序，如图3-34所示。

6）单击“识别”选项，进行所选区域的识别，如图3-35所示，识别结果如图3-36所示。

7）对于识别有误的文字或区域，可在OCR软件中进行修改，或选择“复制”选项，复制到Word文档中进行修改，如图3-37所示。

8）可以把识别后的文件“另存为”一个新文件，如图3-38所示。

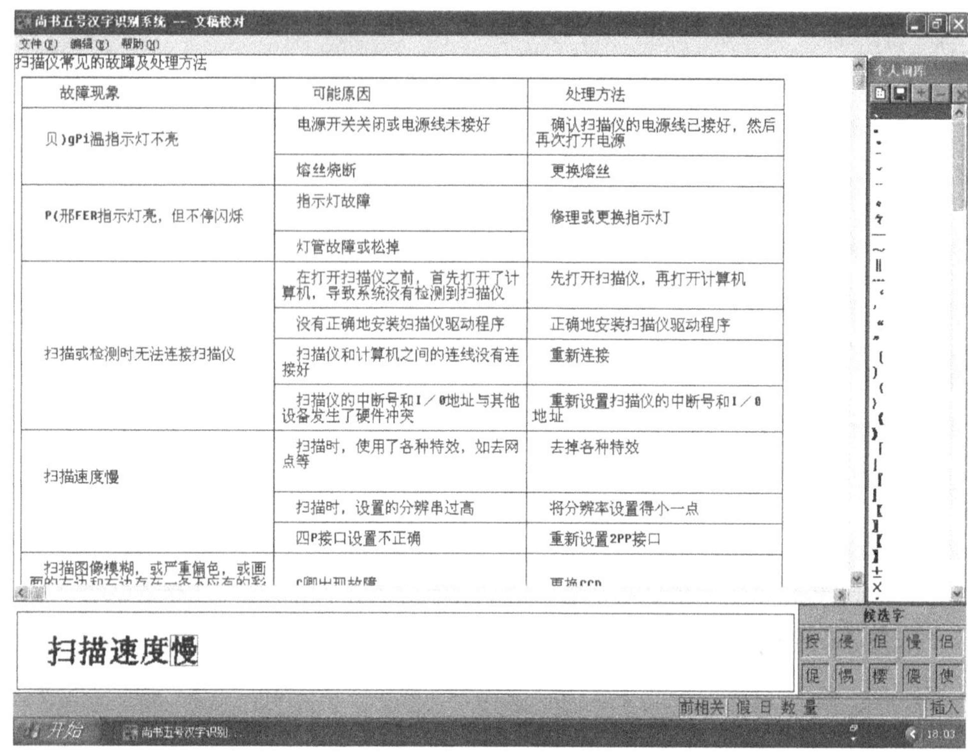

图 3-24　修改文字

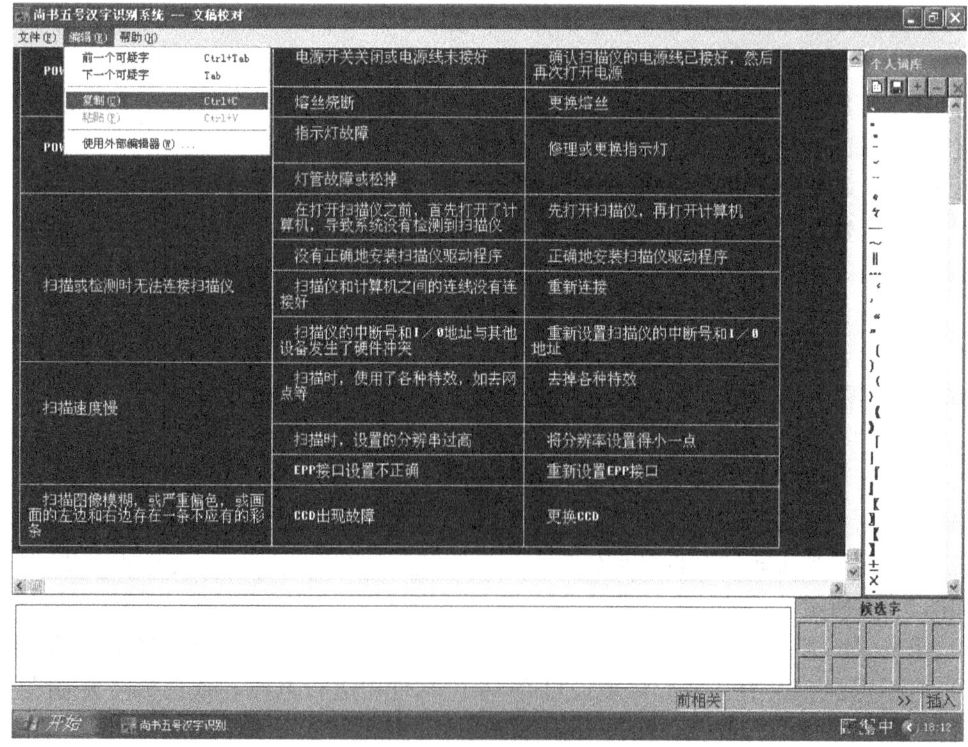

图 3-25　复制文档

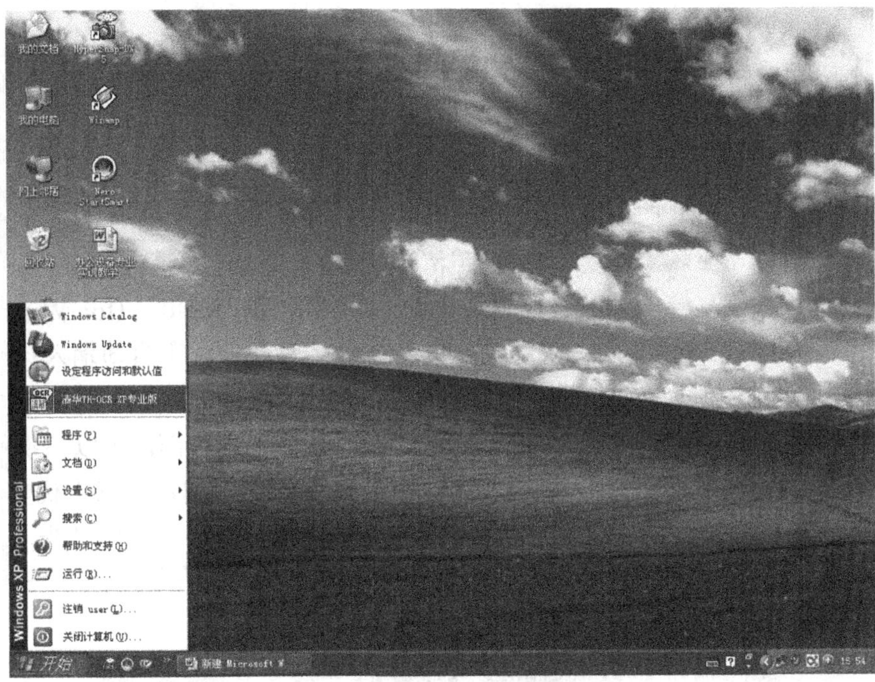

图 3-26 双击“清华 TH-OCR”

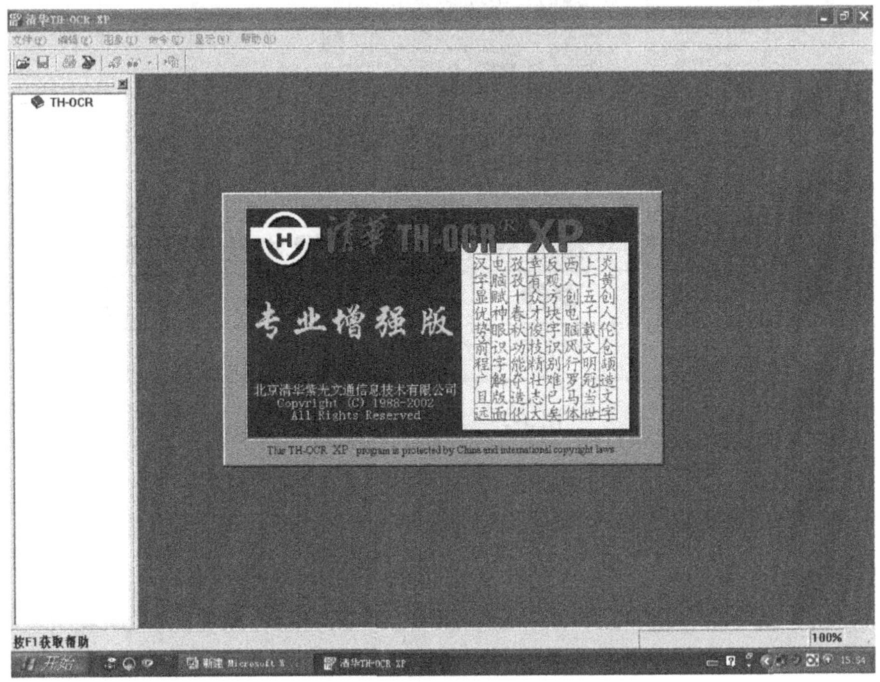

图 3-27 “清华 TH-OCR”界面

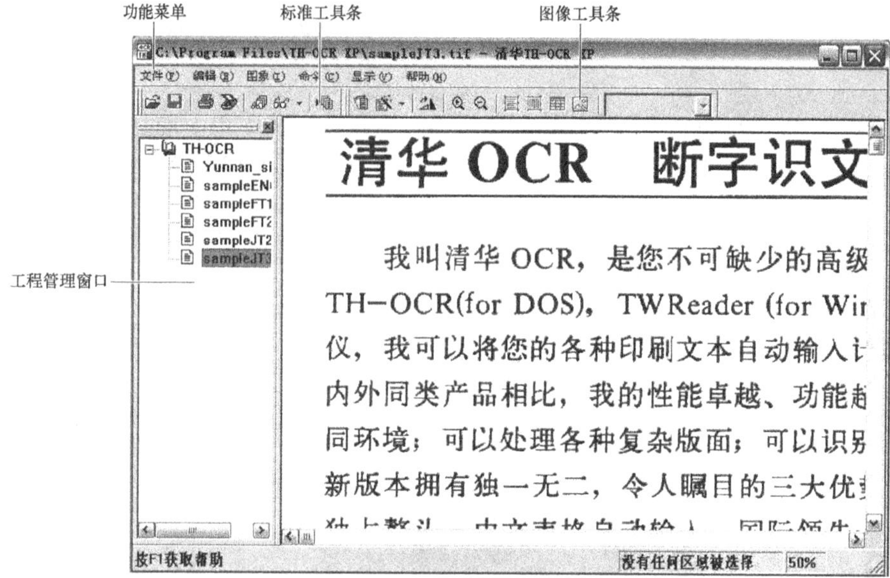

图 3-28　图像版面分析界面

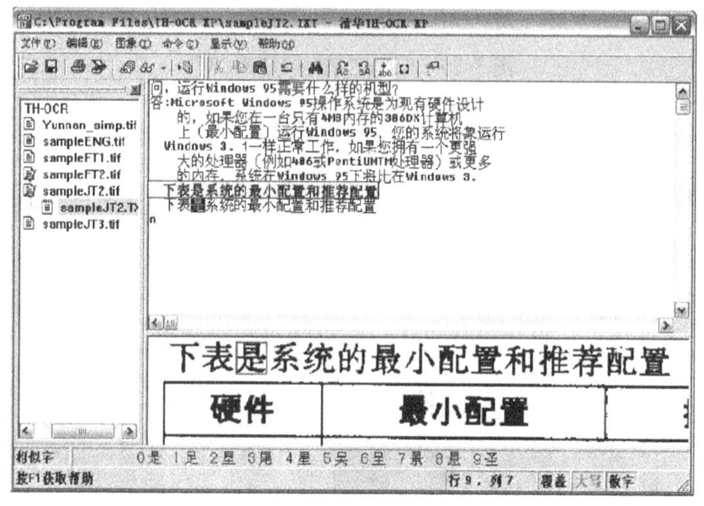

图 3-29　编辑修改界面

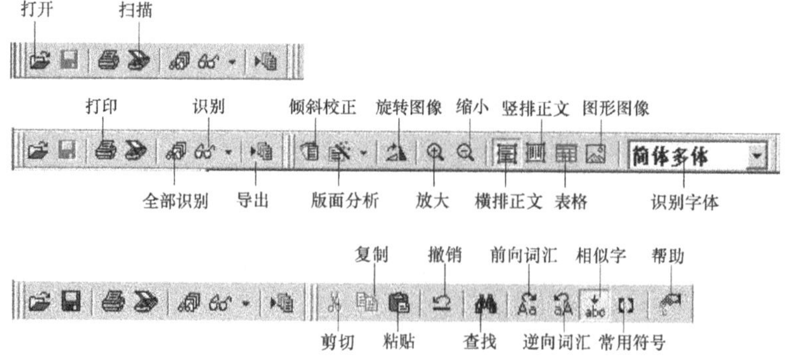

图 3-30　工具条各快捷键功能

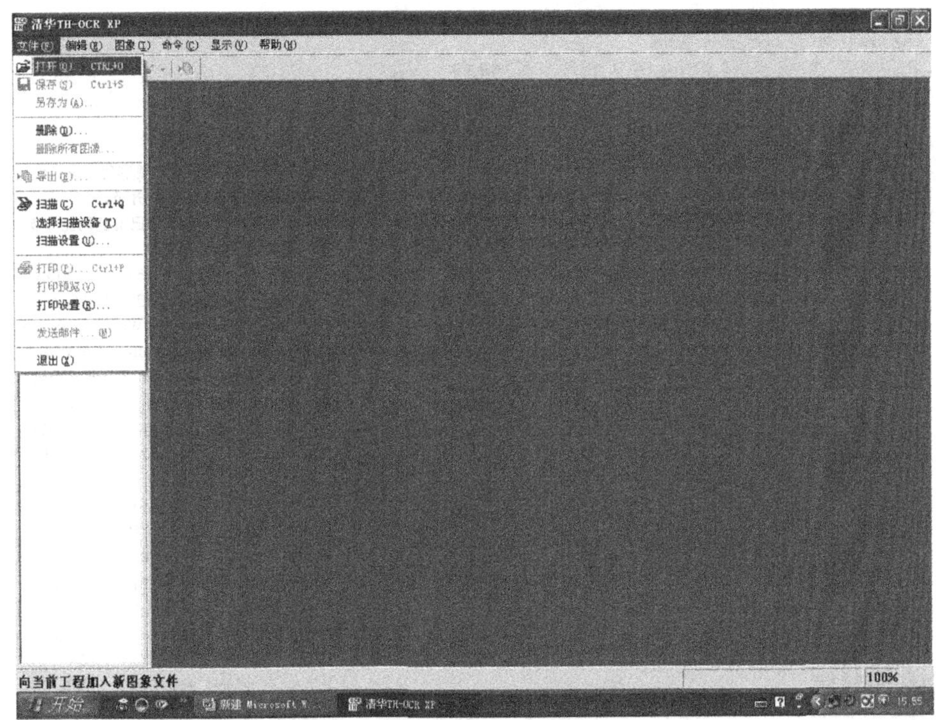

图3-31　打开文件夹

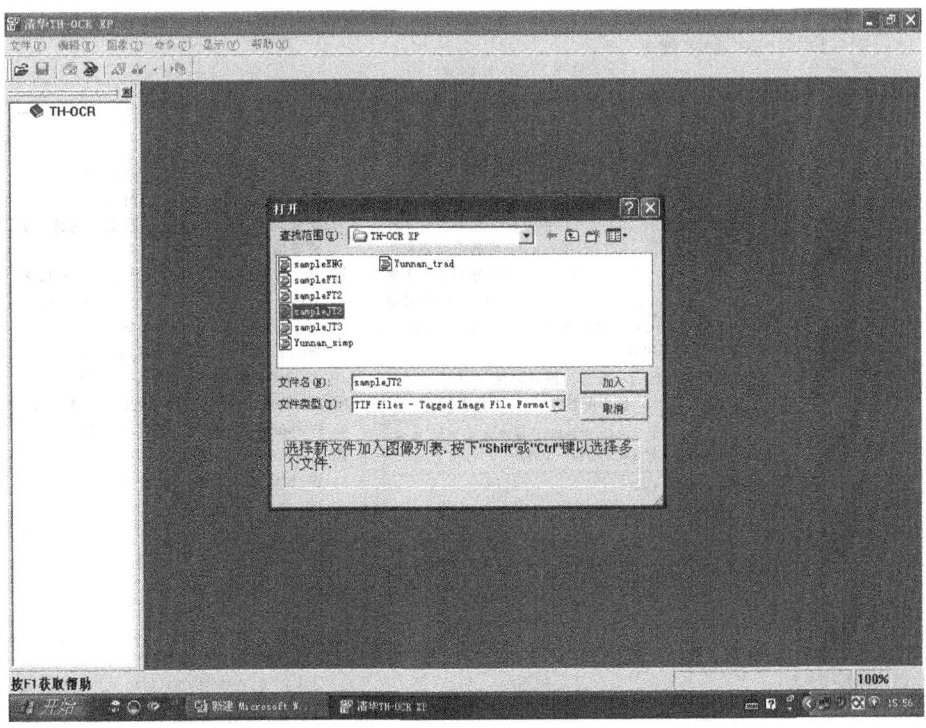

图3-32　选择所要编辑的文件

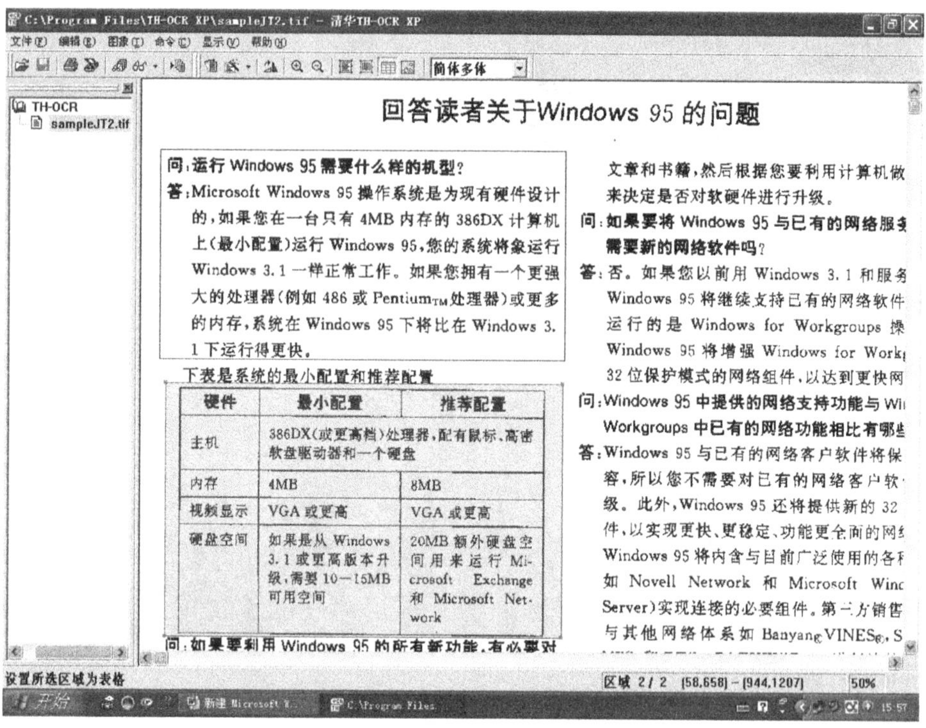

图 3-33　选定所要修改的文件区域

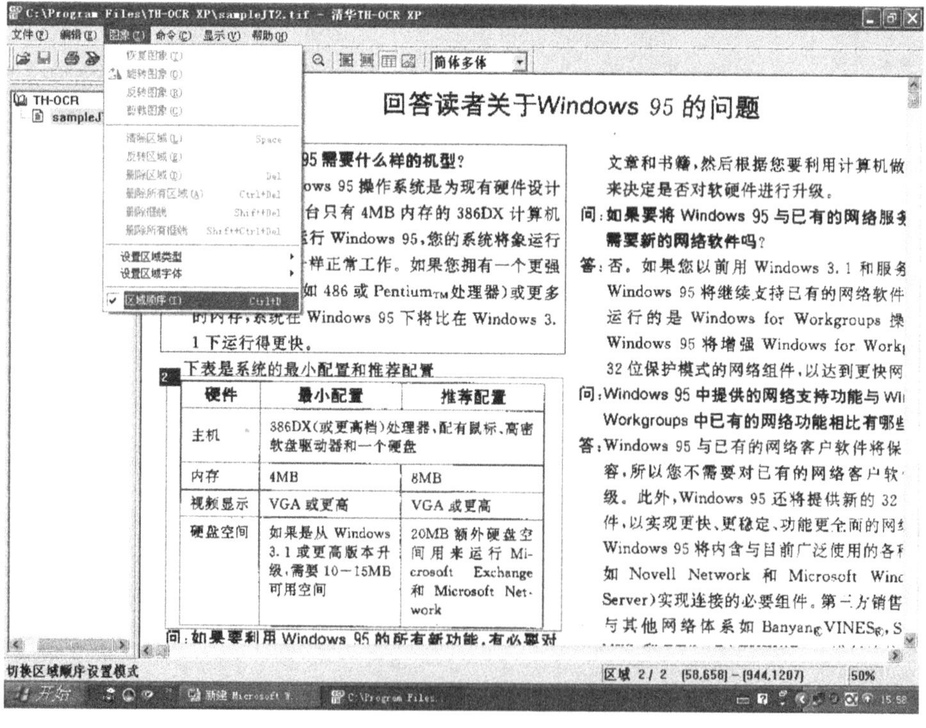

图 3-34　选择所需要的编辑顺序

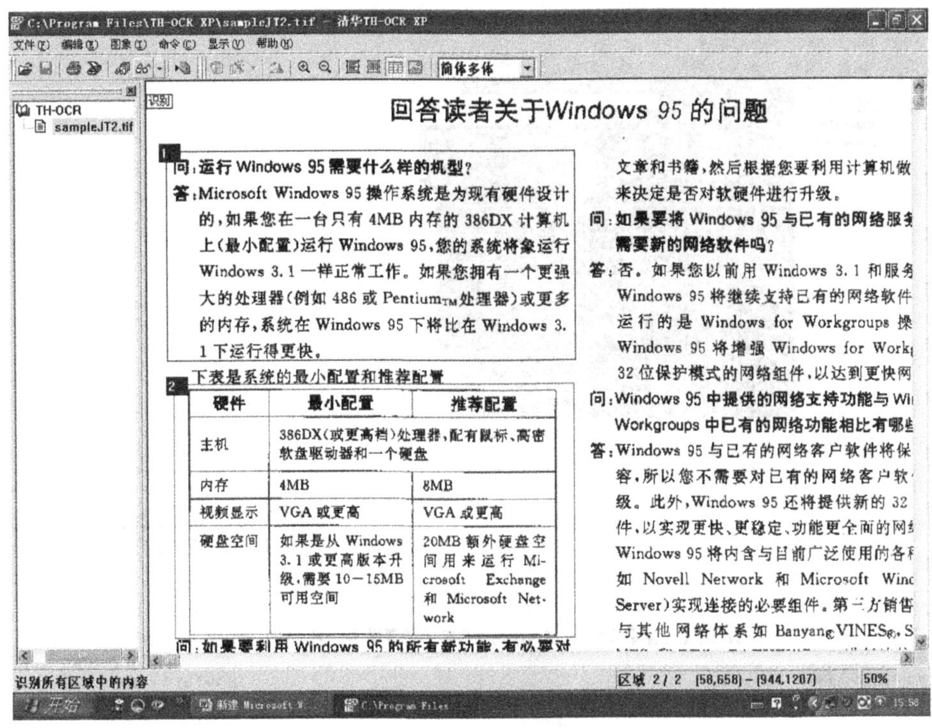

图 3-35　进行所选区域的识别

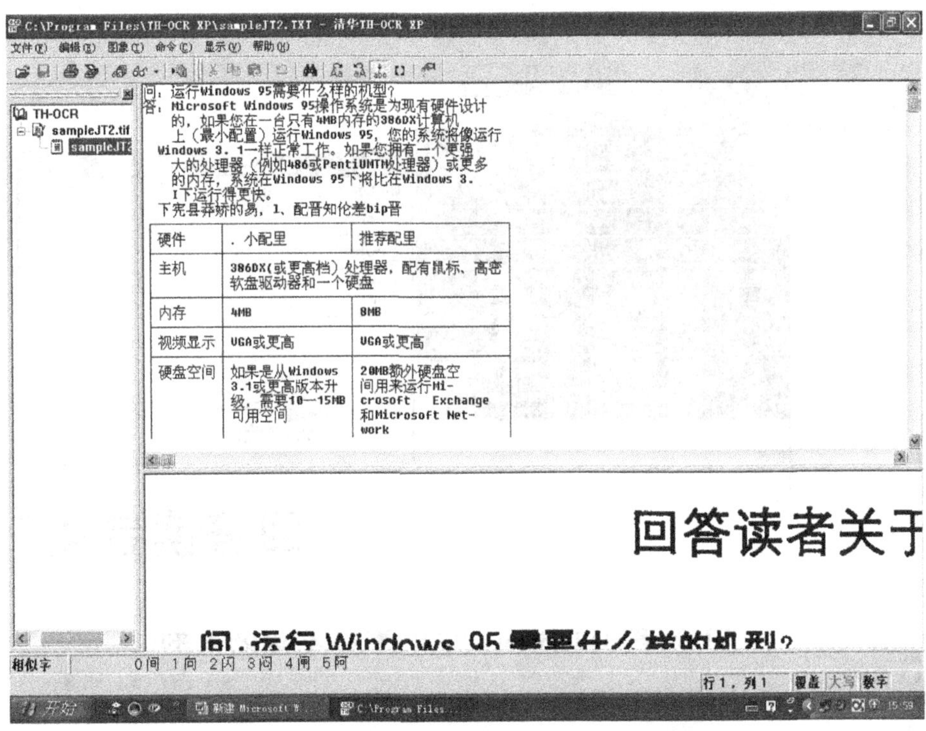

图 3-36　识别结果

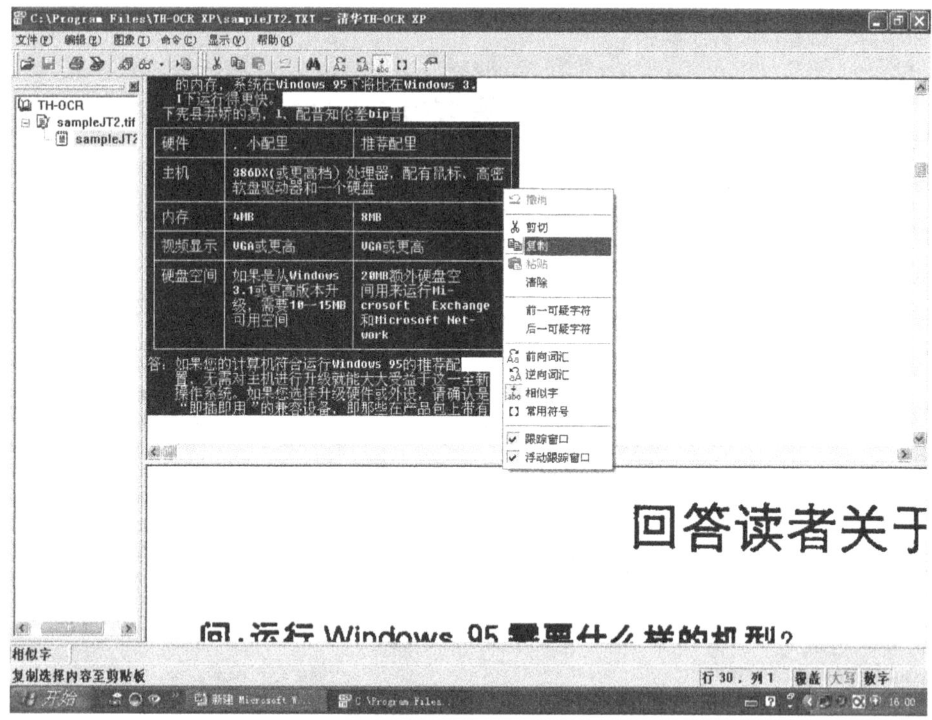

图 3-37　进行“复制”

图 3-38　“另存为”一个新文件

3.3.2　任务四　扫描仪的维护

1. 扫描仪的清洁

扫描仪一般不需要经常清洁，但使用一定时间后仍要维护保养。

（1）清洁稿台玻璃　将扫描仪的上盖取下，把螺钉旋下，取下上罩部分，用干净的软布擦去玻璃上的灰尘。

（2）清洁镜头和灯管　如镜头有灰尘，则旋下螺钉，打开镜头盖板，用镜头纸擦拭镜片，同时把灯管也擦拭干净。

（3）清洁滑杆　将滑动杆的固定螺钉拧开，把传动带抽离镜头组，然后抽出滑杆，用干净的软布清洁滑杆、杆上的套环及齿轮。清洁完毕后，可涂上少量润滑油。重新安装时要注意传动带的松紧程度。

2. 扫描仪常见的故障及处理方法

扫描仪常见的故障及处理方法见表 3-2。

表 3-2　扫描仪常见的故障及处理方法

故障现象	故障可能原因	处理方法
POWER 指示灯不亮	电源开关关闭或电源线未接好	确认扫描仪的电源线已接好，然后再次打开电源
	熔丝熔断	更换熔丝
POWER 指示灯亮，但不停闪烁	指示灯故障	修理或更换指示灯
	灯管故障或松弛	
扫描或检测时无法连接扫描仪	在打开扫描仪之前，先打开了计算机，导致系统没有检测到扫描仪	先打开扫描仪，再打开计算机
	没有正确地安装扫描仪驱动程序	正确地安装扫描仪驱动程序
	扫描仪和计算机之间的连线没有连接好	重新连接好
	扫描仪的中断号和 I/O 地址与其他设备发生了硬件冲突	重新设置扫描仪的中断号和 I/O 地址
扫描速度慢	扫描时，使用了各种特效，如去网点等	去掉各种特效
	扫描时，设置的分辨率过高	将分辨率设置得低一点
	EPP 接口设置不正确	重新设置 EPP 接口
扫描图像模糊，或严重偏色，或画面的左边和右边存在一条不应有的彩条	CCD 出现故障	更换 CCD
扫描过程中噪声较大	滑杆脏污	清洁、润滑滑杆

你所使用的扫描仪是否有以上故障，在老师的指导和同学的帮助下予以解决。你用的OCR软件与上面讲的一样吗？在操作过程中还有哪些问题可写在下面，自己琢磨或与老师、同学一起探讨。

把你的问题记在这里：

上面问题的答案：

3.4 检测练习

1. 接通扫描仪后，发出异常响声，不能扫描，为什么？
2. 扫描时显示“没有找到扫描仪”，有何可能的原因？
3. 你觉得使用扫描仪应注意哪些问题？
4. 用OCR软件扫描一张图。
5. 将图3-39扫描成图3-40的效果。

图 3-39

图 3-40

第 4 单元　传　真　机

传真也称为是一种远距离的复印，它是将文件的原稿放置在发送端的传真机上，同时在远端的传真接收机上得到复印的副本。按照接收传真形成副本的方式，传真机分为热敏传真机、热转印传真机、喷墨传真机和激光传真机等。

4.1　传真机技能训练一

4.1.1　任务一　热敏传真机的外形结构及简单操作

1. 热敏传真机的结构

热敏传真机的外形结构如图 4-1 所示。

对照图 3-13，试着自己分析说明扫描仪的工作过程。

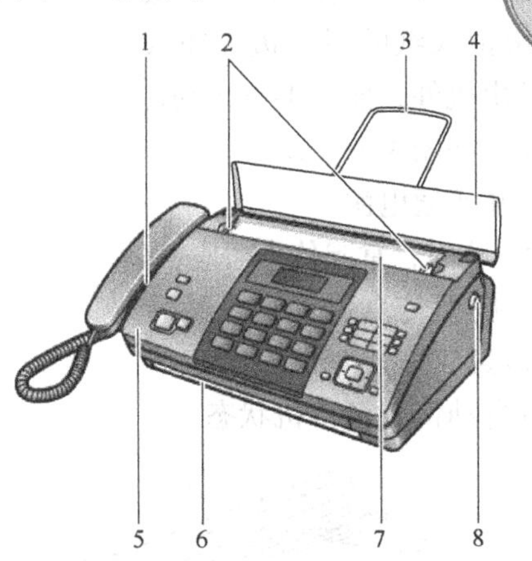

图 4-1　热敏传真机的外形结构图

1—传声器　2—文稿引导板　3—记录纸支架　4—送稿盘　5—顶盖
6—文稿出口　7—文稿入口　8—顶盖开盖钮

2. 认识操作面板

图 4-2 所示为一种热敏传真机的操作面板。

3. 发送和接收传真

（1）发送传真

1）连接好传真机连线，并接通电源。

2）将要发送的文稿放在原稿台上的适当位置并轻推进机内，注意原稿的正反面朝向。

3）拿起传声器（或按免提键）拨打对方号码，拨通后按传真启动键，发送传真。

4）发送结束后，传真机发出结束音，至此发送完毕。

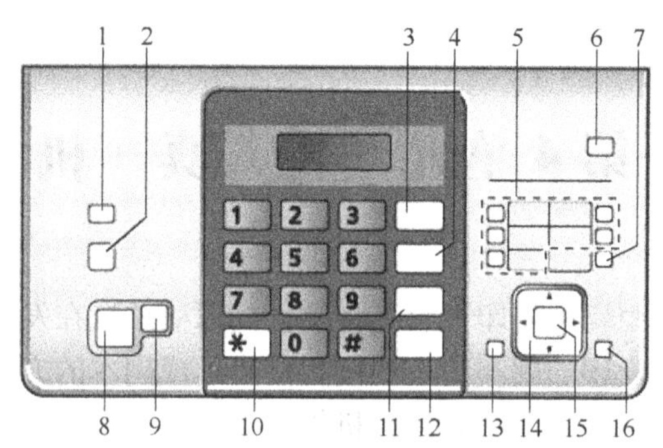

图 4-2　一种热敏传真机的操作面板

1—来电显示　2—停止　3—闪断　4—重拨/暂停　5—组键　6—自动接收　7—下一组　8—传真/开始　9—复印　10—音频　11—话筒静音　12—监听　13—多站点发送　14—音量电/话簿　15—设定　16—菜单

（2）接收传真

1）安装传真纸，如图 4-3 所示。按开盖按钮打开机盖，安装热敏记录纸卷，如图 4-3a 所示，注意热敏记录纸的正反面朝向；将热敏记录纸的引导边缘插入感热头上面的入口，并将其拉出机外，如图 4-3b 所示；向下按两端，牢固地关好机盖，如图 4-3c 所示。

2）连接好传真机连线，并接通电源。

3）人工接收时，当电话铃响时，拿起传声器应答。

4）当对方要求传真时，按下传真启动键，然后将电话挂上，机器开始接收传真。

5）接收完毕后，传真机自动恢复至待机状态。

自己动动脑筋，图 4-2 中的这些操作面板上的按键和显示都起什么作用？最常用的按键有哪些？你用的传真机的操作面板是什么样的？

1

a)

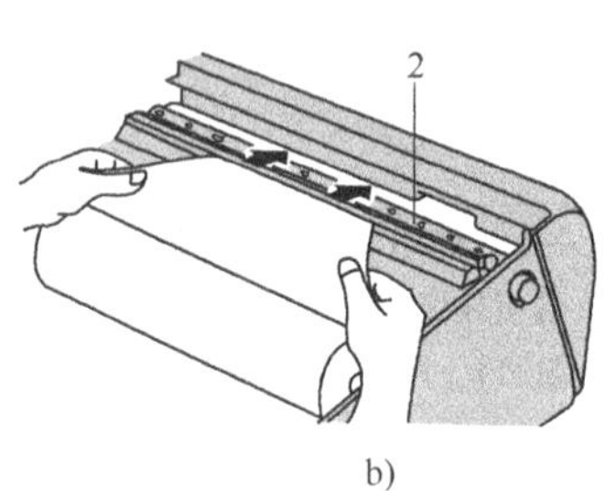

b)

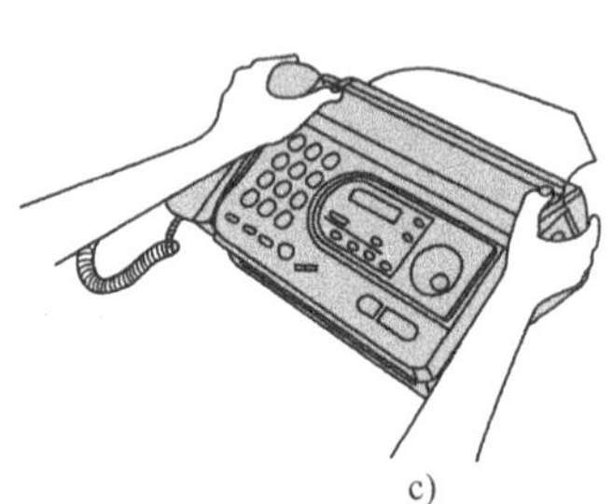

c)

图 4-3　安装传真纸

1—开盖钮　2—感热头

4.1.2　任务二　其他类型传真机的结构及简单操作

由于热敏接收纸是成卷的，接收完传真后如何剪裁？

1. 其他类型传真机的外形结构

除热敏传真机用热敏纸进行接收外，其他的如热转印传真机、喷墨传真机和激光传真机等都是用普通纸进行接收。使用时只需将接收纸放入纸盒或接纸盘中，即可进行接收传真。图 4-4 所示是松下 KX-FP82CN 热转印传真机外形图，图 4-5 所示是夏普 B30CN 喷墨传真机外形图，图 4-6 所示是佳能 FAX-L900 激光传真机外形图。现在，喷墨、激光传真机已经分别被功能更为强大的同类多功能复合机所取代。

图 4-4　松下 KX-FP82CN 热转印传真机外形图

图 4-5　夏普 B30CN 喷墨传真机外形图

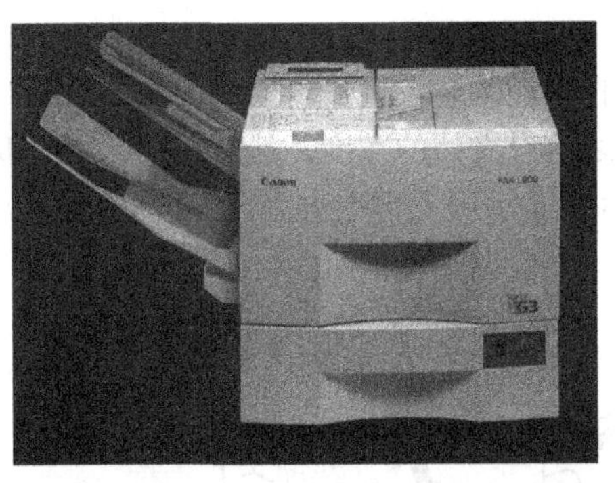

图 4-6　佳能 FAX-L900 激光传真机外形图

2. 简单操作

热转印传真机、喷墨传真机和激光传真机的发送和接收传真的方法与热敏传真机一样，可参照进行，再进行以下操作：

> 自动接收传真功能在什么场合下应用？为什么传真机具有复印功能？

1）自动接收传真。

2）把传真件复印下来。

下面以三星 SF-375TP 喷墨传真机为例进行操作，其操作面板如图 4-7 所示。

（1）安装纸张

1）安装纸架。

2）拉起防尘盖。

3）扇形展开纸张，然后将它们的打印面朝上放入纸架。

4）调整纸张导板，使其移至适合纸张宽度的位置（如图 4-8 所示）。

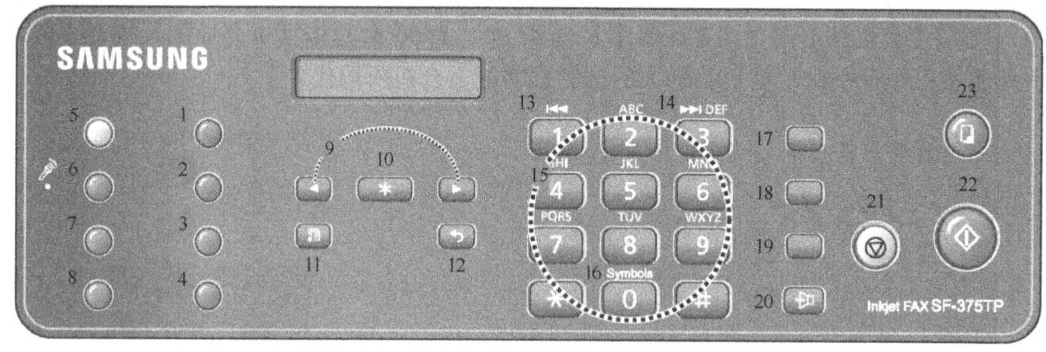

图4-7 三星SF-375TP喷墨传真机操作面板

1—接收模式/浓度 2—分辨率 3—换墨盒 4—我的收藏夹 5—应答 6—主人留言 7—播放/录音 8—删除 9—左箭头/右箭头 10—确定 11—菜单 12—返回 13—快进 14—快退 15—数字键盘 16—符号 17—电话簿 18—重拨/暂停 19—静音 20—免提 21—停止/清除 22—启动复印 23—启动传真

5）完成之后，将防尘盖盖回原始位置。

（2）安放传真原稿

1）将原稿正面朝下，自上而下装入进稿盘。

2）调整文档导板，使之符合文档的宽度，然后可装入多份原稿，如图4-9所示。当传真机感应到文档已装入之后，显示屏上即会显示DocumentReady。装入文档时轻轻向里推，以确保平稳进稿。

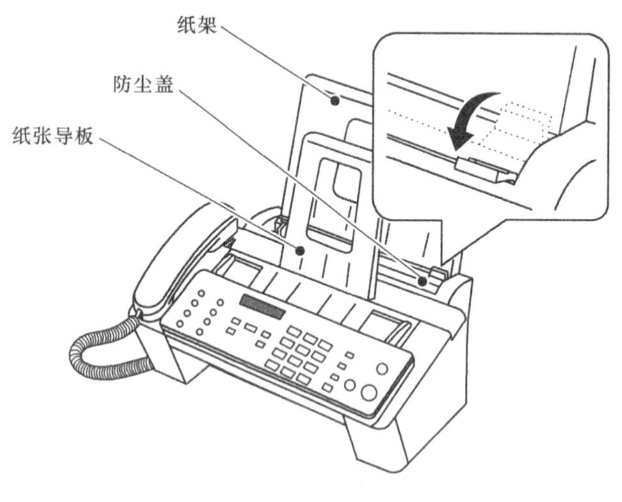

图4-8 安装纸张

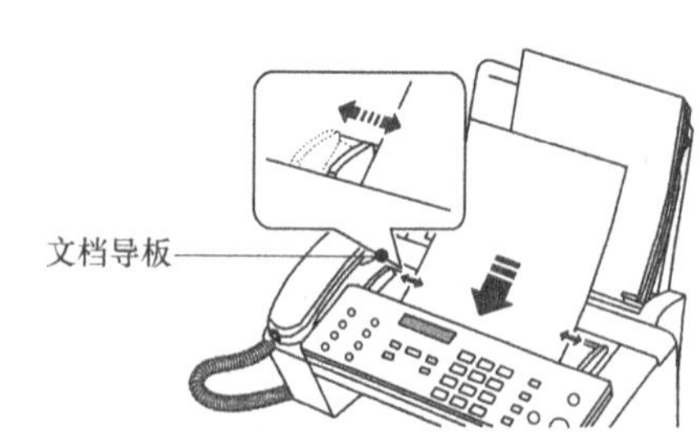

图4-9 安放传真原稿

3）分别按下接收模式/浓度和分辨率，选择合适的分辨率和对比度。

（3）人工传真

1）拿起传声器或按下免提。

2）使用数字键盘输入远端传真机的号码。

3）听到传真音后按下启动传真。

4）放回传声器。

以上是传真机的一般使用方法。实际上传真机还有许多功能，从操作面板上就可以看出，这在后面还要用到。现在可以先琢磨琢磨，有哪些问题可写在下面。

把你的问题记在这里：

上面问题的答案：

4.2　传真机的工作原理

4.2.1　发送接收传真的原理

1. 像素的分解与合成

要了解传真的原理，首先要了解传真像素的分解与合成。

（1）像素的分解　传真机的发送方将纸质文件按要求划分为若干行和列，如图4-10

所示。文件被分解成许多微小单元（点），每一个单元称为一个像素。每一像素均有一定的颜色（白像素和黑像素）、大小和位置。像素的大小代表分解的精度，常用“*M*点×*N*线”表示。*M*点表示在文件的水平方向，将1mm长度的图像分解成*M*个单元；*N*线表示在文件的垂直方向，将1mm长度的图像分解成*N*条线。*M*、*N*的数值越大，则分辨率越高。

（2）像素的合成　在传真的接收方，将传真发送端分解后传送来的像素，按原分解的大小、位置和颜色进行重新排列，得到十分近似原件的复制品，如图4-11所示。

由此可见，通过图像的分解与合成后得到的副本有一定的失真，主要表现在文字黑白交接的笔画边缘。

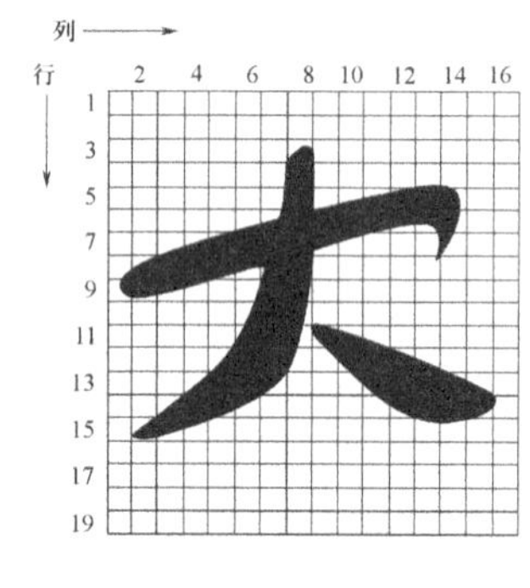

图4-10　像素的分解

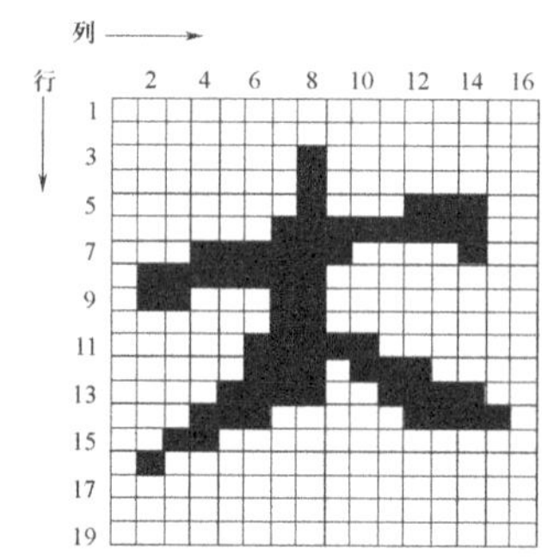

图4-11　像素的合成

2. 传真发送接收原理

（1）传真通信基本过程　图4-12所示为传真通信基本过程示意图。

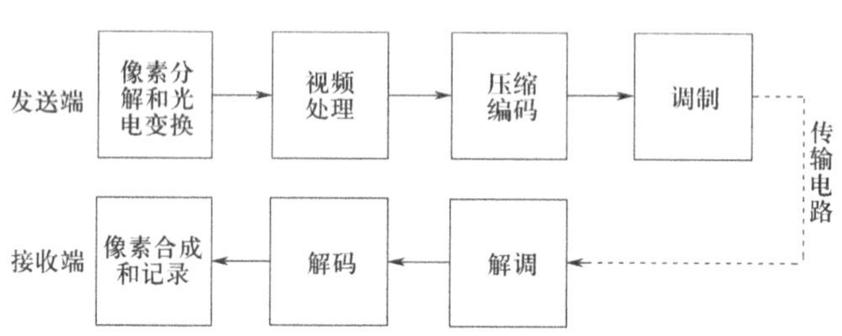

图4-12　传真通信基本过程示意图

1）首先传真发送端要对文件进行图像的像素分解，并将分解后的像素变为电信号（光电变换，与扫描仪一样），此电信号一般称为传真视频信号。此过程由扫描系统来完成，传真扫描系统包括光学系统、机械系统和光电变换器件等装置。光学系统和机械系统相互配合，对纸质文件进行逐行扫描，光电变换器件将扫到的每一行信息变换为以像素为单位的电信号。

2）对传真视频信号进行视频处理，即对传真视频信号进行整形、放大和数字化。视频处理的作用是将光电变换器件输出的信号进行放大，过滤掉光电变换器件输出电信号中携带的杂乱干扰，形成准确反映文件信息的黑或白的电信号，并将模拟的传真视频信号转换为数字信号（A-D转换）。

3）对传真数字数据进行压缩编码，压缩编码的目的是减少信息多余度。

4）为了适应电话网的模拟传输信道，对编码后的传真信号进行调制，即将数字信号变为适合电话网传输的模拟信号（D-A转换）。

5）传真接收端收到传真模拟信号后进行解调（A-D转换），将传真模拟信号转换为数字信号。

6）对传真信号进行解码（扩张），恢复原来的视频信号形式。

7）使用记录装置对传真信号进行像素合成，记录在纸页上。

目前市场上销售的传真机全称为“文件传真三类机”，简称为“G3传真机”。文件传真机共分为4个类别，一类和二类传真为模拟式传真，目前已经淘汰；三类传真为应用于电话网的数字传真，也是目前应用最多的传真；四类传真是用于数字网（如综合业务数字网ISDN）上的数字传真，随着数字通信的发展，其应用会越来越广。

（2）传真信号的数字化　直接从光电转换器件输出的图像信号是模拟信号，为了实现压缩编码和便于计算机处理，需要将模拟图像信号转换为数字图像信号。进行信号模拟-数字（A-D）转换的方法是进行抽样和编码（数字化编码）。

传真信号数字化的过程包括对传真模拟信号的抽样、量化和编码。传真三类机的抽样频率与像素密度相同，即一个像素抽一次样。抽样后利用抽样保持电路保持住抽样样品的幅度，然后对抽样样品进行量化和编码。传真传送的是黑白两色的信号，故量化基准为单一的门限电平，用抽出的信号幅度与门限电平比较，超出门限电平编码为“1”，达不到门限电平的编码为“0”（也可做相反的规定）。图4-13所示是传真信号的数字化示例。

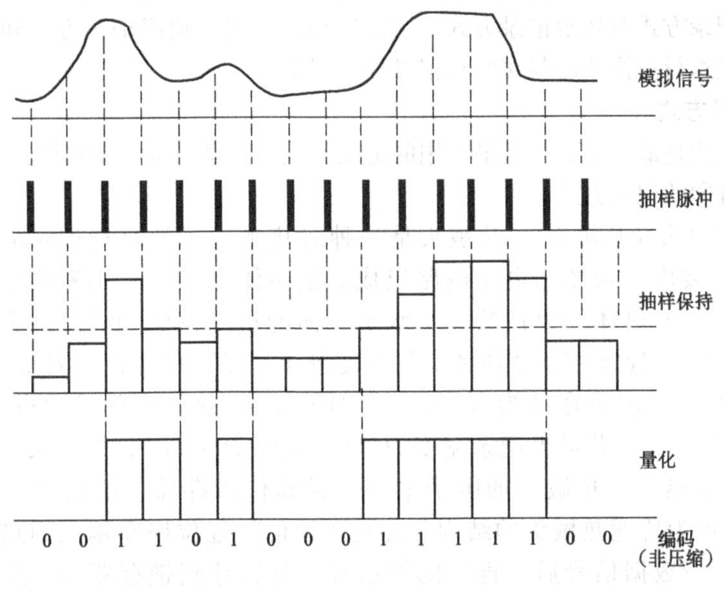

图4-13　传真信号的数字化

（3）传真信号的编码技术　图像信号经过数字化后成为数字图像数据，此数据的每一位（1或0）代表一位像素（黑或白）。因此，对一页A4幅面（长297mm、宽210mm）的文件，在水平方向采用8像素/mm、垂直方向采用3.85线/mm的分辨率时，总的数据量（像素数）：(297×3.85)（210×8）bit≈2×10^6bit。如不经处理，传真时间将过长。为了减少传真机传送文件的时间，必须减少文件的数据量，即对图像数据进行压缩。

对传真图像数据的压缩基于传真信号的统计特性。对典型文件统计表明，白像素的平均出现概率为93.7%，即使在文字密度很大的典型文件中，白像素的出现概率也达88.8%左右，黑像素仅占11.2%。这些连续排列的白或黑像素具有很大的信息多余度，有规律地去除掉这些多余度可减少传输的图像数据数量。

去除多余度减少传输数据的方法是采用压缩编码，对出现概率大的持续长度给予长度较短的编码，从而达到压缩传真图像数据量的目的。

目前常用的压缩编码是一维编码（MH码）、二维编码（MR码）和三维编码（MMR码）。

（4）调制解调原理　经过数字化和压缩编码的传真信号为数字信号，数字信号是突然跃变的脉冲信号，在模拟电话网上无法直接传输。因此，必须利用信号调制技术将传真数字信号调制为适合电话网传输的模拟信号。

调制后的模拟信号经过电话电路传输后，传真接收机必须将模拟信号解调为数字信号，以对其进行解码等处理。解调就是对调制信号进行反变换，即将模拟的调制信号还原为数字信号1或0。

4.2.2　传真接收记录技术

传真通信中的主要装置由发送扫描拾取装置和接收记录装置组成。发送扫描拾取装置主要完成对发送原稿的图像分解与光电转换，所有形式的传真机基本相同。而传真通信的接收记录装置则是将接收到的电信号经过处理转换为其他形式的能量，如热能、化学能、光能、磁场能、静电场等，然后记录合成在不同特性的记录纸上，恢复成原稿图像。目前，三类传真机上采用的记录方式有热敏记录方式、热转印记录方式、喷墨记录方式和激光记录方式，它们均能实现发送行扫描速度与接收行记录速度同步。

1. 热敏记录方式

热敏记录方式是最早的，也是最常用的记录方式。它是一种使用热敏记录头在热敏记录纸上进行信息打印的记录方式。

（1）热敏记录头（热敏头）　热敏头是一种对热敏记录纸进行记录的装置。热敏头为固体器件，主要由记录体和电子电路组成。记录体由多个微小发热体排列在绝缘的硬质基板上组成，发热体的单位数量与水平方向的记录密度相同，每个发热体对应于一条扫描线中的一个像素。整个热敏头的宽度等于记录纸的宽度，对应于整条扫描线，即如果传真机的最大记录宽度为A4（宽度210mm），热敏头的尺寸也为A4，并包含1728个微小的发热体；若最大记录宽度为B4（宽度255mm），热敏头的尺寸也为B4，并包含2048个发热体。热敏头的电子电路包括移位寄存器、数据缓存器和驱动电路等。图4-14所示为普通热敏头的结构。传真图像信号逐位串联输入到热敏头的移位寄存器中，输满一行数据信号后，再将图像信号并行转移到锁存器中，然后通过驱动电路输送到发热体上。

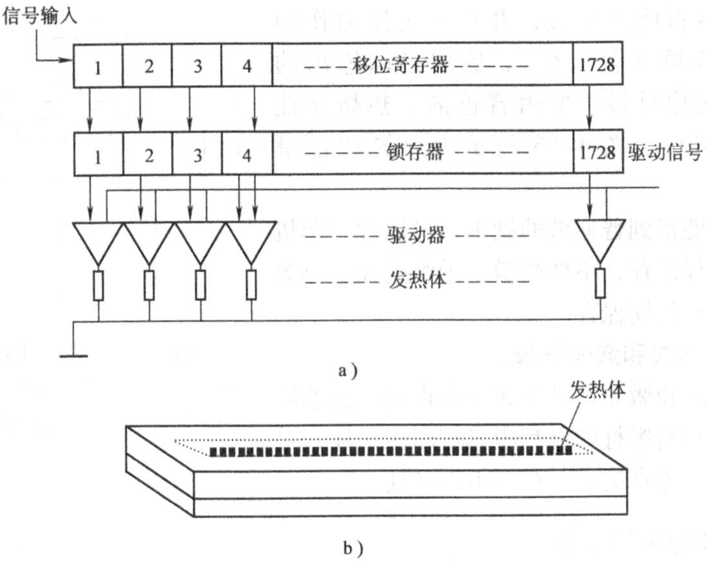

图 4-14　普通热敏头的结构

a）电路组成结构　b）外形结构

（2）热敏记录纸（热敏纸）　热敏纸是一种经过特殊处理的记录纸张，它是在普通纸的白色纸基上涂上一层化学变色材料，即两种微小的变色固体颗粒。在常温下这些固体颗粒为白色，当对纸张表面加热到一定的温度时，两种变色固体颗粒就熔化成液体，两种液体混合在一起发生化学反应，纸上就呈现出黑色。对热敏纸的记录过程实际上就是对热敏纸局部加热的过程。

热敏记录工作原理如图 4-15 所示。

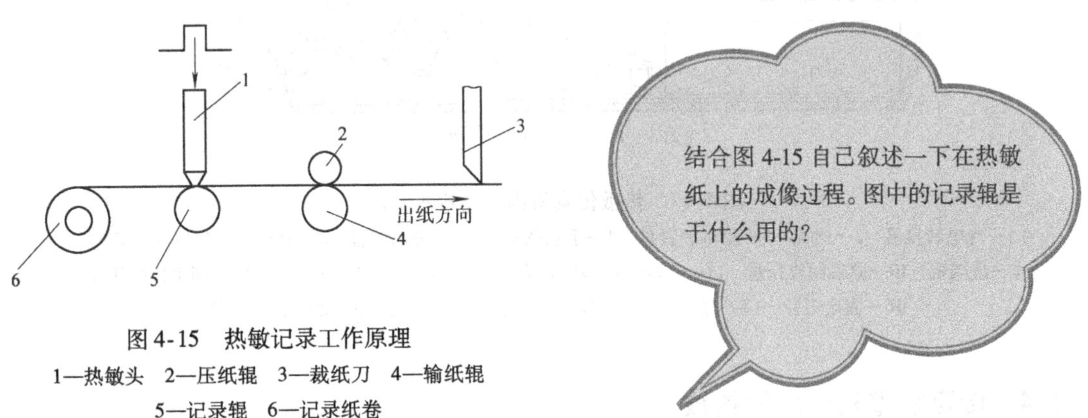

图 4-15　热敏记录工作原理

1—热敏头　2—压纸辊　3—裁纸刀　4—输纸辊　5—记录辊　6—记录纸卷

2. 热转印记录方式

热转印式传真机的成像原理与针式打印机的原理类似，热敏头通过感热色带将文档打印到普通的纸上。因此，也将此种传真机称为色带式传真机。

热转印色带是由带基（PET 膜）和在其表面的热转印成像材料涂层组成。色带热转印成像原理如下：图像或文字信息通过热敏头的热量经热转印色带的带基传递至热转印成像材料使其熔融，并在一定压力作用下转移至受像介质（普通纸），完成打印输出的过程。热转印成像材料主要由着色剂、热熔融性材料和助剂等组成。图4-16所示为热转印记录原理图。

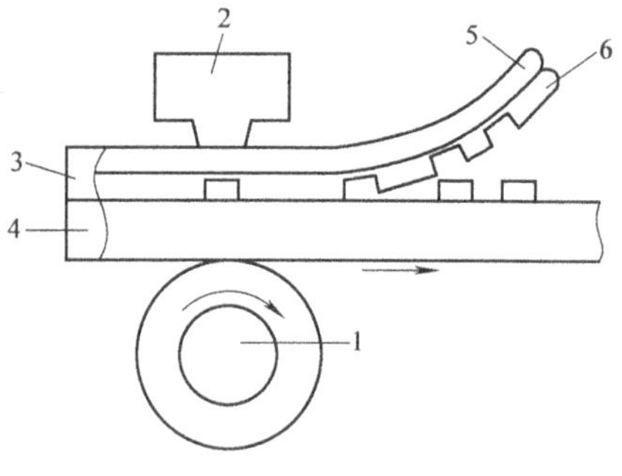

热转印记录能得到普通纸的副本，可以像复印机复制出的文件一样保存，不像热敏记录纸受光、热等条件的限制而不易长期保存。

图4-16　热转印记录原理图

1—压纸滚筒　2—热敏头　3—印字薄膜　4—记录纸　5—基本薄膜　6—印字层

3. 喷墨记录方式和激光记录方式

喷墨记录方式和激光记录方式现在也被广泛地应用。其印字原理与喷墨打印机和激光打印机一样，只是控制信号来源于传真信号，在此不再详述。

4.2.3　传真机的内部结构

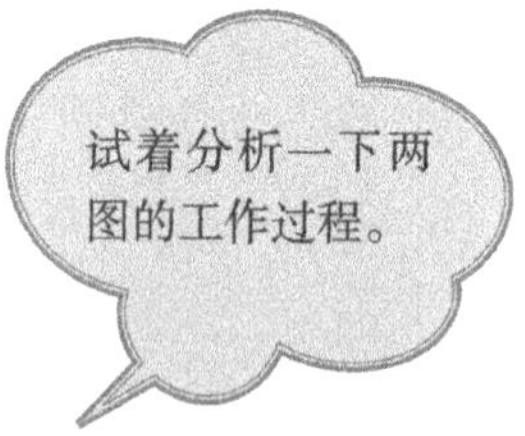

试着分析一下两图的工作过程。

图4-17所示为热敏传真机内部结构示意图，图4-18所示为激光传真机内部结构示意图。

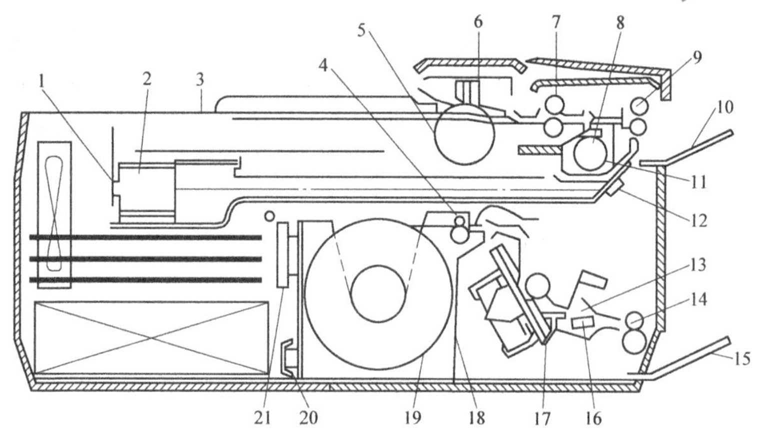

图4-17　热敏传真机内部结构示意图

1—光电转换器　2—透镜　3—原稿放置盘　4—手动调整辊　5—分离器辊　6—分离板　7、9—送纸辊　8—玻璃靶　10—原稿回收托盘　11—光源　12—反光镜　13—切纸器　14—排纸辊　15—副半接收托盘　16—固定刀片　17—热敏记录头　18—记录纸盒　19—记录纸　20、21—导轨

4.2.4　传真机整机电路的构成

图4-19所示为夏普F0-90CN型传真机的整机电路框图，它主要是由如下几部分组成的。

① 图像扫描器：将文稿的图像变成电信号。

② 文稿打印组件：用接收到的电信号控制热敏打印头，完成文稿的打印工作。

③ 传真机的控制电路：其中主要包括FC200传真机主控集成电路、FM209V调制解调器以及存储器、复位电路、时钟电路、接口电路等。它是传真机的核心电路，用于接收和发

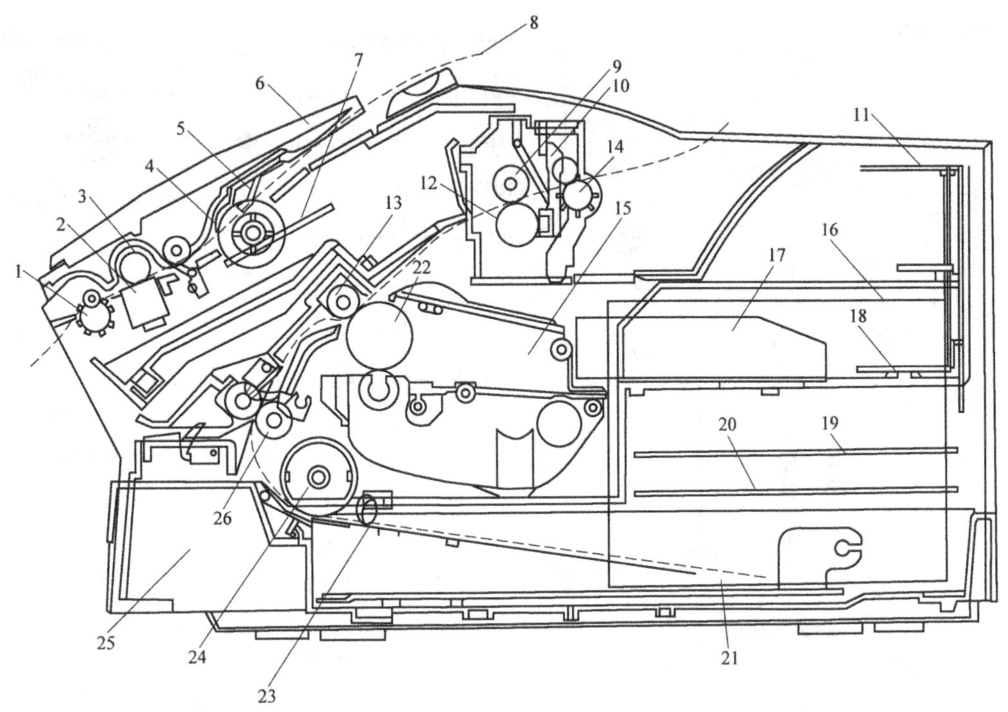

图4-18　激光传真机内部结构示意图

1—出稿辊　2—图像传感器　3—白色输稿辊　4—ADF 自动送稿辊　5—ADF 自动送稿通道　6—操作控制板　7—操作电路　8—原稿　9—压辊　10—清洁毛毡　11—开关电源部分　12—热定影辊　13—转印辊　14—出纸辊　15—显影组件　16—高压电路　17—激光器组件　18—主板　19—线路接口电路　20—主电路板　21—输纸通道　22—感光鼓　23—缺纸传感器　24—搓纸辊　25—纸盒　26—输纸辊

送通过电话线传送的传真信号，控制打印机构，接收文稿扫描器中图像传感器发出的文稿数据信号以及机械传感器的传感信号，并对各部分进行协调控制。

④ 电话/传真线路接口电路：它与电话线路相连，可以收发信号，同时也与电话（受话器）相连，收发话音信号。

⑤ 电源电路：它为整个传真机提供 +5V 和 +24V 直流电源，实际上是一个开关稳压电源。

小知识

随着计算机网络的日益普及，利用计算机网络进行传真通信（IP 传真）已经开始进入实用阶段。它是利用传真软件 + 扫描仪来完成的。传真软件有 Bitfax、BitWare、Winfaxpro、Datafax + 等。IP 传真可实现在计算机—传真机、传真机—计算机和传真机—传真机之间的传真，还可进行虚拟传真，使传真更快捷，更廉价。

传真机的工作是一个复杂的过程，应用了通信技术、光机电技术和计算机技术等，在这里不可能都讲到，肯定还有许多你不清楚的地方。把你认为还不清楚的地方写在下面。查找资料或与老师和同学探讨，搞清楚它们。

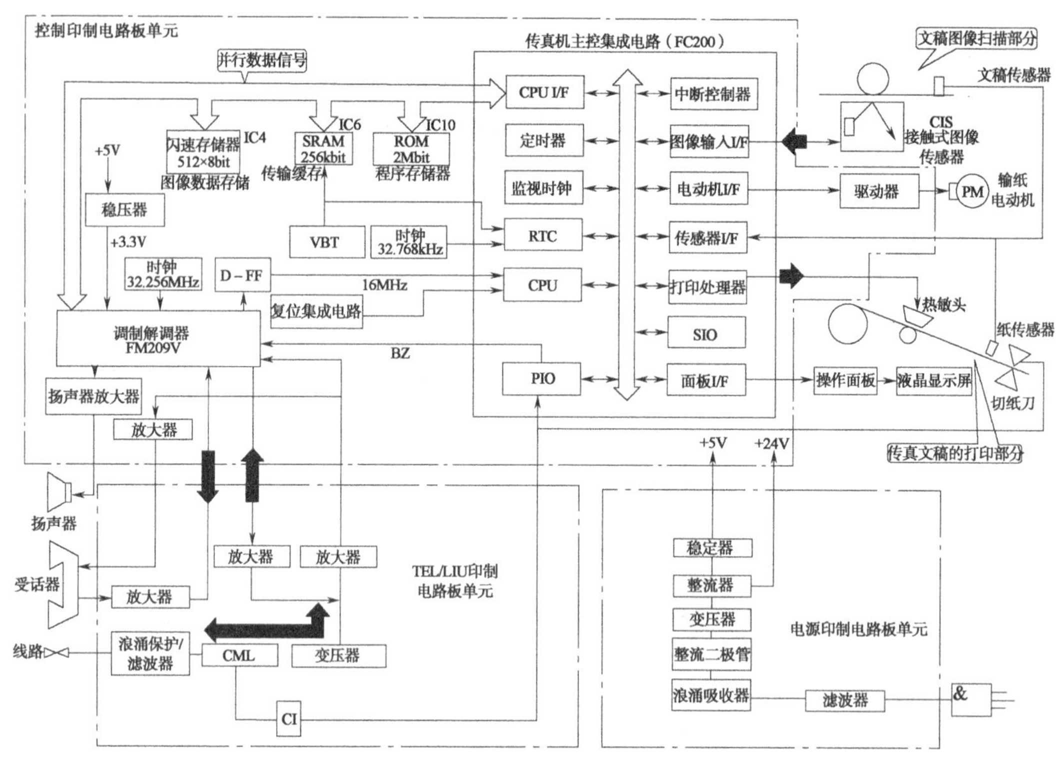

图4-19 夏普F0-90CN型传真机的整机电路框图

把你的问题记在这里：

上面问题的答案：

4.3 传真机技能训练二

4.3.1 任务三 热敏传真机的使用与维护

1. 热敏传真机的使用

在前面的任务一和任务二中已经进行了人工发送和接收传真、自动接收传真和复印等操作，并进行了热敏纸的更换。传真机还有其他许多功能，下面以松下 KX-FT39CN 传真机说明书为例先进行一些初始设置。

（1）时间的设置 传真机时间的设置是正常使用传真机的前提。设置好正确的时间，在将来查询传真机的通信管理报告中就会得到准确的信息。

1 按(目录)键.

显示: 1.SYSTEM SET UP

2 按 [#] 键，然后按 [0] [1] 键.

SET DATE & TIME

3 按(开始/复印/设定)键.

M:01/D:01/Y:99

光标

4 各选择2位数字，输入正确的月/日/年.

例如: 1999年8月10日

按 [0][8] [1][0] [9][9] 键.

M:08/D:10/Y:99

(月) (日) (年)

5 按(开始/复印/设定)键.

TIME: 12:00AM

6 各选择2位数字输入正确的时/分. 按 [✱] 键选择 "AM" (上午) 或 "PM" (下午) .

例如: 3:15PM (下午)

1. 按 [0][3] [1][5] 键

TIME: 03:15AM

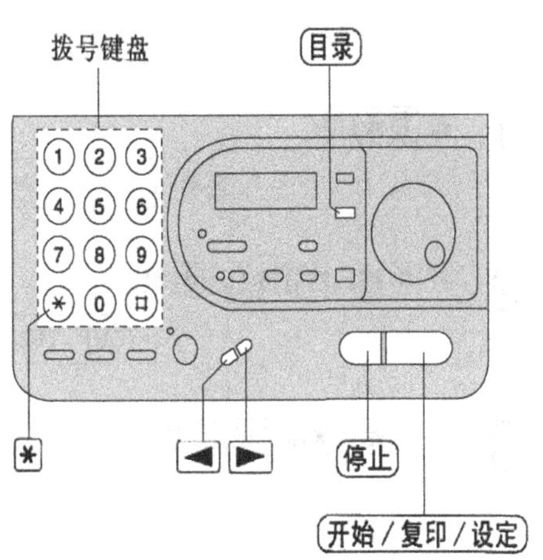

注意:

- 无论光标在何处，都可用 [✱] 键选择 "AM" (上午) 或 "PM" (下午).
- 时钟的精确度约为每月±60 s .

2. 按 [✱] 键直到显示出“PM”(下午)。

TIME:　03:15PM

7 按(开始/复印/设定)键。

SETUP ITEM [　]

8 按(目录)键。

纠正错误

- 按 [◀] 或 [▶] 键将光标移至错误的数字，然后改正。
- 若在编程中按(停止)键，显示画面将回到前一画面。

（2）电话号码的设置　设置好传真机的电话号码是传真机非常重要的操作之一。只有准确地将本方传真机的电话号码输入机器内，才能使对方通过收到的传真件及时地了解发送方的传真电话号码，以便使双方保持长久的联系。特别是商业、金融业和运输业等多种行业，此设置是很重要的。

1 按(目录)键。

显示: 1.SYSTEM SET UP

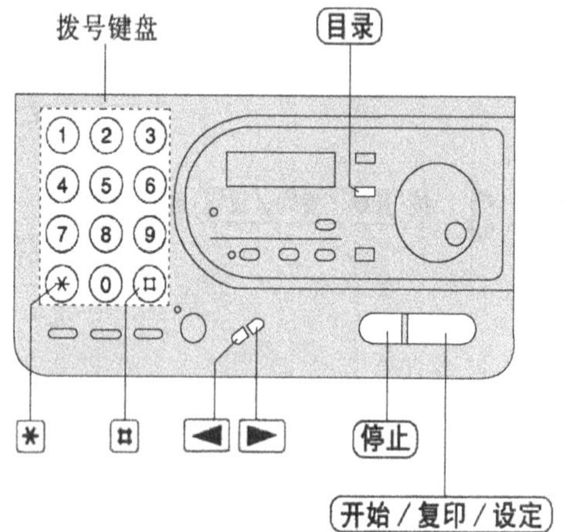

2 按 [⌗] 键，然后按 [0] [3] 键。

YOUR TEL NO.

3 按(开始/复印/设定)键。

NO.=

4 输入最多 20 位数字的传真电话号码。

例如: NO.=1234567

5 按(开始/复印/设定)键。

SETUP ITEM [　]

6 按(目录)键。

注意:

- [⌗] 键插入一个空格；而 [✱] 键插入一个“+”。

例如: +234 5678

按 [*][2][3][4][#][5][6][7][8] 键。

纠正错误

- 按 [◀] 或 [▶] 键将光标移至错误的数字，然后改正。

删除号码

- 将光标移至您想删除的号码并按 (停止) 键。

(3) 单位（个人）名称的设置 该功能也称为抬头设置。在输入名称时，要特别注意有的要输入英文缩写，且要符合惯例，否则会给接收方造成不必要的误会和麻烦。

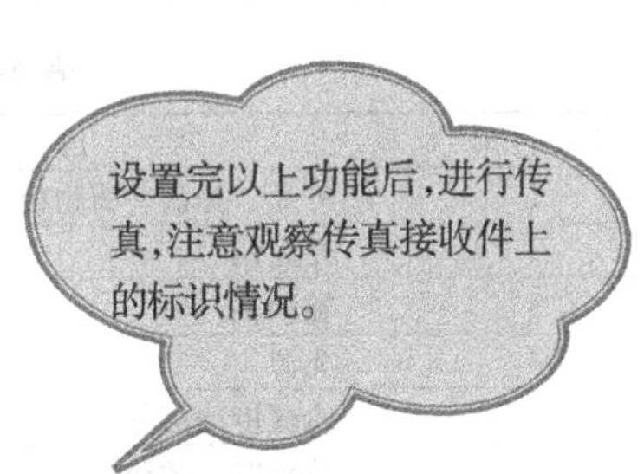

1 按 (目录) 键。

显示: `1.SYSTEM SET UP`

2 按 [#] 键，然后按 [0] [2] 键。

`YOUR LOGO`

3 按 (开始／复印／设定) 键。

`LOGO=`

4 按照下一页的说明，输入您的抬头，最多30个字母或符号。

例如（用拨号键盘）： Bill

1. 按 [2] 键两次。

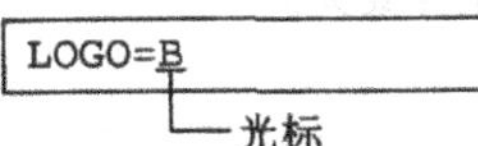

2. 按 [4] 键六次。 `LOGO=Bi`

3. 按 [5] 键六次。 `LOGO=Bil`

4. 按 [▶] 键将光标移至下一空格，并按 [5] 键六次。 `LOGO=Bill`

5 按 (开始／复印／设定) 键。

`SETUP ITEM [ ]`

6 按 (目录) 键。

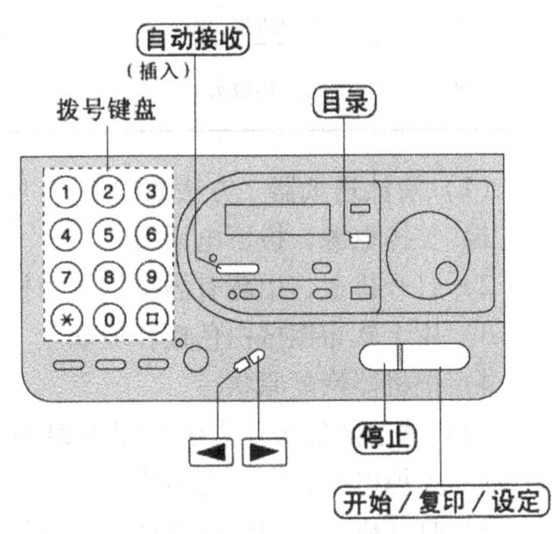

纠正错误

- 按[◄]或[►]键将光标移至错误的字母或符号，然后纠正。

删除字母符号

- 将光标移至您想删除的字母符号，并按(停止)键。

插入字母或符号

1. 按[◄]或[►]键将光标移至您想插入字母或符号的位置的右边。
2. 按(自动接收)键以插入空格并输入字母或符号。

2. 热敏传真机的维护

热敏传真机的维护项目与方法见表 4-1。

表 4-1　热敏传真机的维护项目与方法

序　　号	项　　目	方　　法
1	外壳、托盘、积物板	用干净柔软地布擦拭
2	反光镜	用吹气毛刷清洁灰尘
3	输纸辊	清除纸屑、碎片等沾着物
4	光源	用干净柔软地布擦拭灰尘
5	机械传动部分	适当加油，使其转动灵活
6	传感器、微动开关	检查是否动作灵活，接触良好
7	切纸刀	清除纸屑杂物
8	图像质量	复印样张，对照加以辨别
9	清洁热敏头	用脱脂棉蘸酒精擦去污垢，禁止用镊子等尖利器物，并应断电工作

（1）清洁送纸器　方法如图 4-20 所示。

1）关掉电源，拔下电话线。

2）打开机盖，用蘸有酒精的棉布擦拭送纸滚筒、副滚筒和橡胶片。

3）用干软布擦拭白色板和玻璃。

4）把机器恢复原状。

（2）清洁热敏头　方法如图 4-21 所示。

1）关掉电源，拔下电话线。

2）打开机盖，用蘸有酒精的棉布清洁热敏头。

3）待酒精干后，把机器恢复原状。

4.3.2　任务四　热转印传真机的使用与维护

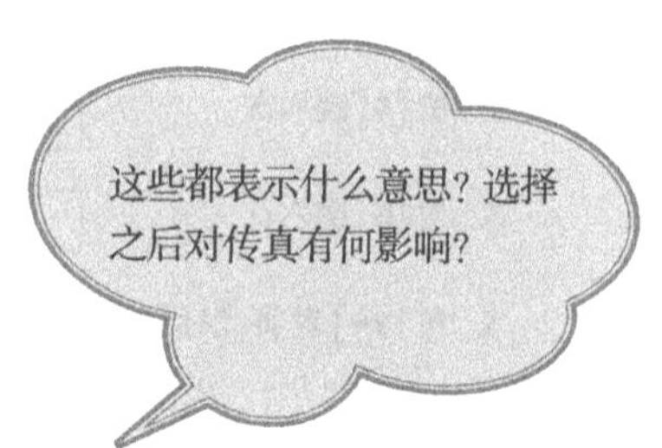

1. 热转印传真机的使用

以松下 KX-F969CN 为例，进行以下操作。

1）清晰度调整。按“清晰度”键，有 4 种清晰度供选择：STANDARD、FINE、SUPER FINE 和 HALF TONE。

2）使用“帮助”功能。

3）打印报表和备忘表。

① 按“目录”键，直到出现显示[PRINT　LIST]。

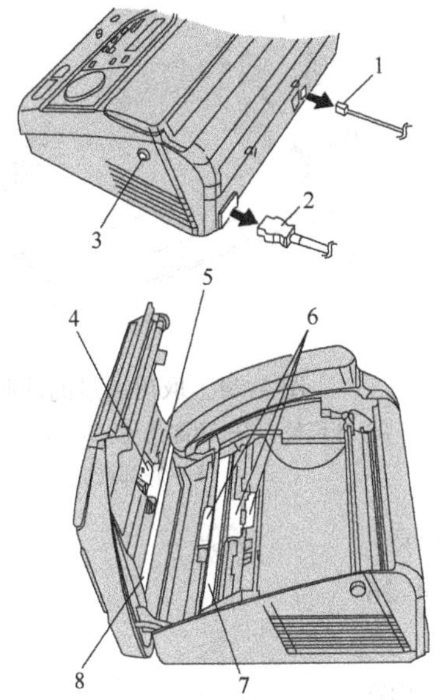

图4-20　清洁送纸器

1—电话线　2—电源线　3—开盖钮　4—橡胶片

5—副滚筒　6—送纸滚筒　7—玻璃　8—白色板

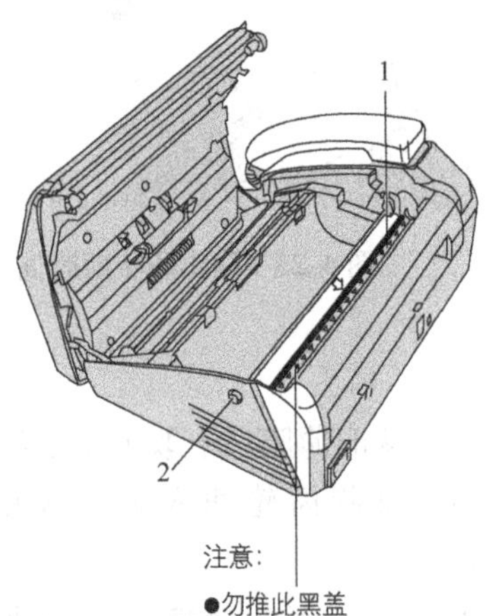

图4-21　清洁热敏头

1—感热头　2—开盖钮

② 按“#”键，然后选择1，显示 SETUP　LIST 打印功能表。

③ 按“#”键，然后选择3，显示 TEL　NO.　LIST 打印电话号码备忘录。

④ 按“#”键，然后选择4，显示 JOURNAL　REPORT 打印通信报表。

⑤ 按“#”键，然后选择5，显示 PRINTER　TEST 打印测试报表。

⑥ 按“开始/复印/设定”键，显示 PRINTING 开始打印。

⑦ 中断打印可按“停止”键。

⑧ 打印后，按“目录”键。

小知识

传真机可打印一些报表和备忘录。其中，功能表提供基本和先进的编排功能的现有设定；电话号码备忘录提供存储在自动拨号中的电话号码和其组名；通信报表打印发送和接收传真记录；打印测试表检查本机的打印质量；发送报表提供打印的传真发送结果的记录。

2. 热转印膜的更换

以松下KX-F969CN为例，进行以下操作：

1）向前移动前盖打开杆，打开前盖，如图4-22所示。

2）取出印字薄膜筒，如图4-23所示。

3）向前拉顶部齿轮（蓝和绿）A，向后推底部齿轮（绿）B，使4个齿轮开锁，取出用过的薄膜，如图4-24所示。

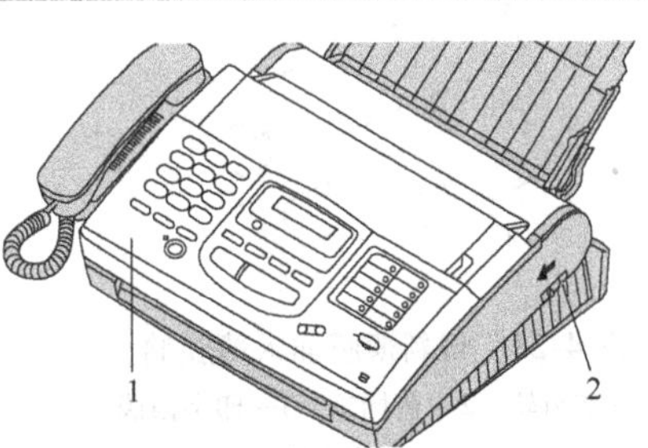

图4-22　打开前盖

1—前盖　2—前盖打开杆

图4-23　取出印字薄膜筒

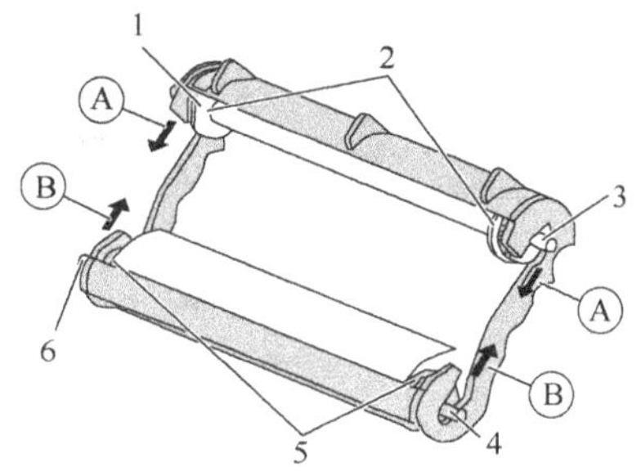

图4-24　取出用过的薄膜

1—蓝齿轮　2—顶部齿轮　3、4、6—绿齿轮　5—底部齿轮

4）从旧薄膜芯上取下4个齿轮，如图4-25所示。

5）将蓝齿轮插入新薄膜的蓝芯内，如图4-26所示。

6）将3个绿齿轮插入新薄膜的剩余的芯内，如图4-27所示。

7）将新薄膜插入薄膜筒，使蓝齿轮与蓝标签对应，如图4-28所示。

8）向后推顶部齿轮（绿）A，向前拉底部齿轮（蓝和绿）B，直到锁好4个齿轮，如图4-29所示。

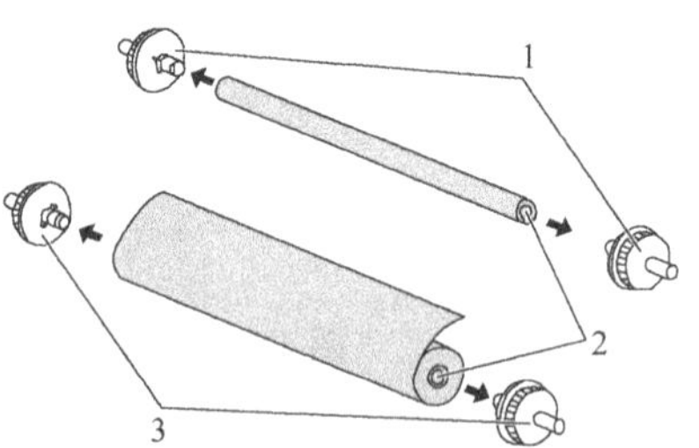

图4-25　取下4个齿轮

1、3—齿轮　2—薄膜芯

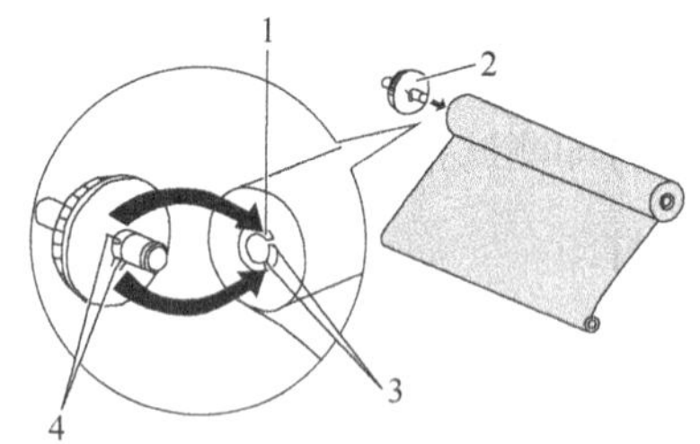

图4-26　将蓝齿轮插入新薄膜

1—蓝芯　2—蓝齿轮　3—插口　4—引导扣

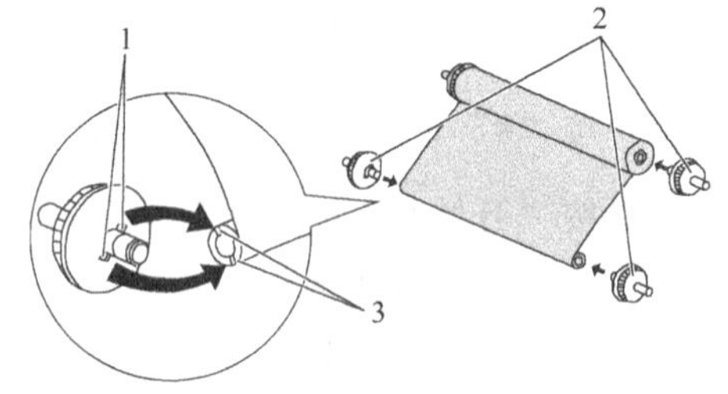

图4-27　将3个绿齿轮插入新薄膜

1—引导扣　2—绿齿轮　3—插口

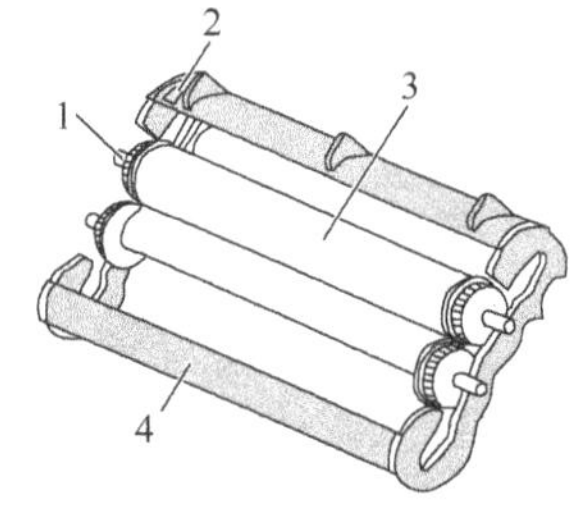

图4-28　将新薄膜插入薄膜筒

1—蓝齿轮　2—蓝标签　3—印字薄膜　4—印字薄膜筒

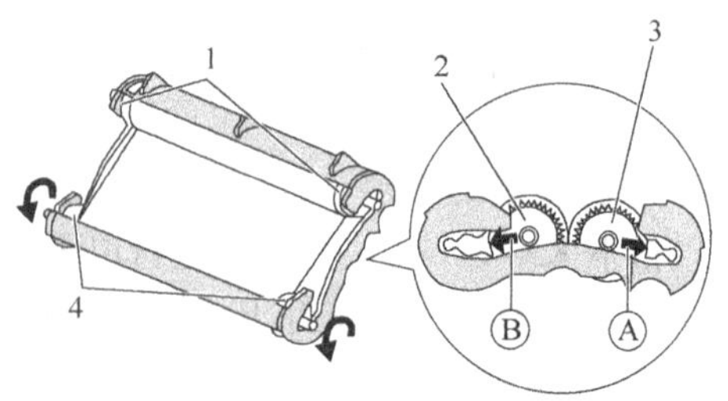

图4-29　锁好4个齿轮

1、3—顶部齿轮　2、4—底部齿轮

9）如果薄膜松弛，转动底部齿轮将其拉紧，如图 4-30 所示。

10）将薄膜筒上的蓝标签与机器上的相同部分对应，把薄膜筒装入机内，关好前盖，如图 4-31 所示。

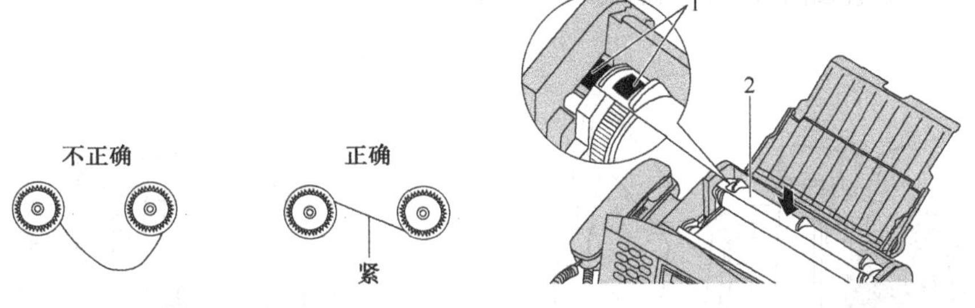

图 4-30　拉紧印字薄膜

图 4-31　薄膜筒装入机内
1—蓝标签　2—印字薄膜筒

4.3.3　任务五　喷墨传真机和激光传真机的使用与维护

盖好盖后，机器显示“PLEASE WAIT”或“CHECK FILM”，分别表示什么意思？

1. 喷墨传真机和激光传真机的使用

喷墨传真机和激光传真机的使用与热敏传真机和热转印传真机基本一样，可参照进行。

2. 喷墨传真机和激光传真机的维护

由于喷墨传真机和激光传真机的打印输出原理与喷墨打印机和激光打印机一样，所以可参照喷墨打印机和激光打印机的耗材更换和维护方法进行。

三星 SF-370 喷墨传真机更换墨盒的步骤如下：

1）按“换墨盒”键。

2）墨盒架即会移至安装位置。

3）打开控制面板和墨盒舱盖。

4）压下墨盒，如图 4-32 所示，然后将其取出，如图 4-33 所示。

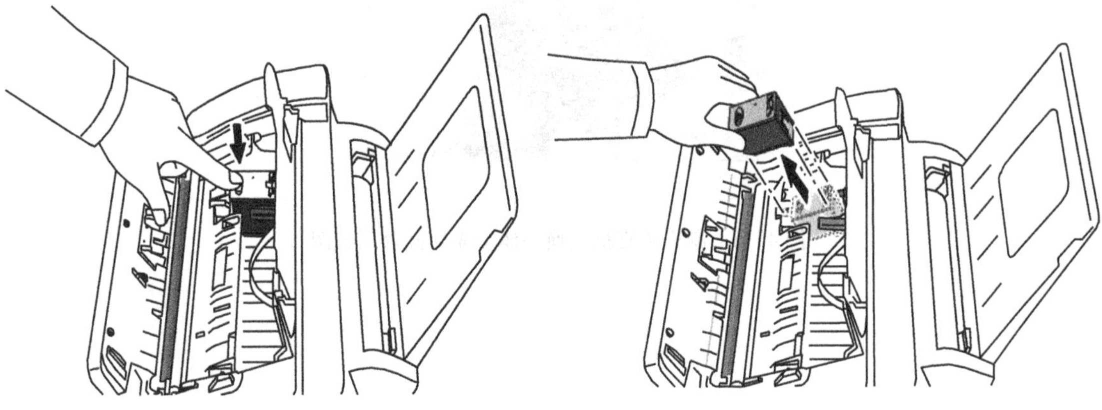

图 4-32　压下墨盒

图 4-33　取出墨盒

5）将新墨盒的正面朝前，插入金属夹的下方，如图 4-34 所示。将墨盒推到墨盒架的后部时，提起墨盒前端直至其卡合到位，如图 4-35 所示。如果墨盒在支架中可以松散移动，则表示尚未卡合到位，应重新安装。

6）按“确定”键。

7）如果是新墨盒，按“1”，旧墨盒则按“2”。

8）输入代表直线的数字，然后按下“确定”键。

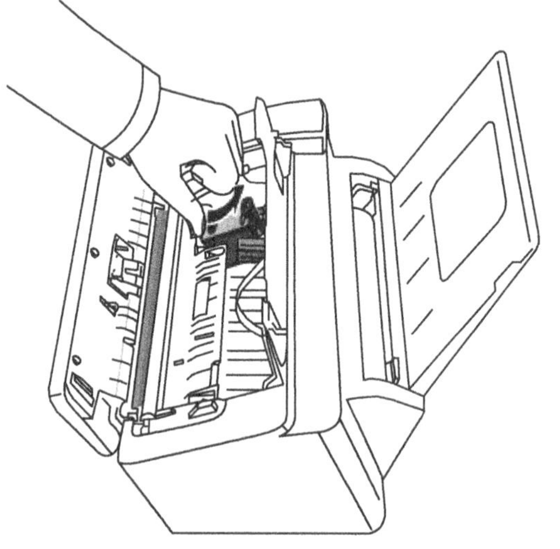

图4-34 将墨盒插入金属夹的下方

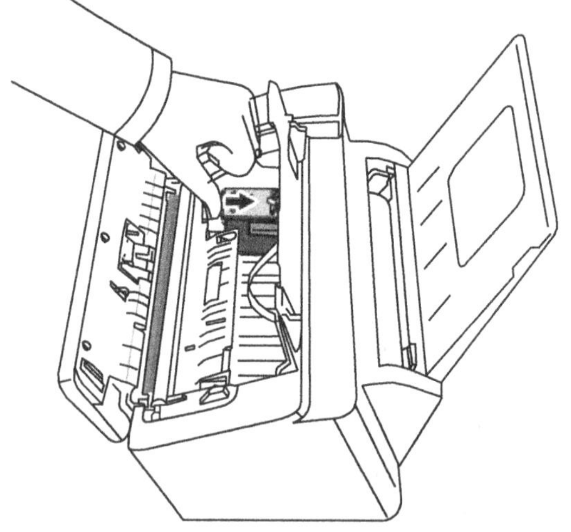

图4-35 提起墨盒前端直至其卡合到位

图4-36所示为激光传真机更换一体化光导鼓盒示意图。

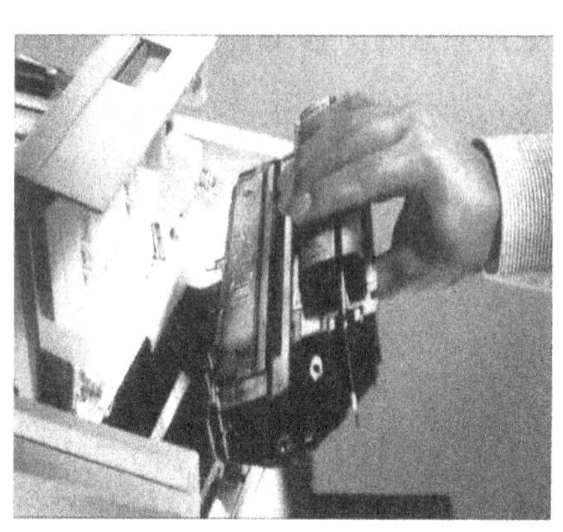

图4-36 激光传真机更换一体化光导鼓盒示意图

传真机的功能还有很多，而且不同的传真机其功能也有多有少，我们只是用了较常用的一些功能。还有哪些不清楚的地方，把它写在下面。查找资料或与老师和同学探讨，搞清楚它。

把你的问题记在这里：

上面问题的答案：

4.4　检测练习

1. 如何区别热敏纸的正反面？

2. 传真机除了使用过的功能外，还有哪些功能？

3. 在使用传真机的过程中可以发现，其显示和一些报表是英文的。思考一下，图4-37和图4-38哪一个是通信报表图，哪一个是参数报表图？图里都包含哪些内容？

XOCECO HUAJIA FAX * * USER SETTINGS * *

DATE AND TIME：	06/06/00　12：25：25
RINGS TO ANSWER ON：	5
DIAL MODE：	TONE
AUTO RECEIVE：	YES
PRINT TRANSMIT REPORT：	YES
LOCAL ID：	05925715888
TEXT HEADER：	HUA JIA

图　4-37

JUN. 06, 00 12: 30AM

XOCECO HUAJIA FAX * * COMMUNICATION LIST * *

NO.	REF. TELEPHONE	TIME	TYPE	PAGES	RESULT
01	05922222222	MAY. 01, 00 11: 20AM	TX	01	OK
02	05915555555	MAY. 27, 00 06: 37PM	RX	04	NO RESPONE
03	7654321	JUN. 01, 00 09: 48AM	TX	00	STOP KEY PRESSED
04	6021091	JUN. 03, 00 10: 00PM	RX	00	CHECK DOCUMENT
05	6150333	JUN. 04, 00 11: 11PM	TX	01	BAD REMOTE RSP

图 4-38

第 5 单元　数码多功能复合机

前面我们已经了解了打印机、传真机和扫描仪的工作原理和操作方法，它们都是单一机器完成单一功能。随着数字技术的应用，一种集复印、打印、传真和扫描等功能于一身的数码多功能复合机正逐渐取代原有的模拟式办公设备。

数码多功能复合机有以打印功能为主，集打印、扫描、复印于一体的多功能打印机（一般为台式机）；有以扫描功能为主体，集扫描、复印等多功能于一体的多功能扫描仪；有以复印功能为主体的多功能复印机（一般为落地式机）。目前在市场中激光式与喷墨式两种功能的复合机占领市场主导地位。原稿扫描方式有馈稿式和稿台固定式两种。

5.1 数码多功能复合机技能训练一

5.1.1 任务一　激光数码多功能复合机的结构认识

1. 数码多功能复合机外形结构的认识

理光 Aficio1045 激光数码多功能复合机（落地式）的外形如图5-1、图5-2所示，该机属于以复印功能为主体的多功能复印机。

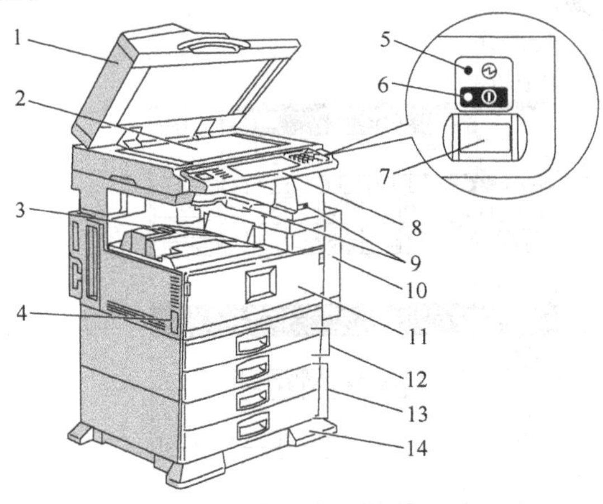

图 5-1　复合机正面外观图

1—送稿器　2—曝光玻璃　3—内纸盘　4—主电源开关　5—主电源指示灯　6—开机指示灯　7—操作开关　8—控制面板　9—取出纸张指示灯　10—双面单元　11—前门盖　12—纸盘　13—纸盘单元　14—支撑架

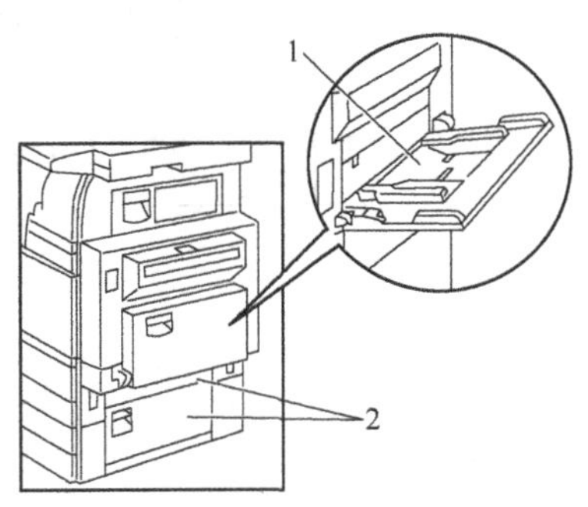

图 5-2　复合机右侧面外观图

1—手送台　2—右侧盖

2. 数码多功能复合机控制面板的认识

理光 Aficio1045 激光数码多功能复合机的操作面板包括触摸式显示面板、数字键、功能键等，如图 5-3 所示。

图 5-4 所示为复印模式、文稿服务器模式、传真模式、打印机模式和扫描仪模式显示。按下相应的功能键，显示相应的功能操作面板。

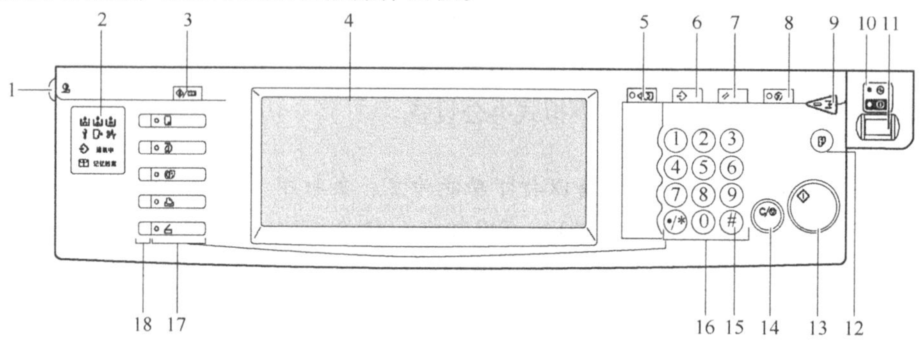

图 5-3　理光 Aficio1045 激光数码多功能复合机操作面板

1—屏幕对比调整钮　2—指示灯　3—使用者工具/计数器键　4—显示面板　5—检查模式键　6—程序键　7—清除模式键　8—节电键　9—急件插入键　10—主电源指示灯　11—操作开关　12—样本复印键　13—启动键　14—清除/停止键　15—#键　16—数字键　17—功能键　18—功能状态指示灯

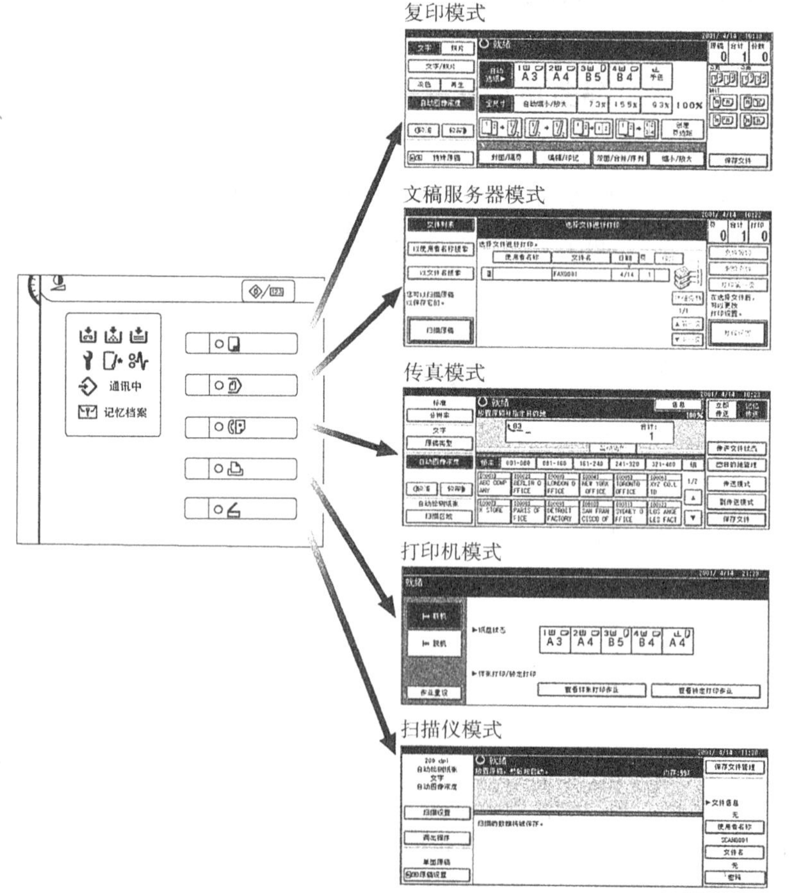

图 5-4　各种模式显示界面

注意

除复印模式外，其他模式需安装相应的附件才能显示和使用。

3. 数码多功能复合机的复印模式显示面板

理光 Aficio1045 激光数码多功能复合机操作面板初始复印显示如图 5-5 所示，它显示设备状态、错误信息和功能菜单。

注意

由于显示面板是触摸型的，所以不能用力太大或强烈碰撞，否则显示屏可能会损坏。面板所显示的功能项都是选择键，轻按一下键就可以选择或指定相应的项目。当选择或指定显示面板上的项目时，该项目被突出显示。

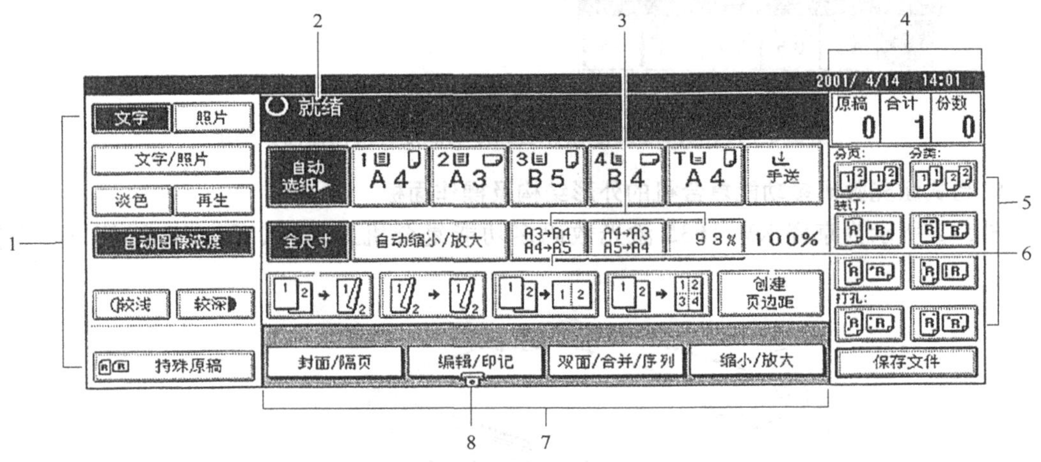

图 5-5　理光 Aficio1045 激光数码多功能复合机操作面板初始复印显示图

（1）初始复印显示（如图 5-5 所示）

图中　1—原稿模式、图像浓度和特殊原稿模式

2—操作状态或信息

3—除了固定的缩小/放大比例外，可注册最多 3 个经常使用的缩小/放大比例

4—扫描并放入内存中的原稿、复印份数和已复印的份数

5—分页、分类、装订或打孔模式（附加功能）

6—显示快捷键的清单

7—显示可用的功能

8—当前被选择的功能（出现回形针标记）

（2）功能菜单（如图 5-6 所示）

图中　1—可以选择的项目

2—当前送纸的纸盒

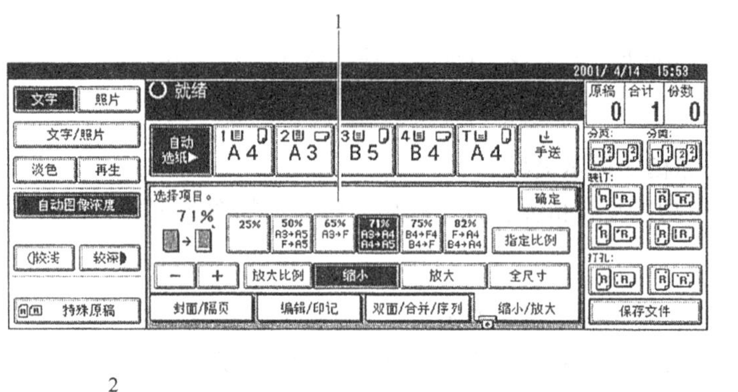

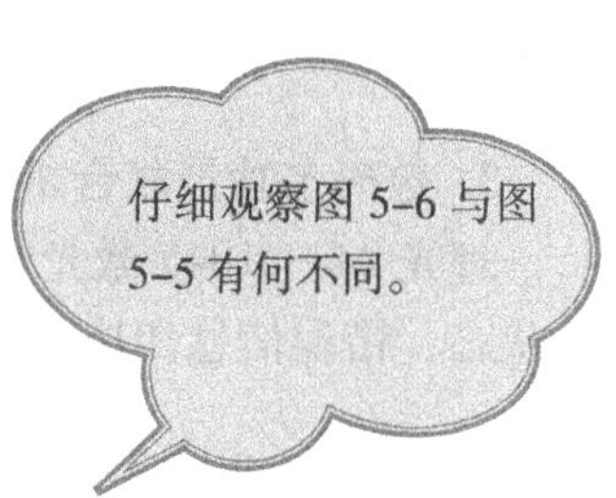

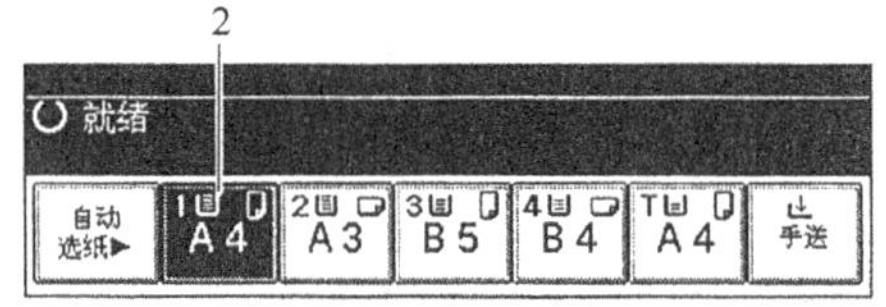

图 5-6　理光 Aficio1045 激光数码多功能复合机操作面板菜单

4. 台式激光数码多功能复合机的外形结构及操作面板

图 5-7 所示为京瓷 KM-1635 激光数码多功能复合机外形图，图 5-8 所示为其操作面板。

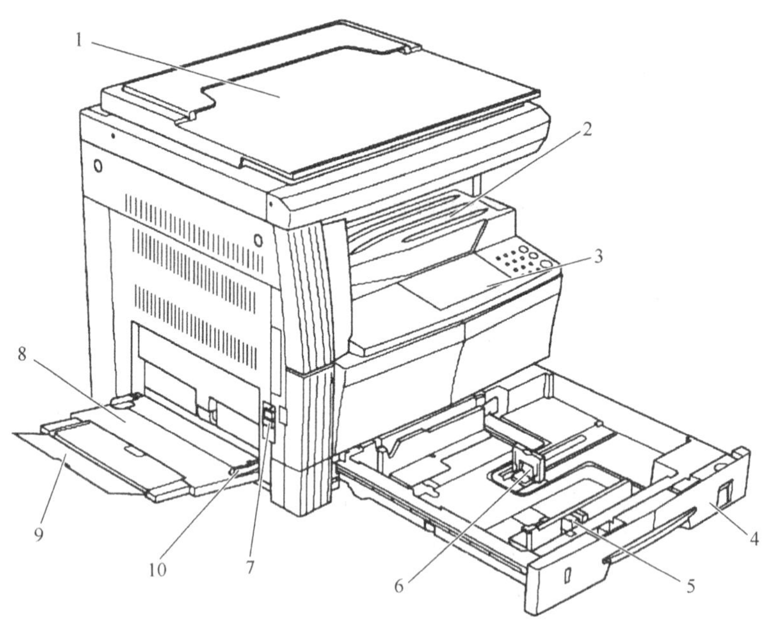

图 5-7　京瓷 KM-1635 激光数码多功能复合机外形图

1—原稿盖板　2—出纸托盘　3—操作面板　4—纸盒　5—纸张宽度导板
6—纸张长度调节片　7—左盖板把手　8—手送纸盘　9—手送纸盘延伸板
10—纸张宽度导板

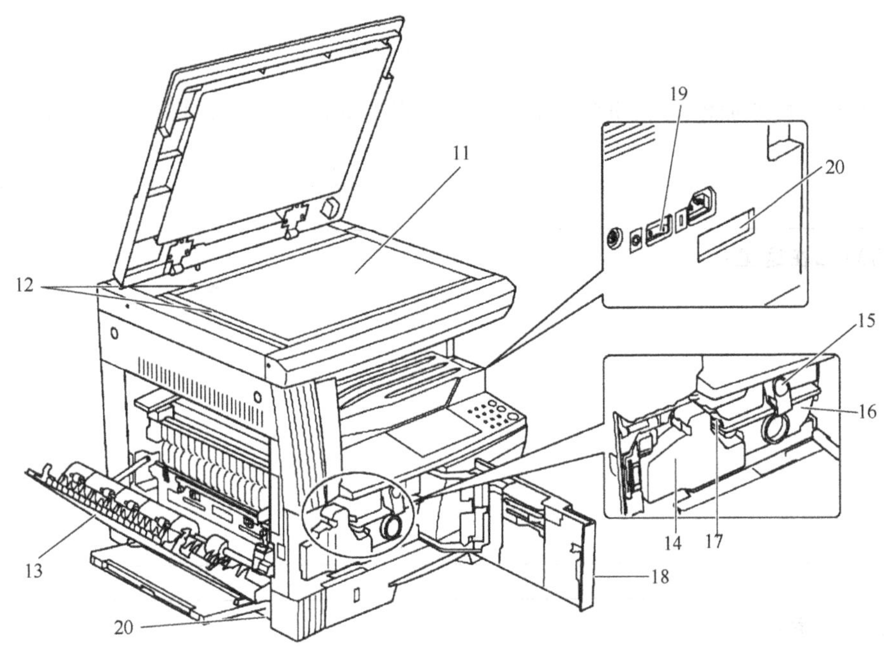

图 5-7　京瓷 KM-1635 激光数码多功能复合机外形图（续）

11—原稿台　12—原稿尺寸指示板　13—左盖板　14—废粉盒　15—墨粉盒释放杆　16—墨粉盒

17—清洁杆　18—前盖板　19—电源开关　20—把手

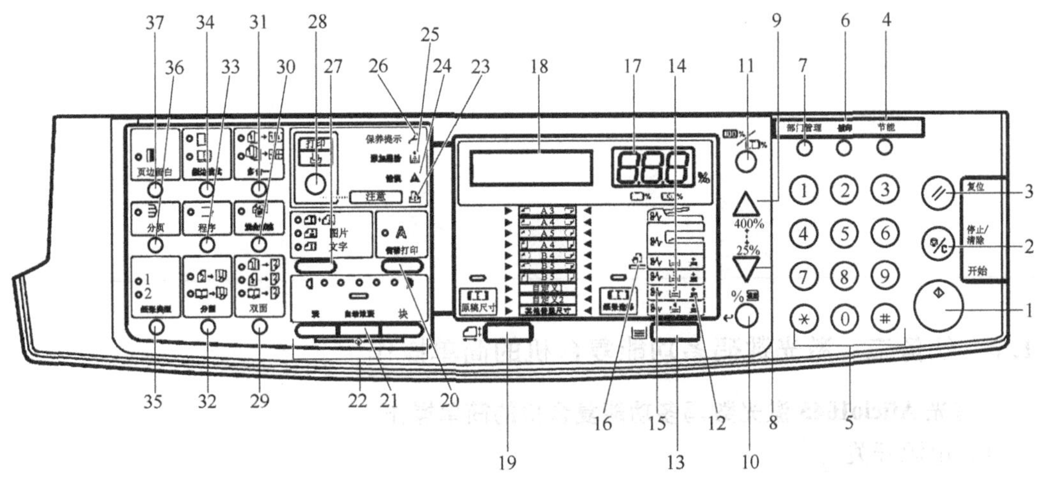

图 5-8　京瓷 KM-1635 激光数码多功能复合机操作面板

1—开始键（指示灯）　2—停止/清除键　3—复位键　4—节能键　5—数字键　6—插印键　7—部门管理键

8—下调键　9—上调键　10—%/确定键　11—100%/自动%键　12—供纸指示标记　13—纸张选择键

14—供纸量指示标记　15—卡纸指示标记　16—手送纸盘指示标记　17—复印份数/缩放倍率显示

18—信息显示屏　19—原稿尺寸键　20—省粉打印键　21—自动浓淡键　22—浓淡调节键/浓淡显示

23—注意指示灯　24—存储器满溢指示灯　25—添加墨粉指示灯　26—保养提示指示灯　27—原稿模式选择键

28—打印键（指示灯）　29—双面键　30—混合原稿键　31—多合一键　32—分割键　33—程序键

34—删边模式键　35—纸张类型键　36—分页键　37—页边留白键

你使用的机器可能是别的机型，要注意观察，有什么不清楚的地方，可记在下面，想办法弄明白。

把你的问题记在这里：

上面问题的答案：

5.1.2　任务二　激光数码多功能复合机的简单操作

1. 理光 Aficio1045 激光数码多功能复合机的简单操作

（1）电源开关

1）打开主电源，如图 5-9 所示。

① 确保电源线牢固插入电源插座。

② 打开开关盖（在机器左侧），然后打开主电源开关。

注意

该机器有两个电源开关。不要在指示灯亮起及闪烁时关闭主电源，或打开电源后又立即关闭主电源。否则，可能会损坏硬盘或内存，从而导致设备不能正常工作。

2）打开“操作开关”，如图 5-10 所示

图 5-9　打开主电源

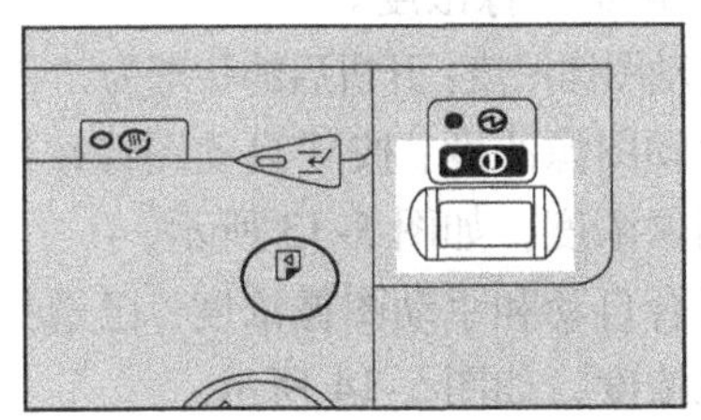

图 5-10　打开“操作开关”

① 在主电源打开的状态下，如机器进入“节电模式”时可按“操作开关”（在操作面板右上角），使开机指示灯亮起。显示面板开始起作用。

② 如果按“操作开关”时没能打开电源，检查主电源开关是否处于打开状态。

3）关闭电源。

① 按“操作开关”，使开机指示灯熄灭。

② 确保开机指示灯熄灭。

③ 关闭主电源开关，以确保指示灯熄灭。

（2）复印

1）机器处于复印模式。如果设备未处于复印模式，按功能键中的“复印”键（参见图 5-3），得到如图 5-5 所示的复印显示状态 。

2）放置原稿。

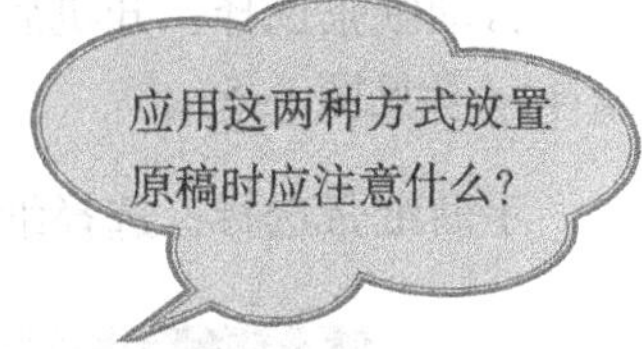

① 普通放置原稿方式。抬起压板盖或送稿器，将原稿放在曝光玻璃上，如图 5-11 所示，再放下压板盖或送稿器。

② 送稿器送稿。将原稿对齐放入送稿器，如图 5-12 所示。

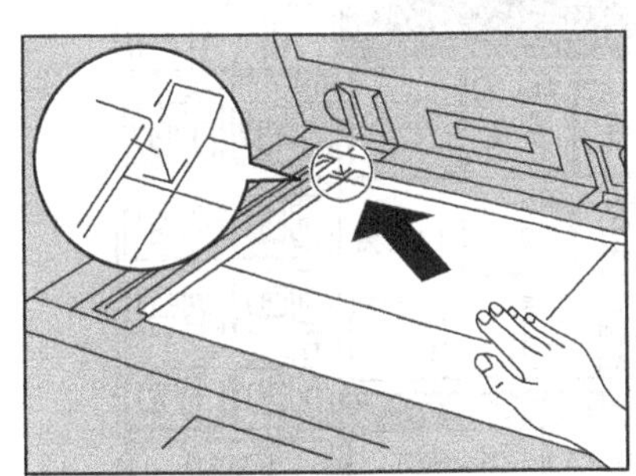

图 5-11　普通放置原稿方式

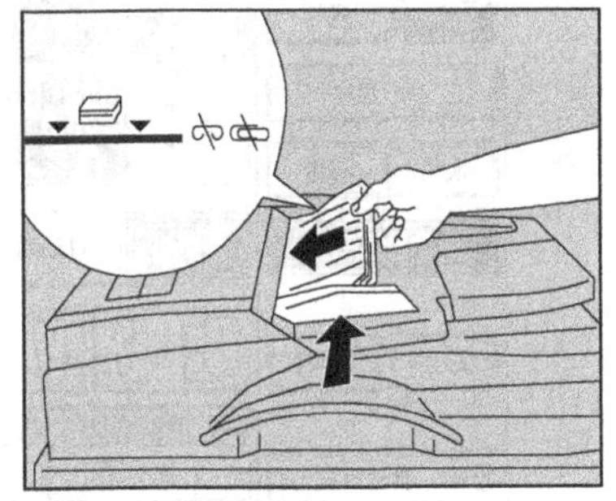

图 5-12　将原稿对齐放入送稿器

3）设定需要的设定值。

① 选择原稿类型的设定（参见图 5-5）。可选择以下设置以便与原稿类型相符。

文字：当原稿只包含文字而没有图片时选择（开机后的状态）。

文字、照片：当原稿包含文字、照片或图片时选择。

照片：可复印出精致的照片和图片。

淡色：如果原稿中有铅笔写的较浅线条等，可用此模式。

再生：如果原稿本身是复印件，使用此功能可以得到清晰的复印图像。

② 调整图像浓度。

自动图像浓度：开机后的状态为“自动图像浓度”，按“启动”键即可开始复印（参见图5-5）。

手动图像浓度：按“自动图像浓度”键取消自动图像浓度；按“较浅”或“较深”键调整图像浓度，如图5-13所示。

混合自动和手动图像浓度：已选择“自动图像浓度”键；按“较浅”或“较深”键调整图像浓度，如图5-14所示。

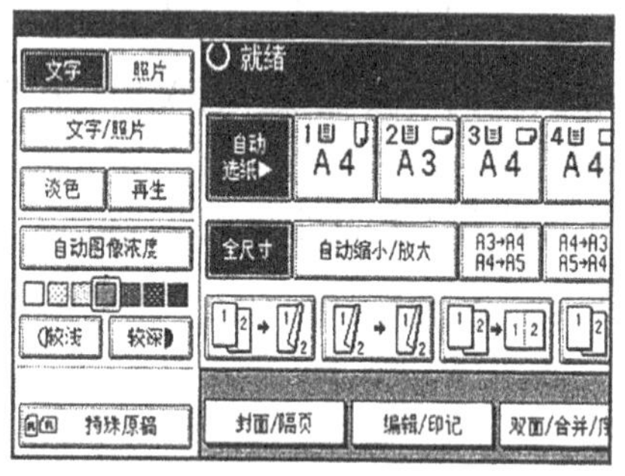

图5-13　手动图像浓度

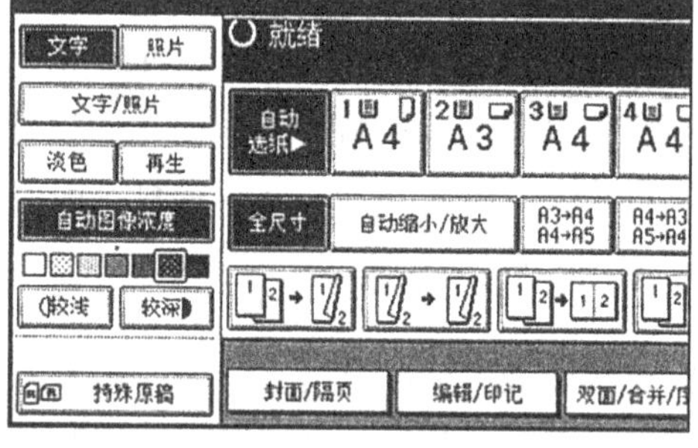

图5-14　混合自动和手动图像浓度

③选择复印纸。

自动纸张选择：开机后的状态为“自动选纸”状态。按“启动”键即可自动选择纸盒复印（参见图5-5）。

手动纸张选择：选择纸盘、手送台手送或大容量盘A4，如图5-15所示。

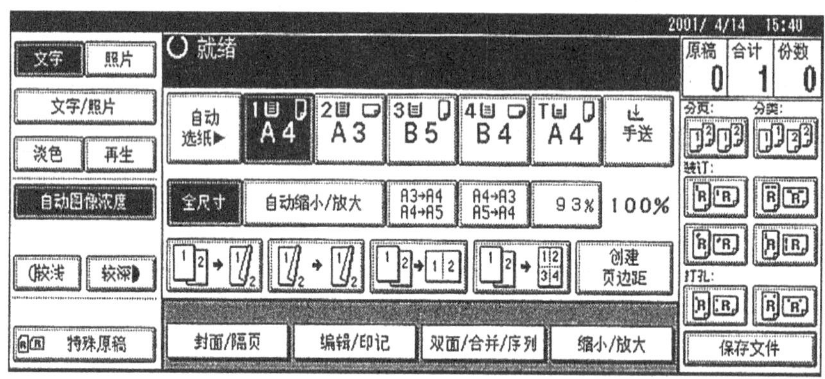

图5-15　手动纸张选择

4）安装复印纸。

① 手送台复印。首先打开手送台，如图5-16所示。放纸并调整导板宽度至复印纸尺寸，如图5-17所示。

② 纸盒自动送纸复印。首先拉出纸盒，如后边栏位置不对，可取下后边栏，如图5-18所示。如内侧把手是锁住状态，先释放开，如图5-19所示。按住释放杆，调整侧边栏，如图5-20所示。放入纸张后，插入后边栏，调整纸张尺寸选择器至所要纸张尺寸，如图5-21所示。最后推回纸盒到位。

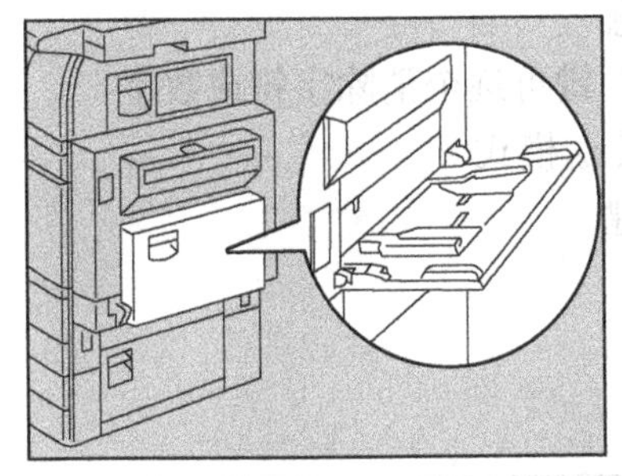

图 5-16　打开手送台

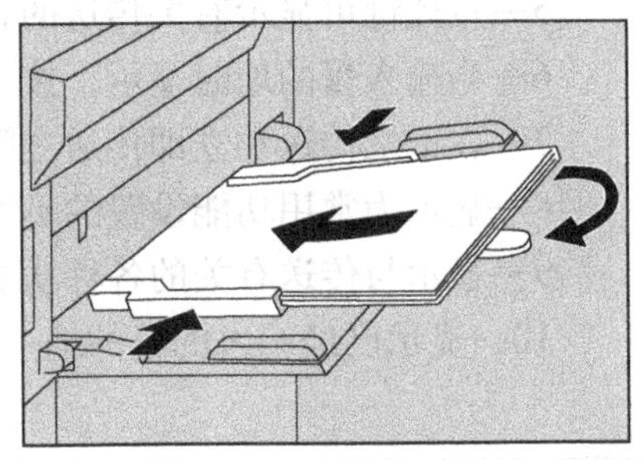

图 5-17　放置复印纸

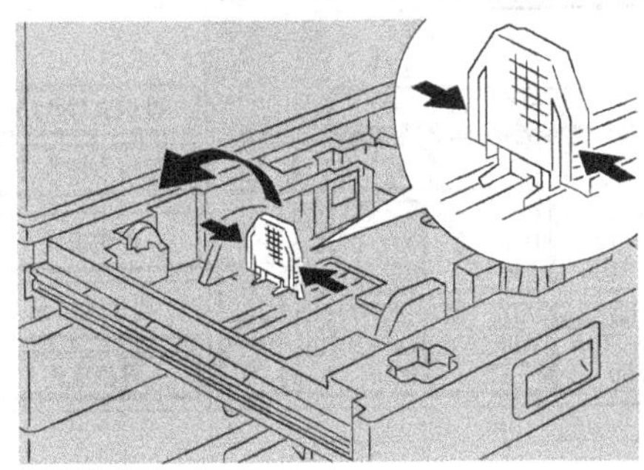

图 5-18　取下后边栏

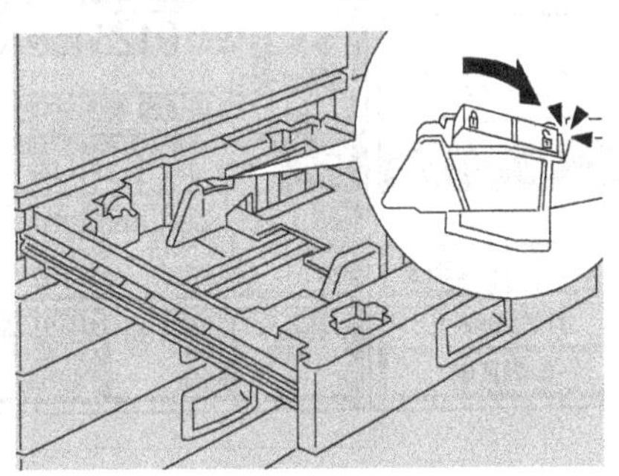

图 5-19　释放内侧把手锁住状态

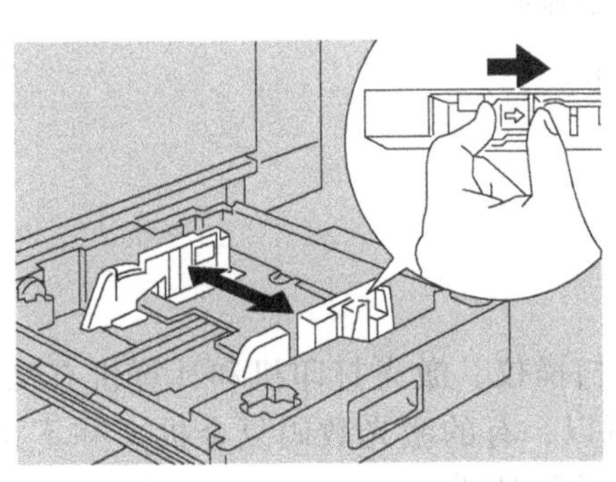

图 5-20　调整侧边栏

图 5-21　调整纸张尺寸选择器

5）用数字键输入所需的复印份数。

6）按“启动”键开始复印。

（3）传真

1）控制面板。按“传真键”（操作面板左侧）进入传真模式，显示面板功能如图 5-22 所示。

图中　1—显示可以选择的扫描条件和尺寸

2—在传送时显示目的地的名称和传真号码，同时显示原稿尺寸

3—显示已输入的目的地号码，如果使用数字键添加目的地，请按“添加”键

4—显示信息和设备状态

5—按此键可显示有关传送的各种信息

6—当输入目的地时显示，按“清除”键可逐个消除字符或数字

7—在记忆传送和立即传送之间切换传送模式

8—显示为常用功能设置的迅速操作键

9—显示与传送有关的各种功能

10—显示已经编入的目的地

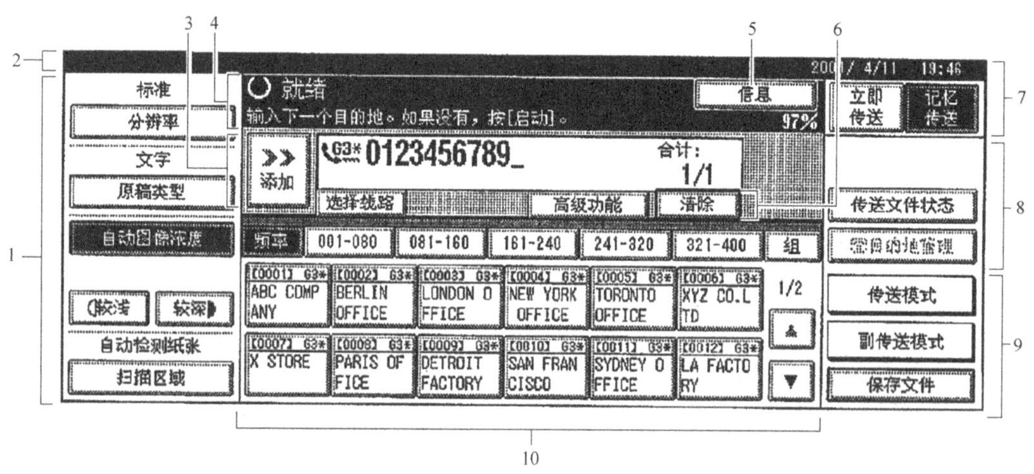

图 5-22　传真显示

2）传送传真。传送传真信息的基本步骤如下：

① 确保传真指示灯亮起。

② 放置原稿。

③ 按数字键拨号。

④ 按“启动”键发送传真。

（4）关机　激光数码复合机实际上就是由扫描仪、激光打印机和计算机有机地组合而成一体，计算机中的硬盘负责存储信息。所以，有的激光数码复合机（并不是全部）要求避免直接按电源开关来关闭电源，以防止可能对硬盘造成的损伤，使信息丢失。在关机时应采用“软”关机，使用时应注意。

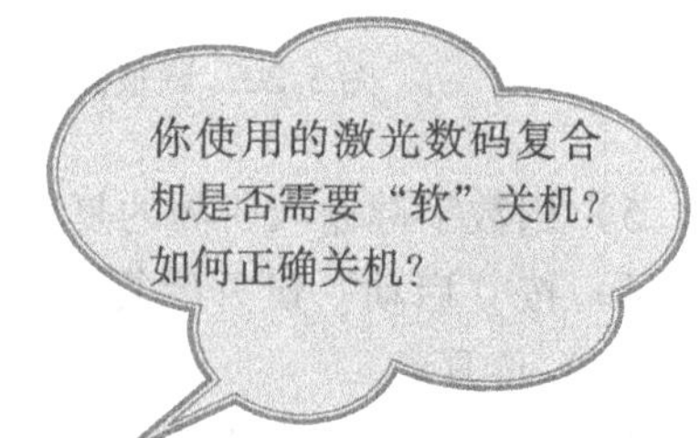

如理光 Aficio1045 激光数码多功能复合机关机时，先确保稿台盖板或自动送稿器在正确位置。然后按操作开关（参见图 5-3），确保主电源指示灯熄灭。最后关闭主电源开关（参见图 5-9）。

2. 京瓷 KM-1635 激光数码多功能复合机的简单操作

（1）电源开关　如图 5-23 所示，打开电源开关。在预热完成后，“开始”键将亮起。

（2）复印

1）放置原稿。如图 5-24 所示，将复印原稿放置在原稿台玻璃上。将原稿对齐，使左后角与原稿尺寸指示标记齐平。

2）放置复印纸，如图 5-25 所示。

3）设定需要的设定值。

① 放大与缩小复印。

② 原稿模式选择。

③ 调节复印浓度。

④ 设定复印份数。

4）开始复印。

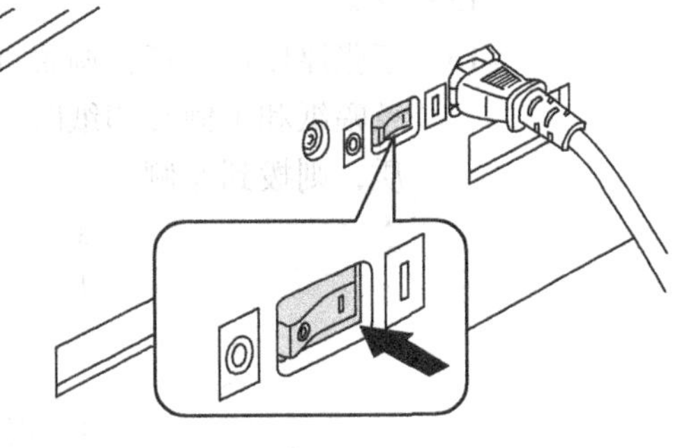

图 5-23 打开电源开关

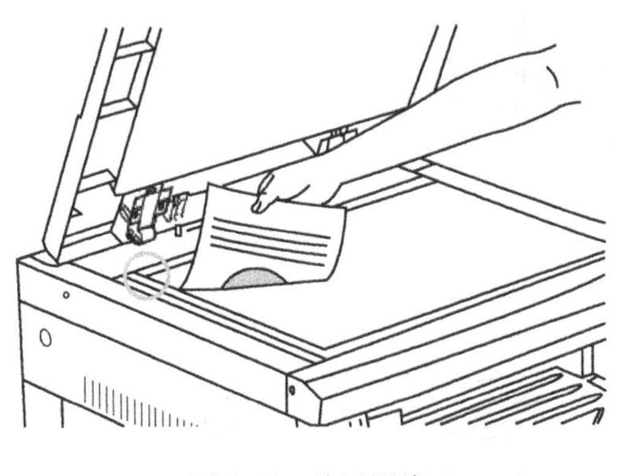

图 5-24 放置原稿

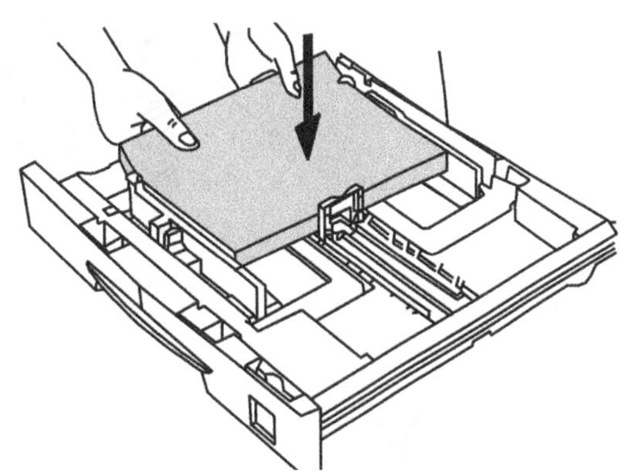

图 5-25 放置复印纸

5.1.3 任务三 喷墨数码多功能复合机的结构认识

1. 喷墨数码多功能复合机的外形结构

图 5-26 所示是佳能 MPC600F 喷墨数码多功能复合机的前视图和内视图。该机属于有以打印功能为主体的多功能机。

图中 1—ADF（自动供纸器）：托住稿件进行复印、扫描和发送传真，并且自动将稿件装入本设备中

2—供纸机盖

3—稿件导向板：调整到稿件的宽度

4—多用途托盘和托盘机盖：装入普通纸和其他打印介质

5—稿件输出槽：稿件从这里输出

6—压盘玻璃机盖：打开后将稿件放在压盘玻璃上

7—扫描设备：抬起后安装打印头（墨盒）和墨盒组件，并且调整纸张厚度调节杆

8—开启按钮：按此按钮，抬起扫描设备

9—出纸托盘：托住退出本设备的已打印的纸张

10—操作面板：控制本设备

11—压盘玻璃

12—支架

13—纸张厚度调节杆：调整打印头与打印纸张表面之间的缝隙；当装入信封、条幅纸和T恤转印纸时，将纸张厚度调节杆拨到右侧；如果是其他打印介质，则拨到左侧

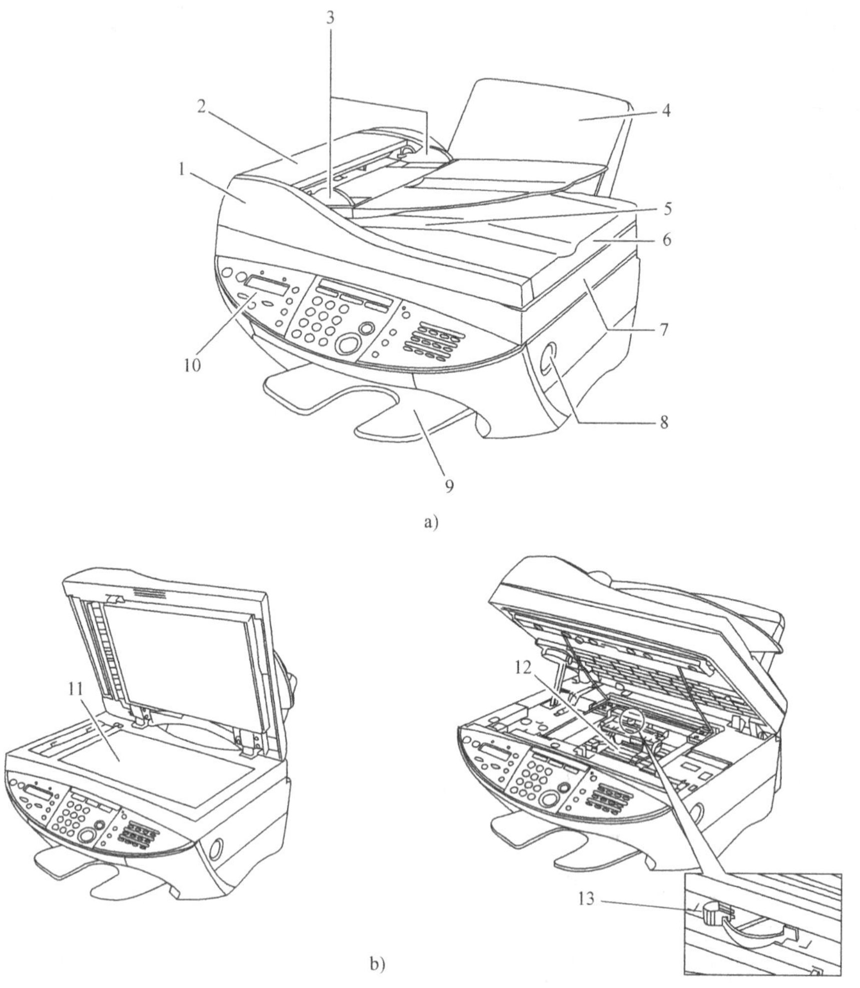

图5-26 佳能MPC600F喷墨数码多功能复合机的前视图和内视图

a）前视图 b）内视图

2. 喷墨数码多功能复合机的操作面板

图5-27所示是佳能MPC600F喷墨数码多功能复合机操作面板按键图。操作面板上一些键盘及显示功能说明如下。

1）恢复键：修改错误后恢复打印功能，也可用于退出ADF中的稿件。

2）线路使用中/存储器指示灯：在复印和扫描过程中灯亮。

3）(+)、(-)键：滚动显示各种选择。

4）菜单键：显示用于规定该机如何操作的菜单。

5）OK键：选择和确认设置的内容。

6）对比度键：选择复印的对比度。

7）图像质量键：选择复印的精度。

8）彩色/黑白转换键：要进行彩色复印时按此键，指示灯亮。

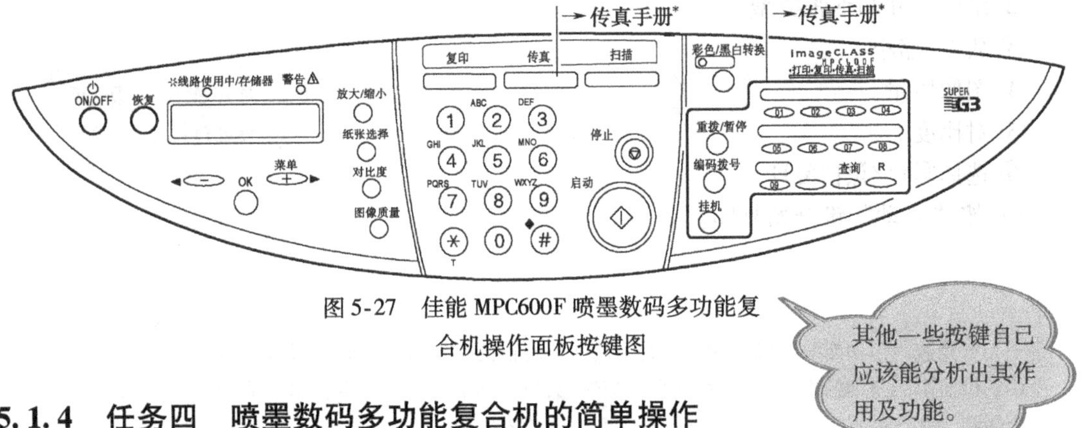

图 5-27　佳能 MPC600F 喷墨数码多功能复合机操作面板按键图

其他一些按键自己应该能分析出其作用及功能。

5.1.4　任务四　喷墨数码多功能复合机的简单操作

以佳能 MPC600F 喷墨数码多功能复合机为例，其操作过程如下。

1. 开机

将电源线牢固插入电源插座后，按“ON/OFF”键，机器接通电源，LCD 显示状态如图 5-28 所示。该状态为复印状态。

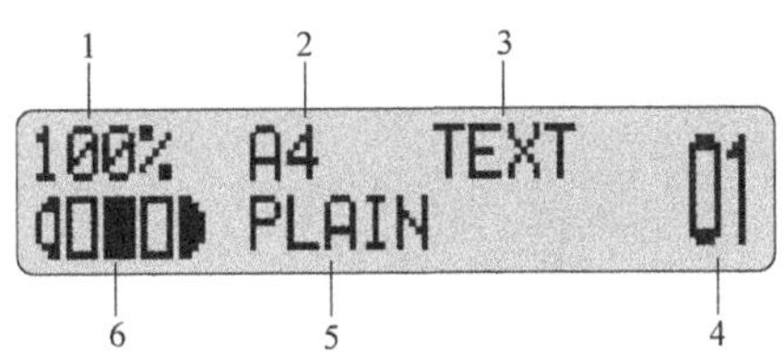

图 5-28　开机显示

1—复印比例　2—纸张尺寸　3—图像质量　4—复印数量　5—纸张类型　6—对比度

2. 复印

1）如机器不是复印方式，按“复印”键设定复印方式。

2）将稿件放在压盘玻璃上或装入 ADF 中。

① 打开 ADF 或压盘玻璃机盖。

② 将稿件与对应的纸张尺寸标记对齐，放在压盘玻璃上，如图 5-29 所示。

③ 轻轻地放下 ADF 或压盘玻璃机盖。

3）安装复印纸。如图 5-30 所示，将一叠纸插入多用途托盘①，并且将纸张的右侧边缘紧靠在托盘的右侧，然后滑动纸张导向板紧贴在纸张的左侧边缘②。

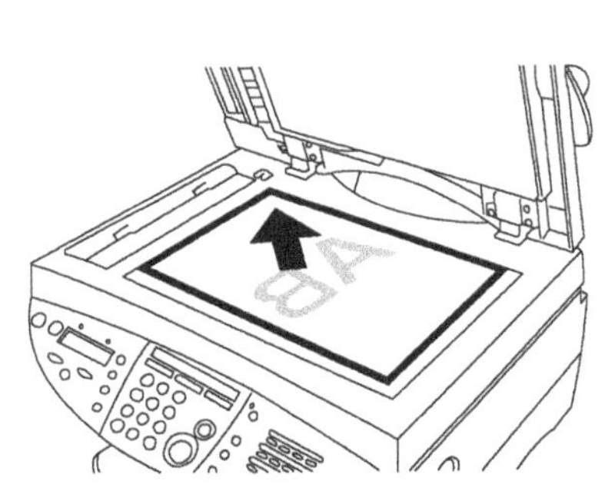

图 5-29　放置稿件

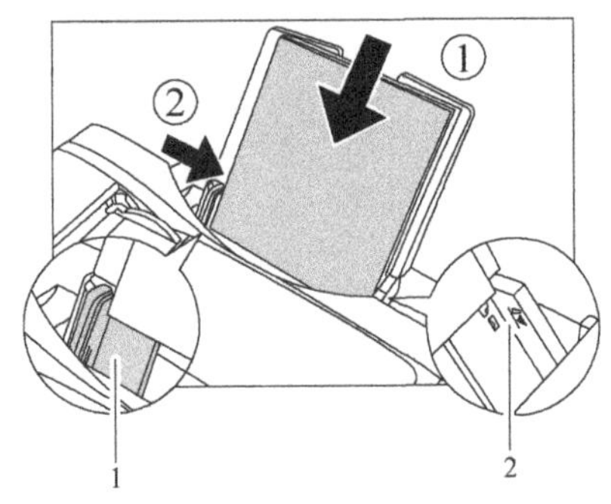

图 5-30　安装复印纸

1—纸张导向板　2—纸张限高标记

4）设定复印功能。

① 复印数量。

② 纸张尺寸和纸张类型。

③ 放大/缩小。

④ 图像质量。

⑤ 对比度。

⑥ 选择彩色/黑白复印。

5）按“启动”键开始复印。

对照操作面板，正确进行设定。

激光数码多功能复合机与喷墨数码多功能复合机的结构有所不同，操作面板也不一样。你使用的机器可能是别的机型，要注意观察。当然，数码多功能复合机还有很多功能，在以后的实操中会用到。有什么不清楚的地方，可记在下面，想办法弄明白。

把你的问题记在这里：

上面问题的答案：

5.2　数码多功能复合机的工作原理及系统结构

5.2.1　激光数码多功能复合机的工作过程

激光数码多功能复合机是在数字式复印机的基础上发展而来的。数字式复印机是20世纪80年代发展起来的新一代复印机，它应用了数字化图像处理技术，使复印机具有很多新的特殊功能。数字式复印机是通过激光扫描成像的，它既是一台独立的复印设备，又可作为输入/输出设备与计算机以及其他办公自动化设备联机使用，或成为网络的终端。数字式复印机的出现是对传统复印概念的突破，为复印技术的发展开辟了新路。激光数码多功能复合机就是在此基础上发展起来的。

1. 工作原理

激光数码多功能机有两大种类，一类是以复印机为主改进的机器，体积较大，一般为落地式；另一类是以打印和传真为主改进的机器，体积较小，一般为台式。但这两类的工作原理基本是一样的。现以数字式复印机为例说明其工作原理。

模拟式静电复印机通过充电、曝光、显影、转印、定影和清洁6个步骤完成一个复印过程。其中一个主要特点是：其扫描和成像系统是一个不可分割的整体。由原稿扫描而来的光学图像信号，经反光镜直接投射到光导体上进行成像。其光学信号没有任何改变，直接在光导体上形成静电潜像，再经过显影、转印和定影，完成整个复印过程。

数字式复印机也经过上述6个步骤，只不过是其中的曝光过程与静电复印机不同。图5-31a、b分别表示了数字式复印机和静电复印机的工作过程。

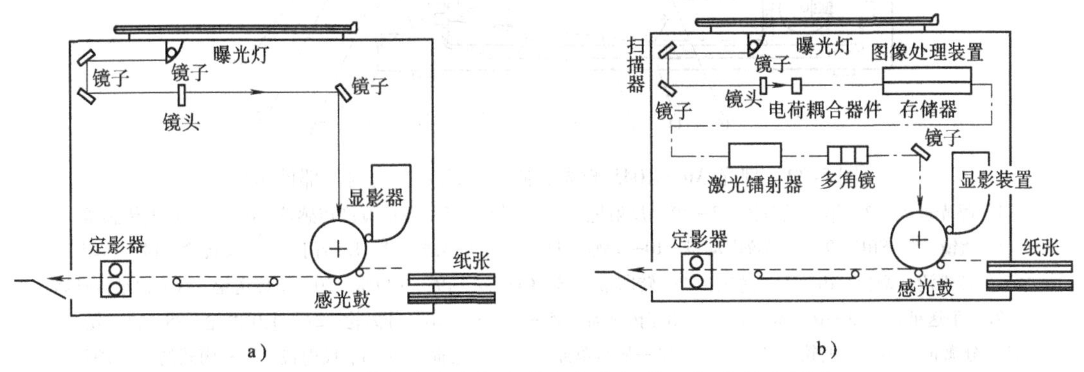

图5-31　数字式复印机和静电复印机的工作过程示意图

数字式复印机的工作原理是由原稿扫描而来的光学图像信号，经镜头后首先进入光电转换元器件——CCD传感器转换为电信号，然后将经过数字技术处理的图像信号（电信号）输入到激光调制器，调制后的激光束对被充电的感光鼓进行扫描，在感光鼓上产生由点组成的静电潜像，再经过显影、转印、定影等步骤，完成复印过程。

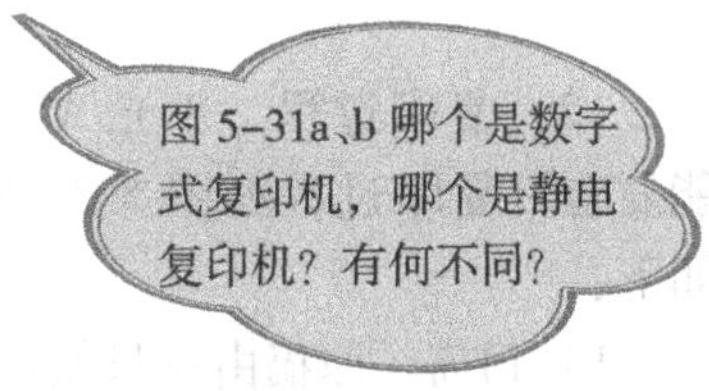

实际上，数字式复印机就是由扫描仪和激光打印机两部分组成，它们之间通过电信号相互连成一个完整的系统。因此可参照扫描仪和激光打印机的工作原理来理解数字式复印机的工作原理。

2. 系统组成及工作过程

理光 Aficio1045 激光数码多功能复合机是以复印功能为主体的多功能复印机，其系统组成及工作过程如下。

（1）系统结构　理光 Aficio1045 激光数码多功能复合机内部部件布局如图 5-32 所示。

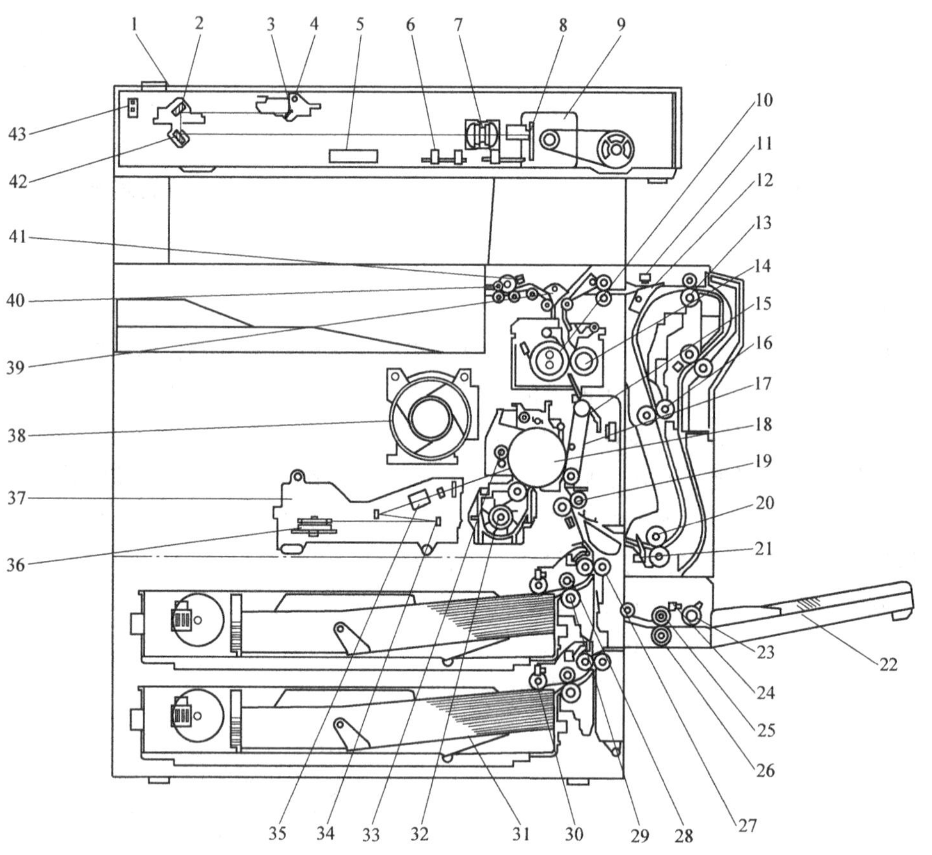

图 5-32　理光 Aficio1045 激光数码多功能复合机内部部件布局

1—曝光玻璃　2—第二反射镜　3—第一反射镜　4—曝光灯　5—原稿宽度传感器　6—原稿长度传感器　7—透镜　8—SBU　9—扫描仪电动机　10—热辊　11—入口传感器　12—反转门　13—反转轮　14—压辊　15—转印带清洁刮板　16—上传送轮　17—转印带　18—OPC 鼓　19—对位辊　20—下传送轮　21—出纸传感器　22—手送纸盘　23—搓纸轮　24—纸用完传感器　25—送纸轮　26—分离轮　27—上中继轮　28—进送轮　29—分离轮　30—搓纸轮　31—底板　32—显影单元　33—充电辊　34—F_{θ} 反射镜　35—筒式透镜（BTL）　36—多面反射镜电动机　37—激光单元　38—色粉提供瓶保持架　39—出纸活门　40—出纸轮　41—出纸传感器　42—第三反射镜　43—扫描仪原位传感器

（2）复印过程　理光 Aficio1045 激光数码多功能复合机复印过程如图 5-33 所示，复印具体流程如下：

该图看起来有一定难度，根据所学知识，自己分析一下这些部件的功用。

1）扫描。原稿由一只氙灯 1 曝光。从原稿上反射出来的光投向 CCD（电荷耦合器件），由 CCD 转换成模拟数据信号，经处理后存入存储器。打印时，数据被取出并送到激光二极管。

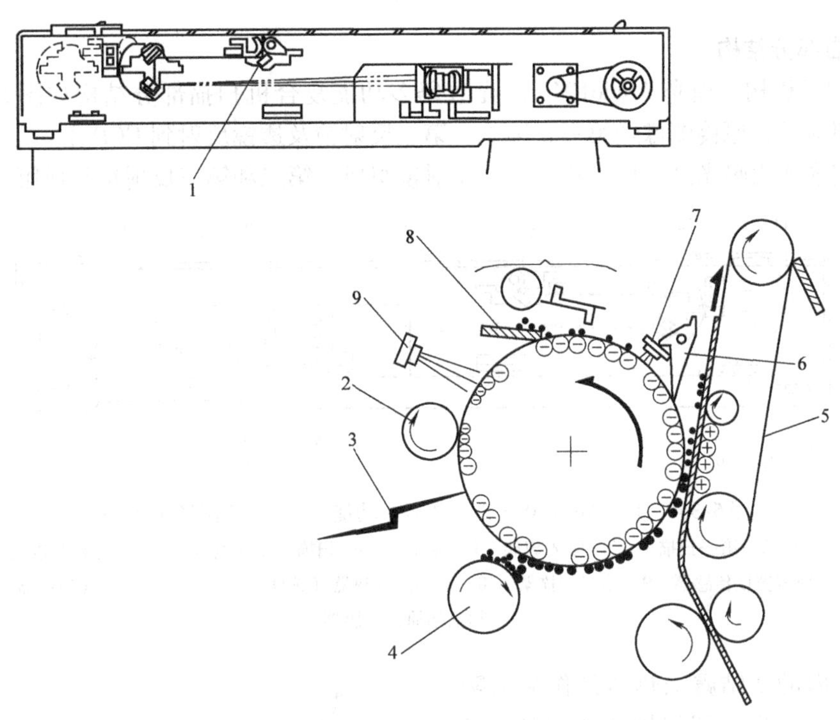

图 5-33　理光 Aficio1045 激光数码多功能复合机复印过程图

1—氙灯　2—充电辊　3—激光束　4—显影辊　5—转印带　6—分离爪　7—图像浓度传感器　8—清洁刮板　9—消电灯

2）鼓充电。充电辊 2 使有机光导体（OPC）鼓充上负电荷。

3）激光曝光。从扫描原稿得到的，经过处理的数据从存储器中取出，由两束激光束 3 将它们转移到鼓上，并在鼓上形成静电潜像。

4）显影。显影辊 4 上的磁穗与鼓表面上的潜像相接触。色粉粒子在静电力的作用下被吸引到鼓表面受激光照射过而负电荷减少了的部位。

5）图像的转印。在恰当的时间使复印纸与鼓表面已显影的图像对齐，复印纸被送进鼓表面与转印带 5 之间。然后，转印偏压辊通过转印皮带在纸的背面加上正电荷，该正电荷产生的静电力把色粉粒子从鼓表面吸引到纸上。同时，纸受静电力作用而被吸到转印皮带上。

6）纸的分离。复印纸能够与鼓分离是纸与转印皮带间有静电吸引力的缘故，而分离爪 6 起到帮助纸与鼓分离的作用。

7）图像浓度传感器。图像浓度传感器 7 能测量激光束在鼓的表面形成一种样图的反射率。此时，传感器的输出信号就作为控制补粉的诸因素中的一个因素。同时也测量鼓表面的反射率，其输出信号则用来控制充电辊的电压。

8）清洁。清洁刮板 8 用于除去转印后仍留在鼓表面上的所有色粉。

9）消电。最后，消电灯9发出的光可以在电气上中和留在鼓表面上的电荷。

5.2.2　激光数码多功能复合机的系统结构

1. 扫描部分结构

（1）扫描机构　理光 Aficio1045 激光数码多功能复合机扫描部分结构如图5-34所示。经曝光灯照射后，原稿图像经第一、第二、第三反射镜及透镜反射到CCD上。

第一扫描架由曝光灯、反光罩及第一反射镜组成。第二和第三反射镜组成第二扫描架。

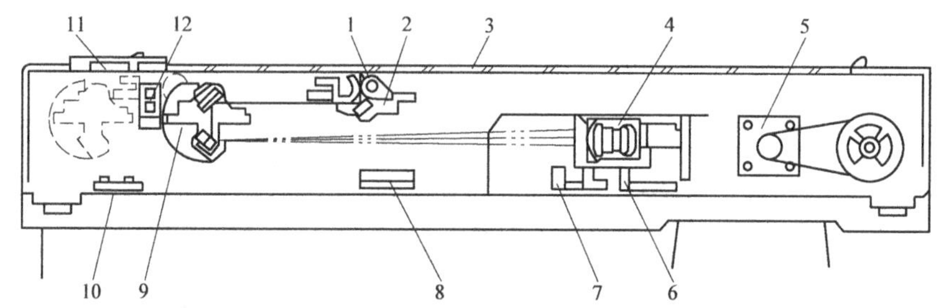

图5-34　理光 Aficio1045 激光数码多功能复合机扫描部分结构图
1—曝光灯　2—第一扫描架　3—曝光玻璃　4—透镜块　5—扫描仪驱动电机　6、7—原稿长度传感器
8—原稿宽度传感器　9—第二扫描架　10—防结露加热器（选件）　11—曝光玻璃（送稿器）
12—扫描架原位传感器

光学腔内的防结露加热器是作为选购件供应的，它可以装到扫描架的左侧。只要复印机的电源引线接上了电源，加热器就通电。

理光 Aficio1045 激光数码多功能复合机扫描架驱动机构如图5-35所示。它分为书本方式扫描和自动送稿方式（ADF）扫描。

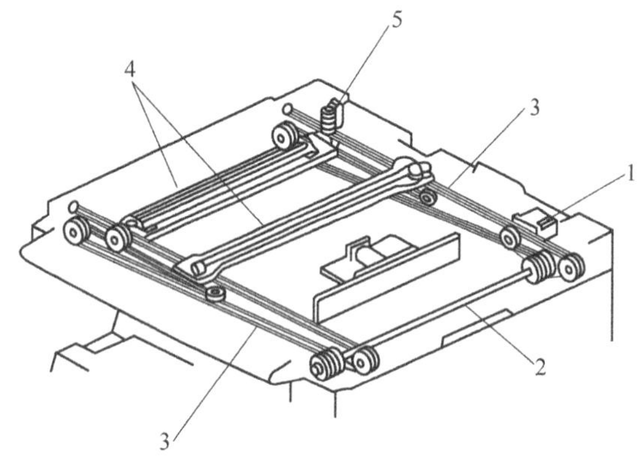

图5-35　理光 Aficio1045 激光数码多功能复合机扫描架驱动机构
1—扫描架驱动电动机　2—扫描仪驱动轴
3—钢丝绳　4—扫描架　5—原位传感器

1）书本方式扫描。扫描架驱动电动机1和同步带驱动扫描仪驱动轴2。该驱动轴驱动二根扫描仪钢丝绳3（前、后）上的滑轮。扫描仪钢丝绳在道轨上移动第一和第二扫描架4。第二扫描架的速度则是第一扫描架的一半。

扫描架驱动电机由扫描架接口板控制。在等倍方式中，第一扫描架扫描时的速度为230mm/s。在缩小或放大方式中，扫描速度与缩放倍率有关。但是，无论是等倍复印还是变倍复印，扫描架返回时的速度是相同的。

想一想变倍复印与扫描速度有何关系?

2）ADF方式扫描。利用自动送稿方式扫描时，总是把扫描架保持在各自的原位（由原位传感器5检测）来扫描原稿（参见图5-34中的虚线部分）。ADF电动机通过ADF进送原稿。在缩小/放大方式中，通过改变ADF电动机速度来改变副扫描方向上的图像长度。

（2）扫描光源　扫描光源也称曝光灯或扫描灯。曝光灯作为光源用于照射到原稿玻璃上的原稿。现在采用的曝光灯为外部电极类型的氙气荧光灯（16W 氙灯）。外观上与普通荧光灯的不同之处是其外表有一玻璃区域不涂敷荧光材料，使得强光通过该区域照射到原稿上。氙灯灯管内表面（除了开口部分）涂有荧光剂，内部充满了氙气。灯管上附有一对电极，其外部电极用黏合剂粘着一对薄膜，如图 5-36 所示。其工作过程如图 5-37 所示，由一对外部电极加压，将灯管内的电子引至电场中。之后电子流动，与灯管内的氙原子碰撞，从而将其激活产生紫外线。这些紫外线使荧光剂发出可见光。

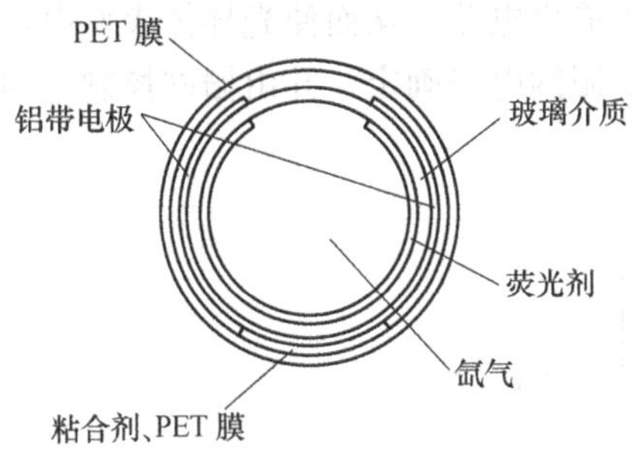

图 5-36　氙气荧光灯结构

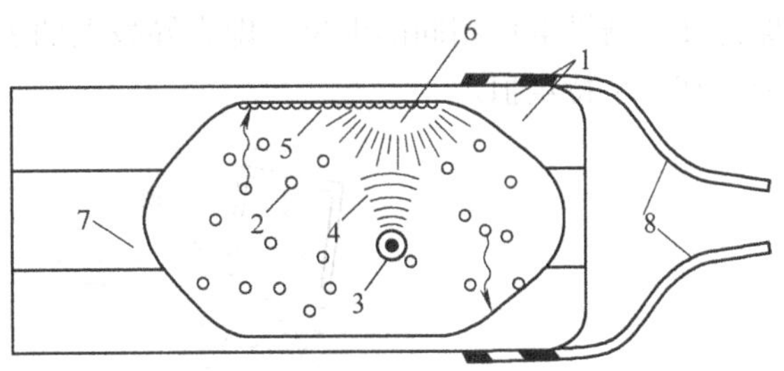

图 5-37　氙灯内部的工作过程

1—电极　2—电子　3—氙原子　4—紫外线　5—荧光剂
6—可见光（从开口至灯管外）　7—开口　8—线束

（3）自动送稿器结构　图 5-38 所示为理光 Aficio1045 激光数码多功能复合机双面自动送稿器示意图，其机构功能如下。

① 搓纸机构：搓起原稿。

② 进送分离结构：由送进皮带和分离轮组成，用于送进和分离原稿并修正歪斜。

③ 原稿尺寸检测传感器：由 4 只宽度传感器和 2 只长度传感器组成，用于检测原稿尺寸。

④ 原稿传送机构：由传送轮、ADF 曝光玻璃和出纸轮组成。

⑤ 原稿翻转出纸机构：由出纸轮和活门等组成。

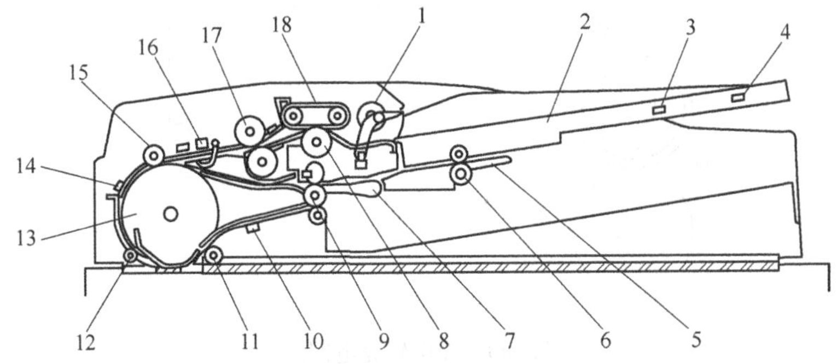

图 5-38　理光 Aficio1045 激光数码多功能复合机双面自动送稿器示意图

1—搓纸轮　2—原稿纸盘　3—原稿长度传感器 1　4—原稿长度传感器 2　5—翻转台　6—反转轮
7—活门　8—分离轮　9—出纸轮　10—出纸传感器　11—惰轮 3　12—惰轮 2　13—传送轮
14—对位传感器　15—惰轮 1　16—原稿宽度传感器　17—歪斜修正轮　18—送进皮带

2. 充电系统结构

充电装置有两种形式：一种是电晕充电方式，另一种是使用充电辊的充电方式。由于复合机中有多处需要充电，所以又把第一步的充电称为主充电。

(1) 电晕充电方式　电晕充电方式主要由两部分组成：一是充电器，二是高压发生器。高压发生器是产生高压的装置，充电器是执行装置。

充电器主要由充电电极丝（板）、电晕栅网（帘栅极）和充电器外罩组成。充电原理如图5-39所示，电晕栅网用以均匀地在光导体表面沉积一层静电荷。当充电电压达到栅极电压时，电晕带电电荷流经栅极的电极至高压组件栅极电压输出电路，从而使光导体表面电压保持在与栅极电压相同的电位。即光导鼓上的表面电势由栅网电势确定，并由栅网控制电路控制在一个特定值。

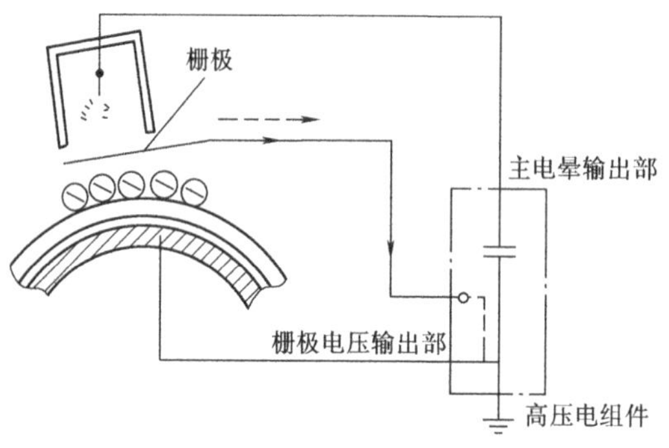

图5-39　电晕充电示意图

(2) 充电辊充电的方式　充电辊充电的方法如下：充电辊与光导体表面保持充分接触并提供压力，使充电辊旋转接触于光导体表面，在充电辊与光导体之间通过电源施加电压时，充电辊通过导电橡胶层向光导体的表面充电，如图5-40所示。图5-41所示为充电辊的外形图。

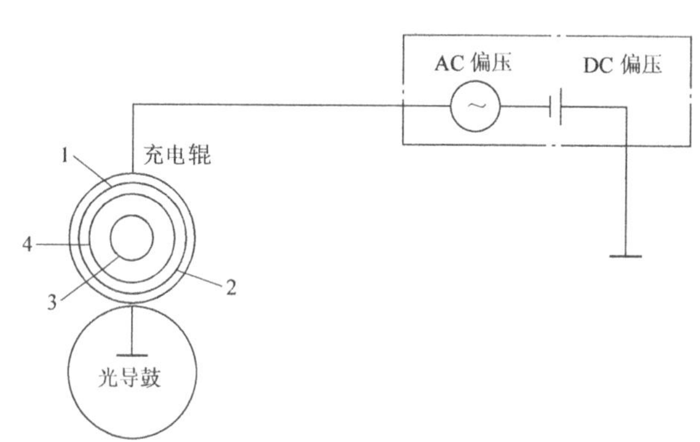

图5-40　充电辊充电回路

1—电阻层　2—保护层　3—金属轴　4—导电橡胶层

(3) 鼓充电辊系统与电晕放电系统的比较　电晕充电装置结构简单，性能可靠，充电所形成的表面电位较高，静电荷密度分布均匀。但所需充电电压高，要求有5000~8000V，

图 5-41　充电辊的外形图

因而高压电源的结构较为复杂。而且当环境条件（如温度和湿度）变化时，对于充电效果会产生影响。此外，由于空气的电离，会产生臭氧（O_3），对人体和环境有一定的影响，且加速充电元件以及光敏元件的损耗。所以，一般机器中装有臭氧过滤器。现在许多机型都用锯齿形（针式）电极（0.1mm 的不锈钢齿状板）代替电极丝进行充电工作，具有更好的放电效率。

由于充电辊充电是一种接触式的充电方式，不需要太高的充电电压，不产生空气电离，可以实现低压充电，而且有很高的充电效率，不仅大大减少了臭氧及氧氮化物的产生，同时避免了灰尘颗粒在电晕电极丝上的静电吸附，不需要过滤器装置，有利于环保。这是采用充电辊充电的最大优点。

在装拆方面，电晕充电器拆装比较方便，大多数能直接从机器内抽出；而充电辊的装拆就比较麻烦。

综上所述，鼓充电辊系统与电晕放电系统比较，有以下几个优点：

1）充电过程中产生的臭氧不到电晕放电系统的 1/100。

2）所需电压为电晕放电系统的 1/3 ~ 1/2。

3）鼓充电效率高。

3. 激光曝光部分结构

理光 Aficio1045 激光数码多功能复合机激光曝光部分结构如图 5-42 所示。它用两只激光二极管在 OPC 鼓上产生静电图像。激光二极管装置将 BICU 板上的图像数据转换成激光脉冲，经过光学元器件后，这些激光脉冲就投到鼓上。为了产生高质量的复印图像，激光功率分成 256 级。

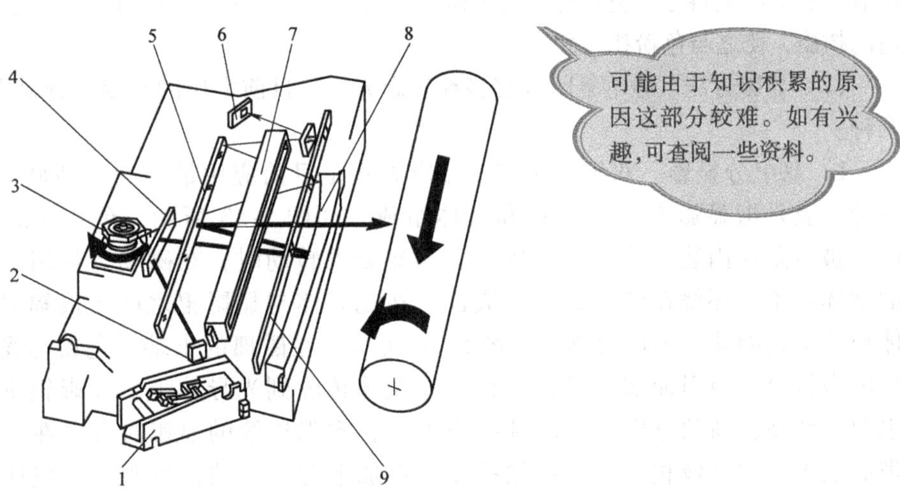

图 5-42　理光 Aficio1045 激光数码多功能复合机激光曝光部分结构图

1—LD 单元　2—圆柱式透镜　3—多面反射镜　4—屏蔽玻璃　5—反射镜

6—同步检测器　7—筒式透镜　8—F_θ 反射镜　9—色粉屏蔽玻璃

激光的光路为 LD 单元通过圆柱透镜和屏蔽玻璃向多面反射镜输出二道激光光束→多面反射镜的各个面反射二条全长主扫描线→激光光束到达 F_θ 反射镜→反射镜→筒式透镜→通过色粉屏蔽玻璃→OPC 鼓。激光同步检测器确定主扫描的开始位置。

4. 显影原理及装置

显影中要解决的问题有两个：一是使显影剂带上所需极性（正或负）和适当量的电荷；二是将这些带电微粒送到静电潜像表面。利用摩擦带电原理和外加电场力（或磁刷载运）原理解决上述问题，是目前许多种机型采用的方法。

（1）显影剂 显影过程中，与静电潜像接触时，使其成为可见图像的材料或材料组合（主要指色粉和载体）称为显影剂。

1）色粉。显影剂中，使静电潜像变成可见图像的材料叫色粉。

色粉是由热熔性的树脂和颜料制成的微细粉末。由于添加的颜料不同，可制成各种不同颜色的色粉，通常有红色、黄色、绿色和黑色等。最常使用的为黑色粉，也称为黑粉或墨粉。色粉是通过树脂（热熔性聚合物）与颜料或染料、电荷调节剂、辅助添加剂等材料混合，经过配料、混炼、粗粉碎、分选、细粉碎、捕集和干燥等工艺流程而生产出来的。

2）载体。载体在显影过程中有两个作用：一是通过色粉与载体之间的摩擦作用使色粉带上适量的电荷，其极性应与光导体上静电潜像的电位相反；二是把色粉传输到静电潜像区域，并防止色粉飞扬。

载体与色粉相互摩擦产生极性相反的静电荷，其带电极性与带电量的大小与选用的材料有关。选用不同材料制作载体和色粉，就能使色粉获得不同极性和带电量。

一般载体是由芯体和包膜构成的。常用的芯体材料有还原铁粉、电解铁粉、羰基铁粉、铁氧体和磁性塑料等。包膜材料常用树脂，需要根据光导体材料的不同、充电特性等选择合适的树脂，使之与色粉相匹配。

（2）显影方法 静电复印机有多种显影方式，目前常用的有双组分显影和单组分显影两种。

1）双组分显影。双组分磁刷式显影方式是目前应用最多的一种显影方法。所谓双组分，就是指显影剂是由色粉和载体组成。如图 5-43 所示，色粉与载体粒子摩擦带电，被吸附在内装磁棒的显影辊上，当显影辊转动时，在磁场力作用下，吸附着色粉的载体粒子就环绕在整个显影辊表面。在光导体与显影辊之间形成辐射状磁场，使载体粒子呈磁穗状，形成磁刷，如图 5-44 所示。在磁穗的末端，色粉与光导体接触，被静电潜像电场吸引而实现显影，色粉靠载体传输到光导体上。显影辊不断转动，磁穗也跟着转动，新的显影剂不断地扩充上来，实现连续的显影过程。在这一过程中载体带的电极性与潜像相同，因而被排斥，再加上磁刷对载体的吸引，载体不会随色粉跑到潜像上。

2）单组分显影。单组分就是显影剂中只有色粉，没有载体，实际上是色粉和载体做成了一体。采用单组分显影的方法有粉雾法、感应法和跳动显影，其中跳动显影应用最多。

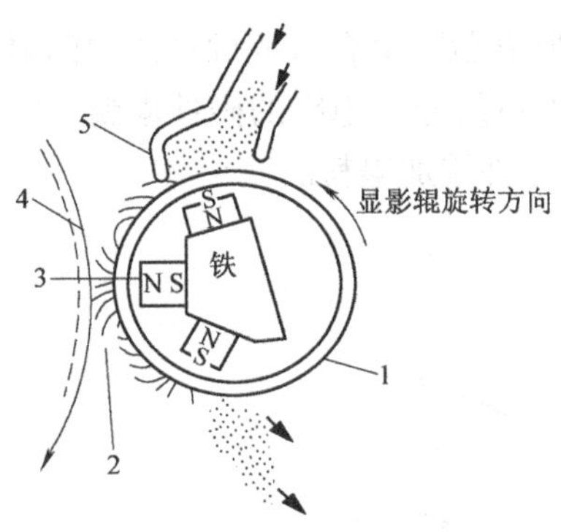

图 5-43　磁刷显影体系简图
1—磁刷显影辊　2—狭缝　3—显影磁体
4—感光鼓　5—刮板

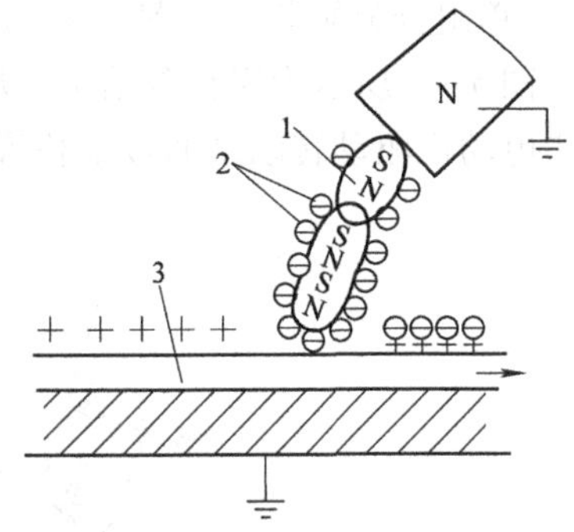

图 5-44　磁刷显影原理
1—载体　2—色粉　3—光导体

单组分跳动显影是利用加在显影磁辊与显影刮板之间的交流偏压完成的，如图 5-45 所示。显影时，色粉颗粒是按显影偏压的频率在光导体鼓表面与显影磁辊之间来回跳动。在显影辊内装置有固定磁铁，显影辊筒旋转时，由于筒内磁铁的作用，在筒外形成一磁场，显影辊上面吸附了部分磁性显影剂随之转动，在不断的旋转中显影辊与显影剂摩擦生电。由于在显影辊与刮板间施加了 1000V 以上的交流偏压，在其电场作用下，具有极性的显影剂不断地来回跳动，使与磁辊相距 300μm 的光导体表面上的静电潜像吸附一部分跳出的显影剂而显影。

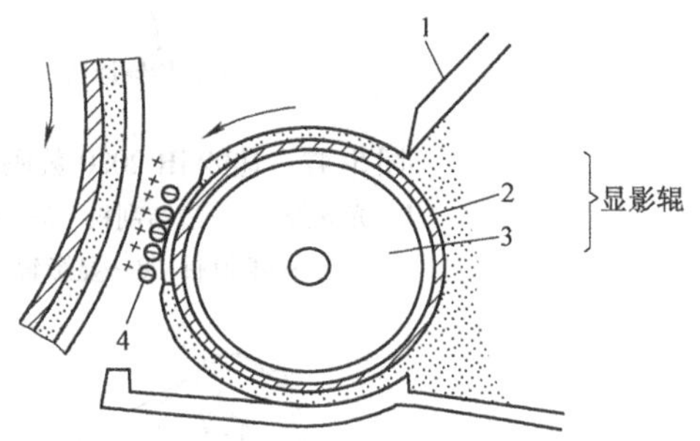

图 5-45　显影辊与刮板
1—刮刀　2—滚筒　3—磁体　4—墨粉

（3）显影装置

1）双组分显影装置。图 5-46 所示为理光 Aficio1045 激光数码多功能复合机显影装置图。叶轮旋转，把显影剂送往显影辊。刮板把刮下的显影剂和新色粉混合后再送入显影装置。

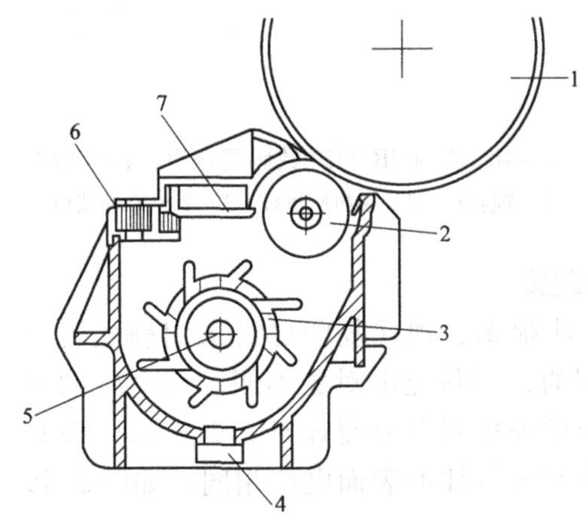

图 5-46　理光 Aficio1045 激光数码多功能复合机显影装置图
1—鼓　2—显影辊　3—叶轮　4—TD 传感器　5—搅拌螺旋钻　6—显影部过滤器　7—刮板

2）单组分显影装置。图5-47所示为佳能iR 2020数码复合机成像系统中的显影装置示意图，图5-48所示为墨粉瓶结构。墨粉瓶内填充了单组分、绝缘的磁性墨粉。瓶中的搅拌杆由主电动机驱动转动来通过墨粉添加端口向显影组件添加墨粉。

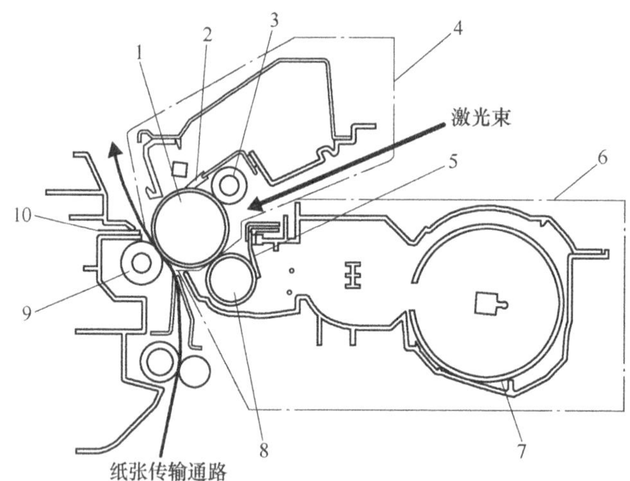

图5-47　佳能iR 2020数码复合机成像系统中的显影装置示意图

1—光导鼓　2—清洁刮板　3—主充电辊　4—鼓单元　5—刮板　6—显影组件
7—墨粉瓶　8—显影辊　9—转印充电辊　10—静电消除器

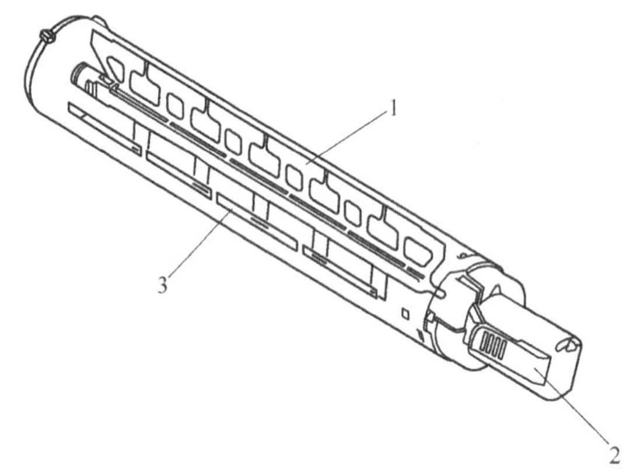

图5-48　佳能iR 2020数码复合机墨粉瓶结构

1—搅拌杆　2—墨粉瓶拨杆　3—墨粉添加端口

5. 转印和分离原理及装置

（1）转印　转印的方法很多，现代复印机常采用静电转印法，其原理与充电是相同的，只是充电对象不同。充电时的充电对象是光导体，转印时的充电对象是复印纸，即转印电极对复印纸背面充电，其极性与光导体的表面电位相同，如图5-49所示。

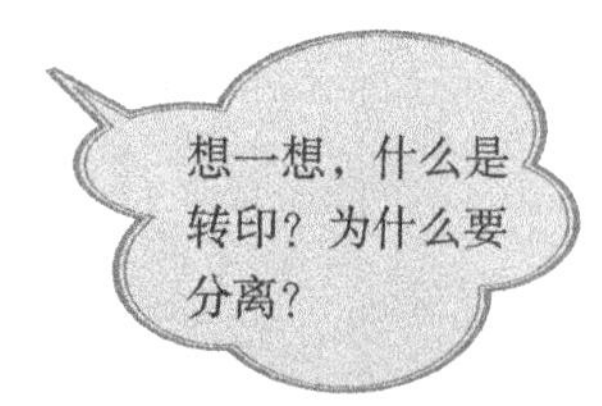

当复印纸进入转印区域后，转印电极对纸的背面充电。由于电子束的激励，使复印纸紧

贴于光导体表面，此时在复印纸表面上沉积着与色粉极性相反的电荷。由于纸上的静电场强度高于光导体表面的静电场强度，从而使吸附在光导体表面的色粉粒子，在静电力的作用下被转移到复印纸上，完成转印过程。

（2）分离　尽管复印纸和光导体两者都带有同极性电荷，但光导体上的电量要高于复印纸上的，从而产生吸引力，吸附复印纸。为了清除它，采用分离电晕对复印纸施加交流电晕来提高复印纸上的电位。如图 5-50 所示，交流电晕反复以不同的极性对纸的背面充电，使纸与光导体表面的吸引力减小，从而把复印纸从光导体表面分离下来。如果复印纸不能从光导体表面顺利分离，则利用分离爪靠机械方法来辅助分离。

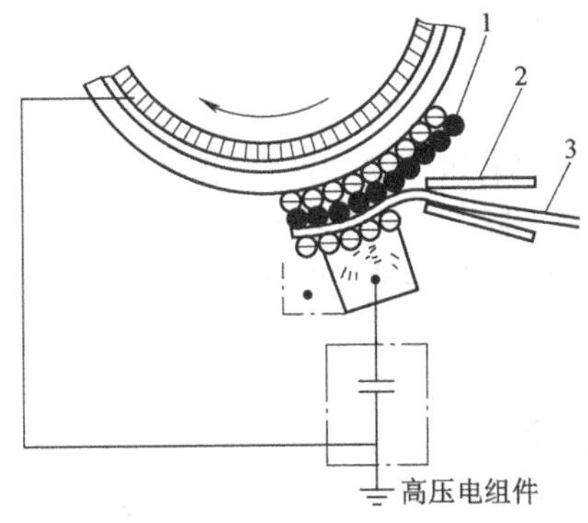

图 5-49　电晕转印法

1—色粉　2—纸导板　3—复印纸

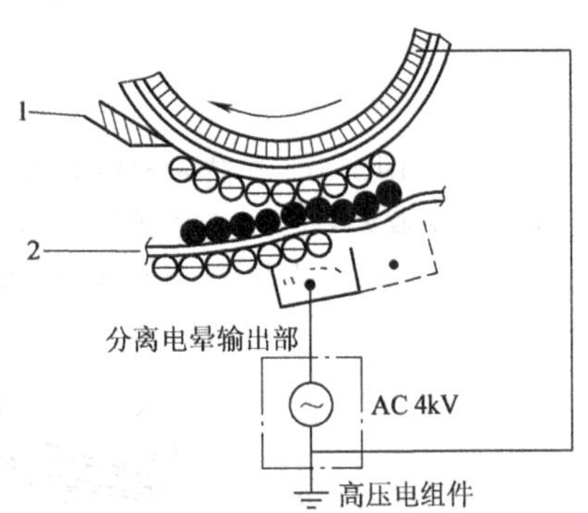

图 5-50　电晕分离法

1—分离爪　2—复印纸

注意

一般转印和分离是紧挨在一起的，转印完以后马上就要分离。

（3）转印/分离装置结构

1）电晕转印/分离装置。图 5-51 所示为东芝 e-STUDIO282 数码复合机的转印/分离装置示意图。其中，转印导板将从供纸单元输送的纸张传送至转印部分。对定影辊和后转印导板加正（+）偏压，以防止在高湿度等条件下转印性降低。转印电极将正电荷加至纸张背面，与墨粉的极性正好相反。通过电晕放电将墨粉图像转印到纸张上。转印结束后，分离电极电晕放电将负电荷（DC）加至纸张背面，通过静电力分离附着在感光鼓表面上的纸张。排风扇用于冷却复合机的内部，以及排除由电晕放电所生成的臭氧，并通过臭氧过滤器将臭氧消除。同时，排风扇可帮助纸张分离并将其导向后转印导板上。

2）转印带转印/分离装置。利用转印带进行转印/分离是近年来一些数码复合机经常采用的方法。图 5-52 所示为理光 Aficio1045 激光数码多功能复合机的转印/分离装置示意图。工作时，在适当的时间使复印纸能与光导鼓 6 表面已显影的图像对齐，复印纸被送进鼓表面与转印带 1 之间。然后，转印偏压辊 4 通过转印带在纸的背面加上正电荷。这种正电荷产生的静电力把色粉从鼓表面吸引到纸上。同时纸受静电力作用而被吸到转印带上。复印纸能够与鼓分离是纸与转印带间有静电吸引力的缘故，而分离爪 7 又帮助了纸与鼓的分离。

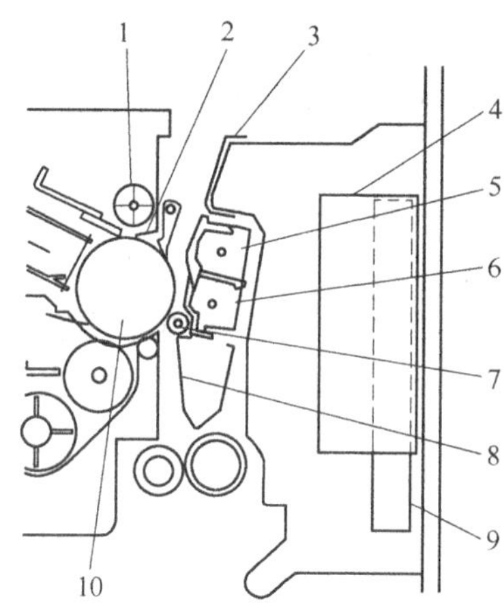

图5-51　东芝e-STUDIO282数码复合机的转印/分离装置示意图

1—墨粉回收螺旋杆　2—回收刮片　3—后转印导板　4—排风扇　5—分离电极　6—转印电极　7—转印导板输送辊　8—预转印导板　9—臭氧过滤器　10—鼓

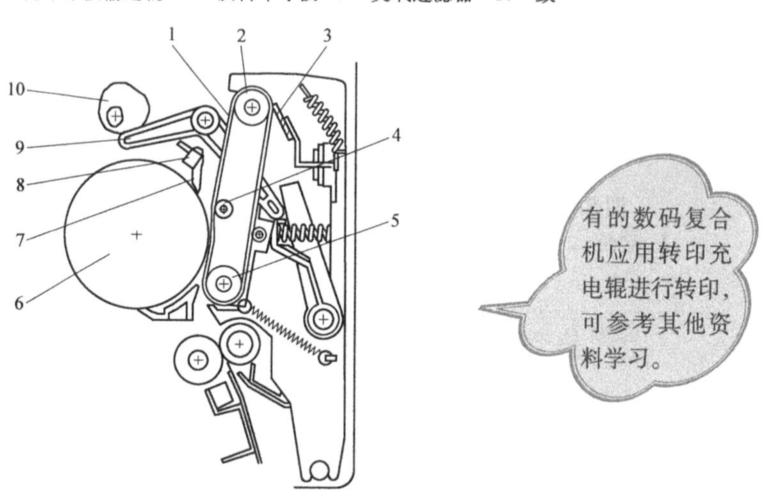

图5-52　理光Aficio1045激光数码多功能复合机的转印/分离装置示意图

1—转印带　2—驱动轮　3—转印带清洁刮板　4—转印辊　5—惰轮　6—OPC鼓　7—分离爪　8—ID传感器　9—接触杆　10—转印带接触离合器

6. 定影和出纸装置

（1）定影原理　定影的方法很多，如热辐射定影、化学定影、溶剂定影、冷压定影和热辊定影等。现代复印机多采用热辊定影方式。

图5-53所示为热辊定影示意图。热辊定影又称热压定影，包括以下3个过程：

1）色粉熔化后的凝聚和结合。

2）热熔色粉的流散。

3）热熔色粉向底基的渗透。

复印品的定影质量与渗透深度关系较大。如果没有完成渗透步骤，色粉图像会成碎片状脱落。热压定影时通过加热又同时施加的方法，使色粉在纸基上完成上述过程。

热辊除具有定影功能外，还兼有输纸功能。两辊之间压缩区的形状，除影响定影效果外，还对纸的变形和输纸过程中是否发生皱褶有影响。

热辊定影的缺点是定影过程中，色粉受压变形，复印品的清晰度和细节分辨度有所降低；预热时间较长，耗电较多，也是不足之处。

(2) 定影装置的结构和功能　定影装置的结构比较复杂，每种机型的定影装置都有其独特之处，但其基本功能和主要部件大同小异。图5-54所示为一种复印机的定影装置和出纸部分结构图。

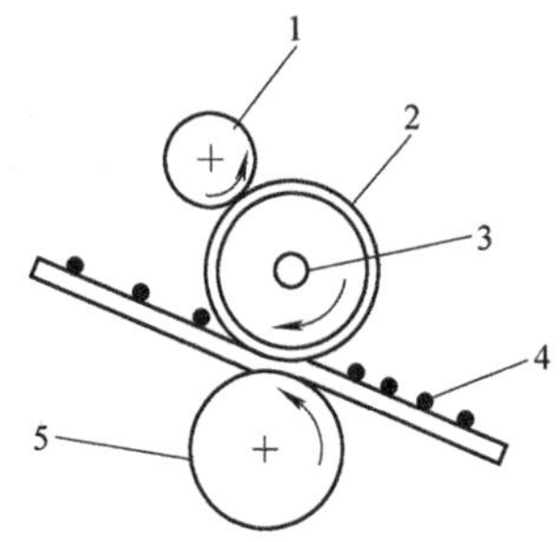

图5-53　热辊定影示意图

1—清洁辊　2—热辊　3—加热器　4—色粉　5—压力辊

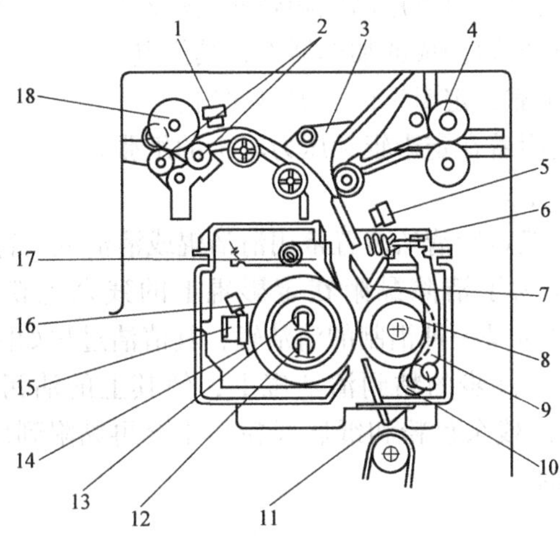

图5-54　定影和出纸部分结构图

1—出纸传感器　2—去卷曲轮　3—活门　4—惰轮（双面单元）　5—定影单元出纸传感器　6—弹簧　7—定影单元导板　8—压辊　9—压臂　10—清洁辊　11—入口导板　12—定影灯（中心）　13—定影灯（末端）　14—热敏电阻（中心/末端）　15—恒温器（中心）　16—热辊　17—热辊分离爪　18—出纸辊

一般定影装置主要由以下几部分组成：

1) 热辊（定影辊）。热辊在静电复印机中又称上辊，辊壁用铝合金管或无缝钢管做成，中间加装有定影灯（加热器）。辊的表面有一层聚四氟乙烯薄膜涂层，其作用是防止显影剂受热后粘到辊上，所以又叫氟辊。

2) 压力辊（压辊）。压力辊在静电复印机中因在热辊下部又称下辊，作用是给两辊之间施加压力，使其紧贴在加热辊上，完成热压定影。压力辊多数是铁（或铝合金）外面包有一层硅橡胶制成，所以也叫硅辊。压力辊的压力大小，主要靠压力弹簧的拉力决定。

3) 定影灯。定影灯又称加热灯，装在热辊轴线上，靠热辐射的形式将光能转换成热能，把热量传递给热辊。

一般一个热辊中间安装一只定影灯，有的机器也安装两只。常用的加热灯管有卤素灯和红外灯管两种，如图5-55所示为一种加热灯结构。图中灯管两端接线板是接触导电弹片，它还起支撑灯管的作用。

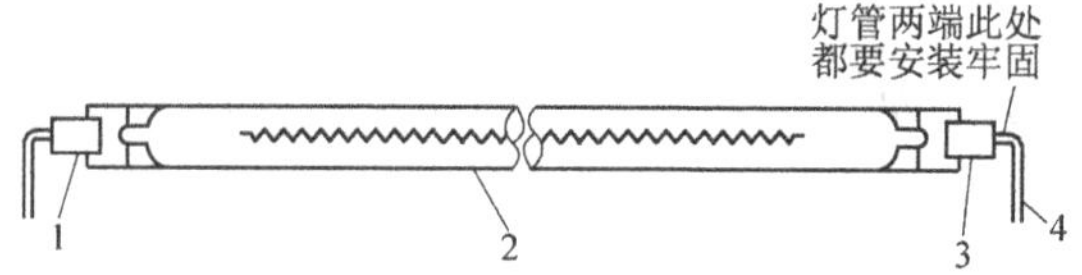

图5-55　加热灯管结构示意图

1—里侧（后）　2—加热灯　3—前侧　4—接线板

注意　由于各种机器的安装条件和要求都不相同，因此，定影灯管一般不能互相替换。

现在有些台式激光数码复合机采用高频陶瓷的发热器件对定影辊进行加热。陶瓷加热片是在陶瓷类基片上烧结加热电阻构成的加热器件，其优点是升温快、耗电省、温度准确、使用寿命长、温度控制稳定可靠、定影牢固、加热均匀。

4）分离爪。为了分离附着在定影辊和压力辊上的纸张，在定影辊和压力辊上均安装了分离爪，个数分别为5~6个。

5）定影清洁装置。一般定影清洁装置常用清洁辊或清洁纸进行清洁。

① 清洁辊。清洁辊是为了清除黏附在定影辊上的残余色粉或纸屑而设立的。东芝e-STUDIO282激光数码复合机是一种铝制的清洁辊，其清洁过程如图5-56所示。

残余色粉和纸屑（粉）逐步的粘到清洁辊上，使其上的沾污要比定影辊或压力辊上的多。而附着在清洁辊上的残余色粉和纸屑（粉）不会再黏附到压力辊或定影辊上，达到清洁定影辊和压力辊的目的。

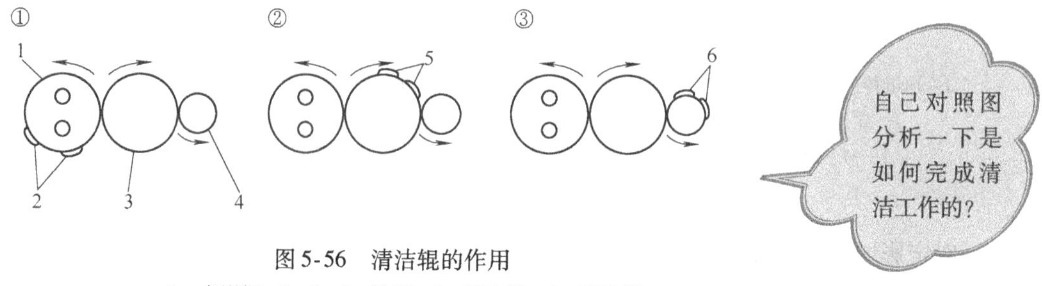

图5-56　清洁辊的作用

1—定影辊　2、5、6—沾污　3—压力辊　4—清洁辊

② 清洁纸。有的激光数码复合机用含有硅油的清洁纸对热辊进行清洁，如图5-57所示的佳能iR 6570激光数码复合机定影装置。新清洁纸5安装在清洁纸输送辊8上，通过清洁纸辊6与定影热辊1接触进行清洁，并由清洁纸卷曲辊7回收粘有赃物的清洁纸。当一卷清洁纸用完后可更换新清洁纸。

6）温度检测部分。热敏电阻在激光数码复合机中常用作检测定影辊表面温度和光导体表面温度。通常用负温度系数热敏电阻，即电阻值随温度的上升而减小，其测量范围较大。检测原理如下：在检测定影辊表面温度时，如热敏电阻在冷态时电阻值为2MΩ左右，在定影温度达到190℃时，热敏电阻阻值为8.9kΩ，使控制电路中的输出端输出高电平变成低电平，加热灯控制信号由1变为0，使加热灯灭。热敏电阻也可用于偏压电源输出电压补偿。

激光数码复合机在就绪状态和打印过程中，各个定影加热灯交替打开及关闭，使定影辊

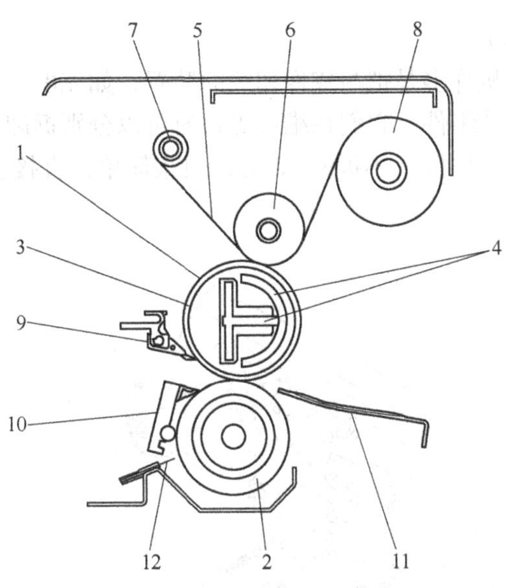

图 5-57　佳能 iR 6570 激光数码复合机定影装置主要部件图

1—定影辊　2—压力辊　3—加热器组件　4—加热器组件（线圈、磁心）　5—定影清洁纸　6—清洁纸辊　7—清洁纸卷曲辊　8—清洁纸输送辊　9—上分离爪　10—下分离爪　11—定影入口导板　12—静电消除器

的表面温度保持在一定的数值（各种状态的设置温度）范围内。

7）恒温器（热保险）。如果定影辊因某些问题（如热敏电阻故障）而导致发热异常，恒温器将自动切断加热定影灯的电源，起到防止异常操作的作用。当恒温器检测到任何异常后，它就会断开，因此必须对其进行更换，并同时更换定影单元中任何其他已受损的部件。

7. 清洁装置

激光数码复合机的清洁系统主要是指对光导鼓的清洁及消电。常用的清洁方法是刮板清洁装置，如图 5-58 所示。刮板一般是用聚氨酯弹性材料制成的柔软的薄片。刮板的一个棱角紧贴光导体鼓表面。光导鼓旋转时，与清洁刮板作相对摩擦运动，这样刮板清扫掉剩余色粉，落入色粉收集器中。

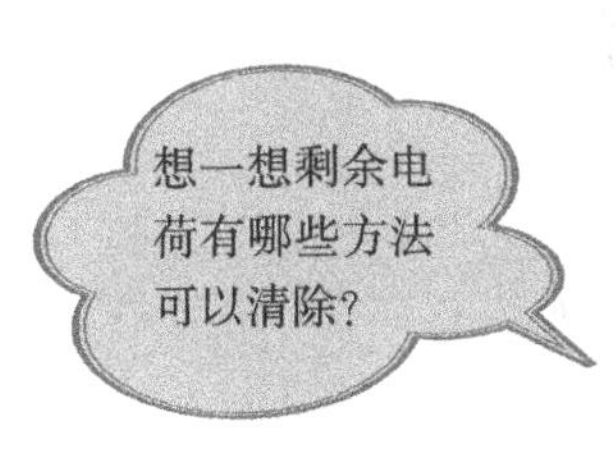

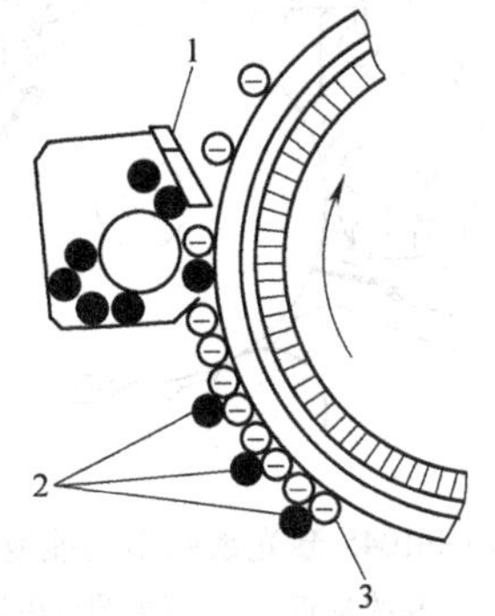

图 5-58　刮板清洁装置示意图

1—清洁器刮板　2—剩余色粉　3—剩余电荷

8. 光导体装置（PCU）

现在的激光数码复合机许多是把与成像相关的装置，如充电、显影、清洁等与光导体组装成一个整体，称为光导体组件。它们在维修更换时可以分别拆卸更换。而一些台式小型机把其作为一个整体耗材进行更换（不拆卸），方法也很简单，直接从机器中取出即可，如图 5-59 所示。

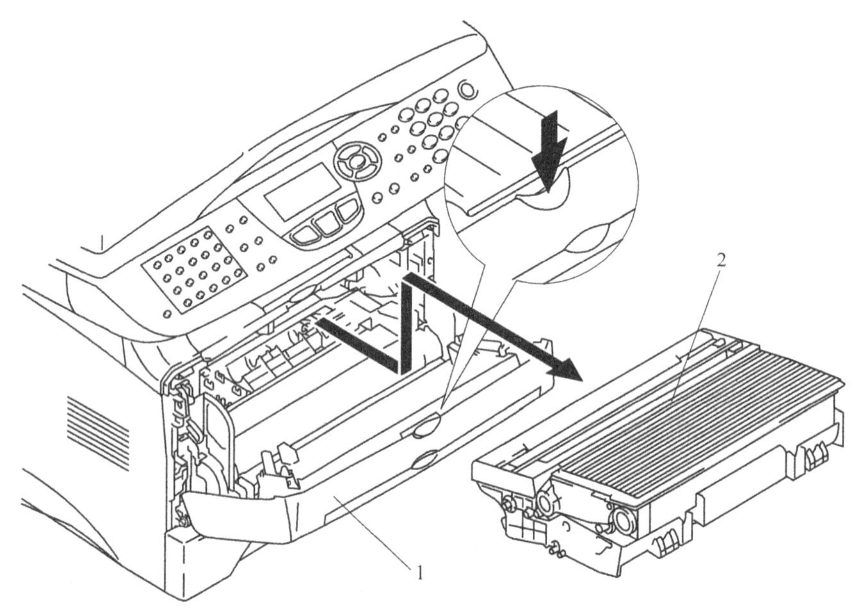

图 5-59　光导体组件盒

1—前盖　2—鼓单元

图 5-60 所示为理光 Aficio1045 激光数码多功能复合机的光导体装置图。该装置主要包括充电装置和清洁装置。

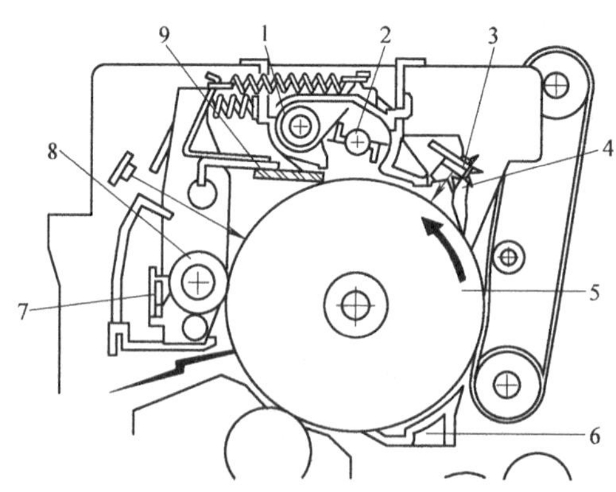

图 5-60　理光 Aficio1045 激光数码多功能复合机的光导体装置图

1—色粉收集螺管　2—色粉收集板　3—直齿圆柱齿轮　4—分离爪　5—OPC 鼓

6—转印部入口导板　7—充电辊清洁垫　8—充电辊　9—清洁刮板

9. 输纸系统

从复印纸输入到复印品输出的整个系统，称为输纸系统。该系统包括供纸、输纸和出纸，统称为纸路。现在也有的把自动送稿进纸和自动双面器走纸及文件处理器等也一并算作输纸系统。图 5-61 所示为理光 Aficio1045 激光数码多功能复合机纸路示意图。

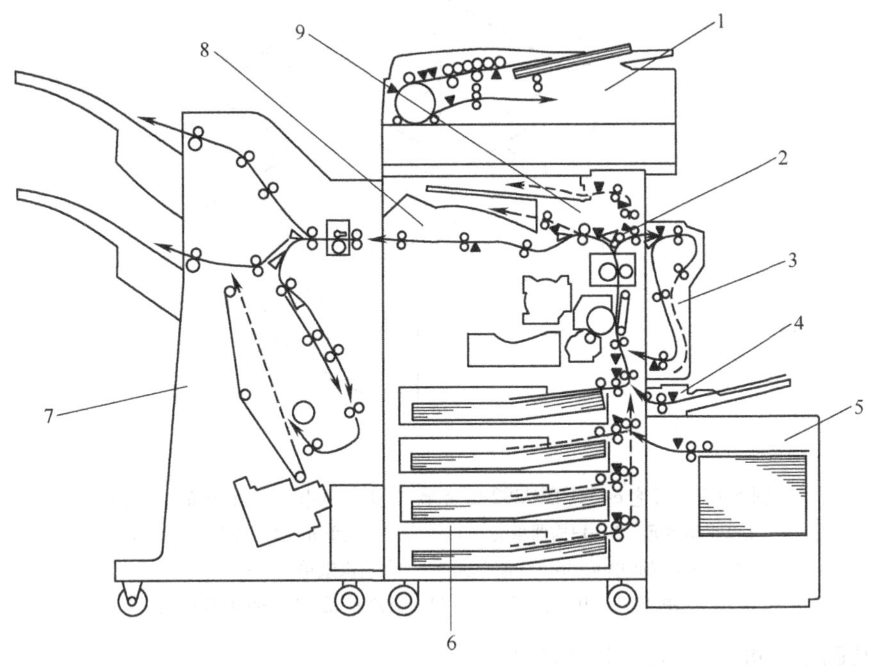

图 5-61　理光 Aficio1045 激光数码多功能复合机纸路示意图

1—自动双面输稿器（ARDF）　2—换面单元　3—双面单元　4—手送纸盘　5—大容量纸盘（LCT）
6—纸盘单元　7—二纸盘最终加工器　8—桥接单元　9—单格纸盘

小知识

数码复合机在购买时分为标准配置机、选配件和选配卡。标准配置机就是能完成基本复印功能的机器。如想扩大其使用功能可加装选配件或选配卡，如自动送稿器、双面器及多纸盒、大容量纸盒、传真卡、打印卡及纸张加工器（装订、打孔、小册子）等。

5.2.3　激光数码复合机电气控制系统简介

从以上的结构分析得知，激光数码复合机的结构是较复杂的。为使各个部件按照一个精确设定的程序有条不紊地运行，就需要有一套性能完善的电气控制系统。该电气控制系统的任务是实现对各种程序和操作管理的控制。

激光数码复合机是采用单片机（微处理器）来控制机器各部件的动作，微处理器根据已编好的程序，通过读取传感器信号和产生输出指令来控制工作过程。电气控制系统的微型计算机就像人的大脑一样处理各种信号和发出指令。电气和电子电路则如同人的神经网络，向大脑提供、传送各种信息，同时又受大脑（微机）的指挥和控制。

图5-62所示为东芝e-STUDIO282激光数码复合机电气单元分布结构图，图5-63所示为兄弟MFC-8440激光数码复合机电子装置总结构图。

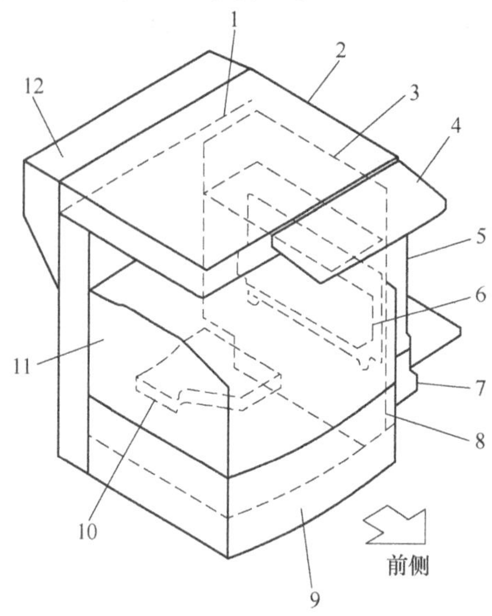

图5-62　东芝e-STUDIO282激光数码复合机电气单元分布结构图

1—驱动单元　2—扫描器单元　3—定影/出纸单元　4—控制面板单元
5—自动双面单元　6—转印单元　7—旁路供纸单元　8—输送单元
9—供纸单元　10—激光单元　11—处理单元　12—线路板单元

激光数码复合机主要的控制电路包括：

1）电源电路；　　2）操作面板电路；
3）扫描驱动电路；　　4）曝光灯控制电路；
5）图像处理控制电路；　　6）高压变压器输出控制电路；
7）主充电偏压控制电路；　　8）光导鼓温度检测电路；
9）温度/湿度检测电路；　　10）显影偏压控制电路；
11）自动墨粉传感器电路；　　12）转印偏压控制电路；
13）定影加热器控制电路；　　14）托纸盘提升电机驱动电路。

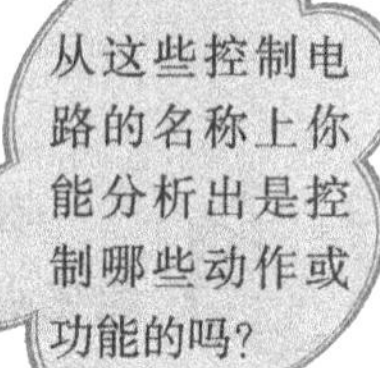

5.2.4　喷墨数码多功能复合机的工作原理

喷墨数码多功能复合机实际上是由一台扫描仪加一个喷墨打印机组成的，所以其工作原理可以依据扫描仪和喷墨打印机的工作原理来理解。

1）“复印”时，扫描仪对原稿进行扫描，把原稿信息转变为光信息，再经过光电转换器件（常用CCD）把光信号转换为电信号，经一系列电路来控制喷墨打印头在纸上进行打印。此时的“复印”概念已经变为“打印”的概念。

2）“传真”时，分为“发送”和“接收”，相当于一台喷墨传真机。

根据前面所学内容,对于喷墨数码多功能机的工作原理进行分析。

3）“打印”时，相当于一台喷墨打印机。

4）“扫描”时，相当于一台扫描仪。

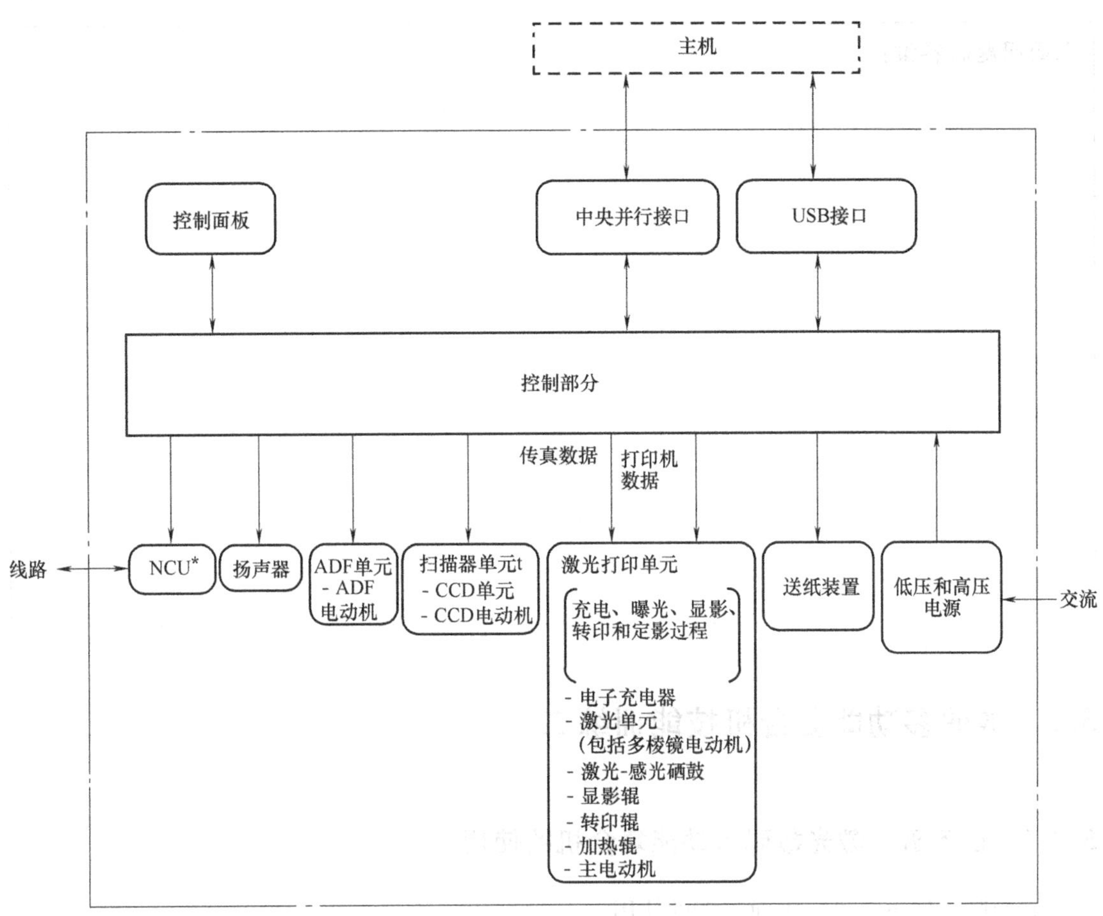

图 5-63 兄弟 MFC-8440 激光数码复合机电子装置总结构图

以上主要讲述的是数码多功能复合机的工作原理及结构组成。数码多功能复合机是今后常用的办公设备，应重点关注！还有什么不清楚的问题可记在下面。这些问题可以与老师及同学一起探讨，也可以查找有关资料，找到答案。这对提高学识水平很有帮助。

把你的问题记在这里：

5.3　数码多功能复合机技能训练二

5.3.1　任务五　激光数码多功能复合机的使用

在教师指导下，进行下面功能的使用。

（1）双面复印　主要有两种复印模式，如图5-64所示是双面复印符号示意图。

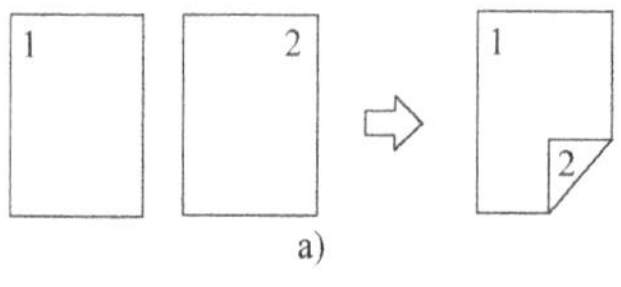

图5-64　双面复印符号示意图

理光Aficio1045激光数码多功能复合机双面复印操作如下：

1）在复印模式下，按“双面/合并/序列”键，进入双面复印界面，如图5-65所示。

2）可选择“单面”→“单面”、“单面”→“双面”、“双面”→“单面”、“双面”→“双面”等。

3）按“确定”按钮。

4）放置原稿和复印纸，然后按“启动”按钮。

（2）电子分页　理光Aficio1045数码多功能复合机电子分页操作如下：

1）在复印模式下，按“分页”按钮，进入电子分页模式，如图5-66所示。

2）键入复印分页分数。

3）放置原稿和复印纸，然后按“启动”按钮。

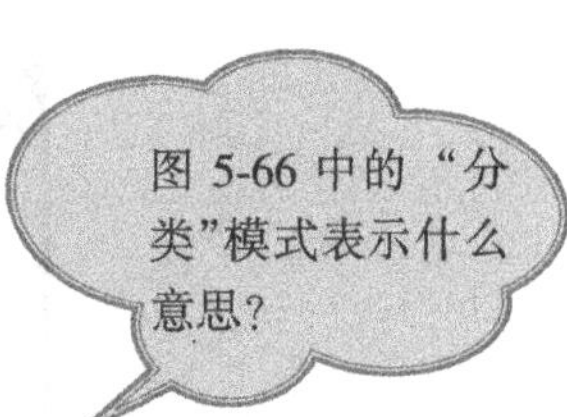

（3）网络打印　将计算机中的文件通过网络，利用数码多功能复合机打印输出。此时数码多功能复合机相当于是一台网络打印机。理光 Aficio1045 数码多功能复合机网络打印操作如下：

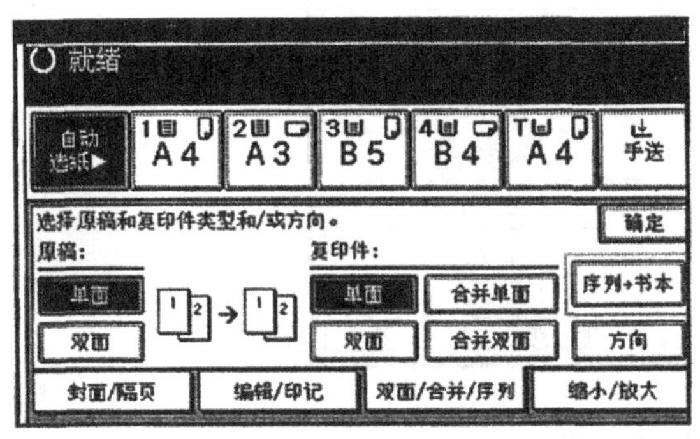

图 5-65　理光 Aficio1045 激光数码多功能复合机双面复印界面

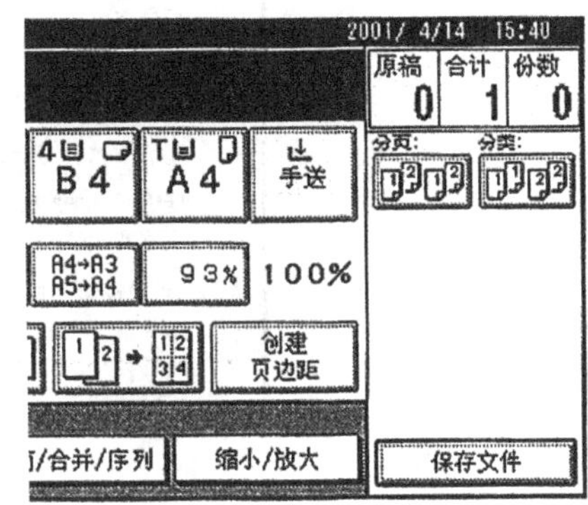

图 5-66　按“分页”按钮

1）安装理光 Aficio1045 数码多功能复合机驱动软件，并连接网络。

2）打开该机“属性”，进入“端口”界面，如图 5-67 所示。单击“配置端口”，进行网络端口设置，如图 5-68 所示。设置完，按“确定”按钮。

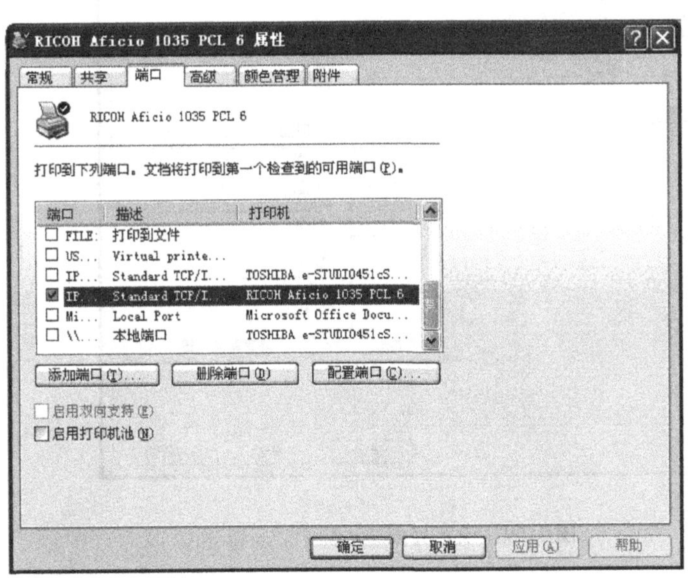

图 5-67　打开“属性”，进入“端口”界面

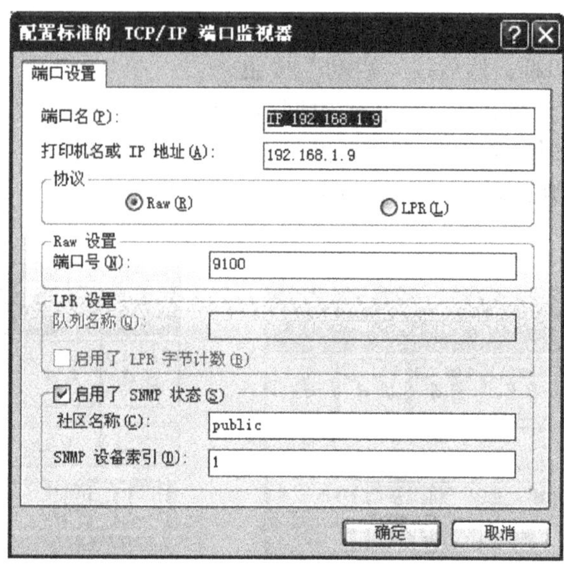

图 5-68　设置 IP

3）打印文件时，可进入该机的打印属性界面进行必要的设置如图 5-69、图 5-70 所示。

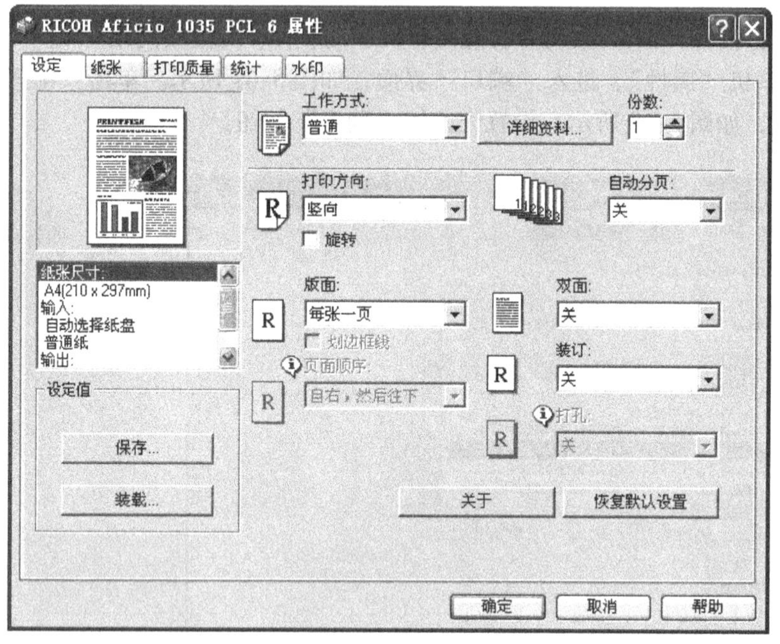

图 5-69　设定界面

（4）其他功能应用　这些功能不是常用功能，但也是数码多功能复合机的特殊功能，可在教师指导下进行演示操作。

1）合并复印应用。

2）编辑功能应用。

3）装订功能应用。

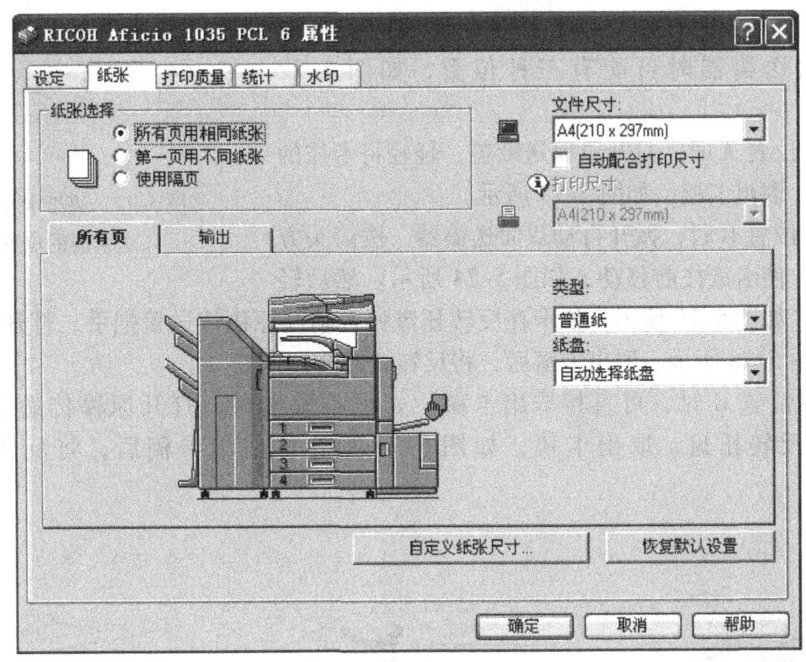

图 5-70　纸张界面

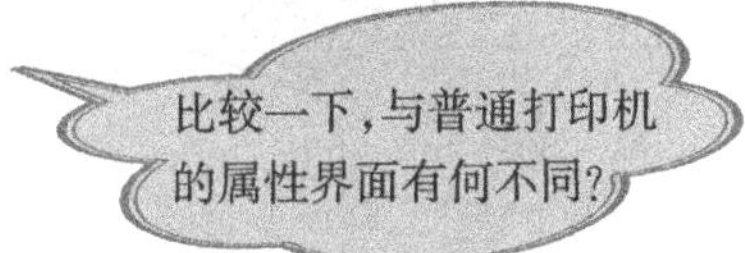

5.3.2　任务六　激光数码多功能复合机的维护

1. 数码多功能复合机卡纸的维护

现在的数码多功能复合机一般在机器的操作面板上显示卡纸的位置，有的还提示如何取出卡纸。夏普 AR-M236 数码复合机触摸屏上显示的发生卡纸的提示信息如图5-71所示。

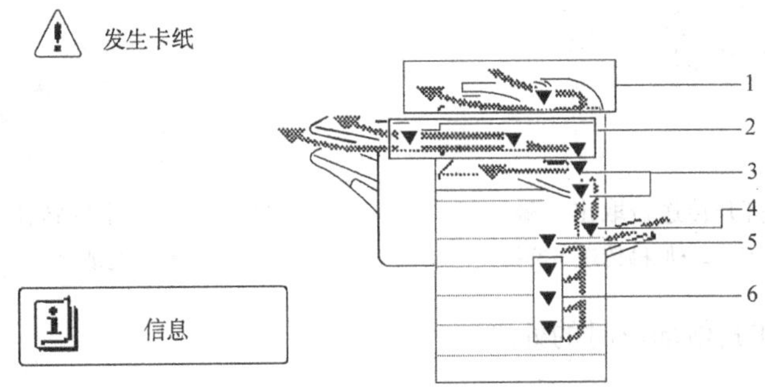

图 5-71　夏普 AR-M236 数码复合机触摸屏上显示的发生卡纸的提示信息

图中　1—纸卡在自动双面送稿器
2—纸卡在定影组件
3—纸卡在机器内
4—纸卡在手动送纸处
5—纸卡在第一纸盒（上纸盒）
6—纸卡在下纸盒

(1) 稿纸卡在自动双面送稿器时的处理　稿纸卡在自动双面送稿器时可能有三种位置，如图5-72所示。

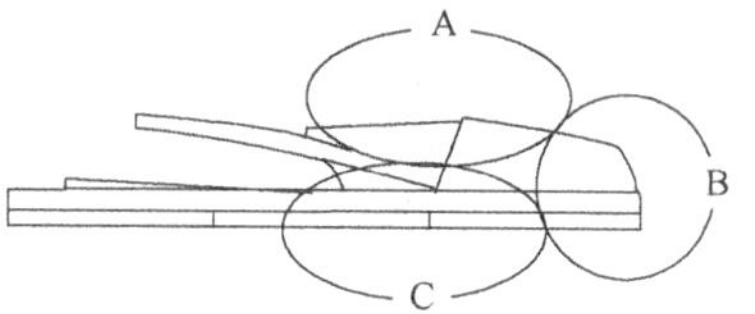

图5-72　稿纸卡在自动送稿器的位置

1）卡在位置A时，打开原稿送纸盖，轻轻将卡住的原稿向左拉，取出卡稿，如图5-73所示。

2）卡在位置B时，掀开自动双面送稿器，按箭头方向转动把手，使卡纸往前移动，如图5-74所示。然后轻轻取出卡稿，如图5-75所示。如卡在反转托盘处，抬起原稿传送盖把手，打开传送盖，取出卡稿，如图5-76所示。取出卡稿后，将反转托盘装回原处。

3）卡在位置C时，可直接取出卡稿。如很难取出时，打开原稿传送纸盒的活动部分，拉出反转托盘，取出卡稿，如图5-77所示。取出卡稿后，将反转托盘装回原处。

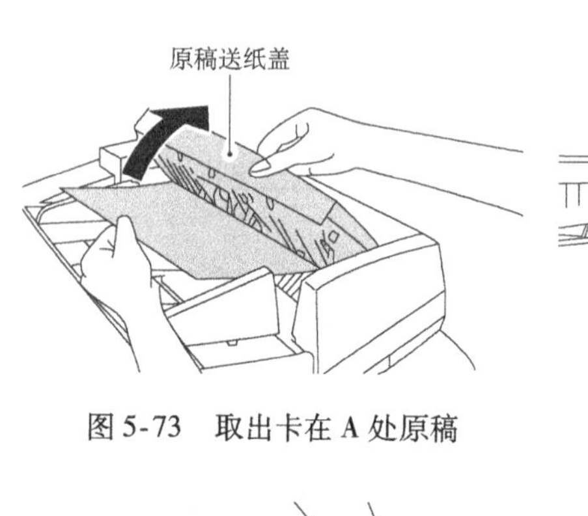

图5-73　取出卡在A处原稿

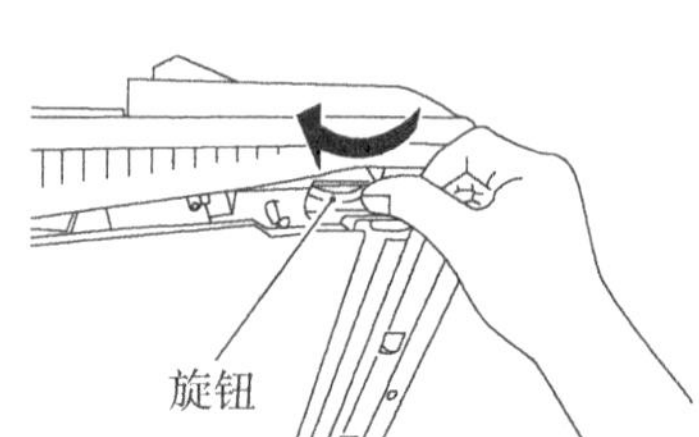

图5-74　转动把手

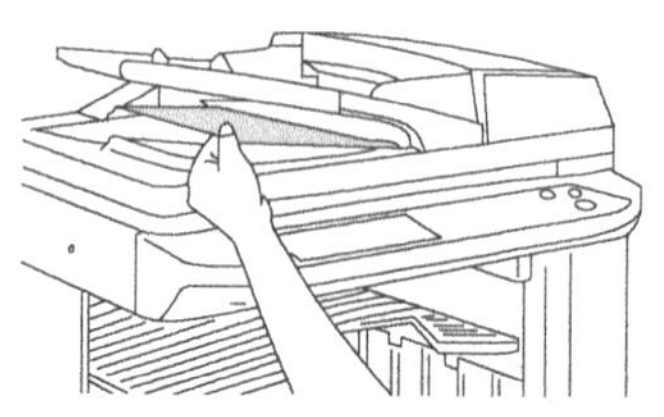

图5-75　取出卡在B处原稿

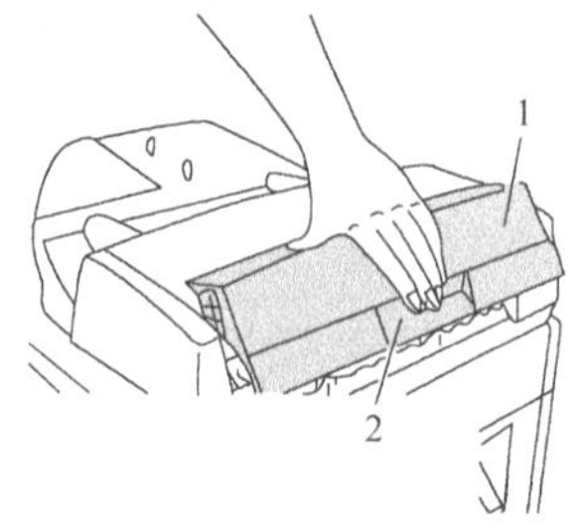

图5-76　打开传送盖取出卡稿
1—原稿传送盖　2—原稿传送盖旋钮

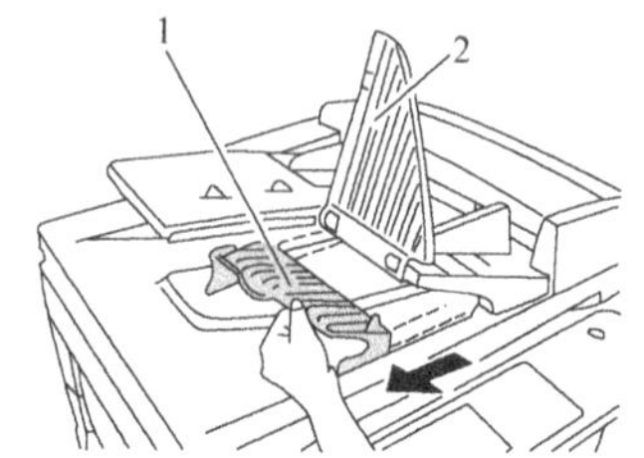

图5-77　拉出反转托盘，取出卡稿
1—双面送纸盒　2—活动部分

(2) 复印纸卡在其他部位时的处理

注意

在取出卡纸时，应注意机内情况，用力适中，注意不要把纸撕裂。纸取出后，检查纸张是否完整，不完整时应找到加在机内的碎纸。处理完卡纸后，各部件应恢复到位。不同的机器处理卡纸的方法有所不同，要特别加以注意。如卡纸频率很高，说明机器有故障，需要进行维修。

图 5-78 所示为理光 Aficio1045 激光数码复合机卡纸部位显示图。根据显示的卡纸部位进行处理。

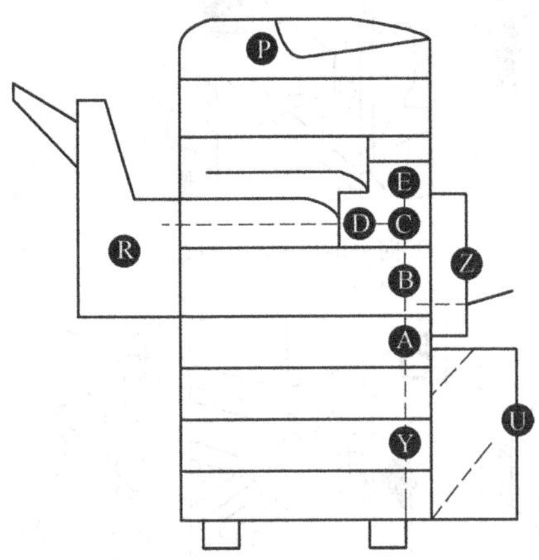

图 5-78　理光 Aficio1045 激光数码复合机卡纸部位显示图

1）D 灯亮起时的卡纸处理如图 5-79 所示。

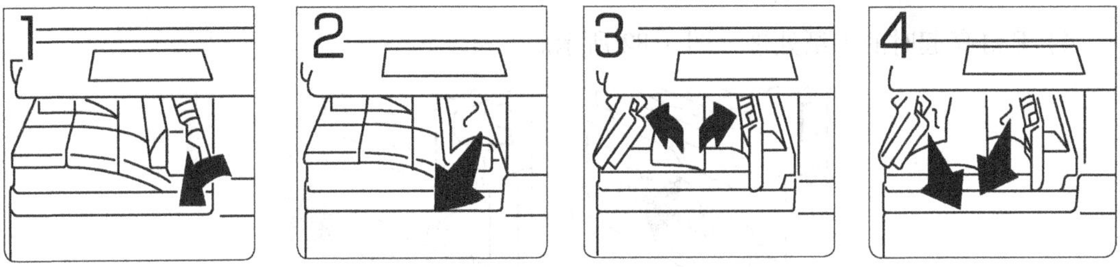

1. 将互换单元的右盖向左打开。

2. 取出卡纸。

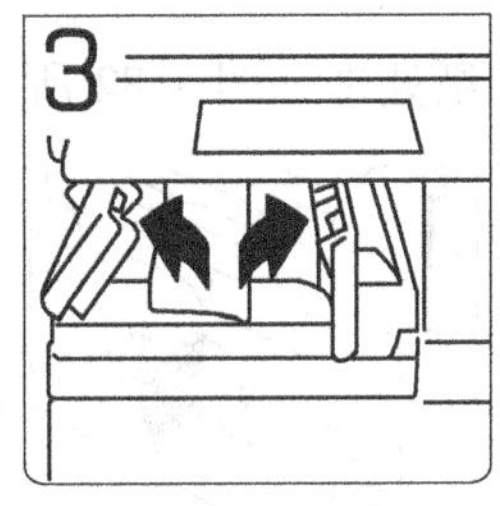

3. 若无法取出卡纸，打开互换单元的底盖。

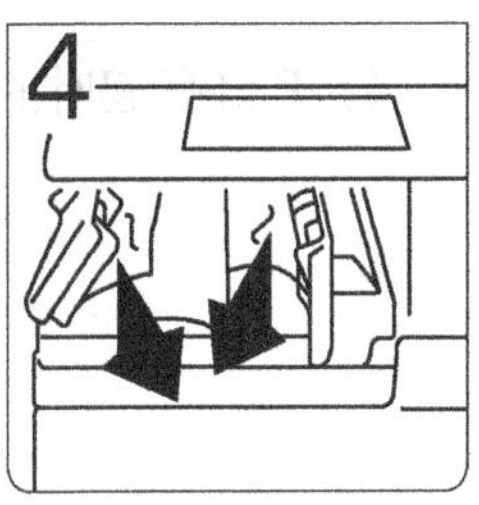

4. 取出卡纸。

图 5-79　D 灯亮起时的卡纸处理

2）B 灯亮起时的卡纸处理如图 5-80 所示。

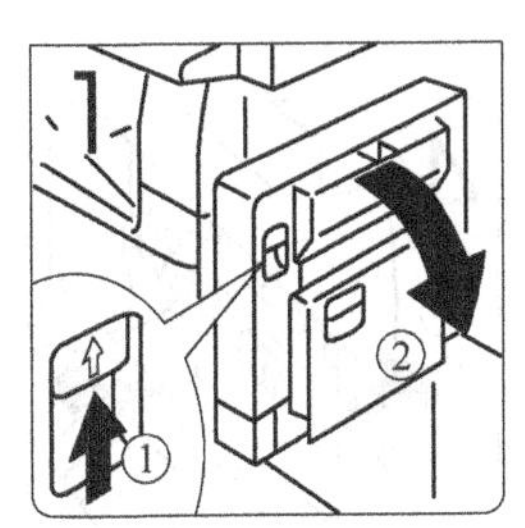

1. 打开双面复印单元。

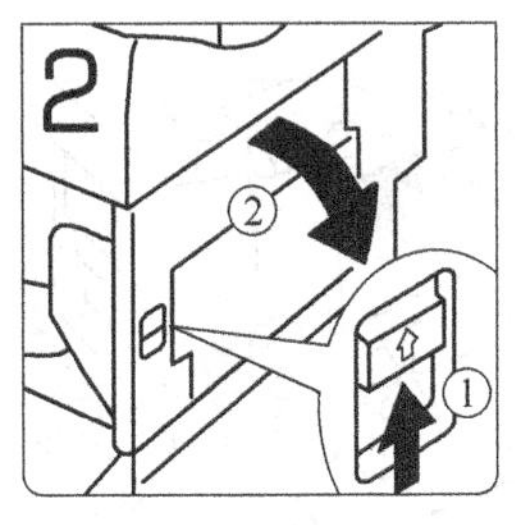

2. 向上推把手，并打开盖板。

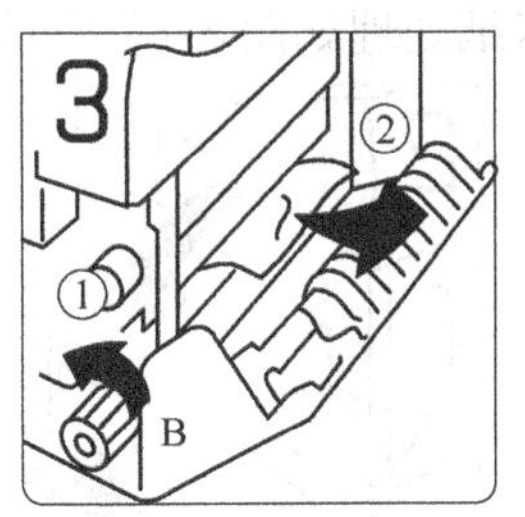

3. 依逆时针方向旋转 B 旋钮，并取出卡纸。

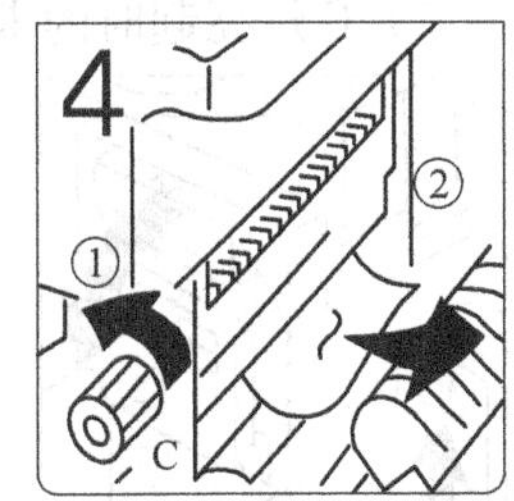

4. 依逆时针方向旋转 C 旋钮，并取出卡纸。

图 5-80　B 灯亮起时的卡纸处理

3）A 灯亮起时的卡纸处理如图 5-81 所示。

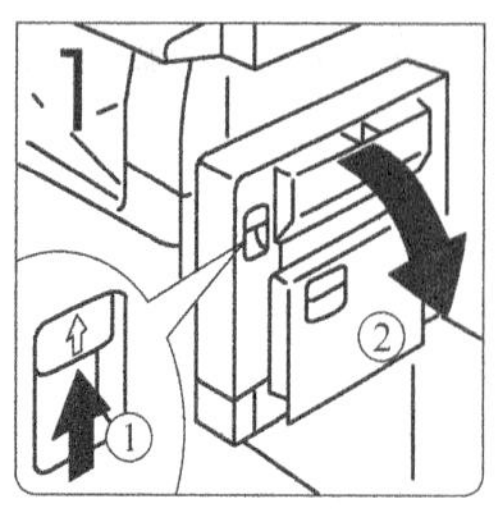

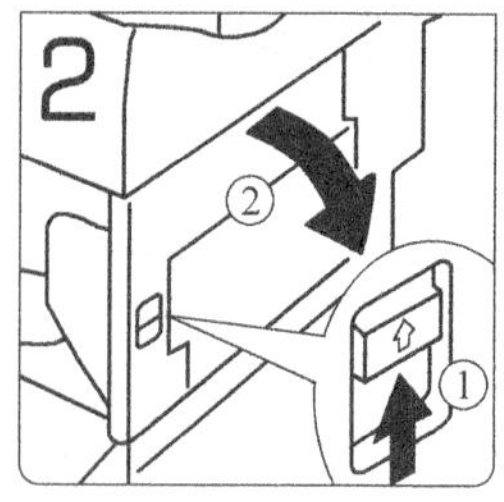

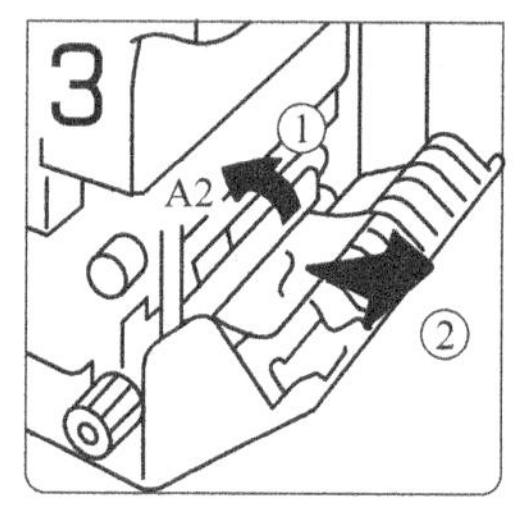

1. 打开双面复印单元。　2. 向上推把手，并打开盖板。　3. 向左推 A2 把手，并取出卡纸。

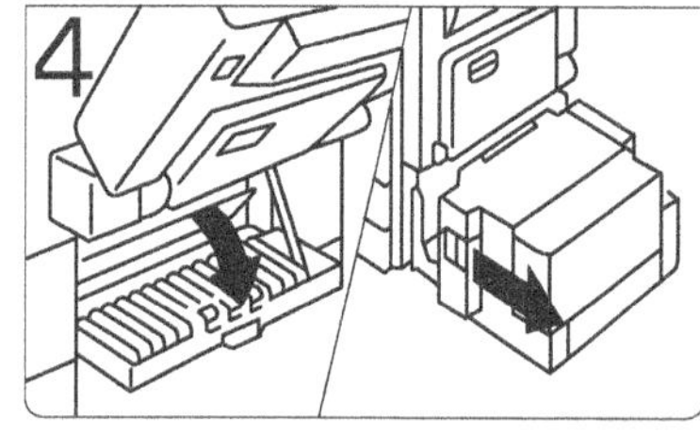

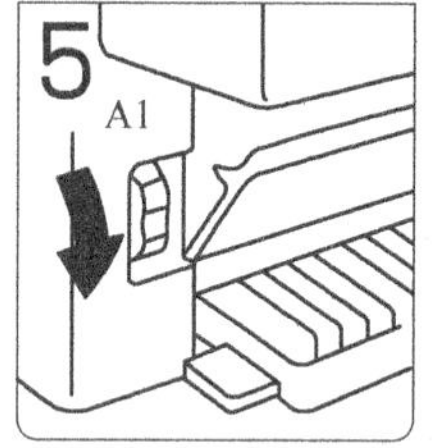

4. 若无法取出卡纸，打开盖板。若机器配备有大容量纸盘，向右滑动。　5. 向下转 A1 旋钮。　6. 向左推 A2 把手，并取出卡纸。　7. 打开手送台，并取出卡纸。

图 5-81　A 灯亮起时的卡纸处理

4）E 灯亮起时的卡纸处理如图 5-82 所示。

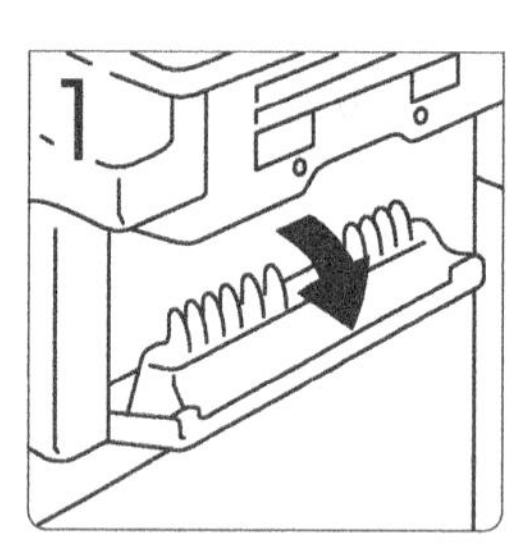

1. 打开盖板。　2. 取出卡纸。

图 5-82　E 灯亮起时的卡纸处理

5）C 灯亮起时的卡纸处理如图 5-83 所示。

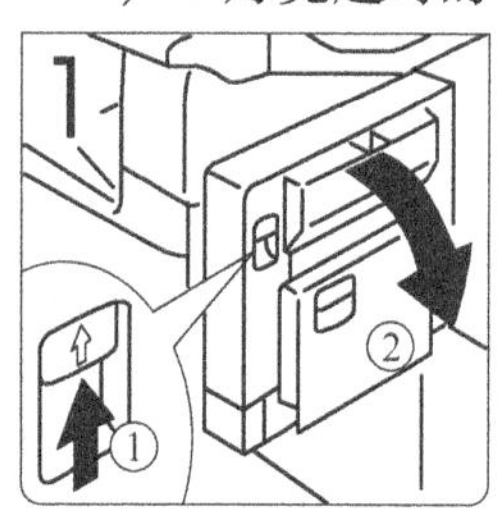

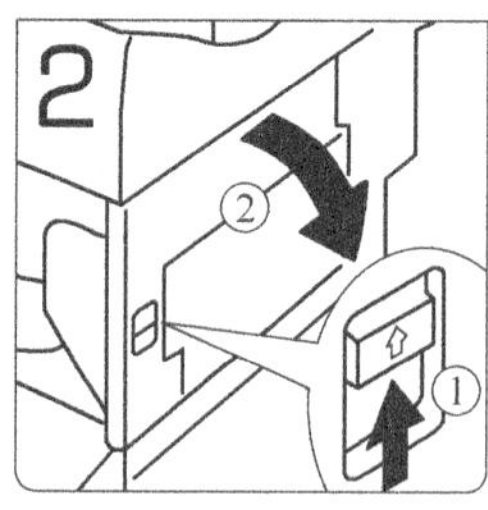

1. 打开双面复印单元。　2. 向上推把手，并打开盖板。　3 ～ 4. 依顺时针或逆时针方向旋转 C 旋钮，并取出卡纸。

图 5-83　C 灯亮起时的卡纸处理

6）Z 灯亮起时的卡纸处理如图 5-84 所示。

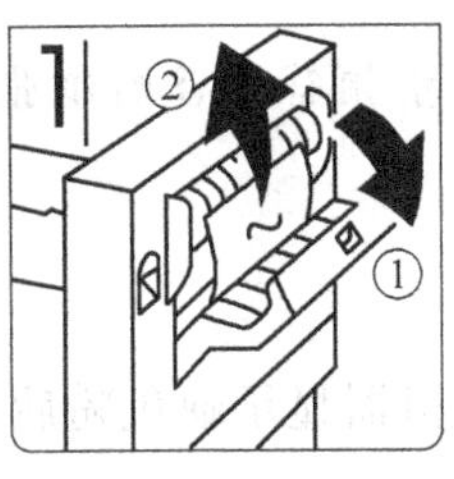

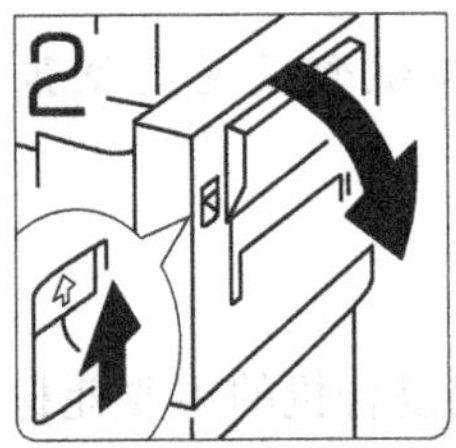

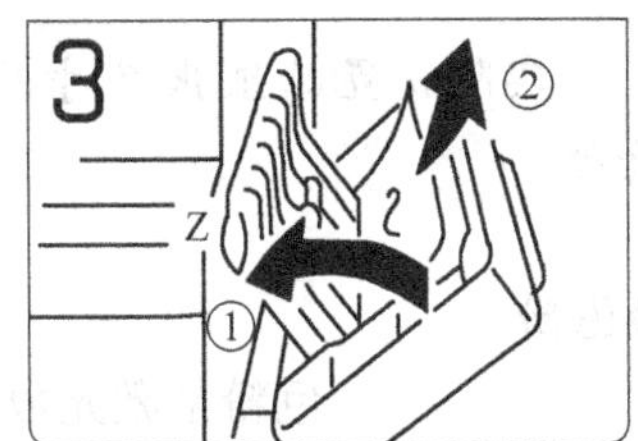

1. 打开双面复印单元的侧盖，并取出卡纸。

2. 若无法取出卡纸，打开双面复印单元。

3. 若找不到卡纸，打开盖板 Z 并取出卡纸。

图 5-84　Z 灯亮起时的卡纸处理

7）P 灯亮起时的卡纸处理如图 5-85 所示。

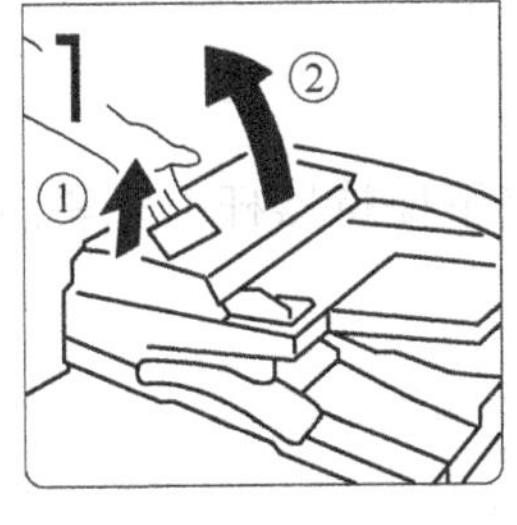

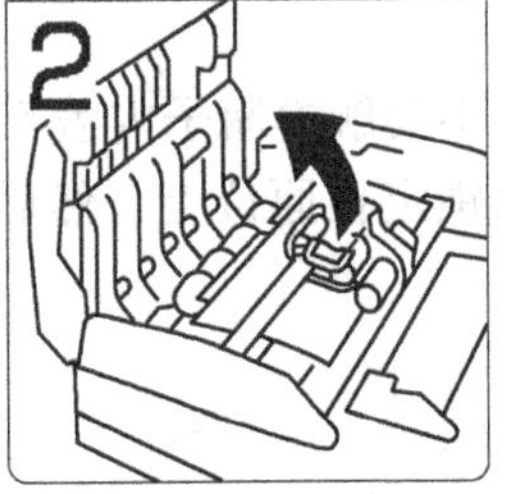

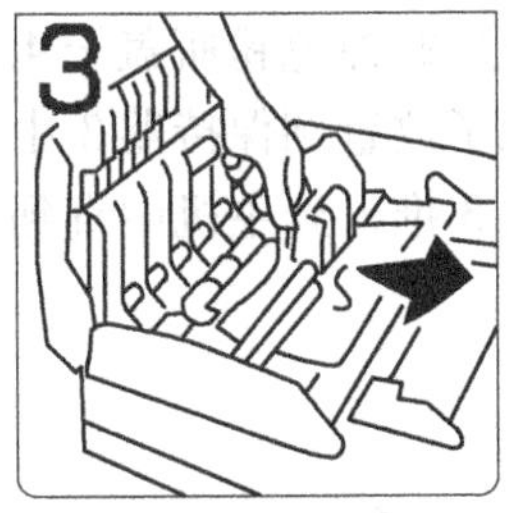

1.拉起把手①并打开上盖②。

2.拉起把手。

3.取出卡住的原稿。

4.若无法取出卡住的原稿，依顺时针方向旋转转盘①，并取出卡住的原稿②。

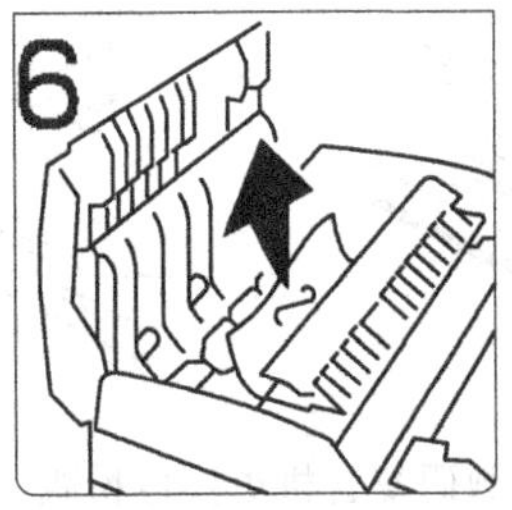

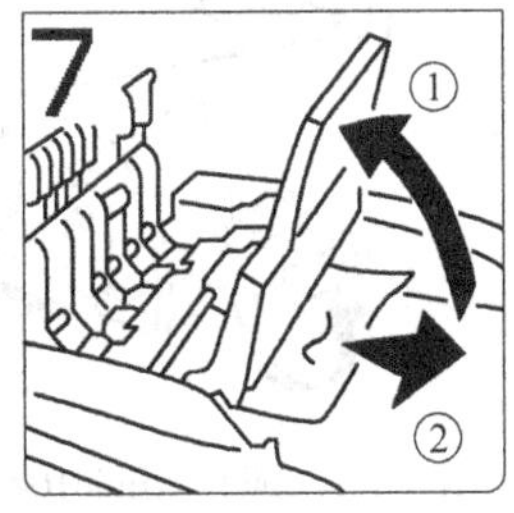

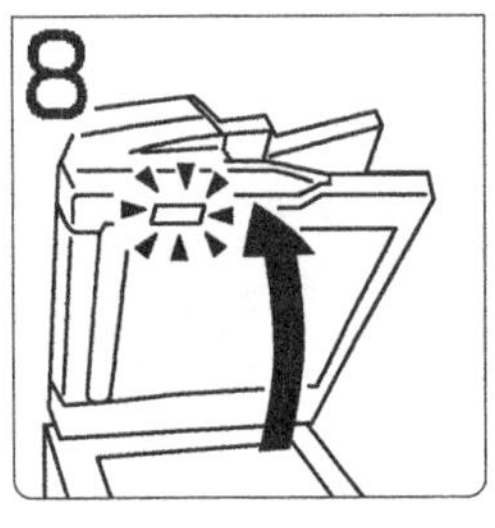

5.打开盖板。

6.取出卡住的原稿，并关上盖板。

7.若无法取出卡住的原稿，拉起纸盘，并取出原稿。

8.关上上盖。拉起送稿机并检查标贴。

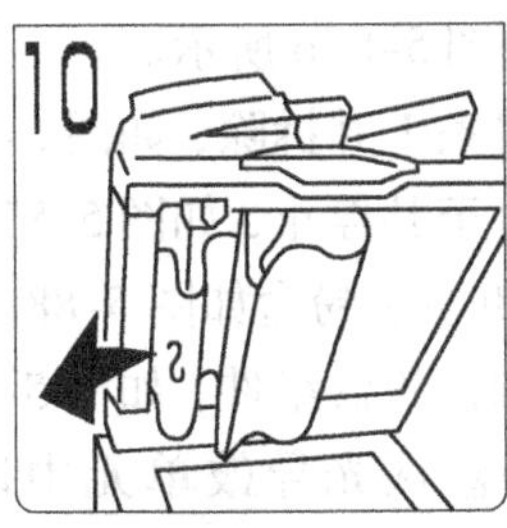

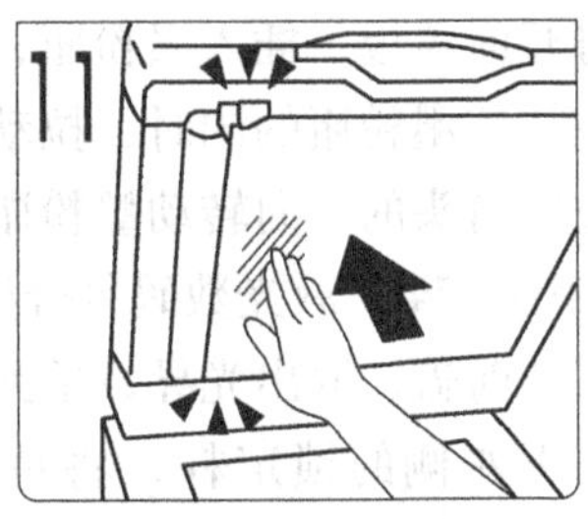

9.向左滑动蓝色把手。

10.拉盖板并取出卡住的原稿。

11.推盖板中央并关上直到听到“咔”一声为止。

图 5-85　P 灯亮起时的卡纸处理

注意

实际放置的纸张尺寸应与纸盒设置的纸张尺寸相符，否则纸张将卡在定影处。

2. 更换色粉

想一想，缺色粉的显示符号是什么？

色粉是激光数码复合机的主要耗材，机器显示缺色粉后，应及时添加色粉或更换色粉盒。

理光 Aficio1045 数码复合机色粉用完后，直接更换色粉瓶，方法如图 5-86 所示。

1）打开前盖，抬升色粉瓶保持器杆 1，向旁边推动杆子 2，然后拉出色粉瓶保持器 3。

2）摇匀新的色粉瓶后卸掉色粉瓶盖子 4。

3）旋下瓶盖并把瓶子放置到保持器 3 中。不要触摸瓶子内盖 5。

4）把色粉瓶保持器 3 推入到主机中直到它锁定在原位上，然后降下保持器杆 1 来紧固色粉瓶。

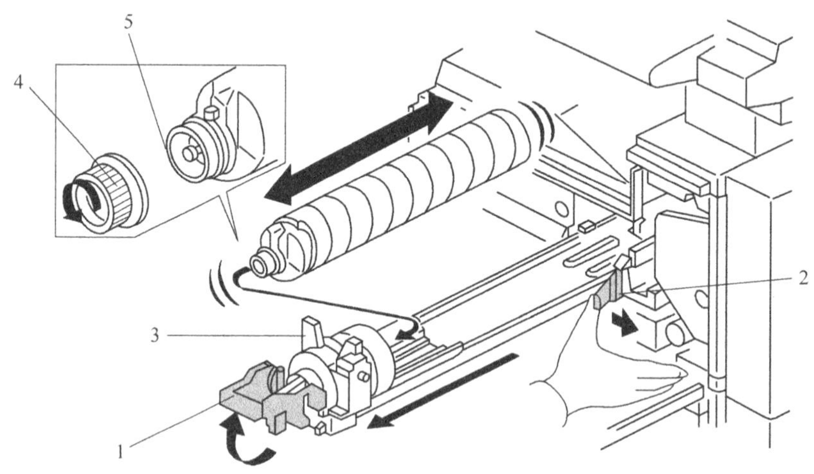

图 5-86　理光 Aficio1045 数码复合机更换色粉瓶

佳能 iR 2020 数码复合机安装墨粉瓶如图 5-87 所示。

1）摇晃墨粉瓶 5 到 6 次，如图 5-87a 所示。

2）打开前盖板，插入墨粉瓶，如图 5-87b 所示。

3）在扶住墨粉瓶的同时，拉动封条 1 并拆除，如图 5-87c 所示。

4）按照箭头的方向转动墨粉瓶直至其停止，如图 5-87d 所示。

兄弟 MFC-7420 激光数码复合机更换色粉盒如图 5-88 所示。

1）打开前盖，取出光导鼓单元和色粉盒组件，如图 5-88a 所示。

2）按下左侧的锁定杆，将色粉盒从光导鼓单元中取出，放在废纸或大的废布上，以避免色粉洒落，如图 5-88b 所示（如果色粉洒在手上或衣服上，立即将其抹去或用冷水冲洗）。

3）打开新色粉盒的包装。不要触摸如图 5-88c 所示的阴影区域（显影辊和光导鼓）以

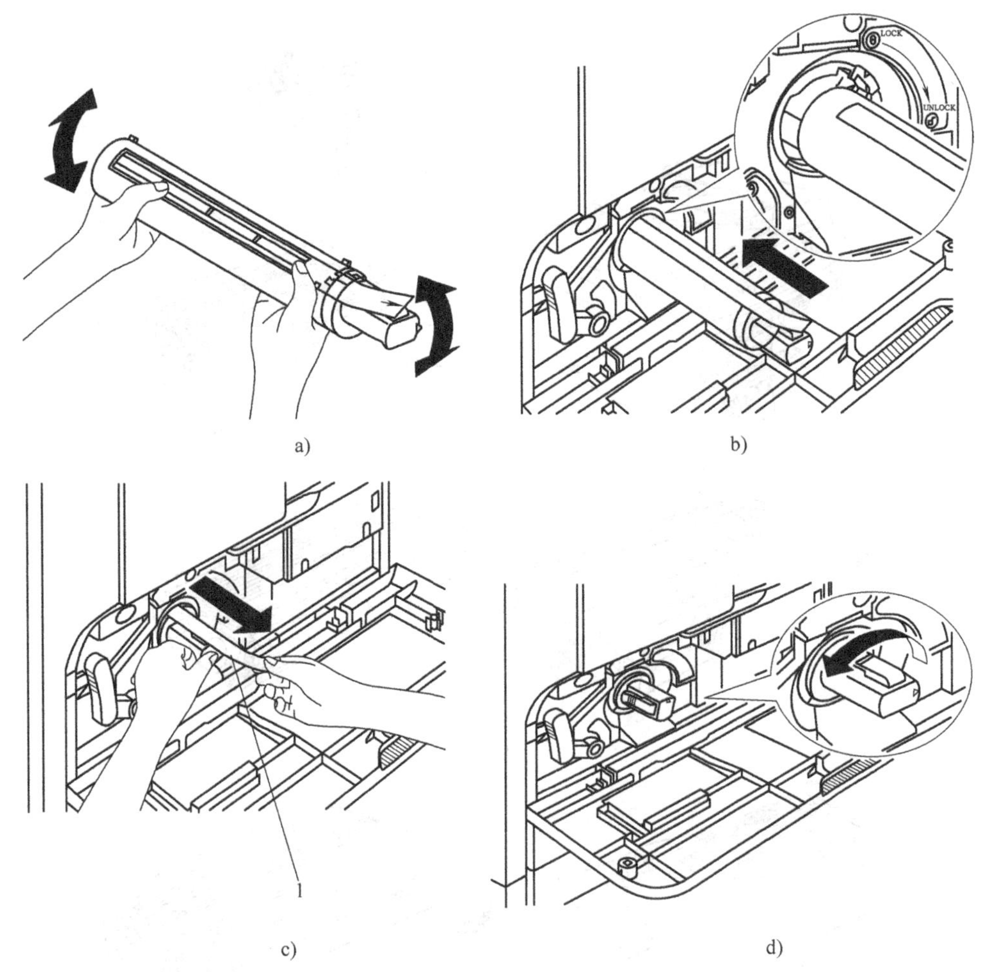

图 5-87 佳能 iR 2020 数码复合机安装墨粉瓶

a）摇晃墨粉瓶 b）插入墨粉瓶 c）拆除封条 d）转动墨粉瓶直至其停止

避免影响打印质量。

4）轻轻地将色粉盒左右摇晃 5 到 6 次，使色粉盒内色粉分布均匀，如图 5-88d 所示。

5）取下保护盖，如图 5-88e 所示。

6）将新色粉盒装入光导鼓单元直到听到“咔哒”一声表明其已锁定到位。如果放置到位，锁定杆将自动抬起，如图 5-88f 所示。

7）将蓝色滑块轻轻左右滑动数次清洁光导鼓单元内的电晕丝。安装光导鼓和色粉盒组件前，使蓝色滑块回到初始位置（▼）。

8）将光导鼓单元和色粉盒组件装回设备中，合上前盖。

3. 清洁

用激光数码复合机复印、打印和接收传真时，出来的图像质量可能有问题，应该根据制品质量分析可能的原因。如果接收到的或发出的图像有问题，首先用机器复印一张图像。如果复印的图像是正常的，问题可能出现在远程终端上；如果复印的图像不正常，就要检查本

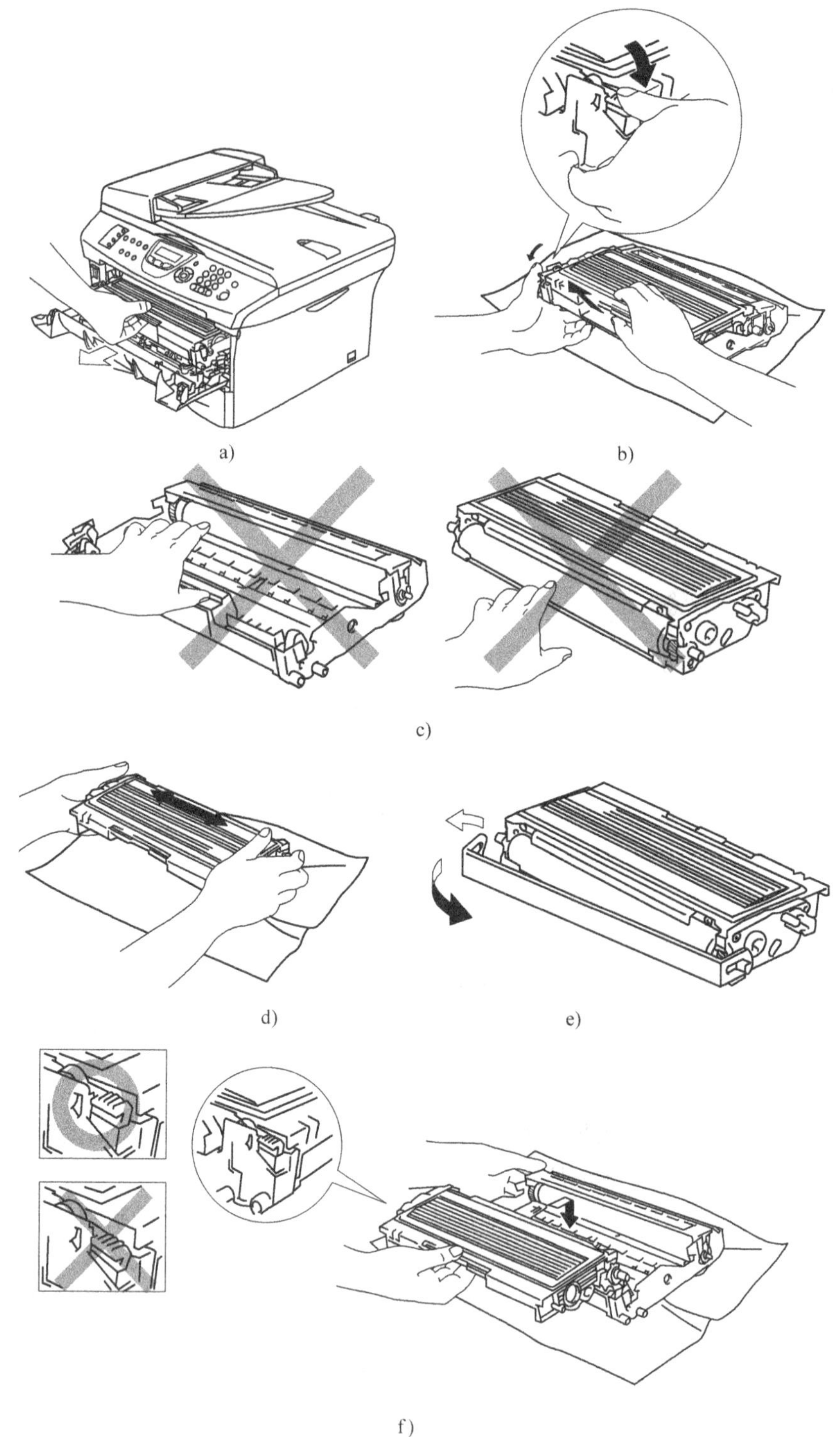

图5-88　兄弟MFC-7420激光数码复合机更换色粉盒

a）取出光导鼓和色粉盒组件　b）取出色粉盒　c）不要触摸显影辊和光导鼓

d）摇晃色粉盒色粉分布均匀　e）取下保护盖　f）将新色粉盒装入光导鼓单元

设备的状况。检查本机器时，可以先打印一张测试页，如果正常，问题可能出在扫描处；如果图像不正常，问题就可能出在打印系统上。但有些图像问题可能是由于机器的某些部位或部件脏了所致，所以要经常保持机器的干净，同时进行必要的清洁。

（1）扫描部位的清洁　扫描机构每周应进行清洁，以便原稿能在未脏污的情况下被扫描。清洁时小心不要刮坏正在清洁的部件。清洁的部位如图 5-89 所示。对于扫描区域，可用干的软布或用水沾湿后拧干的布擦拭，不要使用酒精之类的溶剂。对于原稿玻璃、导板、白板，可根据污染的程度，按下列步骤进行表面清洁：

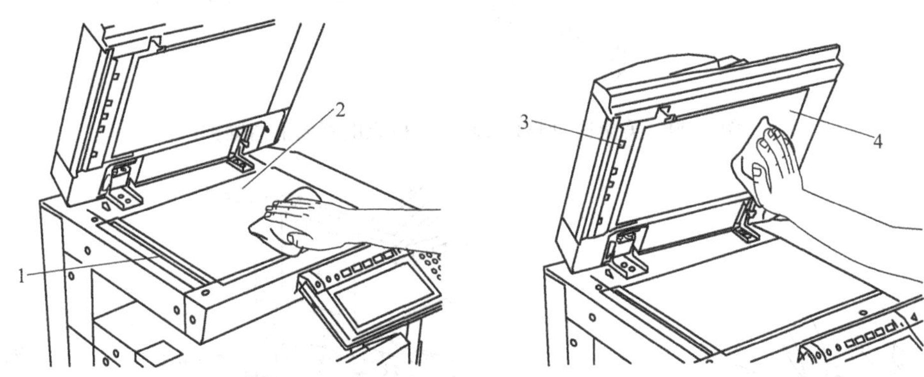

图 5-89　清洁扫描部位

1—扫描区域　2—原稿玻璃　3—导板　4—白板

1）用干的软布擦拭。

2）用水沾湿后拧干的软布擦拭。

3）用酒精沾湿后拧干的软布擦拭，然后再用干布擦干。

4）用稀释的中性洗涤剂沾湿后拧干的软布擦拭，然后再用干布擦干。

注意

不要使用化学清洁剂或有机溶剂，如稀释剂或苯。如果它们进入机器或溶解塑胶零件，可能导致故障。

（2）充电部位清洁　如果充电电极内部变脏，复印件上就会出现脏污，所以也要定时进行电极的清洁。电晕充电器可以较方便地从机器中取出来进行清洁。图 5-90 所示为美能达 Di181 数码复合机充电器的清洁维护示意图。

电晕丝易被污染，当用人工清洁时，不要用沾有金属粉的布清洁，也不要用湿布擦拭，可用沾了酒精的无铅纸擦拭。待确认酒精干了时，再装回主机。

对于锯齿形（针式）电极，清洁时要非常小心地用专用清擦块重复清擦电极上部数次。要上下点擦，不能沿水平抹擦，并且要均匀地清擦整个部位，如图 5-91 所示。

图 5-92 所示为东芝 e-STUDIO282 数码复合机充电器的清洁维护示意图。

1）关闭电源，然后打开前盖板。

2）握住清洁握柄，慢慢将其完全拉到前部，然后小心地将其完全推回里面。重复 2～3 次，清洁充电电极。

3）确保充电电极握柄被完全推入里面后关闭前盖板。

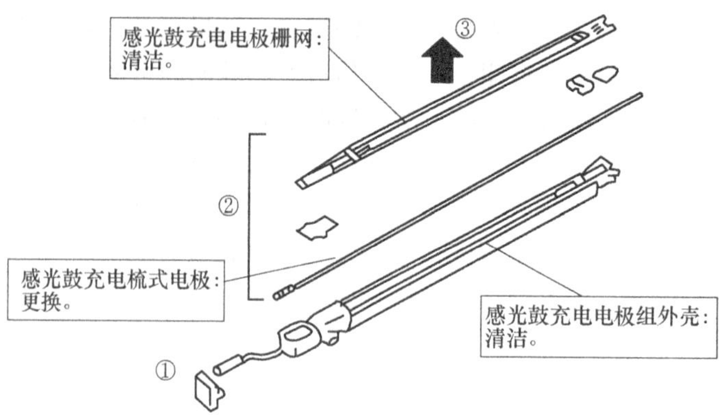

图 5-90 美能达 Di181 数码复合机充电器的清洁维护

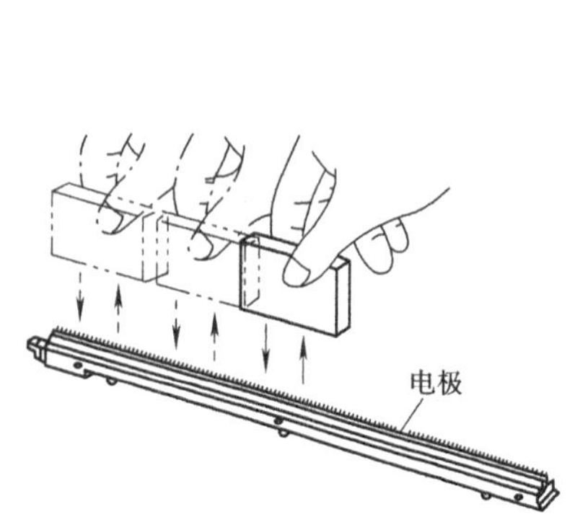

图 5-91 锯齿形（针式）电极清洁

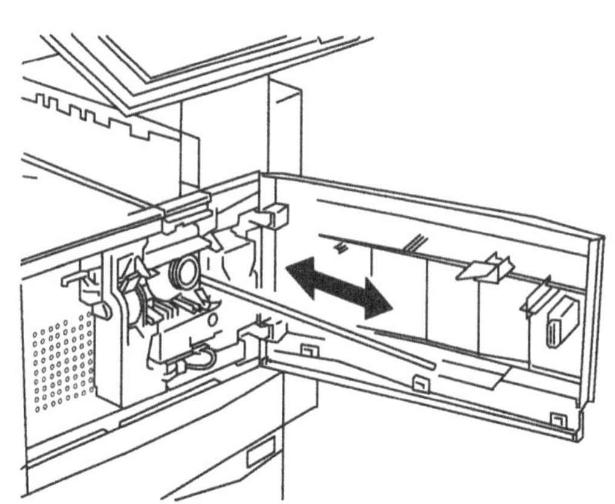

图 5-92 东芝 e-STUDIO282 数码复合机充电器的清洁维护

兄弟 MFC-7420 激光数码复合机光导体组件电晕丝的清洁如图 5-93 所示。

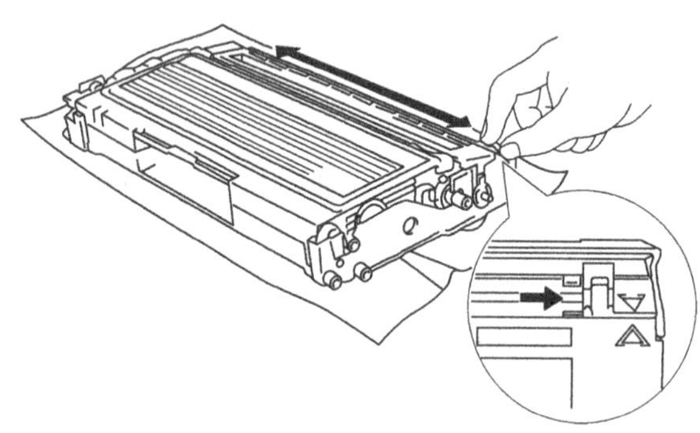

图 5-93 兄弟 MFC-7420 激光数码复合机电晕丝的清洁

1）打开前盖，取出光导鼓和色粉盒组件放在废纸或大的废布上，以避免色粉洒落。

2）将蓝色滑块轻轻左右滑动数次清洁光导鼓单元内的初级电晕丝。确保将蓝色滑块滑回到了其初始位置（▼）。如果蓝色滑块没有回到初始位置（▼），打印出的页面上可能会出现黑色垂直条纹。

3）将硒鼓单元和墨粉盒组件装回设备中，合上前盖。

如转印/分离电极丝内部变脏，则影响转印和分离的效果，所以也要定时进行转印/分离电极丝的清洁。当用人工方法清洁时，不要用沾有金属粉的布清洁，也不要用湿布擦拭，可用沾了酒精的无铅纸擦拭。待确认酒精干了时，再装回主机。

对转印带、转印带轮、入口密封和转印入口导板用干布进行清洁。

清洁转印充电辊时，用无毛纸（不要留下纸屑）干擦清洁，不要用水或溶剂。清洁时不要接触表面或留下溶剂或油污。可一边用手旋转转印辊，一边用软纸清洁。

清洁消电针时，可用消电针刷（一般机器配备有）或软纸清洁。

（3）曝光部位清洁 曝光部位变脏，复印件上就会出现脏污，也要及时进行清洁。

图 5-94 所示为兄弟 MFC-7420 激光数码复合机激光扫描仪的清洁示意图。

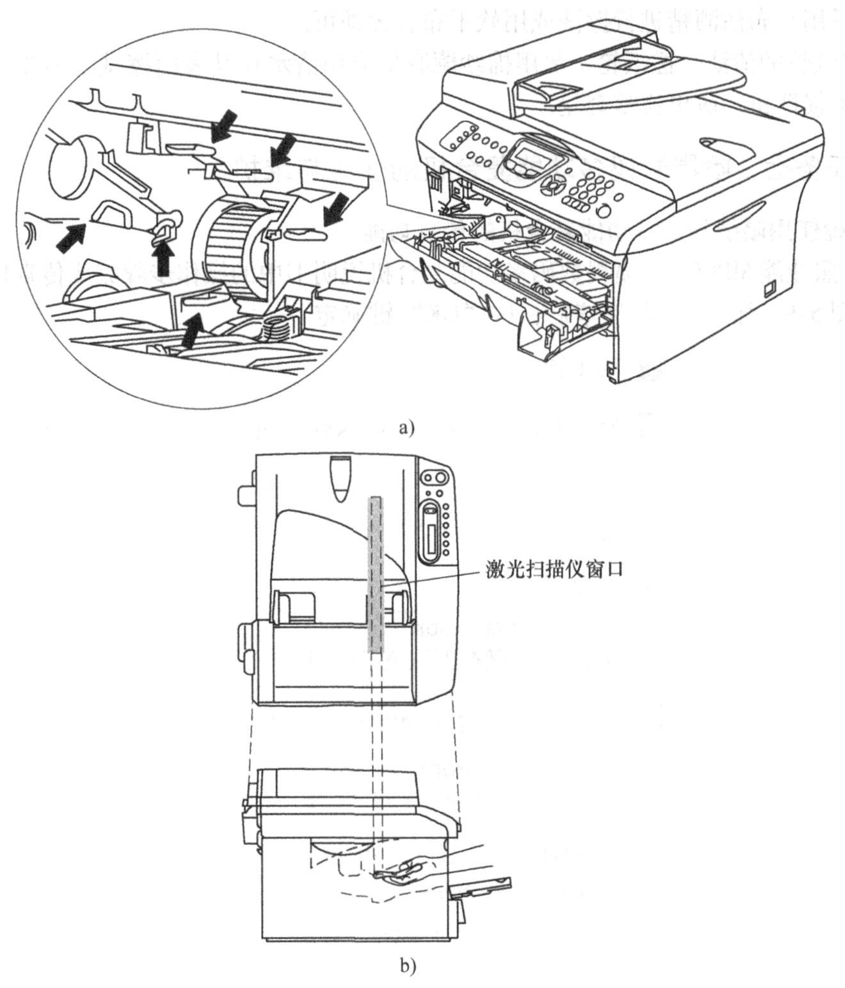

图 5-94 兄弟 MFC-7420 激光数码复合机激光扫描仪的清洁示意图

a）不要触摸图例中所示的电极 b）擦拭激光扫描仪窗口

1）关机，打开前盖，取出光导鼓和色粉盒组件。注意不要烫伤。

2）为防止静电损坏设备，不要触摸图例中所示的电极，如图 5-94a 所示。

3）用一块干燥的无绒抹布擦拭扫描仪窗口，如图 5-94b 所示。不要使用异丙醇，不能用手指触摸激光扫描仪窗口。

（4）定影系统的清洁　定影系统虽然有清洁装置，但是时间长了，清洁辊的清洁效果变差，甚至定影辊、分离爪上产生结疤，影响定影质量，从而影响图像质量，所以还是需要人工进行清洁。一般定影入口和出口导板、清洁辊、分离爪、出纸导板加强筋和出纸传感器等可用软布蘸水或酒精擦拭清洁。尤其是定影热辊，可趁热进行擦拭清洁效果更好。

（5）纸路的清洁

1）纸路传感器的清洁。纸路传感器多使用光电式传感器，使用时容易被污染，使传感器工作失灵，并可能发出错误信息，所以要经常保持清洁。清洁的方法为先吹去传感器上的灰尘，然后用软布沾酒精进行擦洗或用软干布轻擦即可。

2）搓纸轮的清洁。搓纸轮一般用棉纱蘸酒精或用清水在其表面擦拭。不要用手触摸搓纸轮。如磨损严重，应更换整套轮。

5.3.3　任务七　喷墨数码多功能复合机的使用与维护

1. 正确使用喷墨数码多功能复合机的传真功能

1）按照佳能MPC600F喷墨数码多功能复合机说明书中的操作步骤完成传真接收方式的设定，如图5-95所示。选择完毕后，按“OK”键确定。

1 按〔菜单〕键。

2 使用〔◀〕或〔▶〕键选择RECEIVE MODE。

Ex:
```
MENU
 1.RECEIVE MODE
```

3 按〔OK〕键。

Ex:
```
RECEIVE MODE
     FAX/TEL AUTO SW
```

4 使用〔◀〕或〔▶〕键选择传真方式。

Ex:
```
RECEIVE MODE
       FAX ONLY MODE
```

· 用户可以在下面的选项中进行选择：

FAX ONLY MODE：
如果用户只使用本设备接收传真

MANUAL MODE：
通过按〔启动〕键接收传真

ANS.MACHINE MODE：
如果用户需要本设备自动接收传真并且将电话转接到答录机

FAX/TEL AUTO SW*：
如果用户需要本设备既接收传真又接听电话

图5-95　传真接收方式的设定

2）发送和接收传真。

2. 安装新打印墨盒和更换墨盒

佳能 MPC600F 喷墨数码多功能复合机安装打印墨盒和更换墨盒的步骤如下：

1）打开电源，按“开启”按钮并打开扫描设备上盖，如图 5-96 所示。

2）抬起支架上的锁杆，如图 5-97 所示。

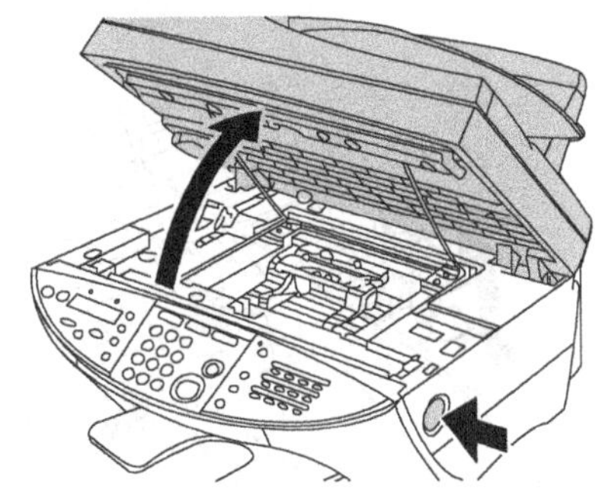

图 5-96　打开扫描设备上盖

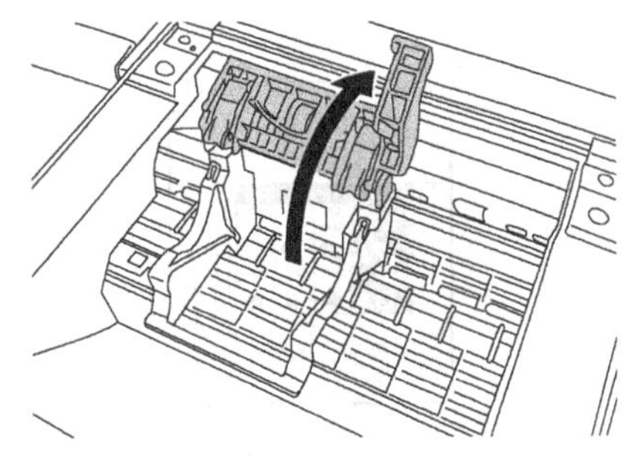

图 5-97　抬起支架上的锁杆

3）从包装中取出打印头，摘下橙色保护帽盖，如图 5-98 所示。

4）将打印头插入支架中，然后放下锁杆直到卡好为止，如图 5-99 所示。

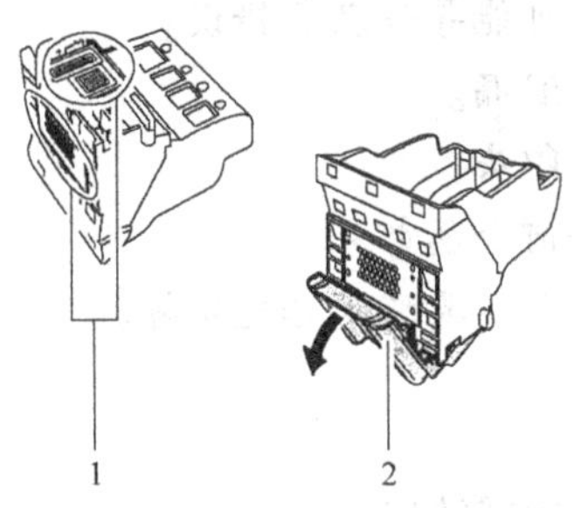

图 5-98　取出打印头

1—敏感元件（不要触摸）　2—保护帽盖

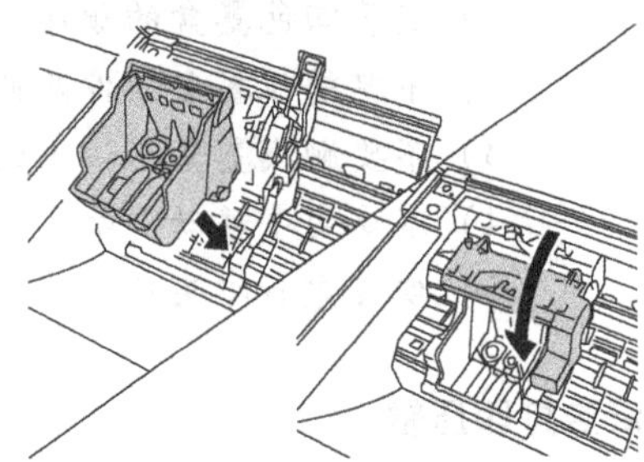

图 5-99　将打印头插入支架中

5）将四色（黄、洋红、深蓝、黑）墨盒分别拉开胶条后取下填充胶片①，然后握紧墨盒组件的底部撕掉橙色保护盖②，如图 5-100 所示。

6）先将黄色墨盒组件插入打印头上最右侧的插槽中，下压将其卡好，如图 5-101 所示。

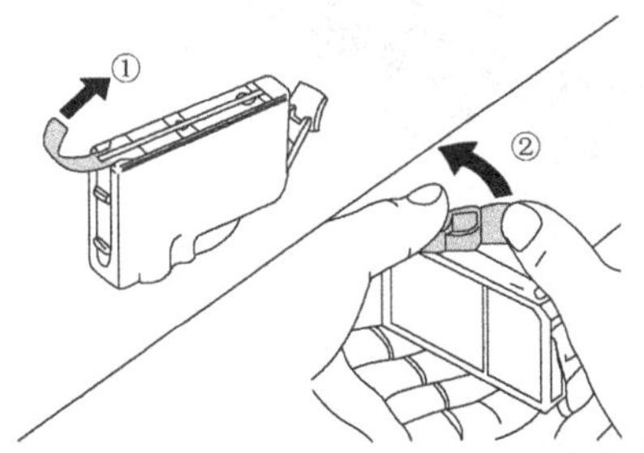

图 5-100　拉开胶条/撕掉橙色保护盖

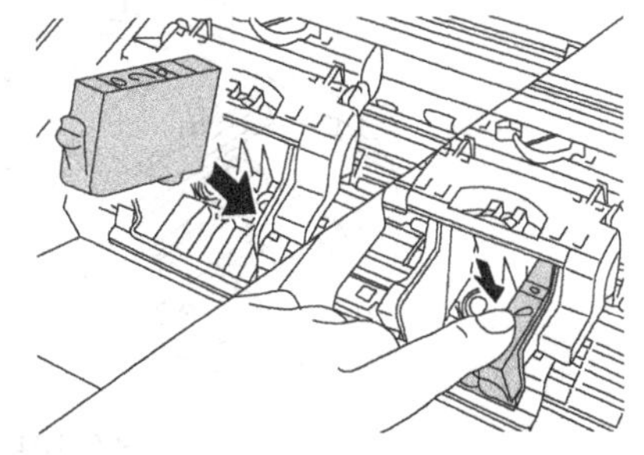

图 5-101　插入打印头并卡好

7）以同样的方法，按洋红、深蓝、黑的顺序，将各色墨盒从右到左装入机内，如图5-102所示，然后盖上上盖。

8）盖上上盖后，支架会自动移到设备右侧，LCD 显示 CART. RETURN。设备开始清扫打印头（约 1min）。

9）更换墨盒时，按下卡子并松开空的墨盒组件，然后分别从插件中取出旧墨盒，如图5-103 所示。

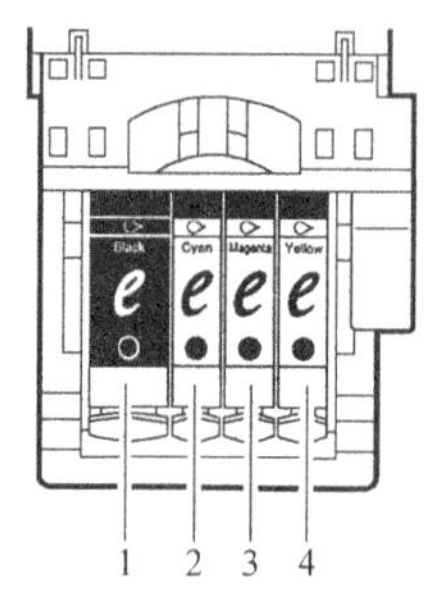

图 5-102　安装墨盒顺序

1—黑　2—深蓝　3—洋红　4—黄

图 5-103　更换旧墨盒

注意

1）安装四色墨盒的顺序不能变，否则可能导致颜色错误。

2）不要挤压墨盒组件两侧，以免墨水泄漏。

3）不要触摸墨盒组件上的出墨口及打印头。

4）不要用手移动支架，也不要触摸任何金属部分。

5）安装完打印头后，一般不用取下，也不要随意抬起锁杆。

3. 清洁打印压辊

兄弟 MFC665CW 喷墨数码复合机打印压辊的清洁步骤如下：

1）关闭电源，将扫描器盖板 1 从设备前部抬起直至其安全卡位至打开位置，如图5-104 所示。

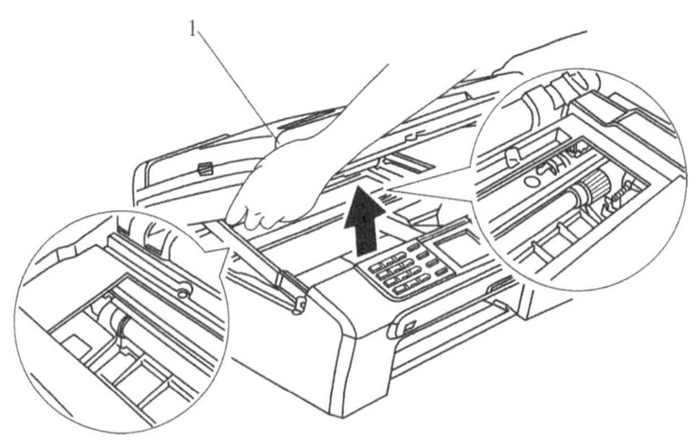

图 5-104　打开扫描器盖板

2）用一块柔软干燥的无绒布清洁设备的打印机压辊1及其周围区域，如图5-105所示。

3）抬起扫描器盖板松开锁定杆①。轻轻按下扫描器盖板支撑杆②，然后合上扫描器盖板③，如图5-106所示。

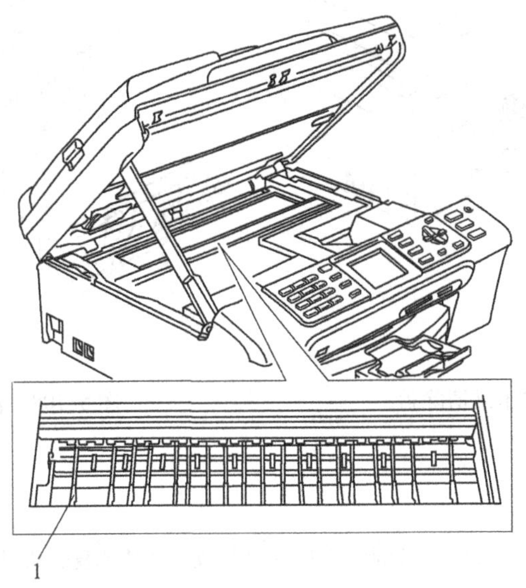

图5-105　清洁打印压辊及其周围区域

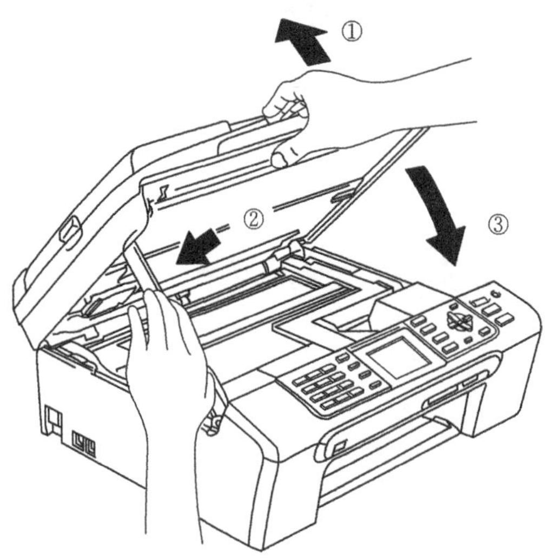

图5-106　合上扫描器盖板

4. 清洁进纸辊

兄弟MFC665CW喷墨数码复合机进纸辊的清洁步骤如下：

1）断开电源，将纸盒从设备中完全拉出并移除卡纸清除盖1，如图5-107所示。

2）用蘸有异丙醇的棉签清洁进纸辊1，如图5-108所示。

3）重新合上卡纸清除盖，并确保正确安装了卡纸清除盖。

4）将纸盒牢固地推入设备中。

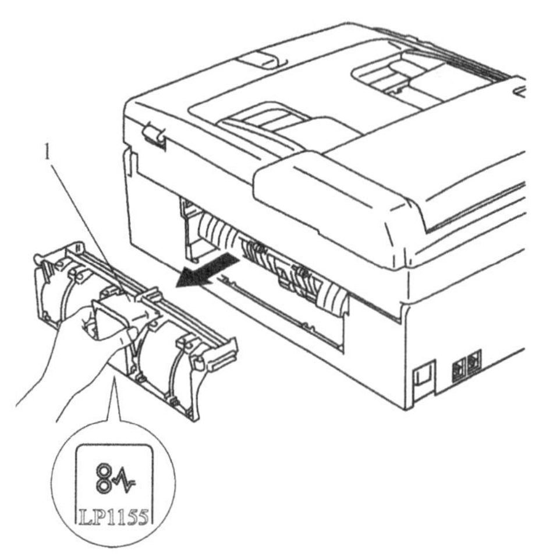

图5-107　移除卡纸清除盖

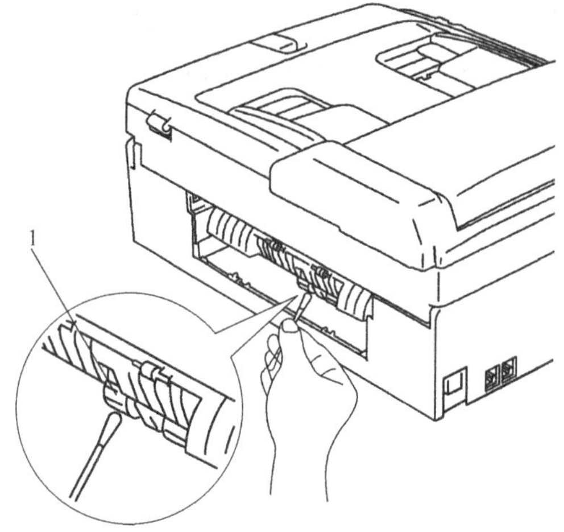

图5-108　清洁进纸辊

不同品牌和机型的激光数码多功能复合机与喷墨数码多功能复合机其操作和维护各有不同，上面介绍的也只是一般的常用功能和维护方法，同学们可根据自己操作的机型加以总结和分析。有什么不清楚的地方，可记在下面，想办法弄明白。

把你的问题记在这里：

上面问题的答案：

5.4　检测练习

1. 激光数码多功能复合机与普通的模拟静电复印机工作原理的主要不同在哪里？
2. 数码多功能复合机的强大功能主要体现在哪些方面？
3. 卡纸、卡稿的原因主要有哪些？
4. 取出卡纸时应注意什么？
5. 图 5-109 所示符号是一些按键及故障符号，其表示什么含义？

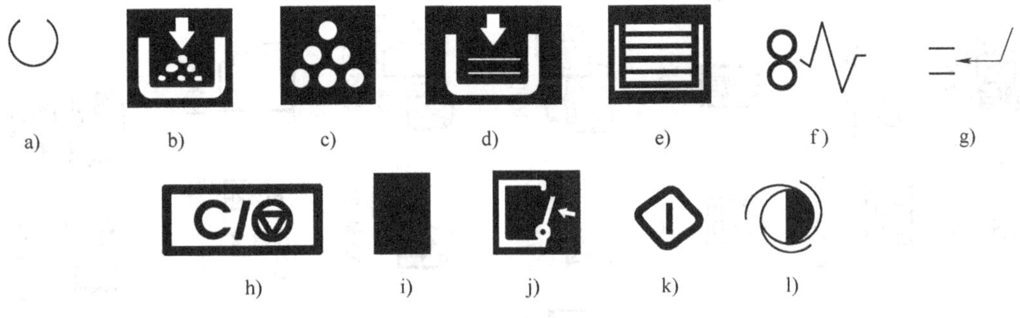

图 5-109　按键及故障符号

6. 图 5-110 所示的两个符号是表示原稿或复印纸放置方式的示意图，请分别说出该符号在放置原稿和放置复印纸时表示什么意思？

7. 图 5-111 所示是激光数码复合机多种功能的图示，你知道这些功能是什么意思吗？请解释一下图示中 10 种以上的功能并进行操作。

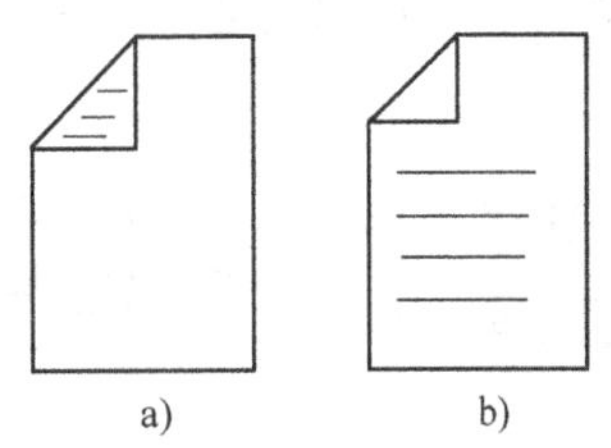

图 5-110　原稿或复印纸放置方式的示意图

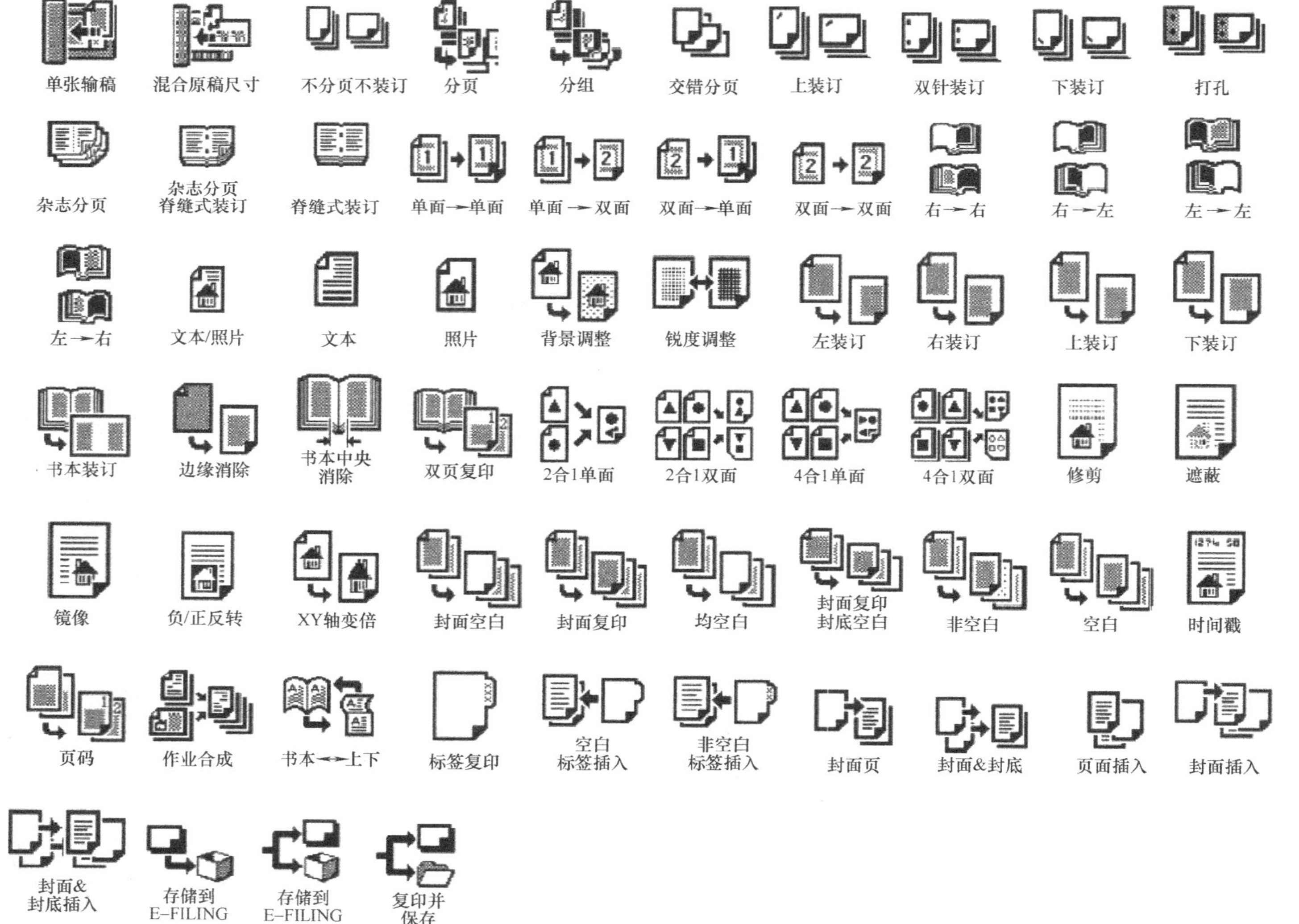

图 5-111　激光数码复合机多种功能图示

第 6 单元　数码速印机

数码速印机以前也称为“数字式一体化速印机”，简称“一体机”，是一种集制版、印刷于一体的数字印刷设备。数码速印机从外形上看和复印机非常相似，尤其在制版时，数码速印机也是将原稿放在玻璃稿台上，在功能上两者之间也在许多相似之处，但两者的工作原理有着本质上的差别。

6.1　数码速印机技能训练一

6.1.1　任务一　数码速印机外形结构的认识

在学习操作数码速印机之前，先来认识一下数码速印机的外形结构。

以理想 RN2180 为例，说明数码速印机的整体结构。理想 RN2180 数码速印机外观如图 6-1、图 6-2 所示，可对照机器观察。

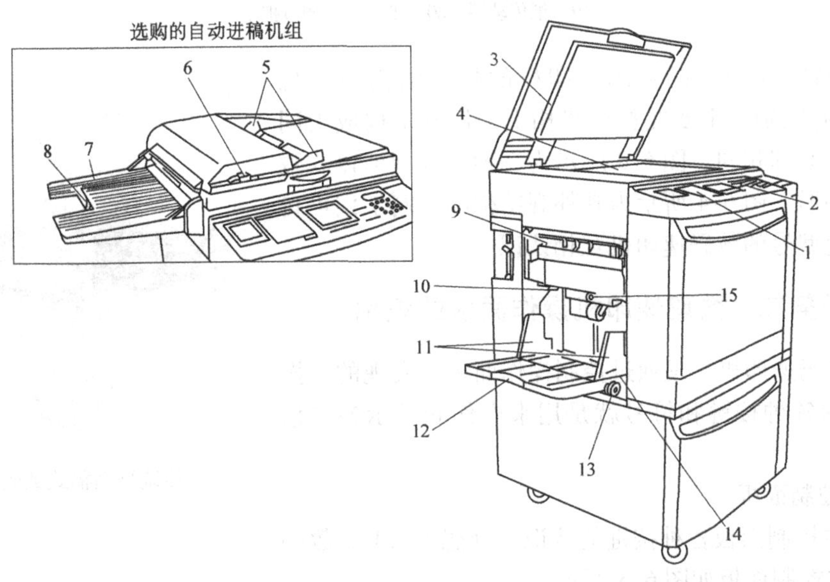

图 6-1　理想 RN2180 数码速印机外观图一

1—副控制面板　2—主控制面板　3—扫描台盖　4—扫描台玻璃　5—自动进稿机组原稿导板　6—自动进稿机组原稿释放键　7—自动进稿机组出稿台　8—自动进稿机组原稿挡板　9—废版盒　10—进纸压力调节杆　11—进纸台导板　12—进纸台　13—水平印刷位置调整轮　14—进纸台导板锁定杆　15—进纸台下降按钮

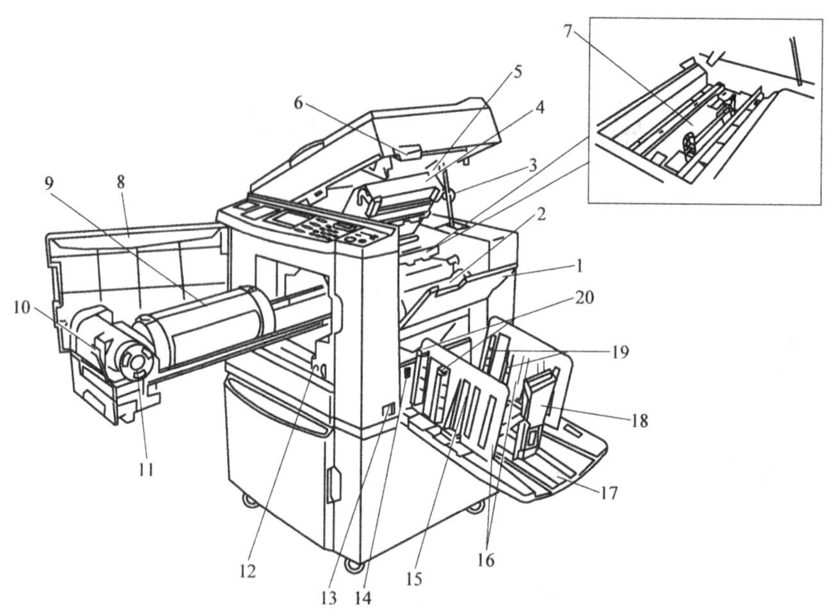

图6-2　理想RN2180数码速印机外观图二

1—版纸卷盖　2—版纸卷　3—扫描台撑架　4—制版机组　5—制版机组释放杆　6—扫描台释放杆　7—废纸盖子　8—机门　9—印刷滚筒　10—油墨筒锁定杆　11—油墨筒　12—印刷滚筒释放钮　13—主电源开关　14—排纸翼板调节杆　15—出纸台导板调节把手　16—出纸台导板　17—出纸台　18—出纸挡板　19—纸传动器　20—纸传动器调节把手

其他品牌和型号的数码速印机的外形结构与理想RN2180略有区别，主要在扫描机构上，但基本构成大同小异，工作原理相同。图6-3所示为一种传统型馈稿式数码速印机外形，图6-4所示为其外观结构图。同学们可自己对比其他型号的数码速印机互相认识一下。

图6-3　传统型馈稿式数码速印机外形

6.1.2　任务二　数码速印机操作面板的识别

操作数码速印机，是通过控制操作面板来实现的。操作面板上的各种按键和符号就是用来操作和显示各种信息的。

1. 主控制面板

（1）主控制面板各种按键的认识　理想RN2180数码速印机的主控制面板如图6-5所示。

（2）主控制面板按键功能的认识　按键及显示的功能如下。

1—启动键：开始印刷或制版处理，此键工作时指示灯变绿。此键还用于故障检修后恢复操作。

2—停止键：中断印刷和取消保密功能。

3—复原键：所有设定都恢复到初始设定。

4—试印键：从当前版纸印刷一张样页来检查印刷质量、印刷位置、浓度等。

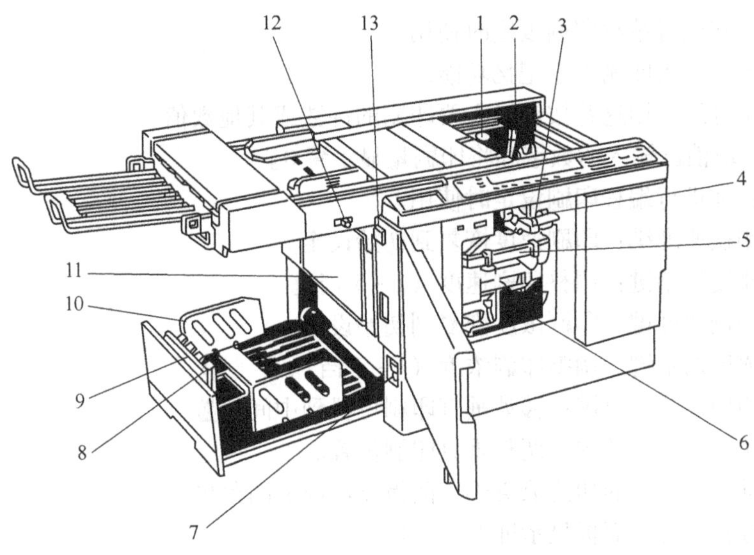

图 6-4　传统型数码速印机外观结构图

1—裁版按钮　2—热敏头压力辊分离杆　3—滚筒锁杆　4—滚筒按钮　5—印刷滚筒　6—油墨槽　7—主机开关　8—纸尾挡板 1　9—纸尾挡板 2　10—纸侧挡板　11—废版纸盒面板　12—印刷密度调整开关　13—废版纸盒开关

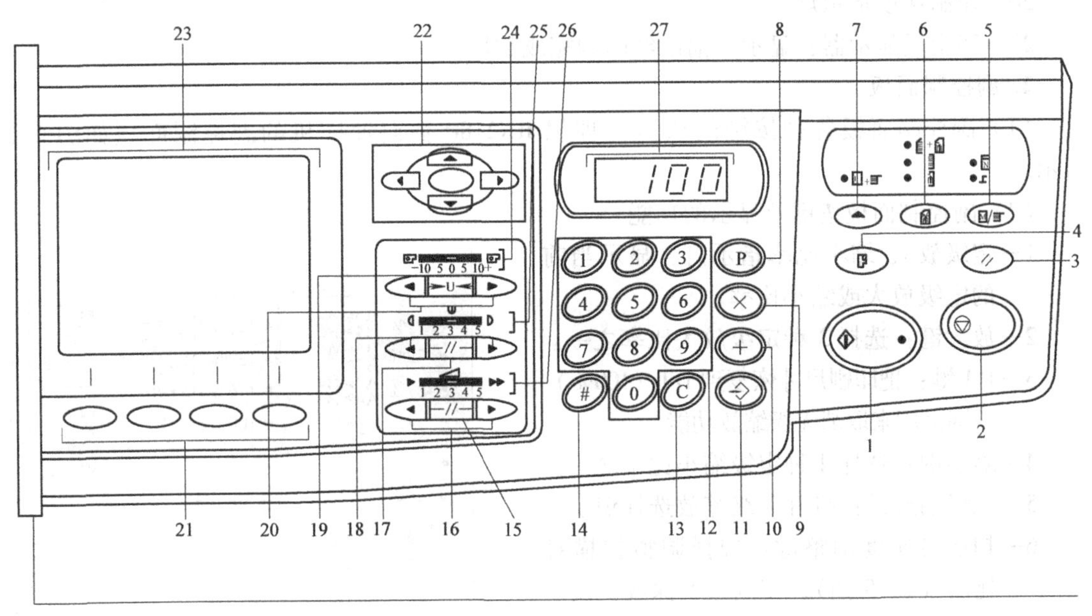

图 6-5　理想 RN2180 主控制面板示意图

5—流程选择键：在制版和印刷流程之间转换，通常是根据当前的流程自动选择。

6—原稿处理选择键：将当前的处理方式在文字、照片和图文之间转换。根据所选的方式，相应指示灯点亮。

7—自动流程键：使从制版到印刷的流程连续进行，此功能工作时指示灯点亮。

8—编程键：进入编程分组印刷状态。

9—×键：在进行编程印刷设定时使用。

10—＋键：在进行编程印刷设定时使用。

11—记忆键：进入印刷工程记忆功能。

12—印刷量键组：用这些按键输入要印刷的件数或其他数值。

13—C 键：取消已输入的数字和将印刷量显示置 0。

14—＃键：在进行编程印刷设定时使用。

15—标准印刷速度键：印刷速度恢复到初始设定。

16—印刷速度调整键：调整印刷速度（1～5 挡）。

17—标准印刷浓度键：印刷浓度恢复到初始设定。

18—印刷浓度调整键：调整印刷浓度（1～5 挡）。

19—垂直印刷位置中央键：移动垂直印刷位置到中间位置。

20—垂直印刷位置调整键：调整垂直印刷位置。

21—功能键：不相同的功能取决于主面板显示屏上的菜单。

22—光标键：改变主面板显示屏上的选择。

23—主面板显示屏：显示当前操作信息。

24—垂直印刷位置提示灯。

25—印刷浓度指示灯。

26—印刷速度指示灯。

27—印刷量显示器：显示当前已经印刷完成数量。

2. 副控制面板

（1）副控制面板各种按键的认识　理想 RN2180 数码速印机的副控制面板如图 6-6 所示。

（2）副控制面板按键及显示的功能

1—定级放大/缩小比率指示灯：显示当前的定级放大或缩小比率。

2—放大键：选择 3 种定级放大比率之一。

3—1∶1 键：把印刷尺寸恢复到 1∶1（100%）。该键也用来取消无级缩放功能。

4—缩小键：选择 4 种定级缩小比率之一。

5—无级缩放键：打开无级缩放选择窗。

6—扫描对比度调整键：选择调整扫描对比度（1～5 挡），使制版变深或变浅。

7—自选设定键：用于进入可以自选初始条件的设定。

8—保密键：为避免完成印刷的保密文件被他人看到，立刻处理当前印刷滚筒上的版纸。此功能工作是指示灯点亮。

9—数据源选择键：在计算机数据模式和扫描数据模式之间转换。

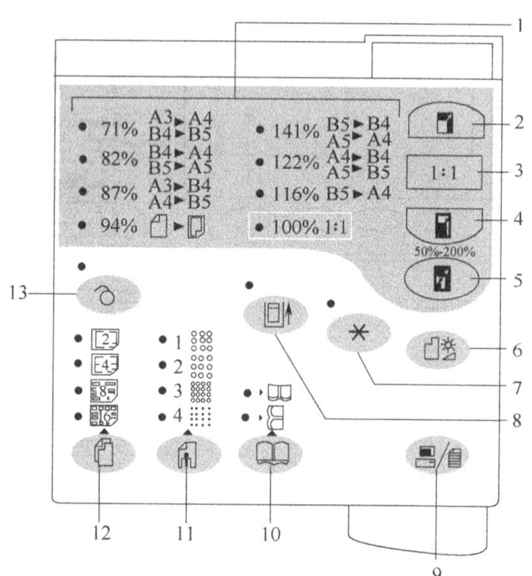

图 6-6　理想 RN2180 副操作面板示意图

10—装订原稿选择键：装订的原稿打开并放在扫描台玻璃上时，可以删除原稿的中缝阴影。当选择此功能时，指示灯点亮。

11—网点模式选择键：选择 4 种网点屏幕之一。网点模式功能允许用网点来处理照片原稿。当选择此功能时，指示灯点亮。

12—多面连写印刷键：在一张纸上并排印刷多张印刷件（2、4、6、8 或 16 张）。此功能工作时指示灯点亮。

13—自动均墨键：在开的位置，当机器长时间不用后，首次开机，机器将换版并自动均墨，而不至于产生特别模糊的图像。当自动均墨打开时，指示灯点亮。

6.1.3　任务三　数码速印机的简单操作

以理想 RN2180 数码速印机为例，其简单操作如下：

1）打开进纸台，放置纸张，调整好挡纸板并锁紧，如图 6-7 所示。

2）打开出纸台，手握出纸台导板调节把手，根据纸张大小调整好出纸挡板位置，如图 6-8 所示。

3）接通主电源开关，检查控制面板上的初始设定。

4）放置原稿（与复印机一样）。当原稿放好后，机器自动从“印刷”状态变为“制版”状态，控制面板上的制版指示灯点亮，同时，主面板显示屏上显示“可制版”，如图 6-9 所示。

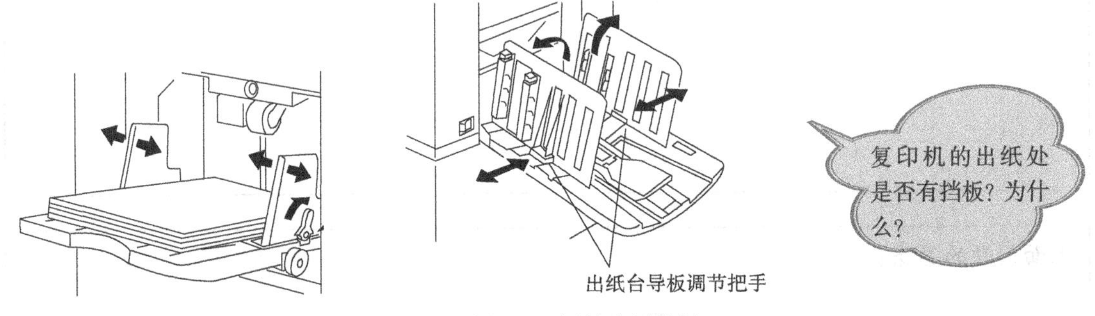

图 6-7　放置纸张　　图 6-8　调整出纸挡板

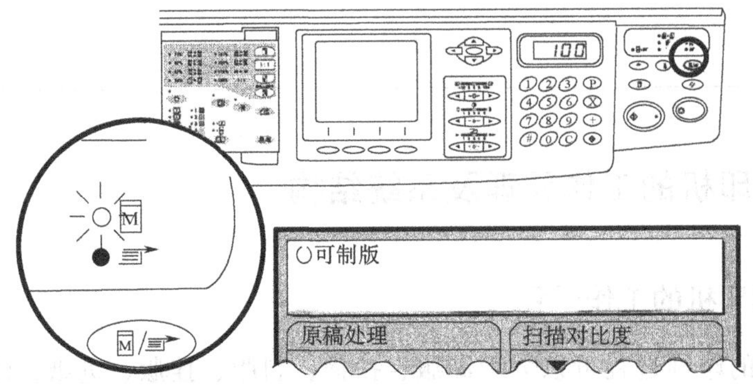

图 6-9　可制版状态

5）按下启动键，机器开始扫描制版，主面板显示屏上显示“制版中”，并且自动印刷一张试样。

6）根据样张可调整印刷位置和印刷浓度。调整后，可按试印键试印一张。

7）输入印刷张数后，按下启动键，机器按设定的印刷张数进行印刷，主面板显示屏上显示“印刷中”。

8）印刷完成后，可按复原键恢复到初始设定。

对数码速印机的结构和操作还有哪些问题和不清楚的地方记在下面。

把你的问题记在这里：

上面问题的答案：

6.2　数码速印机的工作原理及系统结构

6.2.1　数码速印机的工作过程

数码速印机的印刷过程可以分为卸版、扫描、制版、挂版、进纸、印刷、出纸7个步骤。

图6-10所示为数码速印机的部件和工作过程图，图6-11所示为馈稿式数码速印机的部件和工作过程图，图6-12所示为印刷过程流程图。

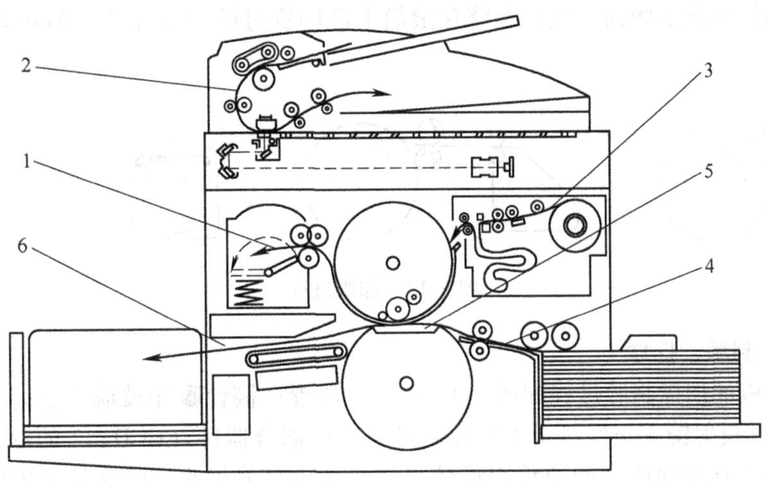

图 6-10　数码速印机的部件和工作过程图

1—卸版　2—扫描　3—制版、挂版　4—进纸　5—印刷　6—出纸

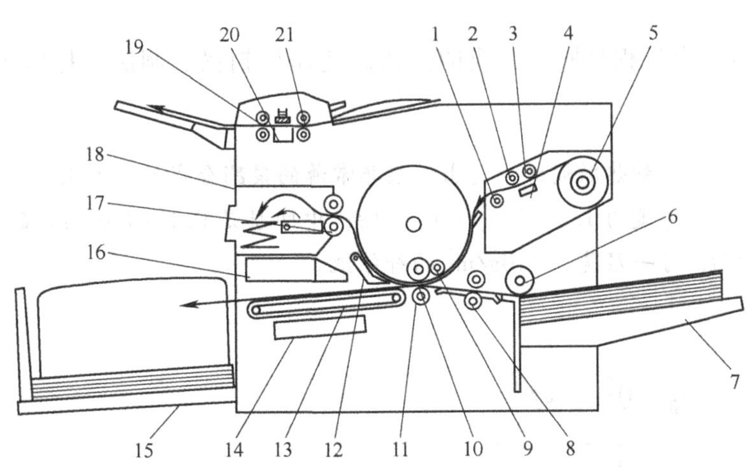

图 6-11　馈稿式数码速印机的部件和工作过程图

1—张力辊　2—制版送辊　3—版辊　4—热敏头　5—纸版卷　6—送纸辊　7—纸台　8—对位辊　9—限量辊　10—墨辊　11—压辊　12—分离爪　13—传送带　14—真空风扇　15—接纸台　16—气刀风扇　17—卸版辊　18—废版盒　19—第二进纸辊　20—接触图像传感器 CIS　21—第一进纸辊

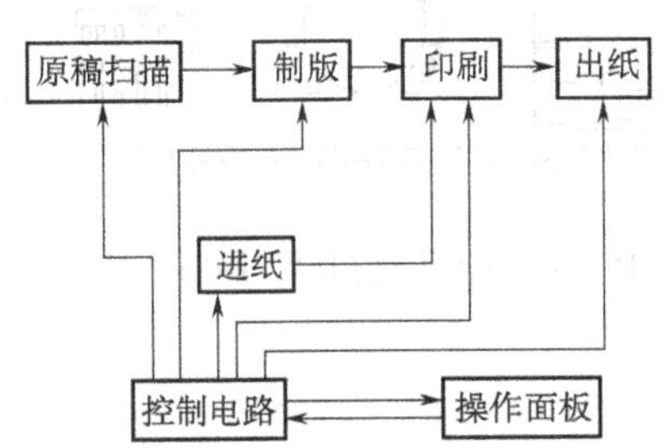

图 6-12　印刷过程流程图

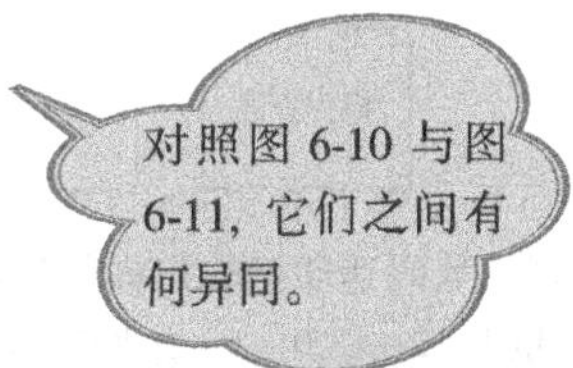

1. 卸版

将原稿制作成新纸版前，先将缠绕在滚筒上已印刷过的纸版卸掉。图6-13所示为一种卸版过程。

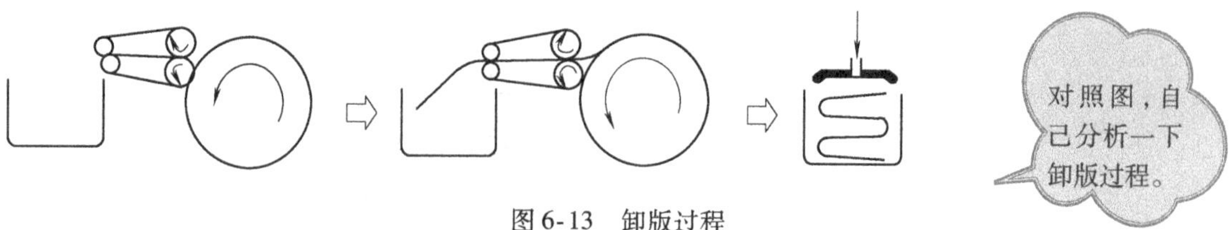

图6-13　卸版过程

2. 扫描、制版、挂版

数码速印机的扫描制版过程如图6-14所示。放置在稿台曝光玻璃5上的原稿经曝光灯6照射后，通过反射镜4再经镜头1成像后进入电荷耦合器件（CCD）2的输入端，从而完成扫描工作。CCD将阅读到的原稿图像信号转换成电信号输出，但这是模拟信号，需经过A-D转换器变换成数字信号，再经调制送到热敏头电路中去，控制热敏打印头在蜡纸版上打出与图文相应的孔，至此完成制版工作。同时，机器自动地将打印好的纸版挂到印刷滚筒上。

工作时，这三个过程是同时完成的。数码速印机扫描、制版、挂版示意如图6-15所示。

版纸又称热敏蜡纸，是由一层非常薄的聚酯合成的，共有三层：一层是热收缩性、厚度为1.5～2.5μm的聚酯；中间层是0.1～1.0g/m²的高分子材料即树脂；另一层是5～10g/m²的纤维纸。

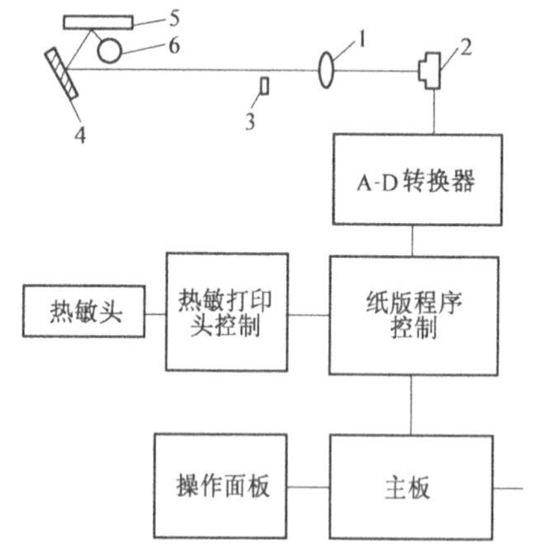

图6-14　数码速印机的扫描制版过程示意图

1—镜头　2—CCD　3—遮光片　4—反光镜

5—曝光玻璃　6—曝光灯

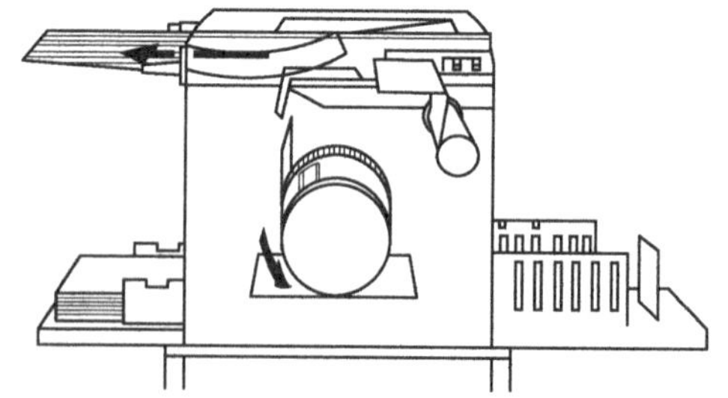

图6-15　数码速印机扫描、制版、挂版示意图

3. 进纸

由进纸机构将纸张送入到印刷滚筒的下方。

4. 印刷

通过自动供墨装置，使油墨通过印刷滚筒上的钢网、油网和印刷纸版上的孔，印刷在纸张上，形成油墨图像，完成印刷。

5. 出纸

将印上图像的印刷品送出，完成印刷全过程。

数码速印机进纸、印刷、出纸过程示意如图 6-16 所示。

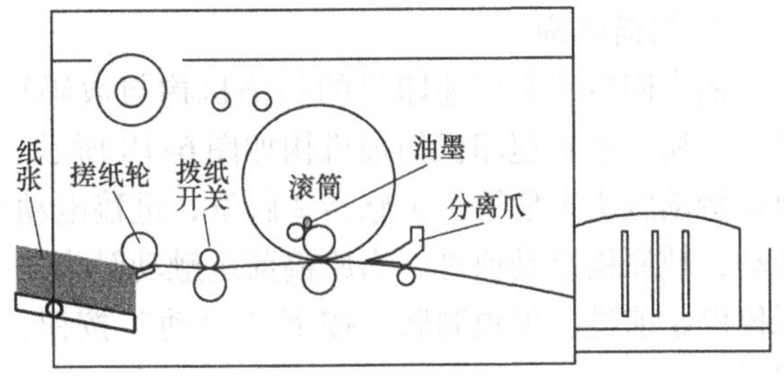

图 6-16　数码速印机进纸、印刷、出纸过程示意图

小　结

数码速印机是采用数码电子扫描方法阅读原稿，通过电荷耦合器和模-数转换器将信号转换为数码信号，再进行制版，由热敏头根据扫描所得到的与原稿一致的图像打印在印刷滚筒上的热敏蜡纸上制成版纸。然后，通过一个进纸搓动轮的搓动，自动将印刷用纸一张一张地送入印刷部分，通过版纸自动印刷在送入的纸张上，再将印刷好的印刷件一张一张地送出到出纸台。整个印刷过程自动化程度极高。

6.2.2　数码速印机的机构

1. 卸版机构

不同的机型，其卸版机构各不相同。图 6-17 所示为一种卸版机构。印刷滚筒反转到卸版位置时，纸夹板 1 打开，卸版辊 2 搓起版纸的头端，并送版纸到废版纸盒 3 中。此时滚筒继续转动，直到废版纸全部卸下。压缩版 4 把废版纸压缩到废版盒中。滚筒制版传感器 5 用于检测滚筒上有无纸版。

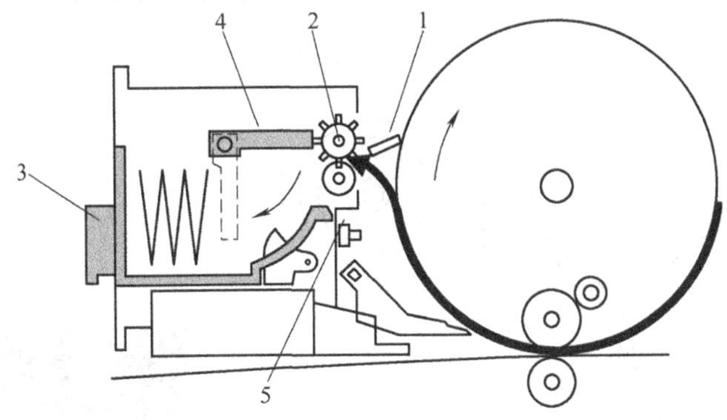

图 6-17　卸版机构

1—纸夹板　2—卸版辊　3—废版纸盒　4—压缩版　5—滚筒制版传感器

2. 扫描机构

稿台固定式数码速印机的扫描机构与数码复合机的扫描机构基本相同，可参见其结构图。馈稿式数码速印机扫描机构如图6-18所示。当打开机器开关，把原稿放入扫描器内时，原稿触动触头1使第一传感器2触发，进稿电动机3转动，通过传送带4和5带动输纸辊6转动，使原稿自动前进。当原稿前进触动触头7使第二传感器8触发，进稿电动机3停转，原稿停止前进。如想制版，按下“启动”按钮，进稿电动机3再次转动，原稿前进，进行扫描。

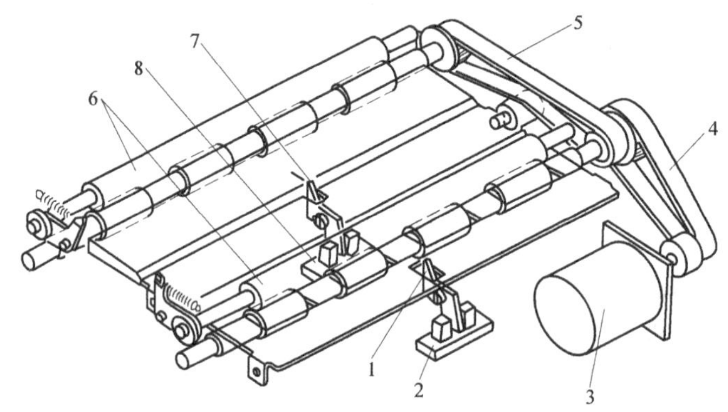

图6-18　馈稿式数码速印机扫描机构图

1、7—触头　2—第一传感器　3—电动机　4、5—传送带　6—输纸辊　8—第二传感器

3. 制版机构

不同的机型，其制版机构也各不相同。图6-19所示为一种制版进版机构。机器从版纸辊1上把版纸往前送进；当送进到热敏头2时，热敏头发热，在版纸上刻下图像；版纸继续往前送进到滚筒5上的版纸送进位置时，纸版夹3打开，夹住版纸头随滚筒旋转；此时，裁版刀4将版纸切割掉，版纸被卷绕到滚筒上。

4. 印刷滚筒

印刷滚筒的外形如图6-20所示，数码速印机印刷滚筒结构如图6-21所示。

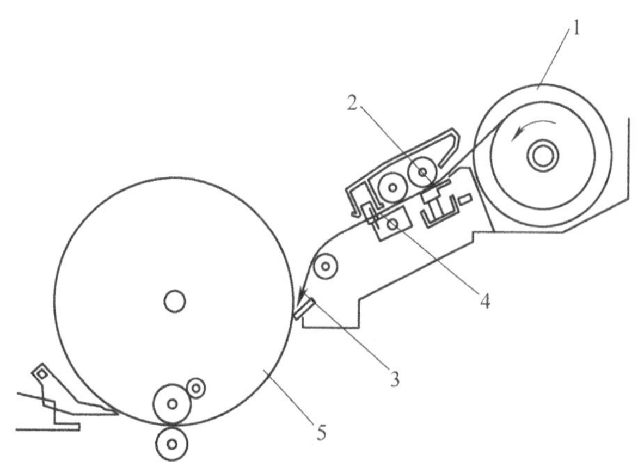

图6-19　制版进版机构

1—版纸辊　2—热敏头　3—纸版夹　4—裁版刀　5—滚筒

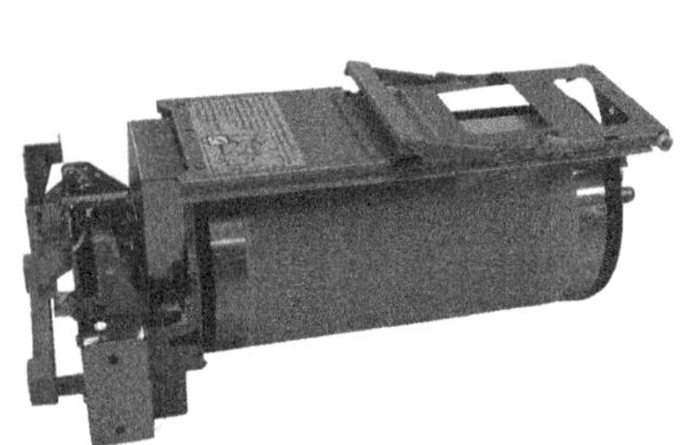

图6-20　印刷滚筒的外形图

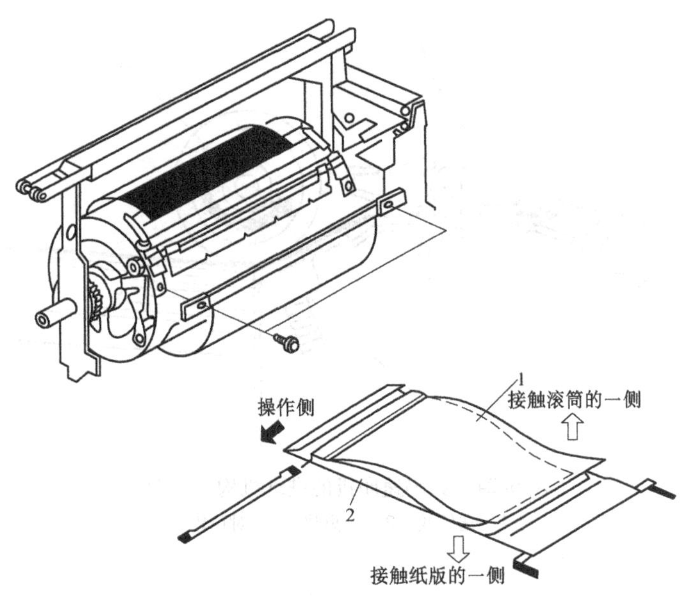

图 6-21　数码速印机印刷滚筒结构示意图

1—聚四氟乙烯网　2—不锈钢网

印刷原理如图 6-22 所示。在滚筒内部，限流辊 1 和墨辊 3 之间有一个间隙，油墨 2 通过间隙被均匀地加到墨辊上。当印刷纸经过滚筒栅网 5 和压力辊 4 时，油墨渗过滚筒栅网及版纸上的孔洞，被转移到纸上，形成所需的图文。

5. 进纸系统

数码速印机进纸原理如图 6-23 所示，进纸机构示意如图 6-24 所示。采用分离轮和分离片组成的中央分离机构，把印刷纸张送到印刷滚筒的下方。它与复印机的进纸机构相似，学生可自己分析。

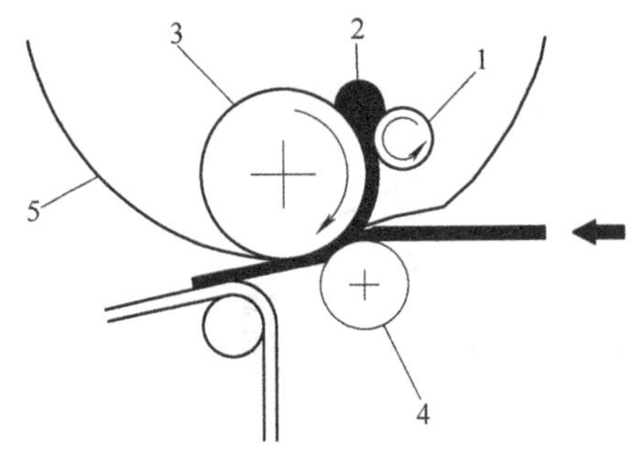

图 6-22　印刷原理

1—限流辊　2—油墨　3—墨辊　4—压力辊　5—滚筒栅网

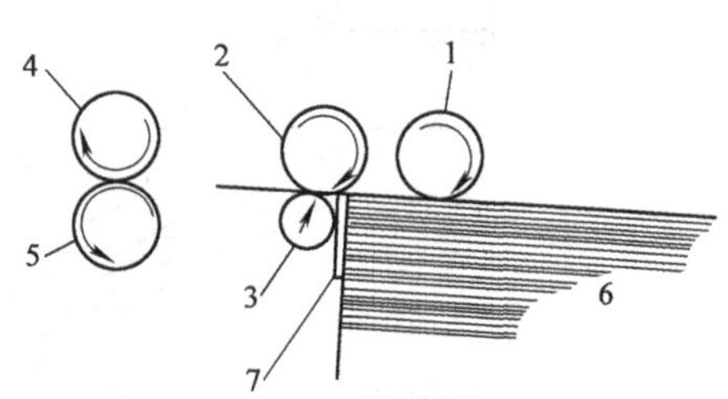

图 6-23　数码速印机进纸原理

1—进纸轮　2—上层分离轮　3—下层分离轮　4—第二层上进纸轮　5—第二层下进纸轮　6—印刷纸　7—分离片

6. 出纸机构

数码速印的出纸机构如图 6-25 所示。利用分离爪及风扇吹风，把印刷后的纸张从滚向筒上分离并送到接纸台上。图 6-26 所示为分离爪和气刀（分离风扇）的工作示意图。

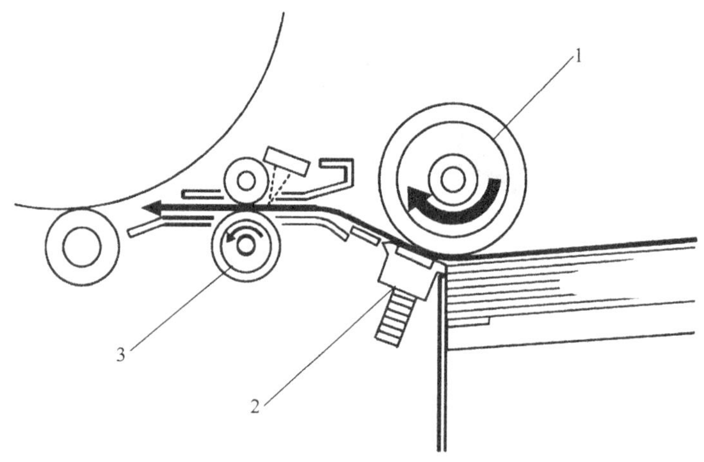

图 6-24 数码速印机的进纸机构示意图

1—送纸轮 2—分离垫 3—对位辊

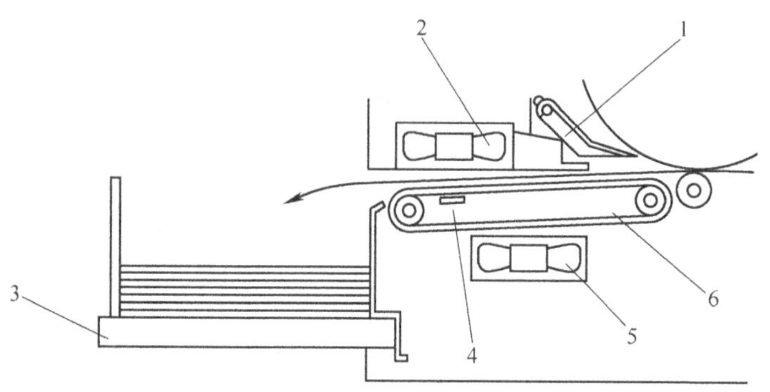

图 6-25 数码速印机的出纸机构示意图

1—分离爪 2—气刀（分离风扇） 3—接纸台

4—卡纸传感器 5—吸风扇 6—传送皮带

为什么要有分离？它与复印机的分离有何不同？两个风扇起什么作用？

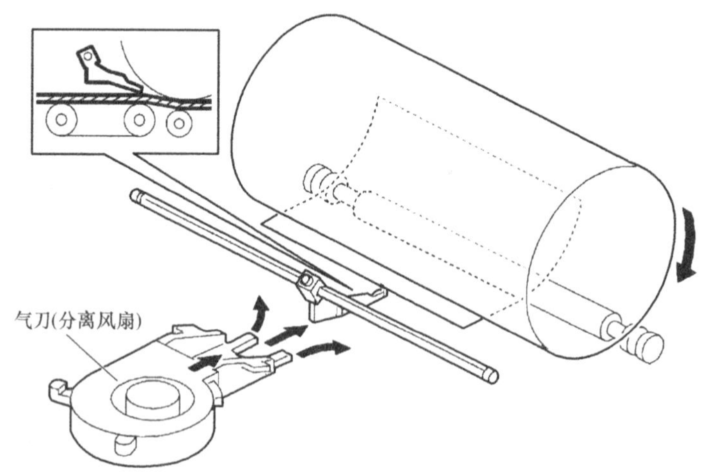

图 6-26 分离爪和气刀（分离风扇）工作示意图

数码速印机的供墨系统比较复杂，在这里没有介绍，有兴趣的同学可查看一些参考资料。还有哪些问题和不清楚的地方可记在下面。

把你的问题记在这里：

上面问题的答案：

6.3　数码速印机技能训练二

6.3.1　任务四　数码速印机的使用

数码速印机除了基本的制版印刷外，还有一些特殊功能，馈稿式和稿台固定式的功能还有区别。下面以理想 RN2180 数码速印机为例进行操作。

1. 进行定级缩放和无级缩放操作

什么时候进行缩放操作？请读者自己思考一下。

2. 印刷位置调整

什么是垂直和水平印刷位置？如何将进纸台下降？

1）垂直印刷位置调整。参照图 6-27 进行调整。按下“垂直印刷位置调整键”，其垂直位置变化的距离显示在显示屏上。

2）水平印刷位置调整。调节进纸台左侧的“水平印刷位置调整轮”，如图 6-28 所示。向上旋转时，印刷位置向左移；向下旋转时，印刷位置向右移。

注意

水平印刷位置调整时将进纸台下降后再进行调整。在印刷完毕后，将进纸台调回中间位置。

3. 印刷速度调整

参照图6-29进行调整。速度变化范围在60～130页/min。

4. 扫描对比度和印刷浓度调整

1）扫描对比度调整。为了从原稿上得到不同色调的印刷件，可按照原稿的颜色深浅来调整扫描对比度。参照图6-30进行调整，在副控制面板上连续按下“扫描对比度调整”键，选择合适的对比度。

2）印刷浓度调整。参照图6-31进行调整，有5档可调。

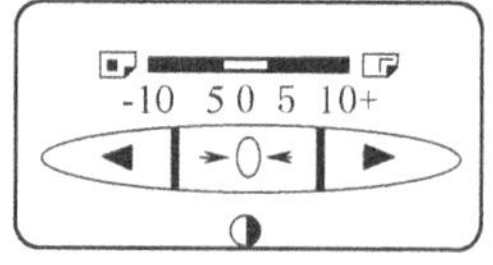

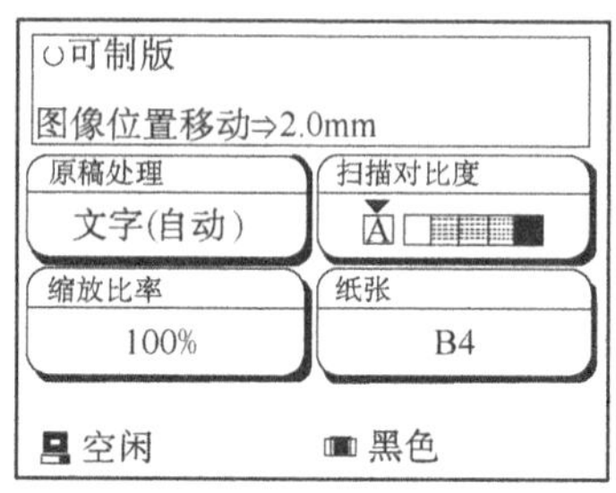

图6-27　垂直印刷位置调整键

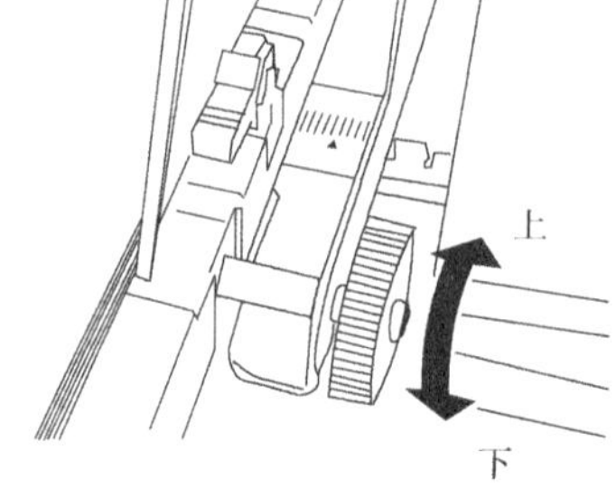

图6-28　水平印刷位置调整轮

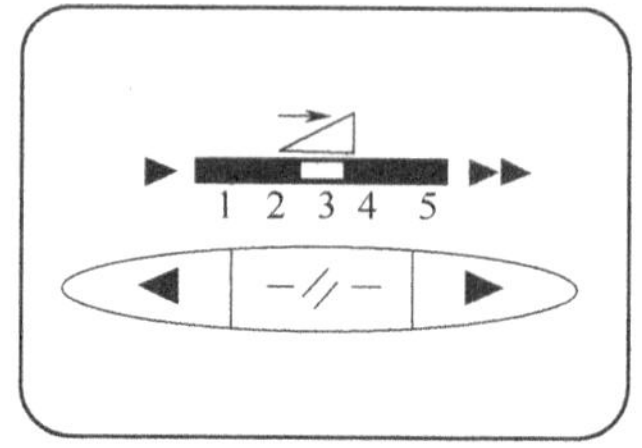

图6-29　印刷速度调整

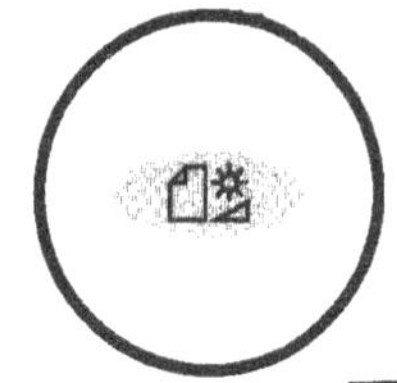

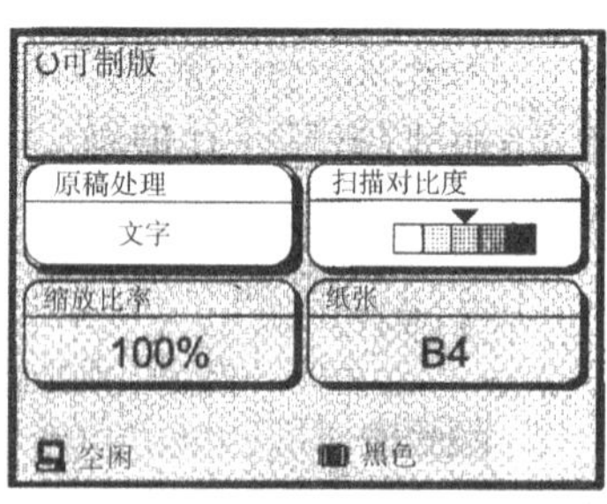

图6-30　扫描对比度调整

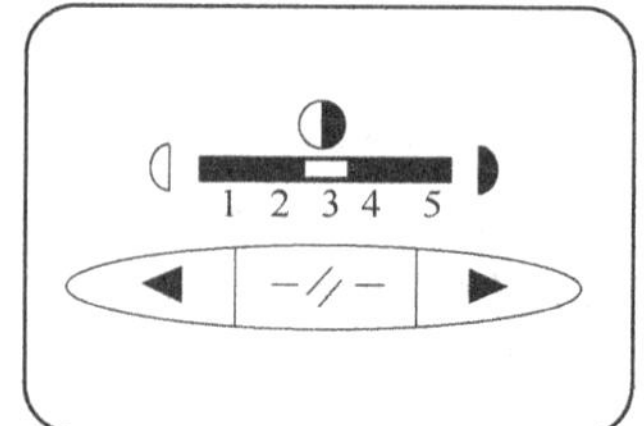

图6-31　印刷浓度调整

注意

调整扫描对比度后，要重新制版，才能得到调整后的印刷件。印刷浓度调整后，应试印一张。

5. 进行自选初始设定

数码速印机的印刷速度、印刷浓度、扫描对比度等许多项目都可进行初始设定。这样可在开机时显示和使用所需要的设定值，并在再次改变前一直有效。例如，印刷速度的设定如图 6-32 所示。

1）在副控制面板上按“自选设定”键，进入初始设定列表窗口。

2）按[▼]键，选“印刷速度”进入“印刷速度”列表窗口。

3）按[▼][▲]键，选择合适的印刷速度，第一档最慢，第五档最快。

4）按“确定”按钮确认设定。

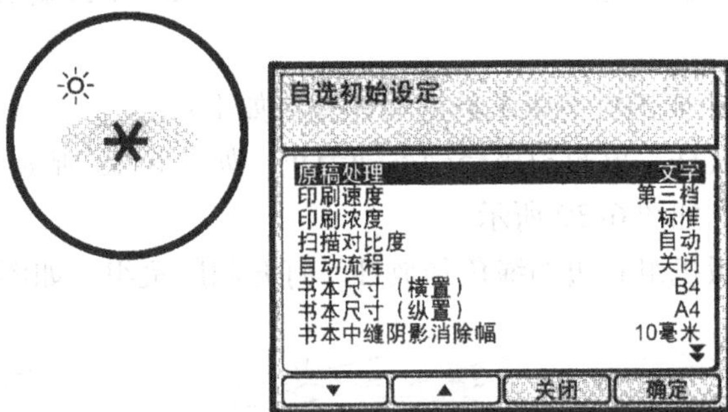

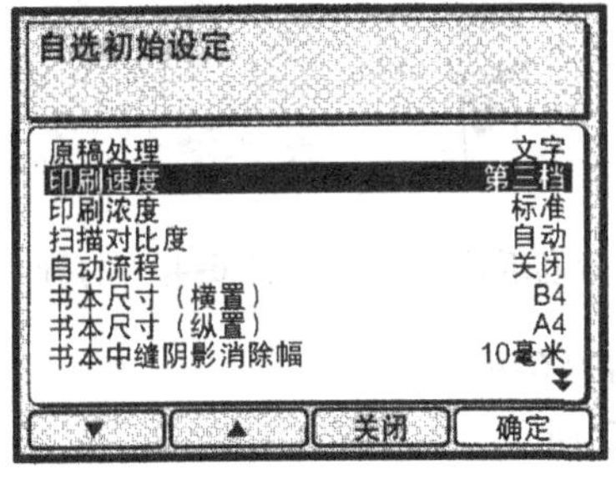

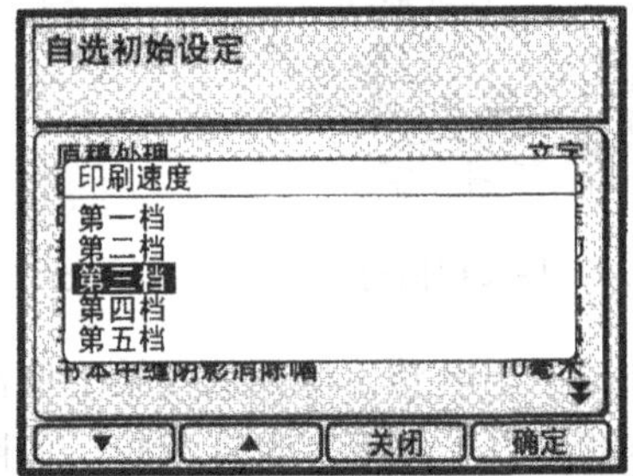

图 6-32　自选初始设定

6.3.2　任务五　数码速印机耗材的更换

1. 更换油墨

理想 RN2180 数码速印机操作更换油墨方法如下：

1）打开机门，如图 6-33 所示。

2）把油墨筒锁定杆转到右边，释放油墨筒，如图 6-34 所示。

3）把油墨筒锁定杆向外拉，将油墨筒支架拉离原位，如图 6-35 所示。

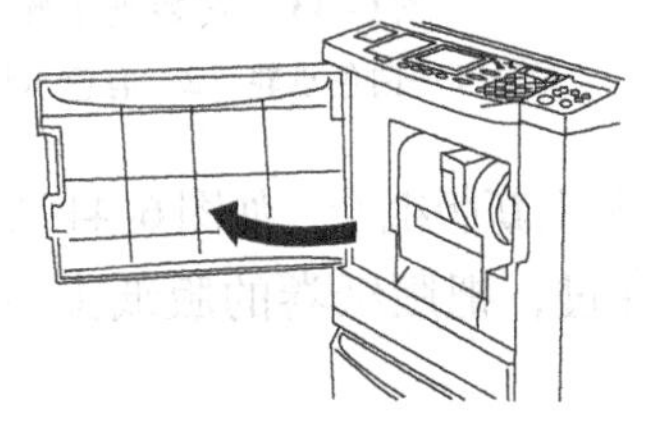

图 6-33　打开机门

图 6-34　释放油墨筒

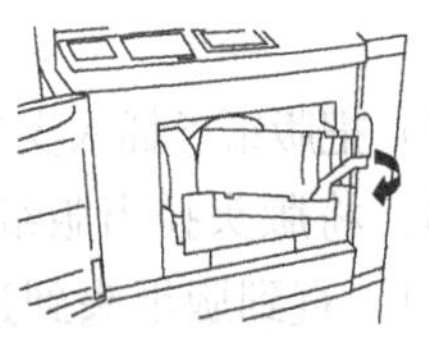

图 6-35　外拉支架

4）把空的油墨筒从油墨筒支架中拉出，如图6-36所示。

5）取下新油墨筒的盖子，把新油墨筒插入油墨筒支架，如图6-37所示。

6）将油墨筒支架推回原位，锁定油墨筒，关上机门。

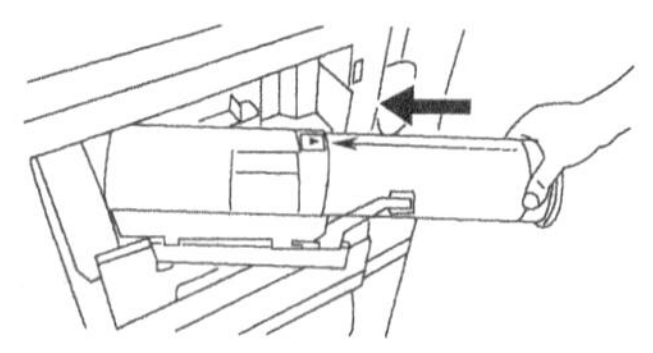

图6-36　拉出油墨筒

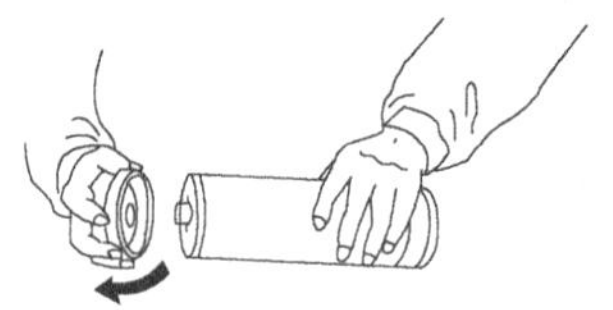

图6-37　取下新油墨筒的盖子

2. 更换版纸卷

理想RN2180数码速印机更换版纸卷的操作方法如下：

1）按住扫描台释放杆，提起扫描台到不动为止，如图6-38所示。

2）打开版卷纸盖，如图6-39所示。

3）向下拉位于制版机组右边的绿色释放杆，打开制版机组，如图6-40所示。

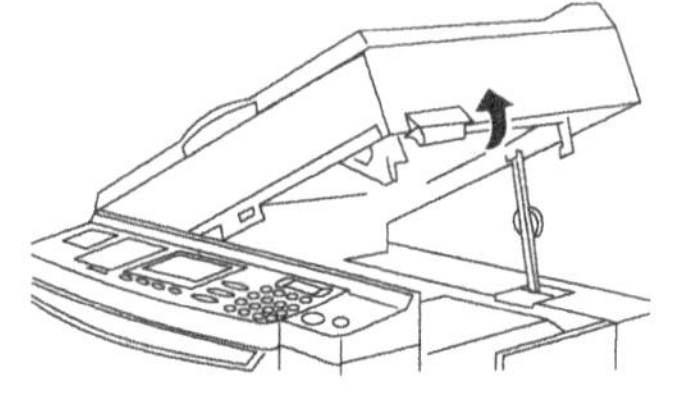

图6-38　提起扫描台

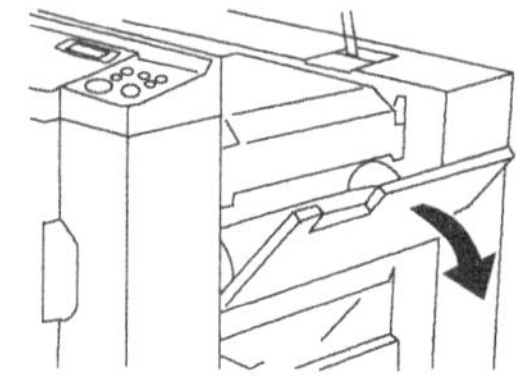

图6-39　打开版卷纸盖

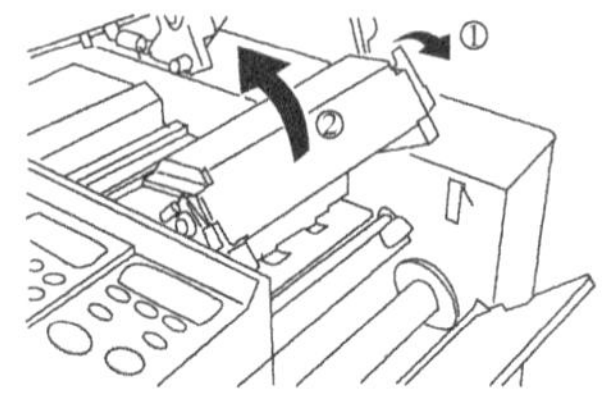

图6-40　打开制版机组

4）向外拉空版纸卷，将其从支架上取出，如图6-41所示。

5）从空版纸卷上取下左右支承轮，如图6-42所示。

6）把左右支承轮装在新版纸卷上，有色的装在右边，白色的装在左边，然后拆开新版纸卷，如图6-43所示。

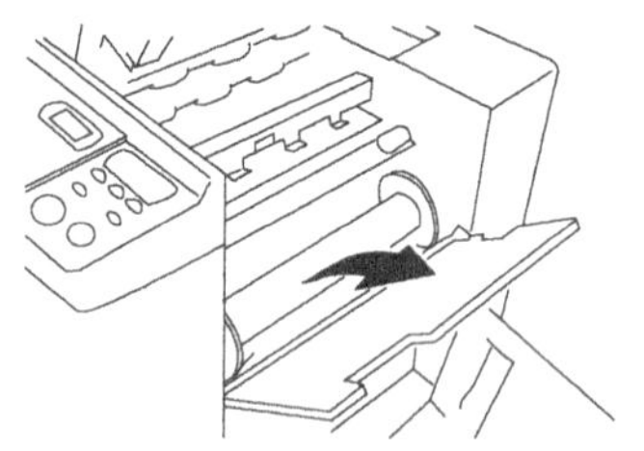

图6-41　取出空版纸卷

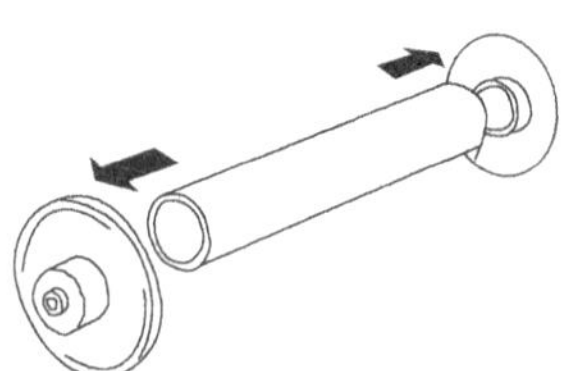

图6-42　取下左右支承轮

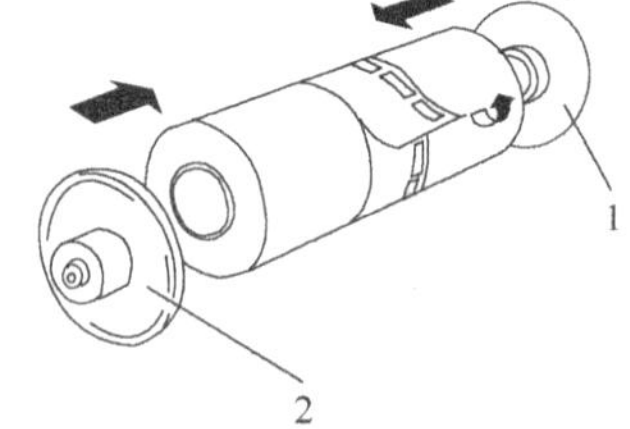

图6-43　安装支承轮
1—白色承轮　2—有色承轮

7）把版纸卷插入支架，把有色的支承轮压入右承轮托架，装上新版纸卷，如图6-44所示。

8）将版头拉出版纸卷，从右边的版纸卷终端传感器下穿过，把版纸卷的版纸头插入版纸入口，直到版纸头到达版纸挡板为止，如图6-45所示。

9）关闭纸版机组和版纸卷盖。向外拉扫描台撑架直到拉不动为止，然后轻轻向下关闭扫描台，如图6-46所示，步骤为①→②→③→④。

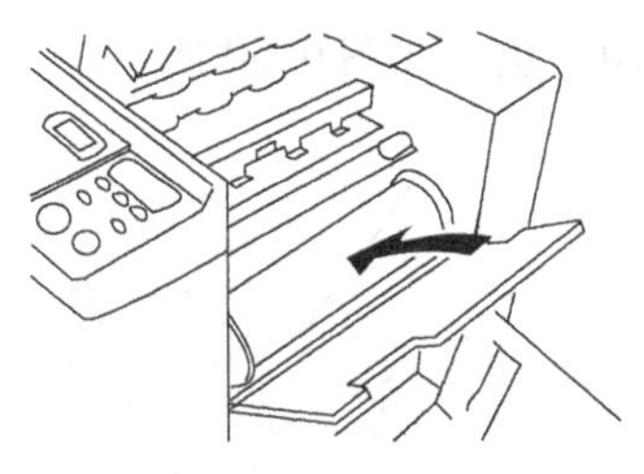

图 6-44　装上新版纸卷

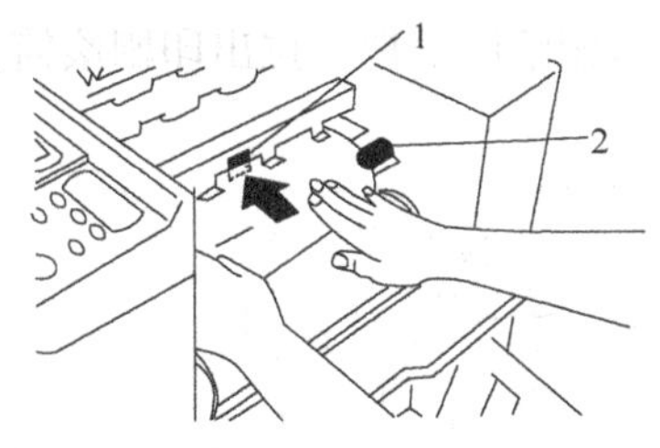

图 6-45　上好版纸

1—版纸挡板　2—终端传感器

3. 倒空废版盒

理想 RN2180 数码速印机倒空废版盒的操作方法如下：

1）将进纸台降低到底部，抓住废版盒把手，拉出废版盒，如图 6-47 所示。

图 6-46　关闭扫描台

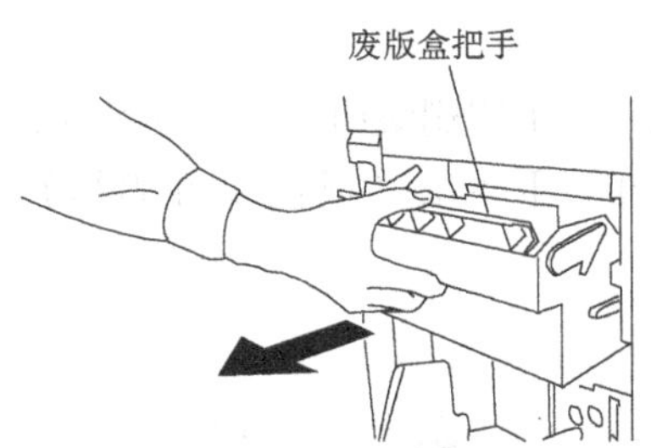

图 6-47　拉出废版盒

2）倒掉用过的版纸后，将废版盒装回原位。

6.3.3　任务六　数码速印机的维护

数码速印机与其他办公设备一样，需要定期地进行检查和维护。有些需要专门的维修人员进行，另一些可由操作者进行。

1. 清洁热敏头

一般用完两卷纸版后（或制 500 个版），应清洁热敏头。

1）提起扫描台，打开制版机组。

2）用软布或卫生纸（或浸少许酒精）轻轻地抹擦清洁热敏头数次，如图 6-48 所示。

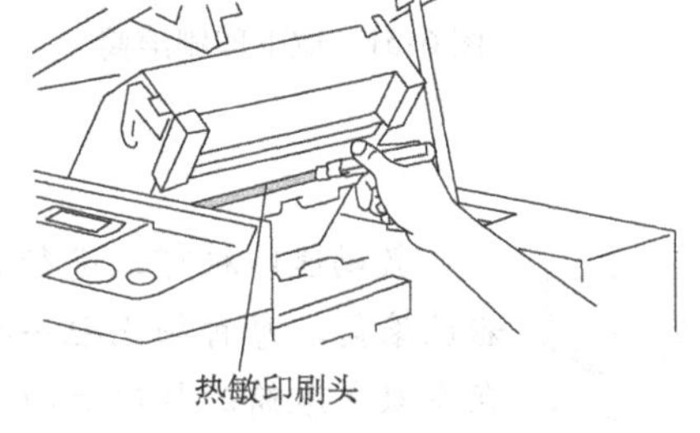

图 6-48　清洁热敏头

注意

清洁时要避免碰撞或用硬物刮伤精密的热敏头。

2. 清洁压力辊

如果印刷件的背面脏，可能是滚筒相对的橡胶压力辊有污迹，这时就要清洁压力辊。理想 RN2180 数码速印机的清洁方法如下：

1）打开机门，确认“印刷滚筒释放钮”点亮，如图 6-49 所示。如不亮，可按动释放钮，印刷滚筒将转动至释放钮点亮。

2）抓住印刷滚筒手把，拉出印刷滚筒直至拉不动为止，如图6-50所示。

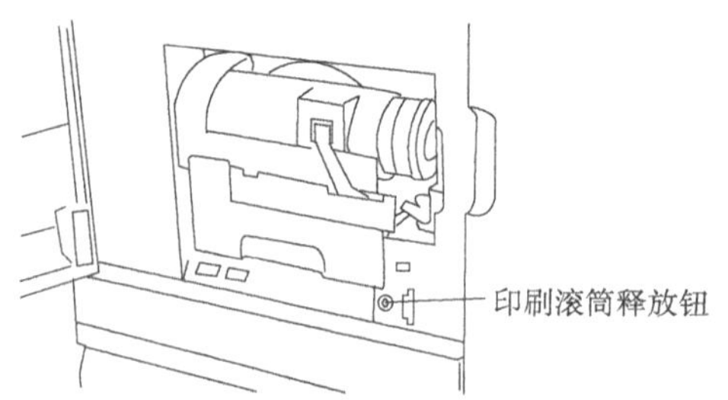

图6-49　“印刷滚筒释放钮”点亮

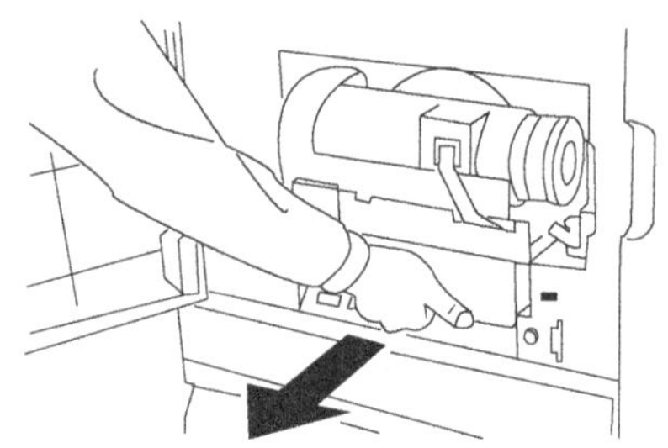

图6-50　拉出印刷滚筒

注意

释放钮不亮，不能拉出印刷滚筒。

3）用双手取下印刷滚筒，如图6-51所示。

4）用软布或卫生纸（或浸少许酒精）彻底地抹擦清洁压力辊和分离钩，如图6-52所示。

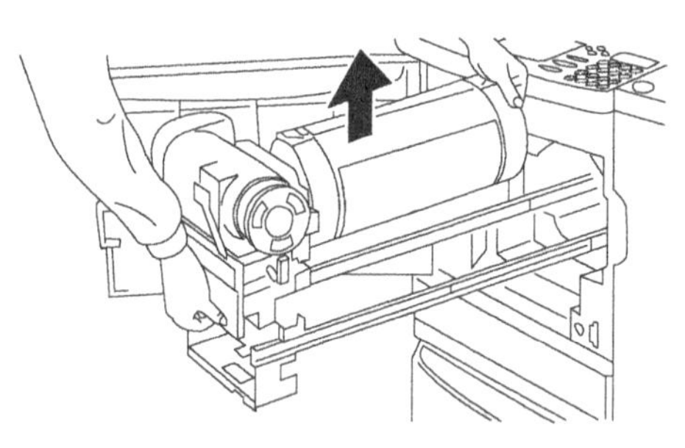

图6-51　取下印刷滚筒

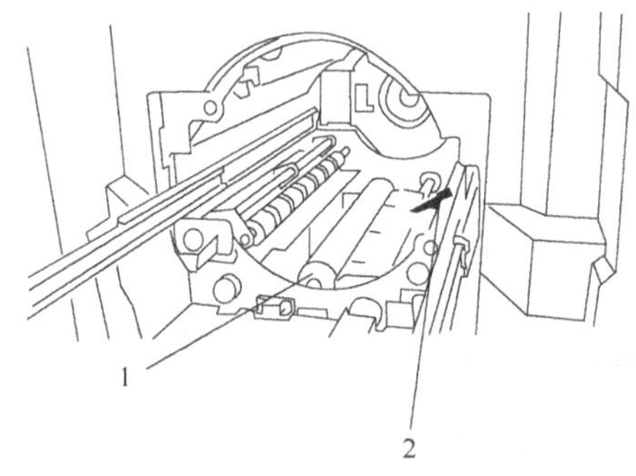

图6-52　清洁压力辊和分离钩
1—压辊　2—分纸钩

小知识

数码速印机可以进行彩色印刷，但不能一次印刷出彩色来，而是需要更换彩色滚筒。每种颜色配一个滚筒，实际上是用套印的方式印出彩色印刷品。现在有双色滚筒的数码速印机，可同时印出两种颜色。另外，数码速印机都可与计算机连接，可以是一台网络印刷机，使用时相当于是一台打印机，可把计算机中的图文直接传给数码速印机进行印刷。

6.3.4　任务七　数码速印机的印刷品质量分析

原稿正常，数码速印机能工作，但印出的印刷品有缺陷，不能达到满意的效果，这就需要对这些缺陷进行分析，以便加以解决。表6-1列出了一些常见的印刷缺陷现象及产生原因。

表 6-1 数码速印机常见的印刷缺陷现象、产生原因及解决措施表

印刷缺陷现象	产 生 原 因	解 决 措 施
原稿背景显现在印刷品上	印刷报纸或有色纸时易出现	调整扫描对比度，使之变淡
印刷品不完整，部分图像残缺或不清晰	稿台玻璃脏	用软布或卫生纸清洁玻璃
	印刷滚筒版纸上有异物	拉出滚筒取出异物
印刷图像模糊不清	机器长期未用，油墨干了	试印数次或按“自动匀墨键”
	原稿浅淡	调整扫描对比度，使之变浓
	使用温度低	使房间或油墨筒热起来
印刷品上出现纵向空白	热敏头脏	用软布或卫生纸清洁热敏头
	稿台玻璃脏	用软布或卫生纸清洁玻璃
	自动进稿玻璃脏	用软布或卫生纸清洁玻璃
印刷品背面沾有油墨	印刷时，橡胶压力辊上沾有油墨	拉出印刷滚筒，用软布或卫生纸清洁压力辊

6.3.5 任务八 数码速印机故障的简单处理

在使用数码速印机工作时，会经常遇到一些简单的故障。对于一般的操作人员，掌握一些处理和解决的方法，能够提高工作效率。当然，如果故障较大，还是请专业技术人员来解决。表 6-2 列出了一些常见的故障、现象及解决办法。

表 6-2 数码速印机常见故障、现象及解决办法

故障原因	现 象	解决方法
印刷纸的要求	1）纸张太厚不易输纸，过薄易发生多张进纸 2）纸张切割不彻底，页与页之间有粘连 3）纸张过多影响搓纸轮与摩擦片的性能 4）纸张太薄会出现包鼓或进纸不顺 5）纸张的纹理与走纸方向相反易撕纸、堵纸 6）纸张不平整及潮湿易造成皱纸和左卡纸现象	使用适合的纸张（$40g/m^2 \sim 120g/m^2$）

（续）

故障原因	现　　象	解决方法
输纸道上有脏物	输纸时会引起堵纸或撕纸	清洁脏或异物
给纸压力合适	1）压力不足，则无法进纸或出现打空档现象 2）压力太大，则多张进纸	选择适当的压力
摩擦片	输纸时的磨损和纸张的粘连会损坏分纸器性能，导致多张进纸	调节分纸器压力，若有故障存在，更换摩擦片
原稿图案	1）若版面靠近纸头太近，则会出现包鼓现象或印刷品有白条 2）若版面在扫描板上定位不平，则会出现印刷品偏现象	1）应将纸头空白保留适当空间（7mm以上） 2）适当放置原稿位置
静电	若室内空气非常干燥，静电会引起纸张排列不整齐或撕纸	不能过多使用空调或加热装置，保持空间湿度

数码速印机的功能不断扩展，不同品牌和型号的机器，其功能也有很大的区别，使用时可多留意一些。在使用和维护中还有哪些问题和不清楚的地方可记在下面，想办法解决它。

把你的问题记在这里：

上面问题的答案：

6.4　检测练习

1. 写出图 6-53 中①～⑥分别是什么工作过程。

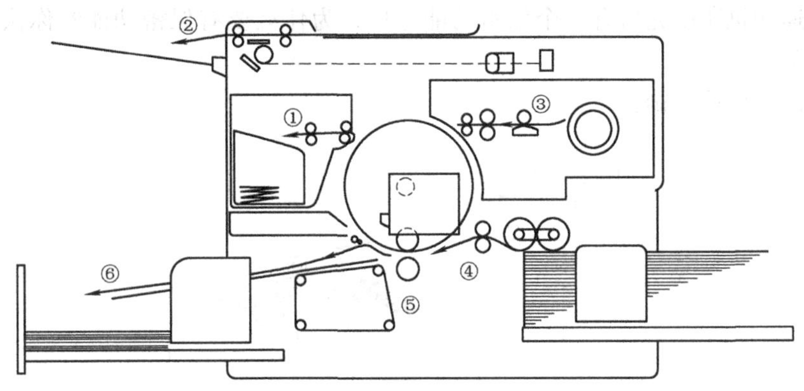

图 6-53　数码速印机工作过程示意图

2. 试着写出图 6-54 所示数码速印机外形中 1～13 的部件名称及功用。

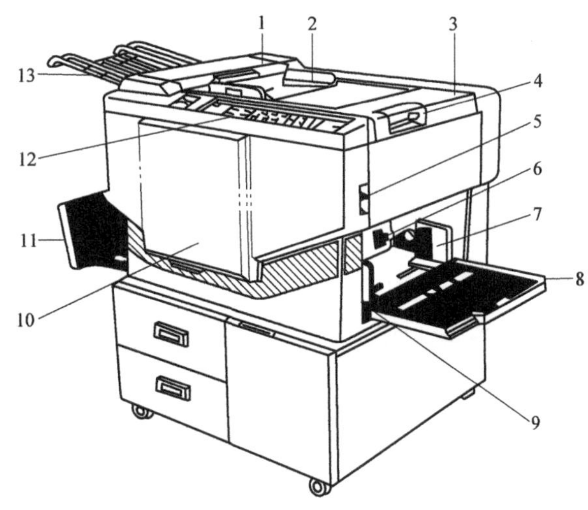

图 6-54　数码速印机外形

3. 写出图 6-55a、b、c 各表示什么步骤。

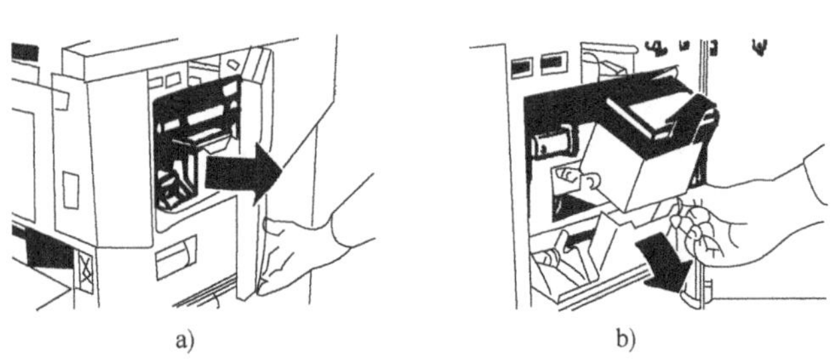

a)　　b)

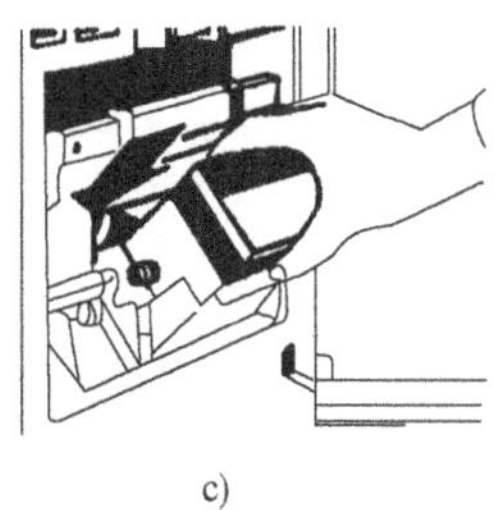

c)

图　6-55

4. 图6-56中大箭头所指的按键的功用是什么?

5. 为什么版纸卷上的左右承轮颜色不同?

6. 怎样清洁扫描台玻璃和扫描台盖?

7. 出纸系统的纸张输送带下方的抽风扇有什么作用?

8. 数码速印机印刷完后有一个保密功能选项，为什么要有保密功能? 你认为机器如何采取保密措施?

9. 如何进行变倍印刷?

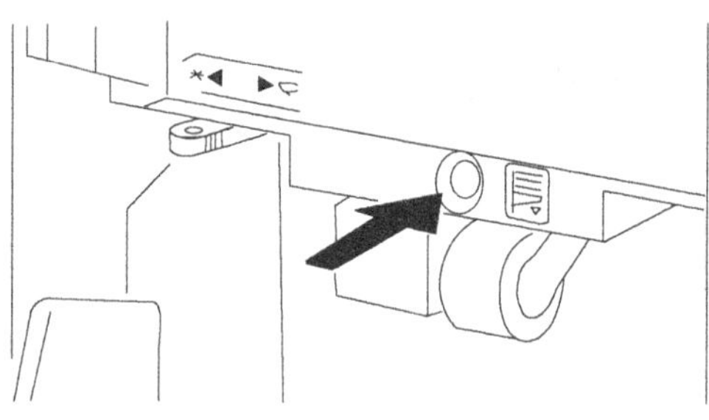

图　6-56

第 7 单元　数码摄像机

小知识

数码摄像机（Digital Video，DV）是指影像和声音信息以数字信号的形式保存在磁带或相关介质中的摄像机，保存的影音信息可以通过数据线直接输入到计算机中并进行编辑、输出等操作。数码摄像机按使用用途可分为广播级机型、专业级机型、消费级机型；按存储介质可分为磁带式、光盘式、硬盘式、存储卡式。

7.1　数码摄像机技能训练一

7.1.1　任务一　数码摄像机外形结构的认识

1. 莱彩 HD-A180 数码摄像机的外形结构

（1）外形结构　莱彩 HD-A180 数码摄像机外形如图 7-1 所示，其结构如图 7-2 所示。

图 7-1　莱彩 HD-A180 数码摄像机外形图

数码摄像机的生产厂家很多，品牌也很多，但其主要结构和部件大同小异，只要认真学会一种，也可以达到举一反三的效果。

（2）LCD 显示器信息　莱彩 HD-A180 数码摄像机的 LCD 显示器信息如图 7-3 所示。

2. 索尼 HDR-GW88VE 数码 HD 摄录一体机的外形结构

（1）外形结构　图 7-4 所示为索尼 HDR-GW88VE 数码 HD 摄录一体机外形图，图 7-5 所示为前视图，图 7-6 所示为液晶屏图，图 7-7 所示为后侧图，图 7-8 所示为卧视图。

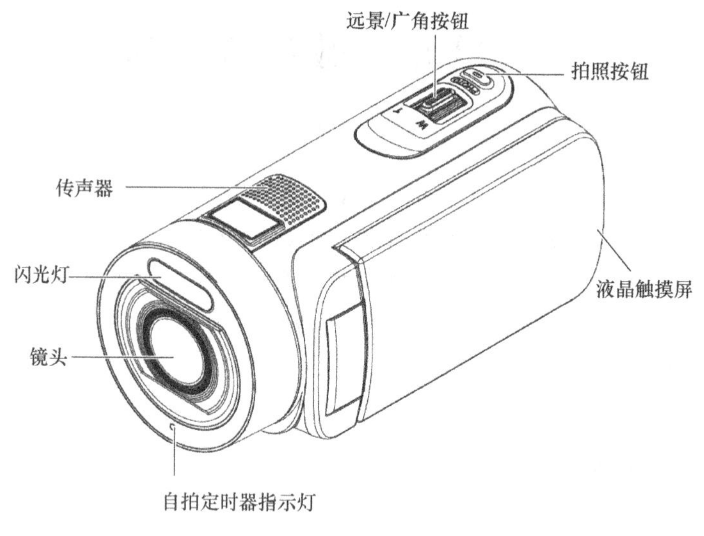

a)

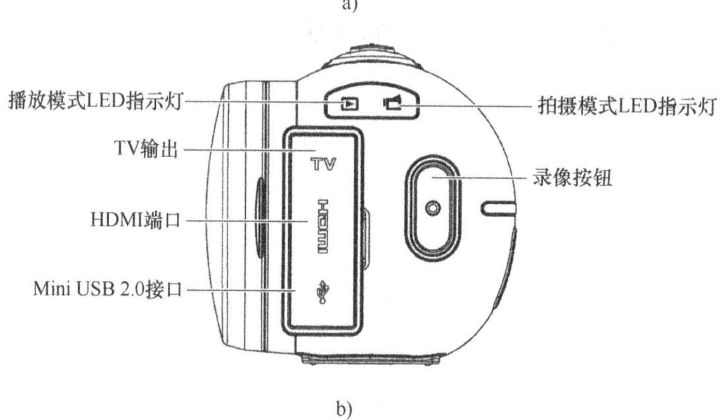

b)

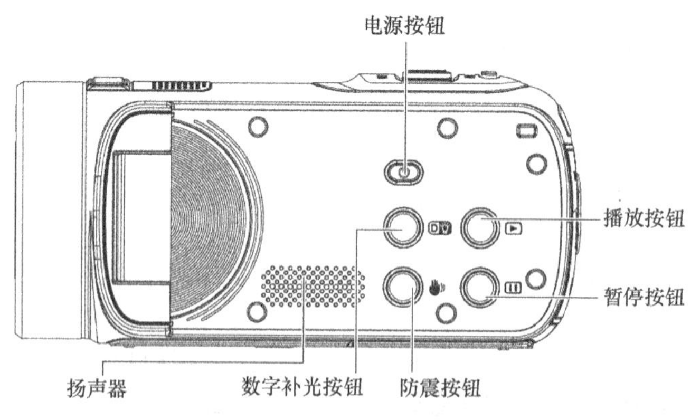

c)

图7-2 数码摄像机外形结构图

a）正视图 b）后视图 c）侧视图

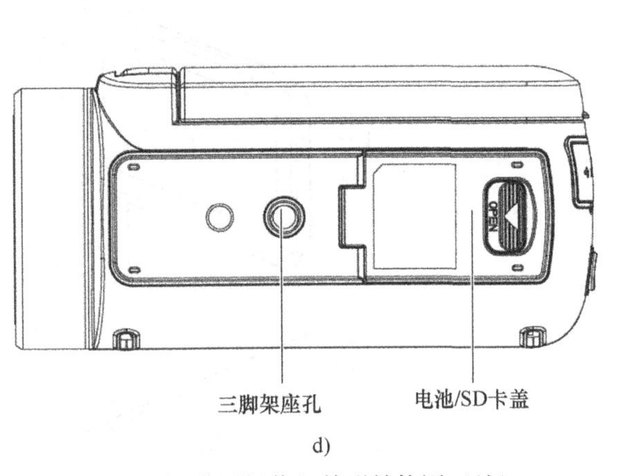

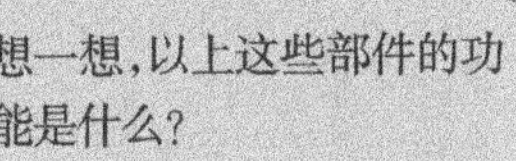

图 7-2　数码摄像机外形结构图（续）

d）底部视图

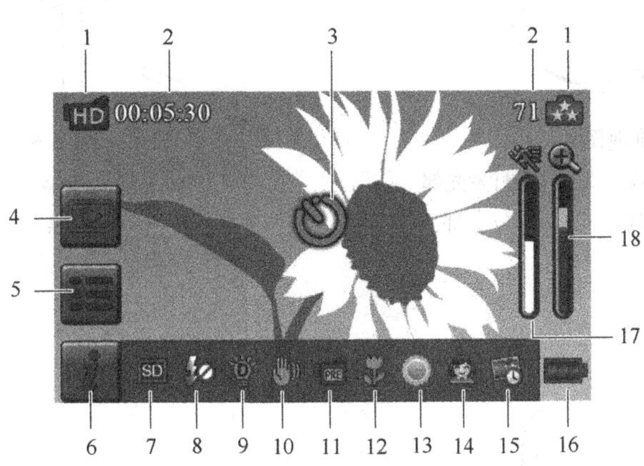

图 7-3　LCD 显示器信息

1—（左）录像/（右）照片分辨率　2—（左）录像时间/（右）照片张数　3—自拍定时器模式　4—播放模式开关　5—菜单开关　6—信息栏开关（轻触，信息栏将会显示在屏幕上；再轻触隐藏所有指示信息）　7—插入了 SD 存储卡　8—闪光　9—补光　10—防震　11—模式　12—近景拍摄模式开关　13—光线选择　14—情境模式　15—日期打印开关　16—电池电量　17—动态侦测　18—变焦仪

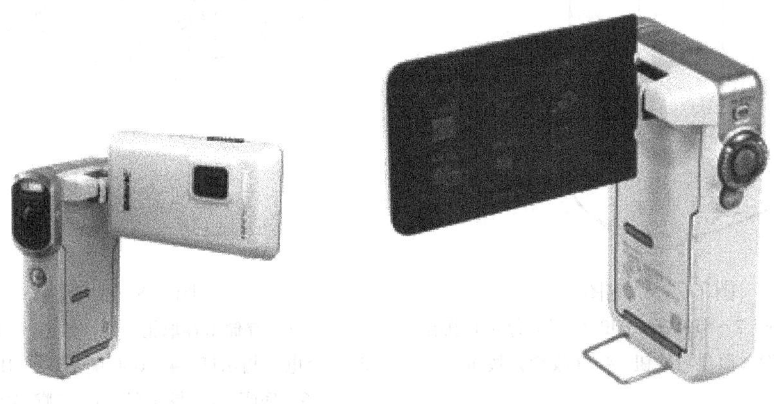

图 7-4　索尼 HDR-GW88VE 数码 HD 摄录一体机外形图

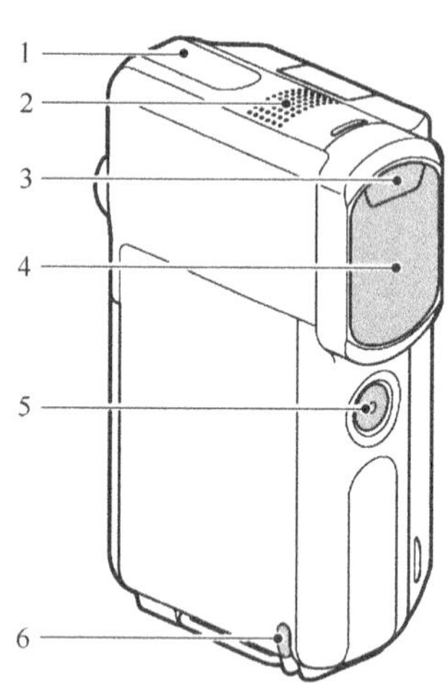

图7-5　前视图

1—GPS天线　2—内置传声器　3—闪光灯发光部
4—镜头　5—（自拍）按钮　6—腕带安装部

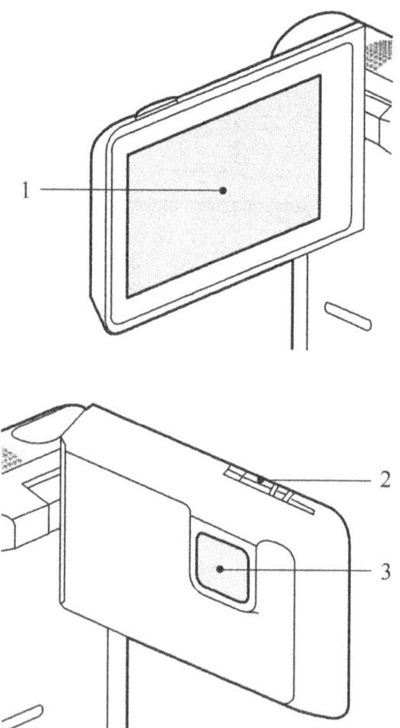

图7-6　液晶屏图

1—液晶屏/触摸面板（旋转180°）
2—（投影聚焦）/控制杆　3—投影镜头

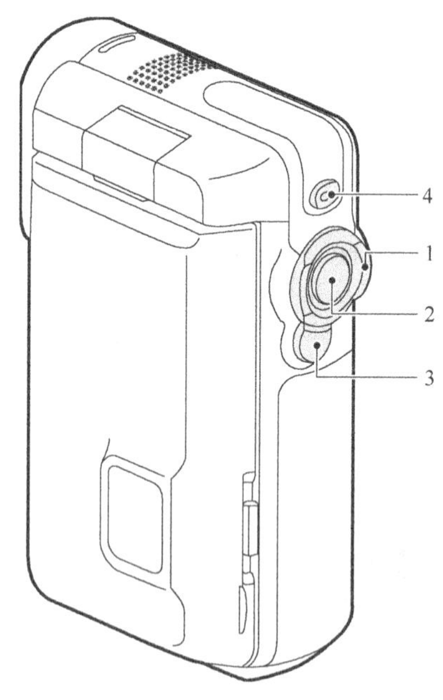

图7-7　后侧图

1—变焦控制杆　2—START/STOP（开始/停止）按钮
3—PHOTO（照片）按钮　4—（投影）按钮

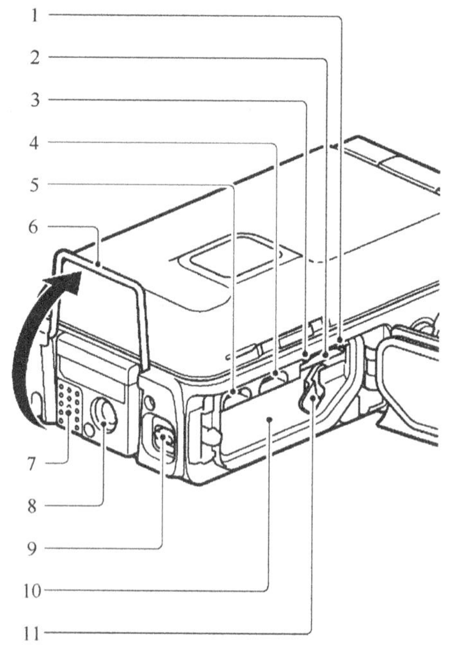

图7-8　卧视图

1—存储卡存取指示灯　2—存储卡插槽
3—（充电）指示灯　4—USB端子　5—HDMI OUT插孔
6—底座　7—扬声器　8—三脚架用螺丝孔
9—盖子锁杆　10—电池插入口　11—电池取出钮

(2) 液晶屏上的画面显示　索尼 HDR-GW88VE 液晶屏上的画面显示如图 7-9 所示。

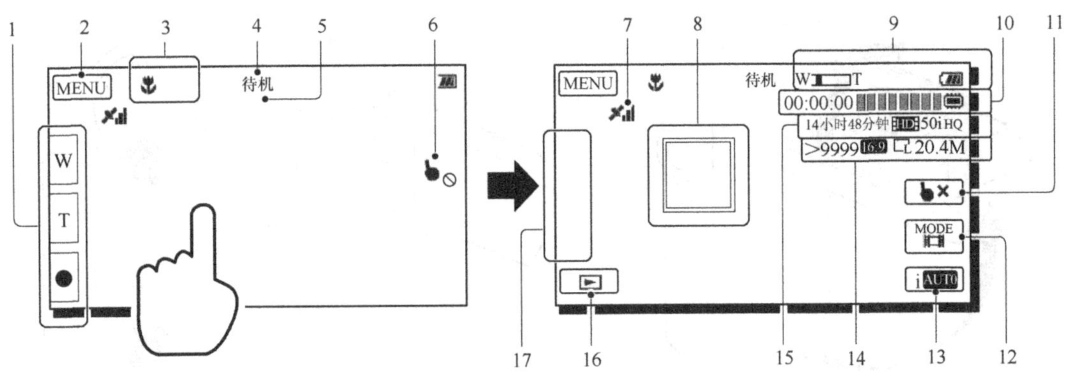

图 7-9　索尼 HDR-GW88VE 液晶屏上的画面显示

1—变焦（W：广角/T：长焦）、拍摄开始/停止（动画模式时）/PHOTO（照片模式时）按钮　2—菜单按钮　3—智能自动的检出状态　4—录制状态（待机/●拍摄）　5—AE/AF LOCK　6—触摸面板无效（水中时）　7—GPS 定位状况　8—跟踪对焦　9—变焦、电池余量的预计　10—计数器（时:分:秒）、照片拍摄中显示、拍摄/播放/编辑媒体　11—解除跟踪对焦　12—拍摄模式按钮（MODE）　13—智能自动按钮　14—照片大致的可拍摄张数、纵横比（16:9 或 4:3）和照片尺寸（L/M/S）　15—大致的录制剩余时间、录制画质、帧速率、拍摄模式（HD/STD）、动画尺寸（MP4）　16—观看影像按钮　17—我的按钮（登录自选菜单）

7.1.2　任务二　数码摄像机的简单操作

1. 莱彩 HD-A180 数码摄像机的常用操作

(1) 开机

1) 打开 LCD 面板，数码摄像机将自动开启。

2) 按住电源按钮持续 1s 也可以开启数码摄像机。

(2) 录像拍摄

1) 拍摄：按“录像”按钮开始拍摄。当拍摄录像时，会有时间显示器出现在 LCD 屏幕上。再次按该按钮停止拍摄。

2) 暂停拍摄：按“暂停”按钮暂停拍摄（ 00:00:36 ）。再次按该按钮继续拍摄。

3) 双录：按“拍照”按钮捕捉图像。双录图标（📷）出现在 LCD 屏幕上。

4) 按“播放”按钮或轻触屏幕上的▶查看拍摄的录像。

(3) 拍照

1) 稍微按下“拍照”按钮直到聚焦框由白色变为绿色，然后将按钮按到底，拍摄照片。

2) 按“播放”按钮或轻触屏幕上的▶查看照片。

(4) 关机　按住“电源按钮”持续 1s，或将面板放回原来的位置，机器即可关闭。

2. 索尼 HDR-GW88VE 数码摄像机的常用操作

(1) 录像拍摄

1) 打开液晶屏开启电源，如图 7-10 所示。

2）按 START/STOP 按钮开始拍摄动画，如图 7-11 所示。

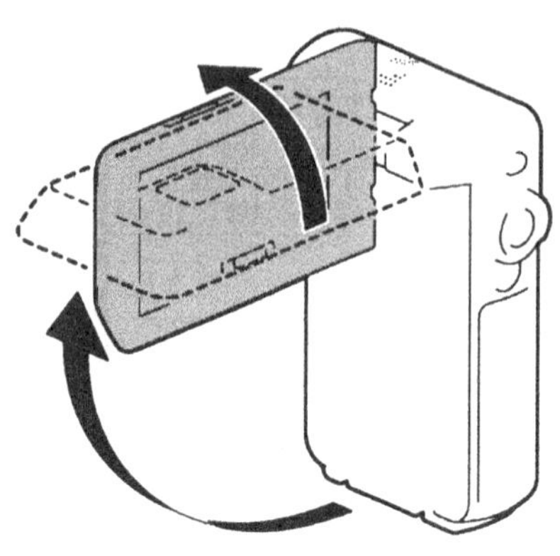
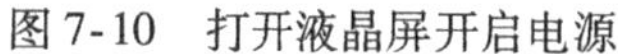

图 7-10　打开液晶屏开启电源

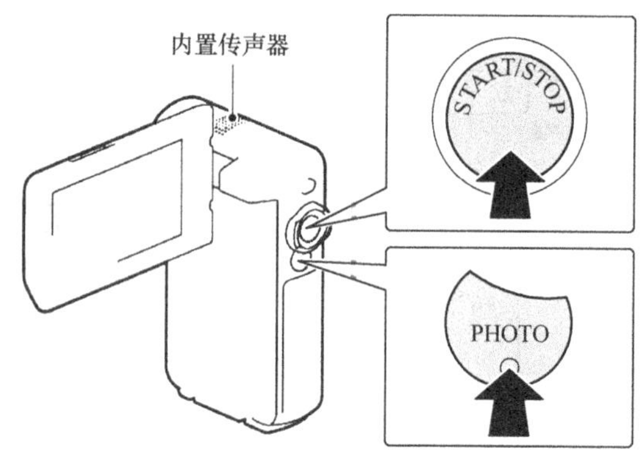

图 7-11　开始/停止拍摄

3）若要停止拍摄，再按一次 START/STOP 按钮。

4）要在动画拍摄过程中拍摄照片时，按 PHOTO 按钮（照片同时拍摄），如图 7-11 所示。

（2）拍照

1）打开液晶屏，选择“MODE”→“照片”模式，如图 7-12 所示。

2）轻按 PHOTO 按钮调节对焦，然后完全按下，如图 7-13 所示（焦点对准后，AE/AF LOCK 指示灯亮起）。

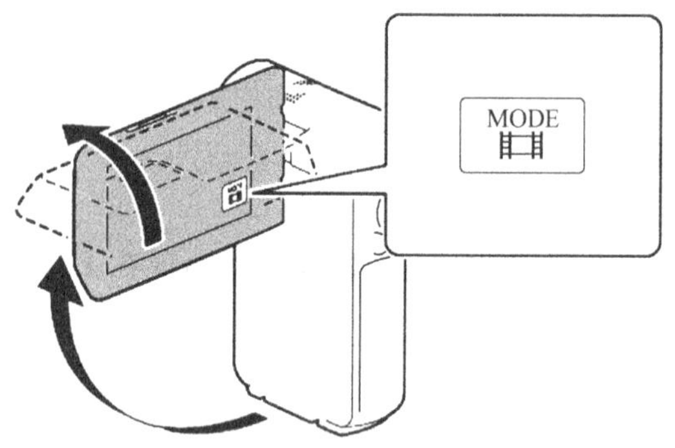

图 7-12　选择“MODE”模式

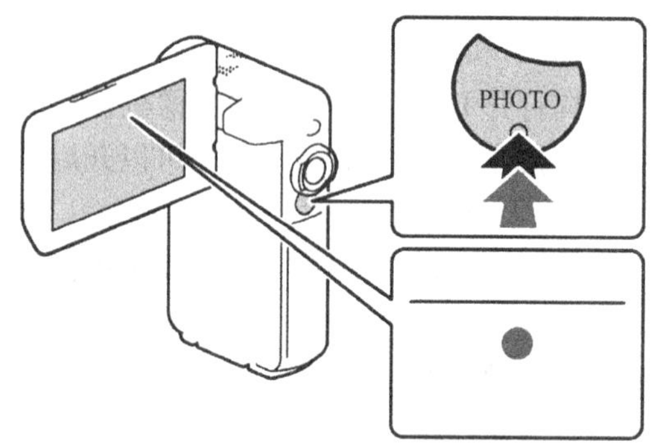

图 7-13　按 PHOTO 按钮拍照

要特别注意，手不要触摸镜头！你使用过的数码摄像机是什么品牌的，与上面讲的有何不同？你拍摄的效果如何？还有哪些不清楚的地方记下来，想办法弄清楚。

把你的问题记在这里：

上面问题的答案：

7.2　数码摄像机的工作原理、结构及常用附件

7.2.1　数码摄像机的工作原理

数码摄像机大多将摄像部分和录像部分合为一体，即为摄录一体机，其内部基本结构可以概括为 3 个部分：光电转换摄像头部分、数字化处理部分、数字化存储和录像部分。

1. 光电转换部分

镜头相当于摄像机的眼睛，它由透镜系统组合而成，包含许多片凹凸不同的透镜。摄像时影像可通过镜头聚焦成像，透过光学过滤器落在带有电荷耦合器件（CCD）的成像感应头上。这个感应头是由大约 50 万个被称为“像素”的图像单元阵列组成的。像素以光亮度的色彩的方式分析影像，然后将信息转化为电流信号。

光电转换系统同样是摄像机的核心，其中的固体摄像器件即电荷耦合器便是摄像机的“心脏”，上面排列上万个像素点。通常摄像机都使用一块 1/5 ~ 1/3in（5 ~ 8.47mm）大小号的 CCD，像素数为 80 ~ 300 万。

2. 数字化处理部分

数码摄像机的数字化处理部分多采用大规模集成电路进行数字运算处理。由于摄像机记录的是活动的彩色图像信息，图像数据量非常大，因此必须采用压缩处理技术才能把大量的

数据记录到小尺寸的磁带上。

3. 数字化存储和录像部分

DV 格式的数码摄像机采用帧内压缩技术，大大提高了压缩和解压缩的效率，其记录方式直接影响图像信号和声音信号的质量。其录像系统将数字分量视频信号压缩到原始数据量的 1/5，同时还能保证卓越的数字质量和较长的记录时间。

数码摄像机的一般工作原理如下：平时在进行拍摄时，景物的影像最先通过摄像机的镜头将光线集中到机身内部的感光器芯片上，而感光器芯片再以 30 帧/s 左右的速度将运动影像的光信号转化成电信号。摄像机内部的图像压缩芯片再对生成的数字信息进行压缩处理，减少数据间的冗余，最后摄像机的保存系统再记录下这些被压缩后的数字信号，把它们保存到数码录像带或其他相关的存储介质里。

7.2.2　数码摄像机的系统组成

一般数码摄像机由 9 个关键系统组成。

1. 成像系统

摄像机的成像系统由镜头和感光器组合而成。镜头质量的好坏直接影响所拍摄景物的图像清晰度和色彩还原。

2. 音频系统

音频系统包括录音部分和放音部分。录音部分一般是用机身正前方的内置传声器，有些高端型号的机器还支持外接传声器，效果要比内置的好很多，放音部分主要由机身内置的外放扬声器组成，一般多在液晶屏幕附近，主要作用是在回放影片时播放声音。

3. 取景系统

取景系统包括“电子取景器”和“液晶显示器”两部分。电子取景器就是把一块微型液晶显示器放在取景器内部，用来观察要拍摄的景物。液晶显示器（LCD）不仅能用于取景，还能够在回放时查出所拍摄的图像。

4. 控制系统

控制系统是由数码摄像机的可操作控制部件构成的，其作用是通过对其操控，使图像达到聚焦更清晰、曝光更准确、色彩更真实等效果，并将其完整保存下来。常见的控制按钮有“电动变焦杆”“夜摄切能”“曝光模式”等。

5. 回放控制系统

拍摄好的影像可以直接通过液晶显示器播放观看，常用的有“播放”“暂停”“倒带”等按钮。

6. 软件系统

数码摄像机的许多附加功能都是通过软件系统来控制实现的，如“转场效果”“日期显示及格式”等，高端型号的数码摄像机一般所具备的软件功能也十分强大。内置的一些转场效果在录制影音时就可以自动加在影像片段的转场过渡之间，可以省去前期在计算机中再添加的麻烦。

7. 存储系统

存储系统分为两大部分：“存储卡”和“数码磁带”，“内置光盘刻录机”。

存储卡一般多用于存储拍摄的静态图片，数码磁带则多用于存储拍摄的动态影音。但有些型号的数码摄像机并不使用数码磁带来进行存储，而是把所有信息都存储在大容量的存储卡中。

8. 接口系统

数码摄像机的接口分为输入和输出两部分。输入接口主要是为了录制电视等外部信号的影像；输出接口是为了把拍摄好的影音传输到计算机或电视等播放设备中。常见的接口有 IEEE1394、USB、S 端子与 A/V 端子等。

9. 电源系统

摄像机的电源系统主要是指电源开关键和电池。电池的蓄电能力直接关系到在户外拍摄的时间长度，现在大多数厂商都以蓄电能力强、无记忆效果的锂电池作为摄像机的出厂配备电池。

7.2.3　数码摄像机的存储介质

（1）磁带式　指以 Mini DV 为纪录介质的数码摄像机，通过 1/4in 的金属蒸镀带来记录高质量的数字视频信号。

（2）光盘式　指的是 DVD 数码摄像机，存储介质是采用 DVD - R、DVR + R，或是 DVD - RW、DVD + RW 来存储动态视频图像，操作简单、携带方便，拍摄中不用担心重叠拍摄，更不用浪费时间去倒带或回放，尤其是可直接通过 DVD 播放器即刻播放，省去了后期编辑的麻烦。

DVD 介质是目前所有的介质数码摄像机中安全性、稳定性最高的，既不像磁带 DV 那样容易损耗，也不像硬盘式 DV 那样对防震有非常苛刻的要求。不足之处是 DVD 光盘的价格与磁带 DV 相比略微偏高了一点，而且可刻录的时间相对短了一些。

（3）硬盘式　指的是采用硬盘作为存储介质的数码摄像机。硬盘摄像机具备很多好处，大容量硬盘摄像机能够确保长时间拍摄。仅需应用 USB 连线与计算机连接，就可轻松完成素材导出。

微硬盘体积和 CF 卡一样，和 DVD 光盘相比体积更小，使用时间上也是众多存储介质中最可观的，但是由于硬盘式 DV 产生的时间并不长，还存在诸多不足，如防震性能较差等。随着该类产品价格的进一步下降，未来需求人群必然会增加。

（4）存储卡式　指的是采用存储卡作为存储介质的数码摄像机。

7.2.4　数码摄像机的主要技术指标

（1）图像感光器件　目前，数码摄像机的核心成像部件有两种：一种是 CCD，另一种是 CMOS（互补金属氧化物导体）。多数数码摄像机采用单个或 3 个 CCD 作为感光器件，一些低端产品采用 CMOS。

单个 CCD 和 3 个 CCD 是“非专业”和“专业”的标志。3CCD 是通过特有的三棱镜把光线分解为红、绿、蓝 3 种颜色，然后经 3 块独立的 CCD 处理，确保达到高分辨率及精确的色彩重现效果。

（2）清晰度和解析力　清晰度是从录像机角度出发，通过看重放图像的清晰程度来比较图像质量。它以水平清晰度为重要指标。水平方向被分割得越细，画面越清晰，水平线的数码数就越大。

分解力是衡量“分解被摄景物细节”的能力，单位是“电视行（TV Line）”，也称“线”。分解力会随CCD像素数和视频带宽而变化，像素越多，带宽越宽，分解力就越高。

（3）显示屏尺寸 显示屏尺寸是供浏览图像用的，一般为液晶结构（LCD）。显示屏越大，取景越直观方便，但耗电量也增大，所以要兼顾。显示屏的常用尺寸一般有1.8in、2.5in和3.5in。

（4）白平衡 同数码照相机一样，数码摄像机也有白平衡功能。无论环境光线色温如何变化，摄像机都将自动校正“白”色，使拍出的影像色彩更准确。

数码摄像机比数码照相机的工作原理复杂得多，性能指标也比较多，在这里没有细讲，有兴趣的同学可以查看一些资料。还有哪些不清楚的地方记下来，想办法解决它。

把你的问题记在这里：

上面问题的答案：

7.3 数码摄像机技能训练二

7.3.1 任务三 数码摄像机附件的安装及多功能使用

1. 安装电池

数码摄像机安装电池如图 7-14 所示。

1）依照电池槽的正（+）负（-）极性位置放入电池。

2）关紧电池盖 。

2. 充电

充电可用电源适配器或 USB 数据线，如图 7-15 所示。充电时机器必须关闭；指示灯闪烁，表示正在充电。当指示灯长亮时，表示充电完成。在用电源适配器充电模式下，充电完成之后，指示灯在 3 ~ 5min 之后自动熄灭。

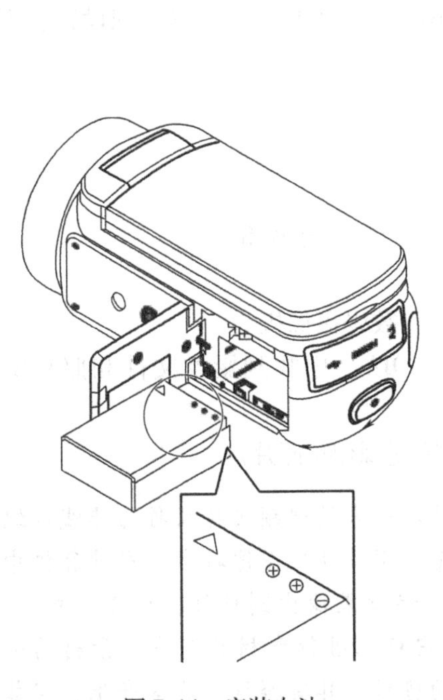

图 7-14 安装电池

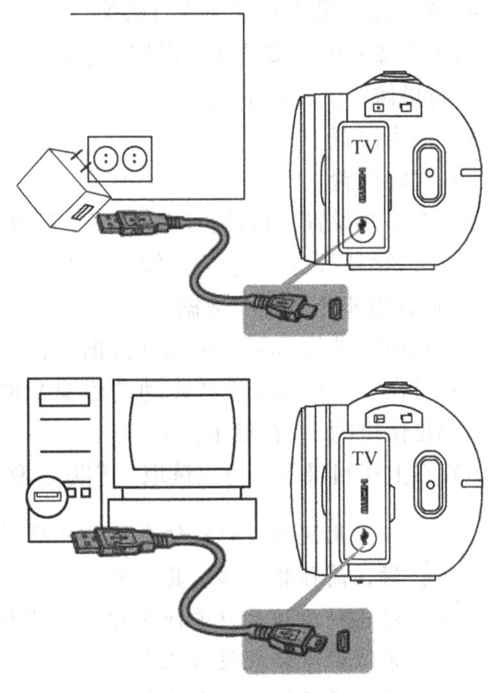

图 7-15 充电

3. 安装存储卡

一般数码摄像机带有内存，可以存储相片、影片，也可选配 SD 存储卡扩展存储容量。安装存储卡的方法如下：

1）插入存储卡，直到锁定到位，如图 7-16 所示。

2）如要取出存储卡，要轻轻向内按存储卡，然后松开。

3）存储卡会自动弹出一部分，再轻轻把存储卡从插槽中取出。

4）推荐的存储容量：1GB 以上。

注意

安装了存储卡，则影片和相片保存在卡中，而不是内存中。保护SD存储卡上的数据：SD存储卡锁定时只能进行读取，如图7-17所示。SD存储卡锁定时，不能拍照或摄像。摄制前，确保写保护开关位于可写入位置。

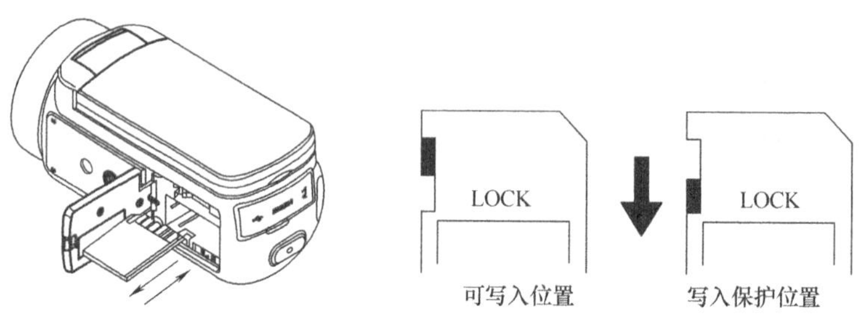

图7-16　插入存储卡　　图7-17　存储卡锁定

4. 选择菜单及设置选项进行摄像

数码摄像机的许多功能和设置可通过功能菜单实现。在教师指导下选择不同设置、不同姿势进行摄像。选择以下设置：

1）语言设置。

2）时间设置。

3）白平衡设置，包括自动、日光、钨丝灯等设置。

4）摄像程序设置，包括肖像、夜景、雪景、海滩、日落、运动等。

5. 向计算机传输视频数据

1）利用附带的mini USB 2.0数据线，连接计算机与数码摄像机。

2）可在“我的电脑\可移动的磁盘\DCIM\100MEDIA”中找到影像文件和照片文件（在数码摄像机的SD存储卡内）。

3）在上述目录下，可以读取、删除、移动或复制任意影像/照片。

小知识

用视频编辑软件来编辑从数码摄像机传输过来的视频文件又称为非线性编辑，简称非线编。具体来说，非线性编辑是应用计算机图像技术，在计算机中对各种原始素材进行各种编辑操作，并将最终结果输出到计算机硬盘、光盘、录像带等记录设备上的一系列工艺过程。它可以进行素材的查看、素材的采集、画面编辑、影片合成等。经过非线编的剪辑，具有解说、背景音乐、字幕的视频作品就制作出来了。

7.3.2　任务四　数码摄像机的保养与维护

数码摄像机也是一台由精密的光学系统、电子处理系统和准确可靠的机械结构组成的光机电一体化的高科技产品，一旦出现故障，非专业人员很难修理。所以为了充分发挥其使用功能，延长使用寿命，维护保养很重要。

1. 防尘、防强光、防振、防潮、防磁

应避免灰尘、污物、油烟等，不要在不干净的场合打开磁带仓换带。每次用后，可用专用的毛刷和气球吹进行清理。

强光直照会导致 CCD 永久损坏，使图像质量下降或完全不能使用。所以应避免阳光或强光直接照射在摄像机上。

机器受潮，不仅容易造成电路短路，而且易使摄像头发霉，同时视频磁头的磨损也加快。受潮后，应等干燥后再使用。结露后，要等 1 小时后才能再使用。

CCD 芯片对强磁场和电场都很敏感，会使图像变形、扭曲等，甚至无法工作。使用时，不要靠近电动机、变压器、扬声器、磁铁等。机器长期不用，一定要取下电池，取出磁带。

2. 镜头

严禁任何异物接触镜头，特别是汗液、唾液呈碱性，能腐蚀镜头镀膜，引起霉斑。可用柔软的干布擦拭镜头，用玻璃清洁布清洁液晶显示器和取景器。

3. 电池

如长期不使用摄像机，应把电池取出，保存在干净、阴凉的环境。为避免电量流失的问题发生，要保持电池两端的接触点和电池盖子的内部干净。如电池盖脏了，可用柔软、清洁的干布轻轻擦拭。决不能用清洁性或化学性溶剂清洁。

4. 持机注意事项

握持数码摄像机时不要抓握如图 7-18 所示的部位，否则可能导致故障或损坏。

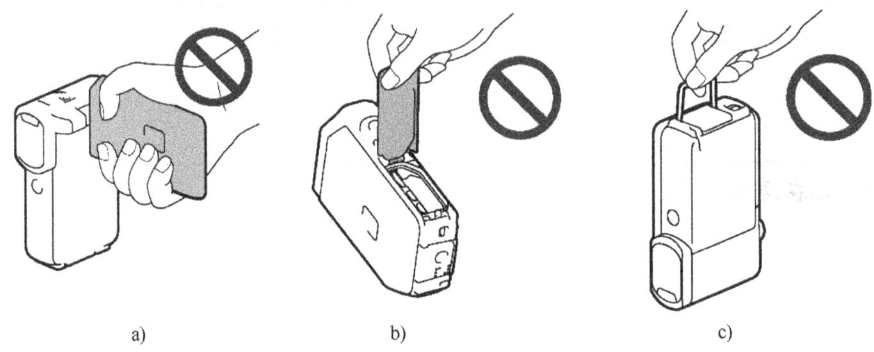

a)　　b)　　c)

图 7-18　持机注意事项

a）液晶屏　b）电池盖　c）底座

5. 电源故障的解决

表 7-1 是数码摄像机电源故障及其他现象和原因。

表 7-1　数码摄像机电源故障及其他现象和原因

电源故障现象	原　因
无法开启摄像机	电池已耗尽电量或放置电池错误
摄像机自动关闭电源	电池已耗尽电量或启动了省电功能
闪光灯不起作用	1）电池低电量 2）在闪光自动模式

（续）

电源故障现象	原　因
当 LCD 显示“!”标记时，存储卡上的文件不能顺利显示	“!”意味着 SD 卡低速或含有错误的内容，需要在数码摄像机上格式化 SD 卡，而不是用个人计算机来格式化 SD 卡，或更换速度更快的 SD/SDHC/SDXC 卡
液晶显示屏/取景器开启后自动关闭	电池已耗尽电量
电池不充电	1）温度超出 0～40℃的范围，电池无法充电 2）电池在使用过程中变热，可能无法充电 3）电池已损坏
不能录制视频/照片	1）记忆体已满，需删除一些不必要的视频/照片或插入一个新的存储卡 2）电源关闭
室内照片看起来模糊昏暗	1）照明不足，要在更亮的地方拍照 2）在昏暗/室内环境中，可延长照片的曝光时间，拍照时保持机器稳定几秒钟（同时保持被拍摄物体稳定） 3）将数码摄像机放置在平坦、稳定的表面上，或者使用三脚架拍照
视频/照片中的颜色不符合实际的场景	选择适当的“白平衡”设置，以适应光线条件

数码摄像机的使用比数码照相机复杂得多，运用的技术手段也比较多，后期的非线性编辑也是一门学问，在这里没有细讲，同学在实践中可以慢慢摸索体会。还有哪些不清楚的地方记下来，想办法解决它。

把你的问题记在这里：

上面问题的答案：

7.4　检测练习

1. 拍照时曝光过度和曝光不足，分别对图像有何影响？
2. 下面是 3 个数码照相机模式开关图形，它们分别表示什么模式功能？

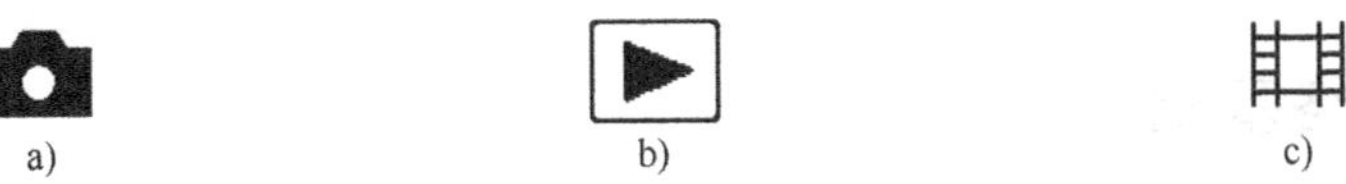

3. 图 7-19 是某款数码摄像机的外形图，试说出所标部件的名称和功能。

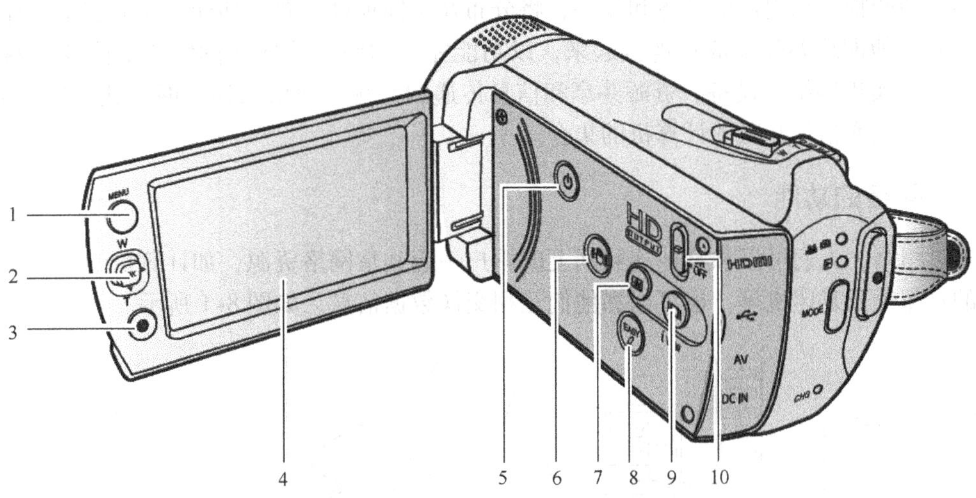

图 7-19　某款数码摄像机的外形图

4. 图 7-20 所示是数码摄像机可能出现结露的情况，试分析各是什么情况？

图 7-20　数码摄像机结露情况

第 8 单元　办公网络基础知识及应用

8.1　办公网络基础

办公网络是在计算机网络的基础上发展起来的。计算机网络是现代通信技术与计算机技术相结合的产物。利用通信设备和线路，将分布在不同地理位置、功能独立的多个计算机系统（包括其他网络办公设备）连接起来，以功能完善的网络软件（网络通信协议及网络操作系统等）实现网络中设备、资源共享和信息传递的系统。通俗来说，网络就是通过电缆、电话线、无线通信等互联的计算机的集合。

8.1.1　网络的功能

通过网络，人们可以和其他连到网上的用户一起共享网络资源，如计算机中的文件、办公室的打印机及复印机等，也可以和他们互相交换数据信息，如图 8-1 所示。

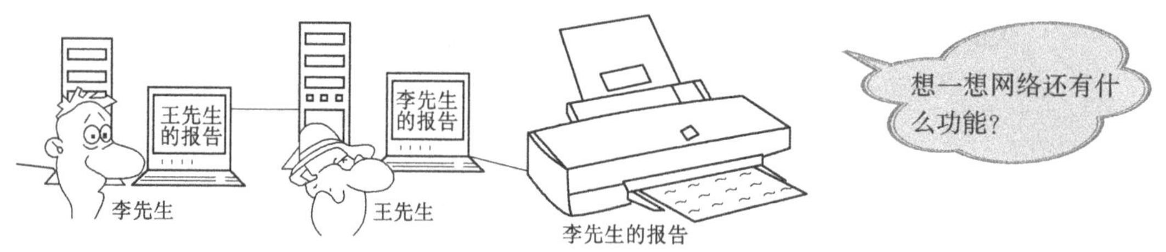

图 8-1　网络打印

8.1.2　网络的分类

按计算机联网的区域大小，可以把网络分为局域网（Local Area Network，LAN）、城域网（Metropolitan Area Network，MAN）、广域网（Wide Area Network，WAN）、因特网(Internet)。

1. 局域网

局域网（LAN）是指在一个较小地理范围内的各种计算机网络设备互联在一起的通信网络，可以包含一个或多个子网，通常局限在几千米的范围之内。如在一个房间、一座大楼或是在一个校园内的网络就称为局域网。图 8-2 所示为一个局域网示意图。

2. 广域网

广域网（WAN）连接地理范围较大，常常是一个国家或是一个大洲，其目的是为了让分布较远的各局域网互联。图 8-3 所示为广域网的示意图。

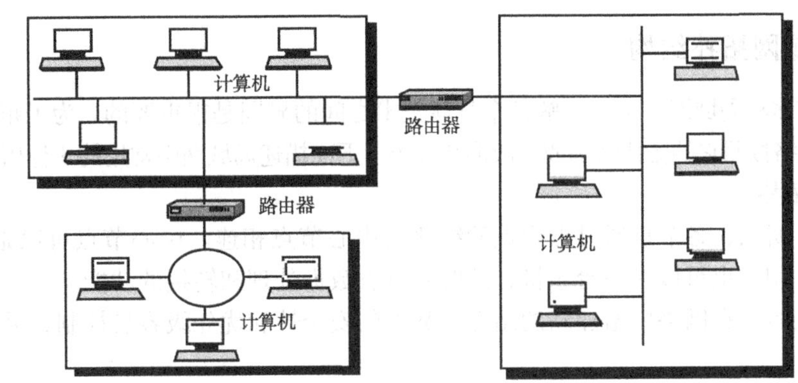

图 8-2　局域网示意图

图 8-3　广域网示意图

3. 城域网

城域网（MAN）的作用范围界于局域网和广域网之间，可以通俗地认为是以城市为单位组成的网。

4. 因特网

因特网（Internet）是目前最流行的一种互联网。Internet 起源于美国，自 1995 年开始启用，发展非常迅速，特别是随着 Web 浏览器的普遍应用，Internet 已在全世界范围得到普及。Internet 架构在全球性的各种通信系统基础上，像一个无法比拟的巨大数据库，并结合多媒体的“声、图、文”表现能力，不仅能处理一般数据和文本，而且也能处理语音、静止图像、电视图像、动画和三维图形等。

8.2　局域网拓扑结构与分类

小知识

拓扑（Topology）是将各种物体的位置表示成抽象的位置概念。在网络中，拓扑形象地描述了网络的安排和配置，包括各种节点与节点的相互关系。网络中的计算机等设备要实现互联，就需要以一定的结构方式进行连接，这种连接方式就叫作“拓扑结构”，通俗地讲就是描述这些网络设备是如何连接在一起的。

8.2.1 局域网拓扑结构

由于已有多种局域网技术，了解各个具体技术之间的异同是很重要的。为了帮助理解相似性，每一种网络按照它的拓扑结构或一般形状分类。下面描述局域网中常用的3种拓扑结构。

1. 星形拓扑

如图8-4所示，各节点通过点到点的链路与中心节点相连。中心节点可以是转接中心，起到连通的作用；也可以是一台主机，此时就具有数据处理和转接的功能。

优点：很容易在网络中增加新的站点；数据的安全性和优先级容易控制，易实现网络监控；容易维护。

缺点：属于集中控制，对中心节点的依赖性大，一旦中心节点有故障会引起整个网络瘫痪，所以应用将逐步减少。

2. 环状拓扑

使用环状拓扑的网络将计算机连接成一个封闭的圆环，如图8-5所示。一根电缆连接第一台计算机与第二台计算机，另一根电缆连接第二台计算机与第三台，以此类推，直到一根电缆连接最后一台计算机与第一台计算机。

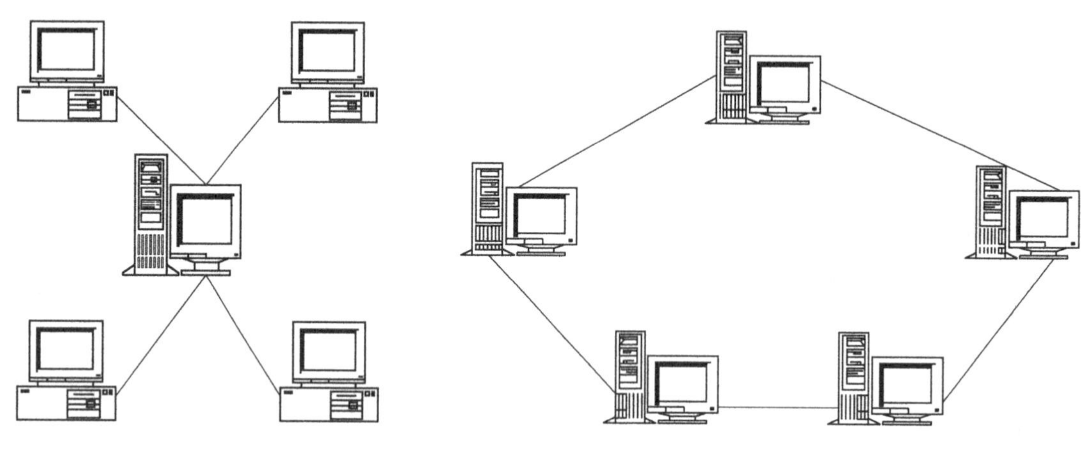

图8-4　星形拓扑　　　　图8-5　环状拓扑

同星形拓扑一样，需要理解环状拓扑是指计算机之间的逻辑连接而不是物理连接，这是很重要的。环状网络中的计算机和连接不必安排成一个圆环。事实上，环状网络中的一对计算机之间的电缆可以顺着过道或垂直地从大楼的一层到另一层。另外，如果一台计算机远离环中其他计算机，那么连接远距离计算机的两根电缆可以有相同的物理路径。

优点：电缆长度短，可使用光纤且增减工作站方便；容易协调使用及容易检测网络是否正确运行。

缺点：节点的故障会引起全网故障；检测故障困难；媒体访问时间比较长。

3. 总线拓扑

使用总线拓扑的网络通常有一根连接计算机的长电缆（实际上，总线网络的末端必须被终止，否则电信号会沿着总线反射），如图8-6所示。任何连接在总线上的计算机都能通过总线发送信号，并且所有计算机也都能接收信号。由于所有连接在电缆上的计算机都能检测到电子信号，因此任何计算机都能向其他计算机发送数据。

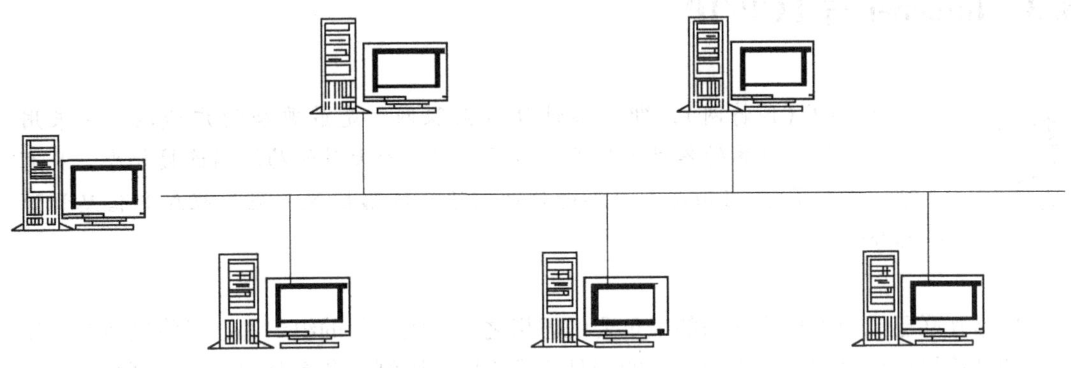

图 8-6　总线拓扑

优点：所需要的电缆数量少，结构简单；可靠性高，易于扩充。

缺点：系统范围受到限制，如总线被切断，网络就要失效。

8.2.2　局域网分类

局域网的分类：基于服务器的网络，对等网络和混合型网络。

服务器：为网络中的用户提供共享资源和由应用软件实现的服务功能的计算机和设备。客户机：接受服务或需要访问共享资源的计算机。

1. 基于服务器的网络

几台计算机或设备只作为服务器为网络上的用户提供共享资源，而其他的计算机仅作为客户访问网络上的共享资源。

基于服务器的网络分类有文件服务器、打印服务器、应用程序服务器、通信服务器。它们的特点包括：

1）可以集中管理网络中的共享资源和网络用户，具有安全性。

2）重要资源集中在几台服务器上，易于管理和维护。

3）一般局域网采用基于服务器的网络。

典型的基于服务器的网络操作系统产品是 Nowell 的 NetWare 软件系统。

2. 对等网络

对等网络（Peer to Peer，P2P）也称为对等连接，又称工作组，是一种新的通信模式。它没有专用服务器，网络中每台计算机既是服务器又是客户机，各自管理自己的资源和用户，也可以作为客户机访问其他计算机的资源。用户之间可以直接通信、共享资源、协同工作。

在 Internet 上，一组用户通过相同的互连软件进行联系，也可以直接访问其他同组成员硬件设备上的文件。

3. 混合型网络

混合型网络是服务器网络和对等网络的结合体。混合型网络中服务器负责管理网络用户及重要的网络资源，客户机可以作为客户访问服务器资源，也可以作为对等网络相互共享数据。

8.3　Internet 与 TCP/IP

小知识

Internet（因特网），即国际计算机互联网，是最典型的广域网。它采用TCP/IP，将全世界的各种大型网、地区性网络和大量的局域网连接起来，具有无限的信息资源。Internet 主要由物理网络、网络协议、应用程序和信息资源等部分组成。

网络互联已成为了现代联网的最重要的思想之一。大多数的组织都已经将网络互联作为重要的计算机通信机制，但不同公司的产品标准不同，限制了各个公司的不同网络互联产品的兼容性和通用性。因此，设计一套人们共同遵循的网络互联协议就成为必然。

TCP/IP（Transmission Control Protocol/Internet Protocol）即传输控制协议/互联网络协议，是由底层的 IP 和 TCP 组成，是目前 Internet 上最为通用的互联协议。

8.3.1　TCP/IP

1. 传输控制层协议（TCP）

TCP 是一种端对端协议。它以重发技术和拥塞控制机制，向应用程序提供可靠的通信连接，使它能够自动适应网上的各种变化。TCP 具有自动调整“超时值”的功能，能很好地适应 Internet 上各种各样的变化，确保传输数值的正确。

IP 只保证计算机能发送和接收分组数据，而 TCP 则可提供一个可靠的、可控的、全双工的信息流传输服务。

2. Internet 协议（IP）

IP 是 Internet 上使用的一个关键的底层协议即网际协议，它规定了数据传输的规范。IP 协议具有能适应各种各样网络硬件的灵活性，对底层网络硬件几乎没有任何要求，任何一个网络只要可以从一个地点向另一个地点传送二进制数据，就可以使用 IP 加入 Internet 了，而 IP 是作为网络上各计算机的地址的标志。

由此可见，IP 的基本任务是采用数据报方式，通过互联网传送数据。

注意

TCP/IP 不是简单的一个协议，而是一组协议，常称为协议组。其中的每个协议称为子协议，各个子协议有各自不同的功能。TCP 和 IP 是这众多协议中最重要的两个核心协议。

8.3.2　IP 地址

Internet 上的每一台计算机都被赋予一个世界上唯一的 32 位 Internet 地址（Internet Protocol Address，IP Address），这一地址可用于与该计算机有关的全部通信，可确认网络中的任何一个网络和计算机。为了方便起见，在应用上以 8bit 为一单位，组成四组十进制数字（中间用小数点分隔）来表示每一台主机的位置。

通常将 IP 地址按节点计算机所在网络规模的大小分为 A、B、C 三类。

① A 类地址表示范围：1.0.0.0～126.255.255.255。

② B 类地址表示范围：128.0.0.0～191.255.255.255。

③ C 类地址表示范围：192.0.0.0～223.255.255.255。

IP 地址包括两部分内容：一部分是网络标识（网络 ID），另一部分是主机标识（主机 ID）。例如，211.95.77.3 中 211.95.77. 是网络标识，3 是主机标识。所以一个 IP 地址的完整组成 = 网络标识 + 主机标识。

具有相同网络标识的小网络在 Internet 中被称为“子网”，并引入“子网掩码”技术。子网掩码也采取 IP 的表示方法，然后将 IP 地址和子网掩码进行相“与”，从而得出子网的地址。三种网络的默认子网掩码如下。

① A 类网络：255.0.0.0。

② B 类网络：255.255.0.0。

③ C 类网络：255.255.255.0。

小知识

子网掩码是一个 32 位地址，用于屏蔽 IP 地址的一部分以区别网络标识和主机标识，并说明该 IP 地址是在局域网上，还是在远程网上。即告知网络设备，一个特定的 IP 地址的哪一部分是包含网络地址与子网地址，哪一部分是主机地址。

8.3.3　域名地址

尽管 IP 地址能够唯一地标识网络上的计算机，但 IP 地址是数字型的，用户记忆这类数字十分不方便，于是人们又发明了另一套字符型的地址方案即所谓的域名地址。IP 地址和域名是一一对应的，例如，新浪网站的 IP 地址是 211.95.77.3，对应域名地址为 www.sina.com.cn。这份域名地址的信息存放在一个叫域名服务器（Domain Name Server，DNS）的主机内，使用者只需了解易记的域名地址，其对应转换工作就留给了域名服务器 DNS。DNS 就是提供 IP 地址和域名之间的转换服务的服务器。

1. 域名

域名由两种基本类型组成：以机构性质命名的域和以国家地区代码命名的域。常见的以机构性质命名的域，一般由 3 个字符组成，如表示商业机构的“com”，表示教育机构的“edu”等。以机构性质或类别命名的域见表 8-1。

表 8-1　以机构性质或类别命名的域

域　名	含　义
com	商业机构
edu	教育机构
gov	政府部门
mil	军事机构
net	网络组织
int	国际机构（主要指北约）
org	其他非营利组织

2. 域名地址

域名地址是从右至左来表述其意义的，最右边的部分为顶层域，最左边的则是这台主机的机器名称。一般域名地址可表示为：主机机器名．单位名．网络名．顶层域名。例如，dns. hebust. edu. cn，这里的dns是河北科技大学的一个主机的机器名，hebust代表河北科技大学，edu代表中国教育科研网，cn代表中国，顶层域一般是网络机构或所在国家地区的名称缩写。

域名与IP地址的关系是：一个Internet域名只能对应一个IP地址，但是每个IP地址不一定只对应一个Internet域名。

3. 统一资源定位器

统一资源定位器（Uniform Resource Locator，URL）是专为标识Internet网上资源位置而设的一种编址方式，我们平时所说的网页地址指的就是URL。它一般由三部分组成，即传输协议://主机IP地址或域名地址/资源所在路径和文件名。例如，今日上海联线的URL为http://china-window. com/shanghai/news/wnw. html，这里http指超文本传输协议，china-window. com是其Web服务器域名地址，shanghai/news是网页所在路径，wnw. html才是相应的网页文件。

常见的URL中定位和标识的服务或文件见表8-2。

表8-2　常见的URL中定位和标识的服务或文件

http	文件在Web服务器上
file	文件在本人的局部系统或匿名服务器上
ftp	文件在FTP服务器上
gopher	文件在gopher服务器上
wais	文件在wais服务器上
news	文件在Usenet服务器上
telnet	连接到一个支持Telnet远程登录的服务器上

小　　结

标识Internet网上资源位置的3种方式如下。

IP地址：202. 206. 64. 33

域名地址：dns. hebust. edu. cn

URL：http：//china-window. com/shanghai/news/wnw. html

8.3.4　网关

网关（Gateway）就是一个网络连接到另一个网络的“关口”，实质上是一个网络通向其他网络的IP地址，对两个网络段中使用不同传输协议的数据进行互相的翻译转换。

例如，有网络A和网络B，网络A的IP地址范围为192. 168. 1. 1～192. 168. 1. 254，子网掩码为255. 255. 255. 0；网络B的IP地址范围为192. 168. 2. 1～192. 168. 2. 254，子网掩码为255. 255. 255. 0。在没有路由器的情况下，两个网络之间是不能进行TCP/IP通信的，即使是两个网络连接在同一台交换机（或集线器）上，TCP/IP也会根据子网掩码

(255.255.255.0) 判定两个网络中的主机处在不同的网络里。

要实现这两个网络之间的通信，必须通过网关。如果网络 A 中的主机发现数据包的目的主机不在本地网络中，就把数据包转发给它自己的网关，再由网关转发给网络 B 的网关，网络 B 的网关再转发给网络 B 的某个主机，如图 8-7 所示。网络 B 向网络 A 转发数据包的过程也是如此。

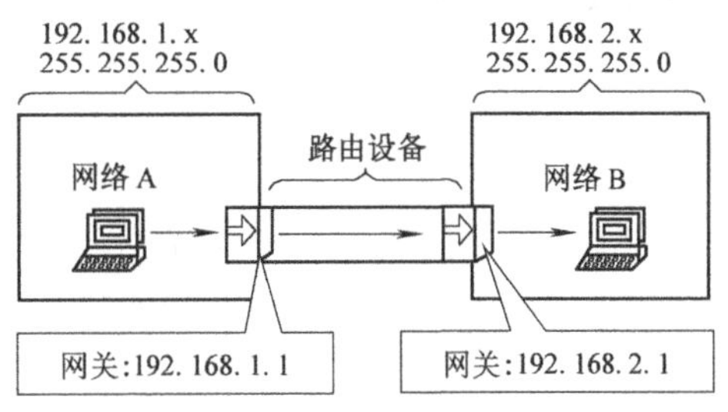

图 8-7　网关的作用

因此，只有设置好网关的 IP 地址，TCP/IP 才能实现不同网络之间的相互通信。网关的 IP 地址是具有路由功能的设备的 IP 地址，具有路由功能的设备有路由器、启用了路由协议的服务器（实质上相当于一台路由器）、代理服务器（也相当于一台路由器）。

现在主机使用的网关，一般指的是默认网关，即一台主机如果找不到可用的网关，就把数据包发给默认指定的网关，由这个网关来处理数据包。

小知识

所谓“路由”，是指把数据从一个地方传送到另一个地方的行为和动作。而路由器（Router），正是执行这种行为动作的机器。它是互联网的枢纽与“交通警察”。路由器的基本功能有网络互联、数据处理和网络管理等。

8.3.5　Internet 的工作原理

有了 TCP/IP 和 IP 地址的概念，就很好理解 Internet 的工作原理了：当一个用户想给其他用户发送一个文件时，TCP 先把该文件分成一个个小数据包，并加上一些特定的信息（可以看成是装箱单），以便接收方的机器确认传输是正确无误的，然后 IP 再在数据包上标上地址信息，形成可在 Internet 上传输的 TCP/IP 数据包。

以上所讲到的办公网络知识，只是我们在连接和设置数码网络办公设备时应当了解的一些基本知识。有关网络的其他知识，可查阅有关资料。还有什么不明白的地方可记在下面，想办法找出答案。

把你的问题记在这里：

上面问题的答案：

8.4　网络办公设备设置

8.4.1　东芝 e-STUDIO232/282/232S/282S 多功能数码复合机的网络设置

现以东芝 e-STUDIO232/282/232S/282S 多功能数码复合机为例，简单说明其在网络中的使用。该机器除具有复印功能外，还具有网络打印、网络传真、网络扫描等功能，其在网络中的连接、驱动、使用步骤基本相同。该机器的网络应用如图 8-8 所示。

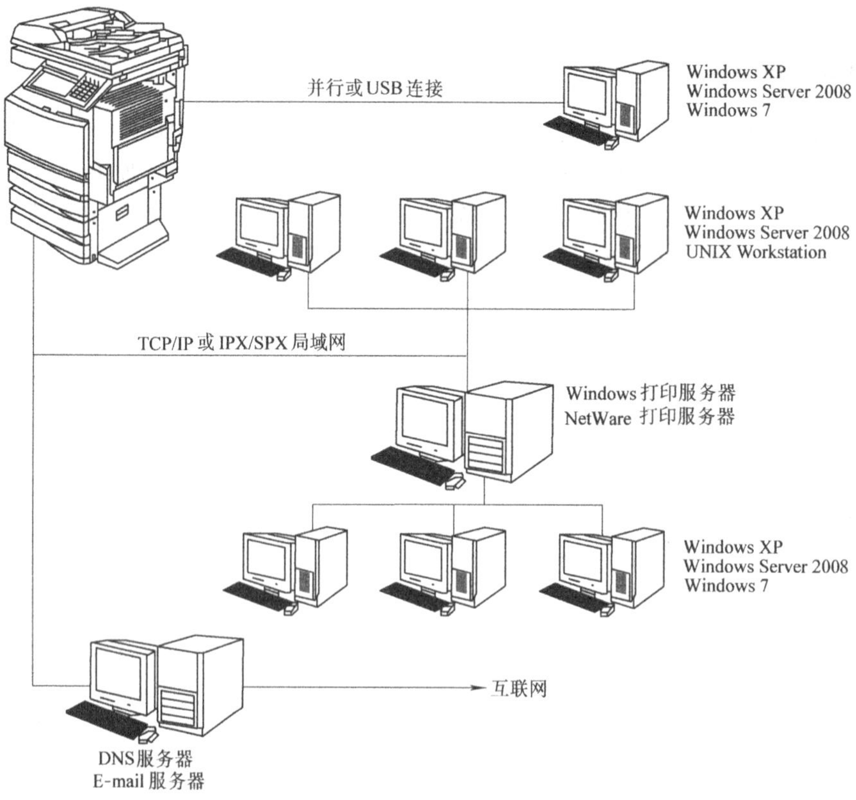

图 8-8　多功能数码复合机网络应用示意图

1. 网络连接

将 10BASE-T 或 100BASE-TX 网线插入多功能数码复合机后部的网络接口，另一端与计算机网络连接（交换机或集线器），如图 8-9 所示。

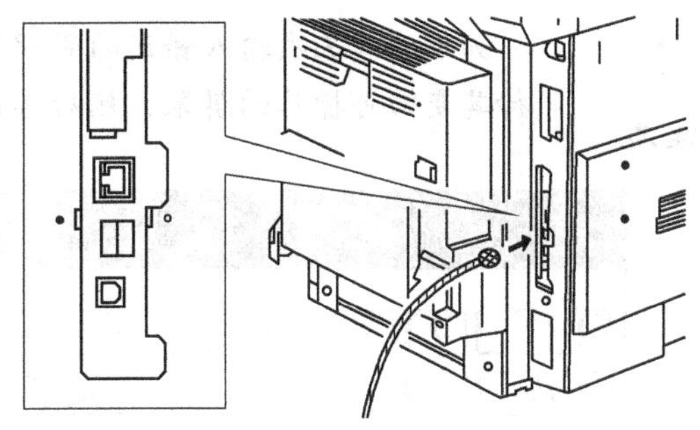

图 8-9　网线插入网络接口

2. 网络功能的设置

（1）打开多功能数码复合机的电源

（2）进入管理员菜单

1）按控制面板上的“用户功能”按钮，如图 8-10 所示。

2）进入用户功能菜单，按下“管理员”按钮，显示“管理员密码”窗口，如图 8-11 所示。

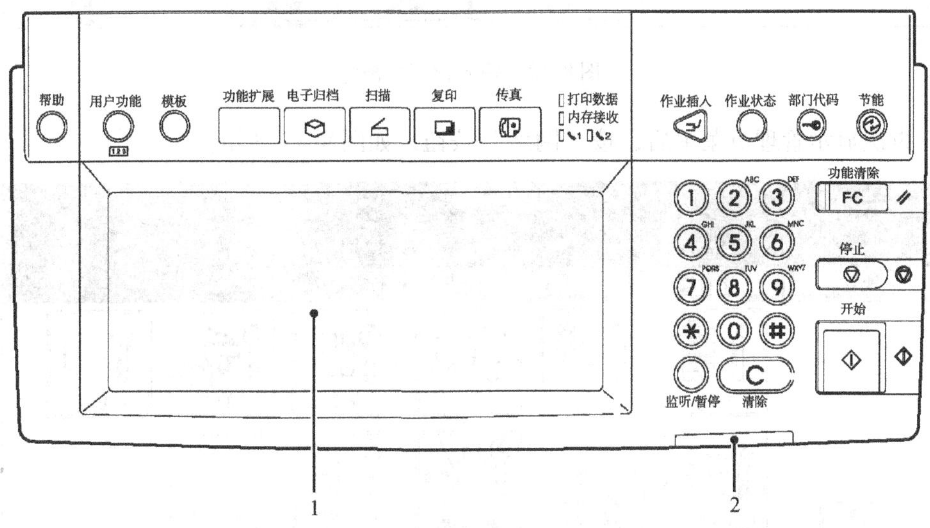

图 8-10　东芝 e-STUDIO232/282/232S/282S 多功能数码复合机操作面板

1—触摸屏　2—错误指示灯

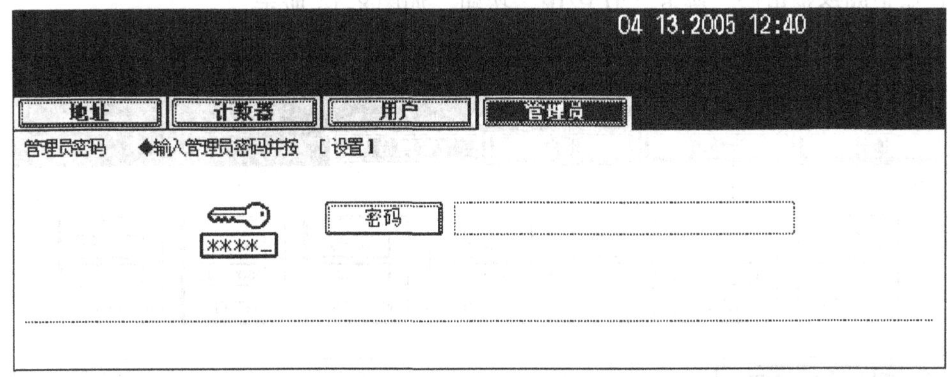

图 8-11　用户功能菜单“管理员密码”窗口

3）按下“密码”按钮，输入管理员密码，并按“设置”按钮，如图 8-12 所示。

注意

如果连续三次输入错误的管理员密码，将有约30s的时间不能操作设备。要等待其变回可操作的屏幕，然后再试一次。

图8-12　输入管理员密码

4）再次显示管理员菜单后，按“网络”按钮，如图8-13所示。

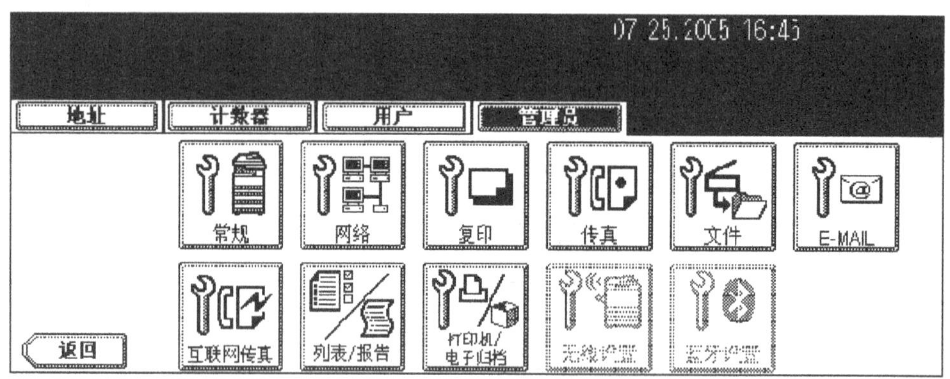

图8-13　按“网络”按钮

5）显示网络菜单后，按下“TCP/IP”按钮，如图8-14所示。

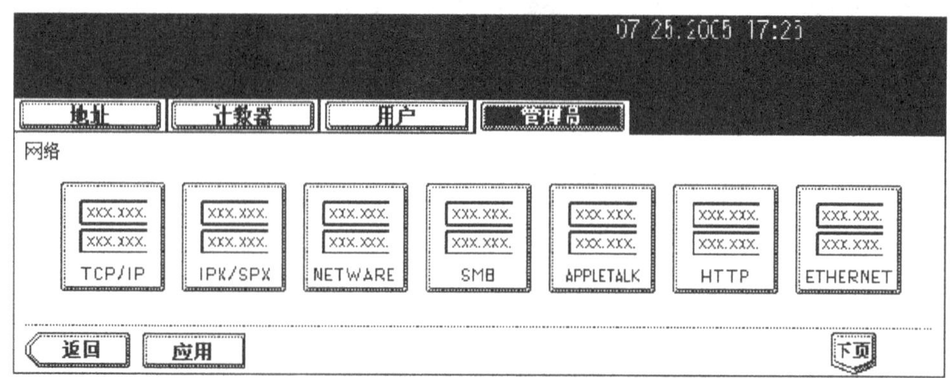

图8-14　按“TCP/IP”按钮

6）在“地址模式”选项中，按下“静态”按钮，再按下“IP 地址”按钮并通过数字键输入数码复合机的 IP 地址，根据需要输入子网掩码和默认网关。设置完毕后，按下“设置”按钮，返回网络菜单，如图 8-15 所示。

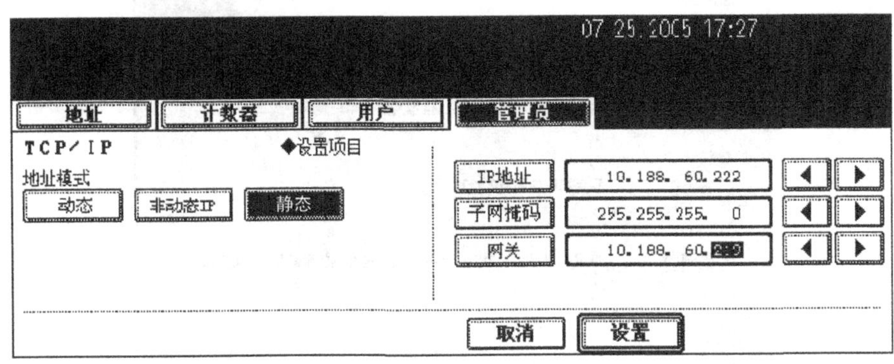

图 8-15　按下“静态”按钮

3. 通过 TCP/IP 安装打印的网络驱动程序

1）登录 Windows。使用 Windows XP、Windows Server 2008 或 Windows 7 时，必须作为拥有“管理员”或“超级用户”权限的用户登录到 Windows。

2）将用户软件光盘插入 CD-ROM 驱动器中。安装程序自动启动，出现“选择安装语言”对话框。（如果安装程序没有自动启动，则双击用户软件光盘中的“Setup. exe”。）

图 8-16　选择语言

3）选择语言，然后单击“确定”按钮，如图 8-16 所示。

4）单击“我接受许可证协议中的条款”单选按钮并单击“下一步”按钮，如图 8-17 所示。

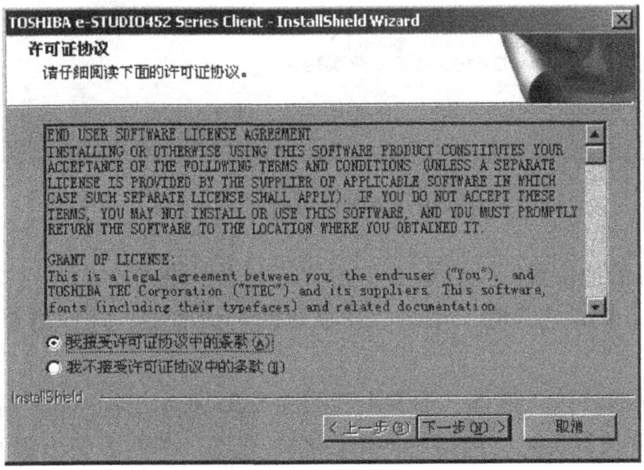

图 8-17　单击“我接受许可证协议中的条款”单选按钮

5）单击“定制”单选按钮并单击“下一步”按钮，如图8-18所示。

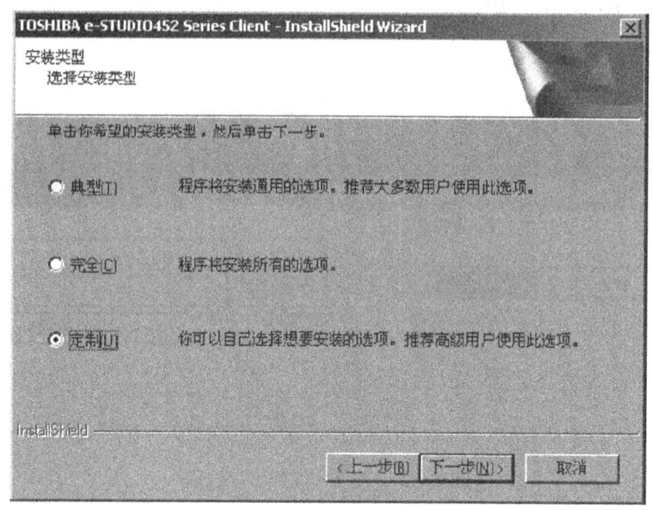

图8-18　单击“定制”单选按钮

6）选择要安装的软件（如选择e-STUDIO452系列）并单击“下一步”按钮，如图8-19所示。

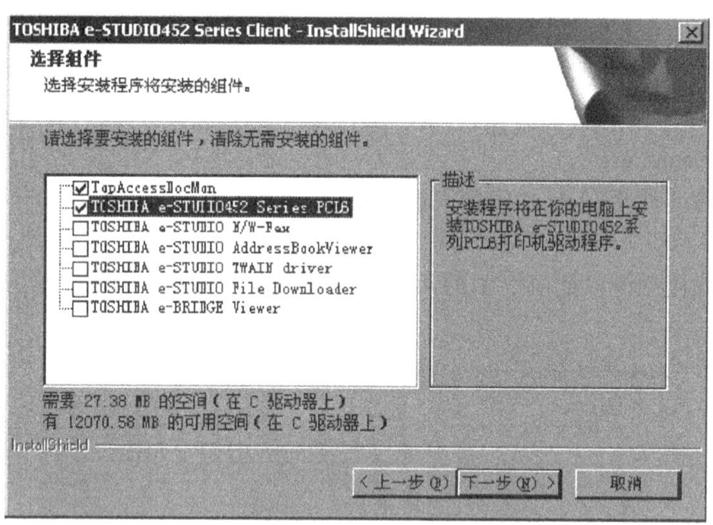

图8-19　选择e-STUDIO452系列

7）在“选择目的地位置”对话框中单击“下一步”按钮，如图8-20所示。如果要更改程序安装的位置，单击“浏览”按钮，在显示的对话框中，选择需要的文件夹，并单击“确定”按钮。

8）打开“选择端口”对话框，如果出现如图8-21所示的提示框，单击“继续”按钮。当自动在网络中发现该设备时，选择“网络设备”选项，在列表中出现发现的设备。这时，选择要连接的设备，并单击“下一步”按钮，如图8-22所示。

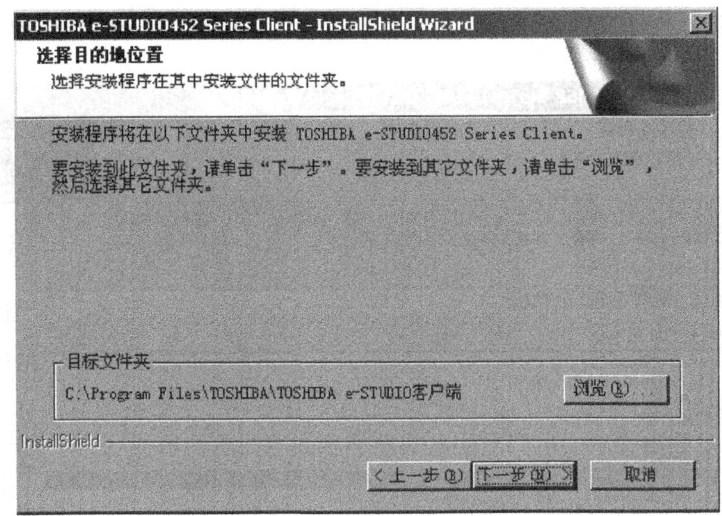

图 8-20　“选择目的地位置”对话框

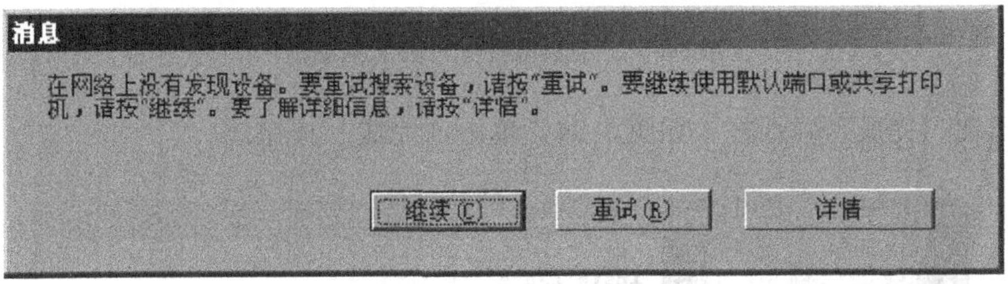

图 8-21　“消息”提示框

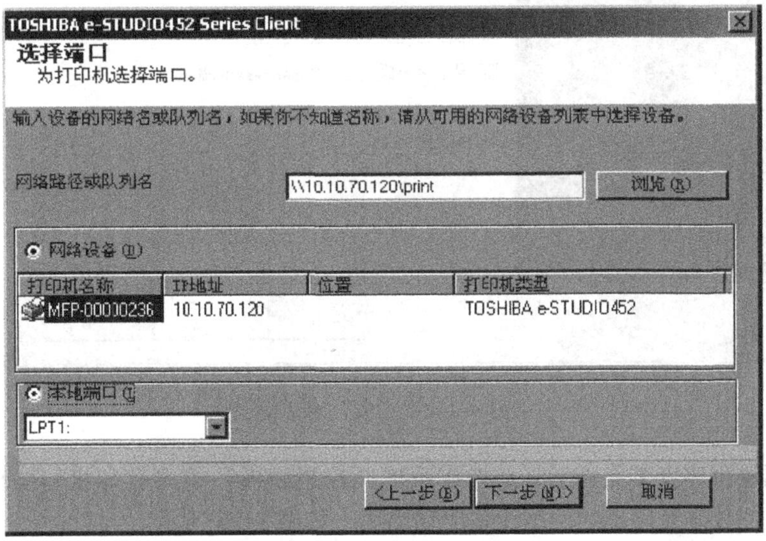

图 8-22　“选择端口”对话框

9）出现“选择程序文件夹”对话框，如图8-23，单击“下一步”按钮。

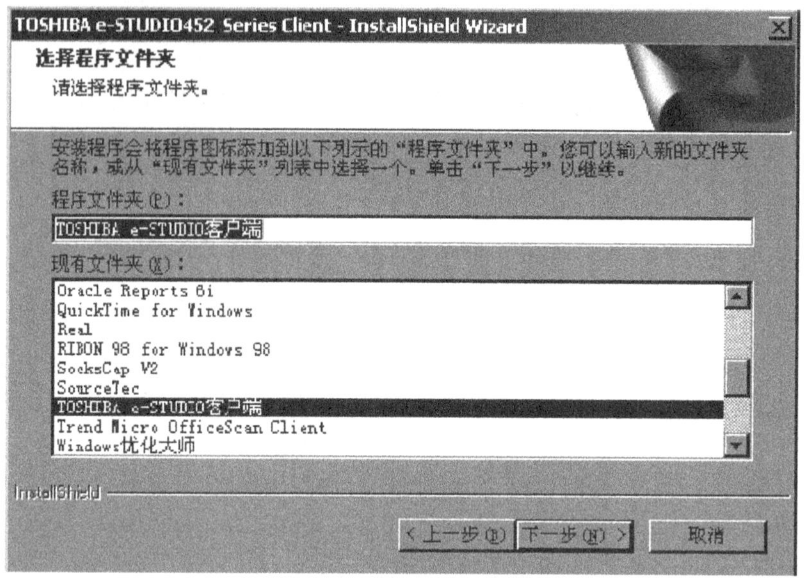

图8-23 “选择程序文件夹”对话框

10）出现“完成”对话框，如图8-24，单击“完成”按钮。

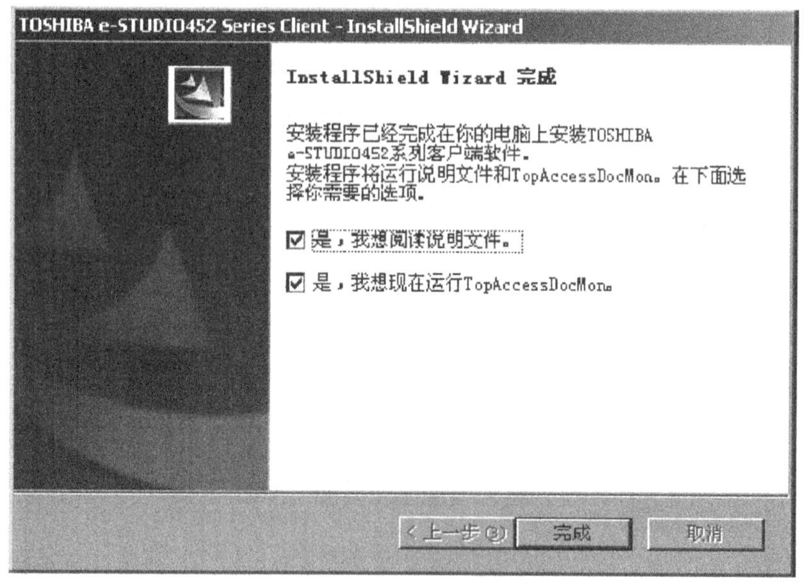

图8-24 “完成”对话框

11）当驱动程序安装完成后，在操作系统“控制面板”的“打印机和传真”管理中就会看到刚设置的数码复印机的网络设备驱动图标，如图8-25所示。

12）启动打印作业，选择该复印机进行输出，完成网络打印功能，如图8-26所示。

图 8-25 “打印机和传真”对话框

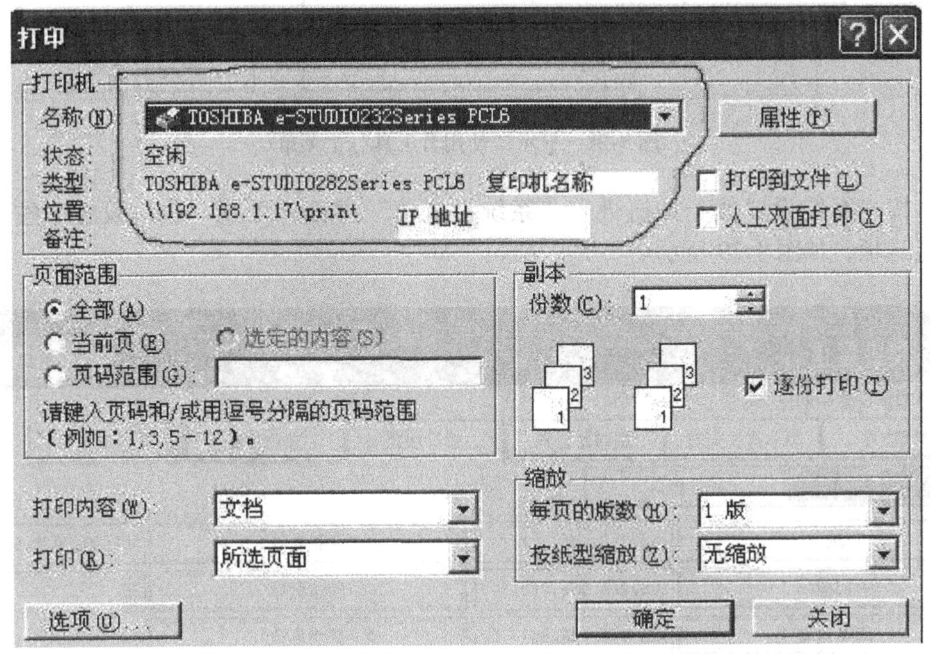

图 8-26 网络打印

8.4.2 理光 Aficio1035/1045 激光数码多功能复合机的网络设置

理光 Aficio1035/1045 激光数码多功能复合机的网络设置步骤如下：

1）开机后在操作面板上按“使用者工具/计数器”按钮，如图 8-27 所示，显示“使用者工具主菜单”，如图 8-28 所示。

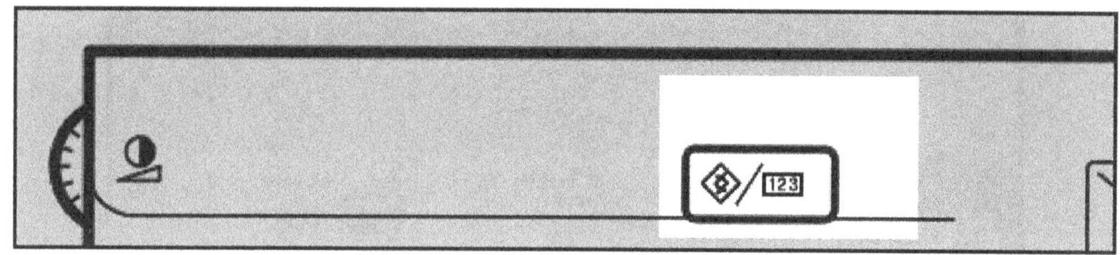

图 8-27　按“使用者工具/计数器”键

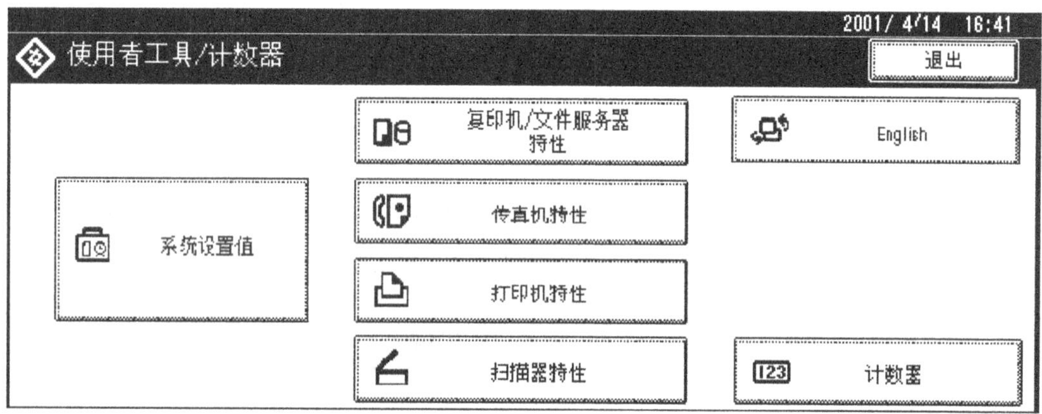

图 8-28　显示“使用者工具”主菜单

2）按“系统设置值”按钮进入“系统设置值”界面，再按“接口设置”按钮进入“网络”选项，如图 8-29 所示。

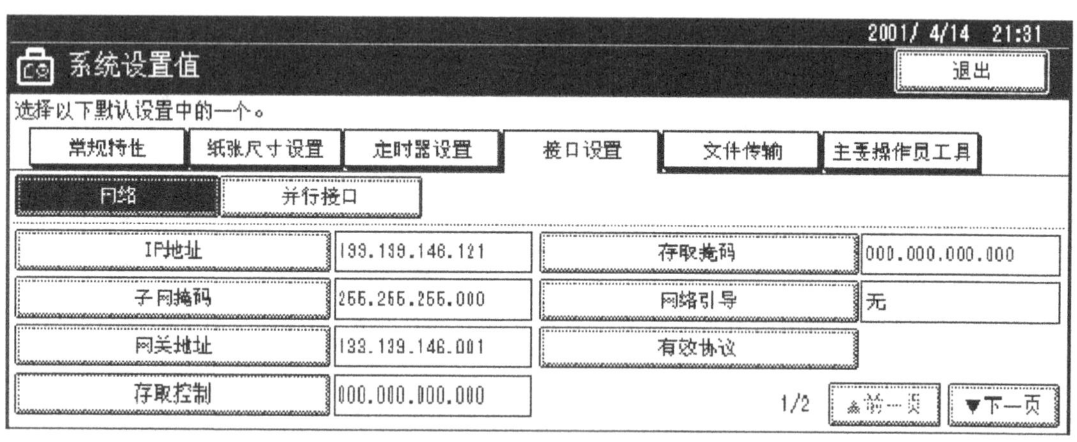

图 8-29　进入“网络”选项

3）按“有效协议”按钮进入“有效协议”界面，对于不使用的协议，按“无效”按钮，如图 8-30 所示。设置完成按“确定”按钮。

4）按“IP 地址”键设置 IP 地址（默认值为 011. 022. 033. 044），如图 8-31 所示。按

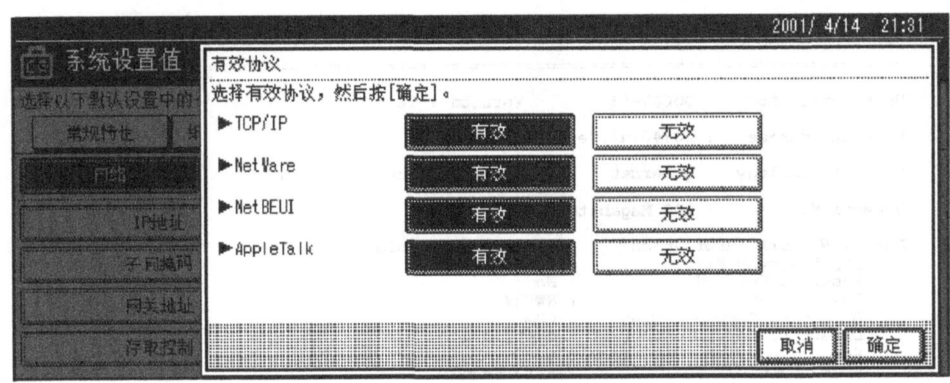

图 8-30 “有效协议”界面

“←”或“→”按钮，移动到下一个输入字段。如输入错误，可按“清除”按钮，重新设置。设置完成按“确定”按钮。

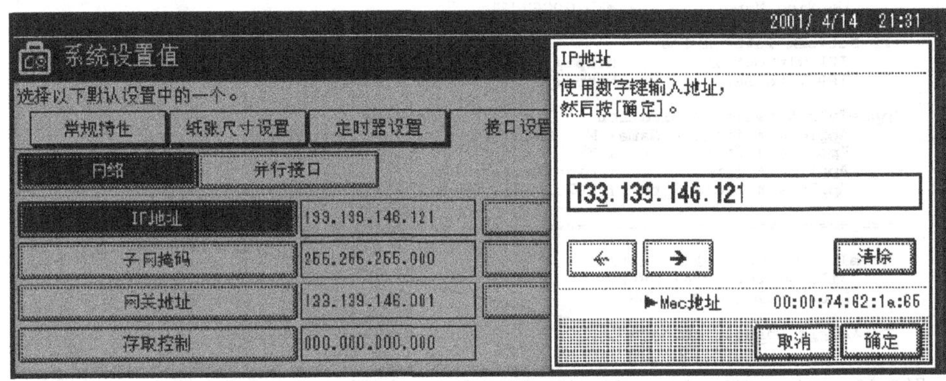

图 8-31 设置 IP 地址

5）按上述方法，设置“子网掩码”、“网关地址”。（默认值为 000.000.000.000）

6）全部设置完成后，按“退出”按钮，返回“使用者工具主菜单”，按“使用者工具/计数器”按钮，设置值生效。

8.5 检测练习

1. 下面（　　）不是局域网常用的传输介质。

A. 同轴电缆　　B. 双绞线　　C. 光纤　　D. 电话线

2. 什么是网卡？

3. 什么是路由器？

4. 什么是防火墙？

5. 图 8-32 所示是东芝 e-STUDIO232/282/232S/282S 多功能数码复合机 NIC 配置页的输出示例图。你能看出其网络配置（TCP/IP）情况吗？

```
================================================================================
Unit Serial No      : 00C67861        Version : T000SY00000

Network Address     : 00:40:af:7e:28:55

Network Topology    : Ethernet                  Connector: RJ45

Network Mode        : 100 Megabits

Novell Network Information                      enabled
    Print Server Name               : MFP_00C67861
    Password Defined                : No
    Search Root                     : NWSRV
    Directory Services Tree         : ORG
    Directory Services Context      : dept1.org
    Scan Rate                       : 5
    Frame Type                      : Auto Sense

TCP/IP Network Information                      enabled
     Address Mode          : Static IP
     IP Address            : 10.10.70.105
     Subnet Mask           : 255.255.255.0
     Default Gateway       : 10.10.70.1
     Primary DNS Server    : 0.0.0.0
     DNS Name              :
     Host Name             :
     Primary WINS Server   : 0.0.0.0
     NetBios Name          : MFP_00C67861

IPP Network Information                         enabled
     IPP without SSL       : http://169.254.204.215:631/Print
     IPP with SSL          : https://169.254.204.215:443/Print

AppleTalk Network Information                   enabled
     AppleTalk Printer Name: MFP_00C67861
     AppleTalk Zone        : *
     AppleTalk Type        : LaserWriter
     AppleTalk Frame Type  : 802.2 SNAP On 802.3

================================================================================

 Novell Connection Information
     File Server Name: NWSRV
     Queue Name: MFP_QUEUE

   leTalk Connection I
```

图8-32　东芝e-STUDIO232/282/232S/282S多功能数码复合机NIC配置页的输出示例图

第 9 单元　其他办公设备

9.1　电子白板

小知识　电子白板又称多功能智能板，是汇集了尖端电子技术、软件技术等多种高科技手段研发的高新技术产品。它通过应用电磁感应原理，结合计算机和投影机，使得小型会议或教学的书写脱离了粉笔，实现了无尘办公、无纸化办公和移动办公。

9.1.1　电子白板的类型、原理及结构

电子白板按工作原理分为普通白板和交互式电子白板；按照安装类型分为壁挂式、滑道式、移动式和壁橱式。交互式电子白板又分为正投式电子白板、背投式电子白板和等离子式电子白板等。

1. 普通电子白板

(1) 结构　普通电子白板又称复印型电子白板。它没有交互功能，可自带打印机或连接打印机直接打印文稿。图 9-1 所示为一种普通电子白板的使用示意图。它的使用与普通黑板相似，只不过用白板笔代替粉笔书写，再利用白板自带的打印机打印出来（一般为热敏纸打印），有的可外接打印机打印。

图 9-1　普通电子白板

(2) 工作原理　普通电子白板是通过用户的简单操作便可将白板上书写的内容通过一定的方式扫描并打印出来。其功能完成过程与普通的复印过程相似，首先由图像传感器 CCD 对白板上的内容进行采集，扫描方式采用 CCD 模块运动或白板膜运动两种形式。采集信号经过一定的图像处理后，最后用热敏、喷墨或其他打印方式输出，颜色上有黑白及彩色输出两种。除了复印功能外，一些厂家还在此基础上添加了与计算机相连的功能，即可将白板的内容扫描到计算机中，功能表现上相当于一台扫描仪。

2. 交互式电子白板

(1) 功能　也称智能白板，它可以连接计算机再通过投影机直接投影，对计算机进行遥

控操作，显示记录会议的原始内容。还可以当投影幕使用，既有黑板功能，又有记录的功能。

交互式电子白板也支持复印，将电子白板直接与打印机连接，通过特定的白板笔进行板书。需要打印时，只需按下面板上的打印键即可实现彩色或黑白打印。

作为PC白板使用时，将电子白板与PC相连，此时的电子白板就相当于一个面积特别大的手写板，利用特定的定位笔代替鼠标在白板上进行操作，可以运行任何应用程序，可以对文件进行编辑、注释、保存等在计算机上利用键盘及鼠标可以实现的任何操作。在交互式电子白板上书写的情况如图9-2所示，此功能一般需要一个专用的应用程序支持。如果通过特定的应用程序如Microsoft的Netmeeting，交互式电子白板就可以通过网络与其他办公室、会议室进行交流，实现网络会议。利用交互式电子白板连成的网络会议系统示意如图9-3所示。

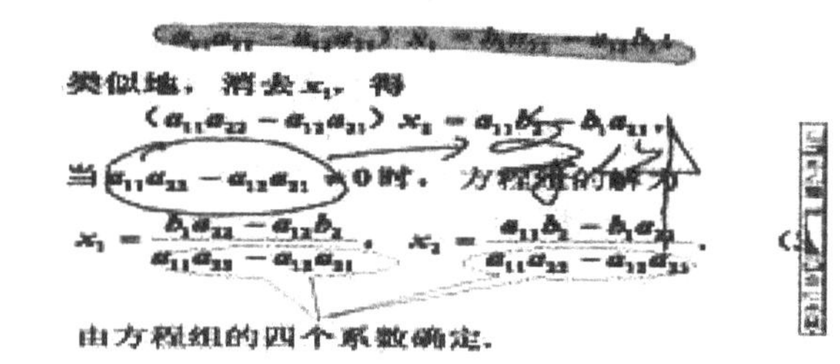

图9-2　在交互式电子白板上书写

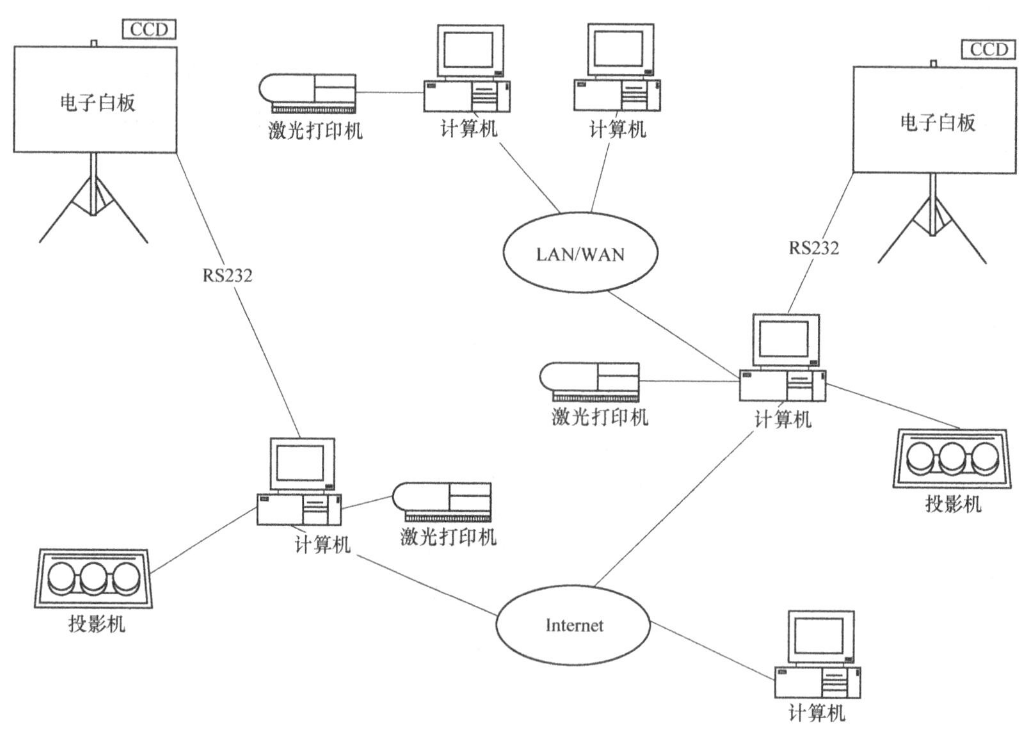

图9-3　利用交互式电子白板连成的网络会议系统示意图

（2）工作原理　交互式电子白板工作原理分为压感原理和激光跟踪原理两种。使用压感原理的触摸式白板相当于计算机的一个触摸屏，是一种用手指或笔触及屏幕上所显示的选项来完成指定工作的人机互动式输入设备。这种电子白板利用电阻膜触屏技术，内部有两层感压膜，当白板表面某一点受到压力时，两层膜在这点上造成短路，电子白板的控制器检测出受压点的坐标值（手指或笔触及的位置），经接口送入计算机。使用激光跟踪原理的白板上端两侧各有一激光发射器，白板启动后，激光发射器发出激光扫射白板表面，特制笔具有感应激光功能，从而反馈笔的位置。另外也有利用超声波加红外信号的原理，当专用笔套发出信号，用附在白板上的接收器检测这些信号来定位。

有的白板的专用笔如果丢失，则整个白板就瘫痪了。而有的智能笔架上采用光路控制技术，拿起相应颜色的笔或板擦，相应的光路就被接通，计算机就可以自动识别所选取的工具，操作者就可以拿起笔来直接书写，拿起板擦直接擦拭。笔和板擦在笔架上只是阻断了光路，即使其中的任何一个丢失，都可以用简单的塑料棒代替，这样就方便了使用者。

书写可以分为程序内书写和程序外书写。程序内书写，书写内容可以以程序本身格式保存，还可以作为标识保存在文档本身。应用程序外书写则以截全屏和截部分屏的方式保存为 JPG 格式的图片，如在 Windows 的桌面上书写，将以截图的形式保存下来。

（3）正投式电子白板　正投式电子白板即投影机位于电子白板前方，安装灵活方便，价格适中。正投式电子白板有两种表面，即普通表面和 Opti-pro 表面。普通表面外表光滑，可以用普通油笔写，擦除后不留任何痕迹，但与高亮度投影机（大于 1500ANSI lm）配合使用时有太阳效应（有刺眼的光斑）；Opti-pro 表面毛糙，不能用油笔直接书写，与高亮度投影机（大于 1500ANSI lm）配合使用时无太阳效应。正投式电子白板的外形如图 9-4 所示。

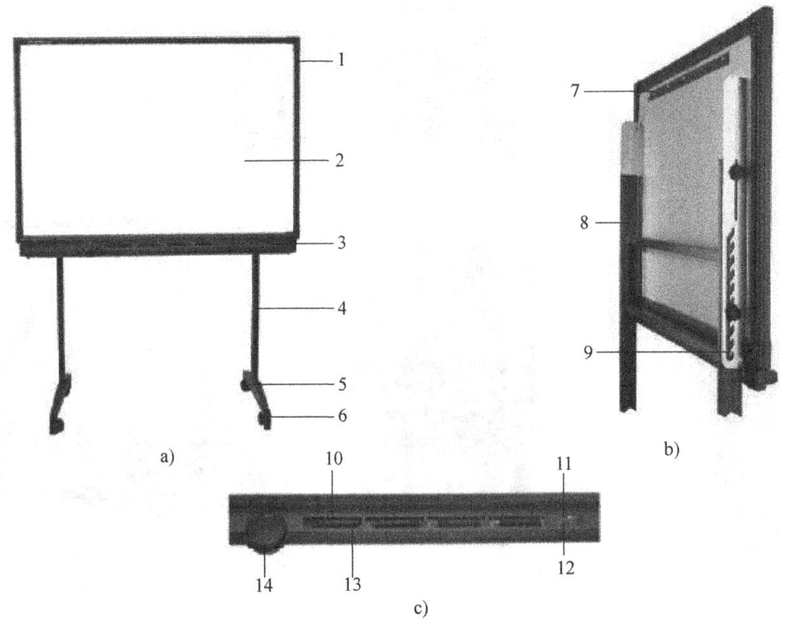

图 9-4　正投式电子白板

a）正视图　b）侧视图　c）SMART 笔架

1—表面　2—触摸压感表面　3—SMART 笔架　4、8—支架　5—连轴脚轮　6—可伸长支架

7—墙式安装挂架　9—高度调整槽　10—LED　11—屏幕键盘按钮

12—鼠标右键按钮　13—Whisper-tip 笔　14—板擦

正投式电子白板的特点如下：

1）交互性。点击触摸屏可以控制所有计算机应用程序。

2）突出信息。使用电子墨水突出显示关键信息。

3）创作。可书写说明、绘图和进行构思。

4）保留。保存、打印或通过电子邮件发送批注。

5）简单易用。在几分钟时间内就能连接到等离子显示屏。

（4）背投式电子白板　SMARTBoard 3000i 交互背投式白板如图9-5所示，它能将计算机变成一个强有力的演示工具和群体共享工具。因为计算机图像从白板背后投影，故使用者能非常自然的操作，不会产生任何阴影。它有非常适合使用者操作的、功能强大的交互式白板书写软件。使用时，只需简单触摸屏幕即能访问计算机内存的资料，还可以选取一支笔在应用程序上书写说明或注释。使用者甚至可以非常轻易地新增一台便携式计算机，并且从白板直接控制此计算机。使用者能简单明了地演示所有的多媒体，从而给听众留下深刻的印象。

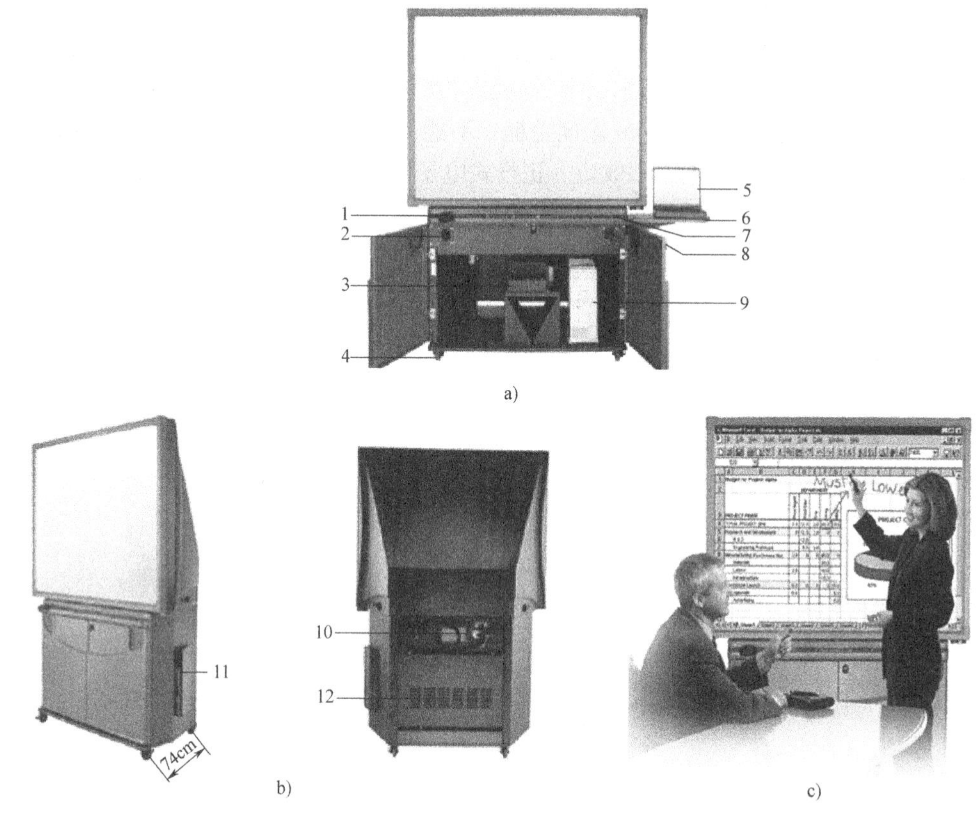

图9-5　SMARTBoard 3000i 交互背投式白板

a）正视图　b）外形和后视图　c）使用情况

1—SMART 笔架　2—扬声器　3—投影机　4—连轴脚轮　5—手提计算机　6—手提计算机架　7—控制投影机器　8—锁　9—计算机　10—背部连接面板　11—无线键盘　12—通风系统

（5）等离子式电子白板　等离子式电子白板的外形如图9-6所示。用于等离子显示屏的SMARTBoard是一个交互式的触摸屏，它紧密地附在等离子显示屏（PDP）上，将PDP和计算机变成一个强有力的演示工具和群体共享工具。使用者只需点击触摸屏的压感表面即可访问和控制计算机的所有应用程序。使用SMART智能笔，可以自由地作注释，并可突出显示重要信息。它与所有的常用操作系统兼容，因此使用者能在所有应用程序上书写并保存、批注和用电子邮件发送。

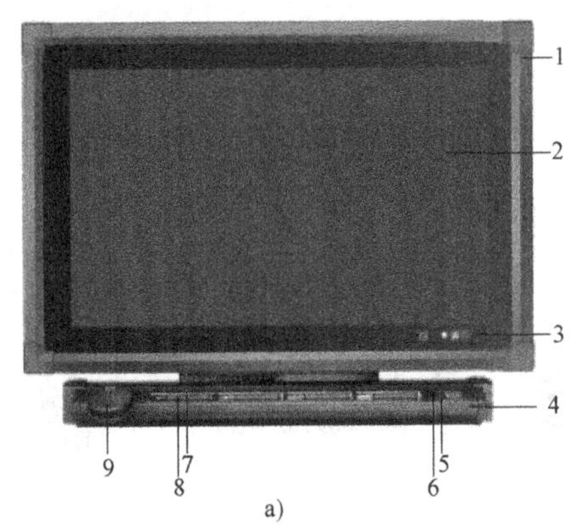

a)

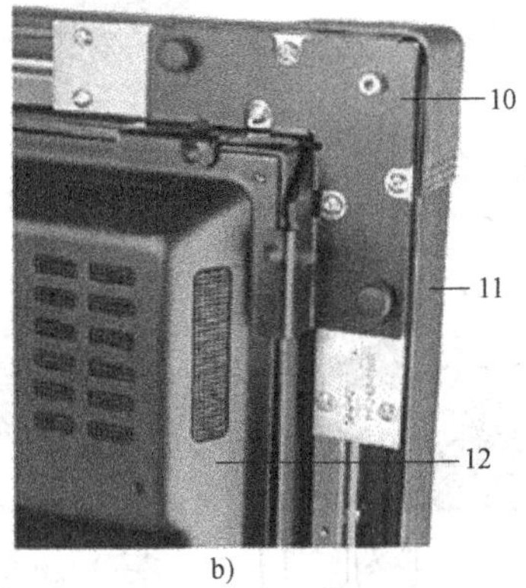

b)

图9-6　等离子式电子白板

a）正视图　b）局部示图

1—表面　2—压感表面　3—显示控制条　4—智能笔架　5—鼠标右键按钮　6—屏幕键盘按钮　7—LED　8—Whisper-tip笔　9—板擦　10—安装支架　11—交互式触摸屏　12—等离子显示屏

9.1.2　eBeam（易演通）电子白板的安装

eBeam电子白板系统是由接收器、笔套、白板笔、白板擦、鼠标笔、快捷图标贴纸、中文软件及相关连线组成，如图9-7所示。它是通过吸附于普通白板左右上角的两个接收器接收并传送白板笔在书写时发出的超声波传至连接的本地计算机，可直接在白板上操控计算机屏幕，将写在白板上的任何笔迹及现场声音记录于该计算机上，并可通过互联网及时传送给远端的计算机。其安装过程如图9-8所示。

1）安装电池。因为笔套要发射超声波给eBeam接收器来定位和配置颜色，因此必需装上电池供给能源，如图9-8a所示。

2）安装记录笔套。掀开笔套的上盖，插入可干擦的记录笔。合上笔套盖，可保持几个月的洁净，如图9-8b所示。

3）安装接收器。用背面的内置吸盘杯将eBeam接收器附在白板上。用左接收器的连线接到右接收器上，右接收器用专用串行线（带USB适配器）连接计算机，如图9-8c所示。

4）粘贴快捷图标贴纸（捷径贴纸）。撕下快捷图标贴纸的背条，将快捷图标贴纸贴在影像拾取区的边缘，如图9-8d所示。有了快捷图标贴纸就可轻轻点一下贴纸表面来开启一个新页面或执行打印工作。

5）安装软件。将软件光盘放入计算机，软件安装程序便自动进行。软件安装完毕后，可在计算机桌面上双击eBeam图标开始使用eBeam图像记录系统。软件开始后，eBeam系统能自动检测是否存在。

6）连接。将序列线插入计算机的COM口并连接电源，如图9-8e所示。将投影机与eBeam系统都连到计算机上。

执行eBeamMouse程序，计算机图像就会被投射在eBeam智能化的白板上，可双击打开在计算机桌面上的任何应用程序，此时白板变成一个大触摸屏和鼠标垫。

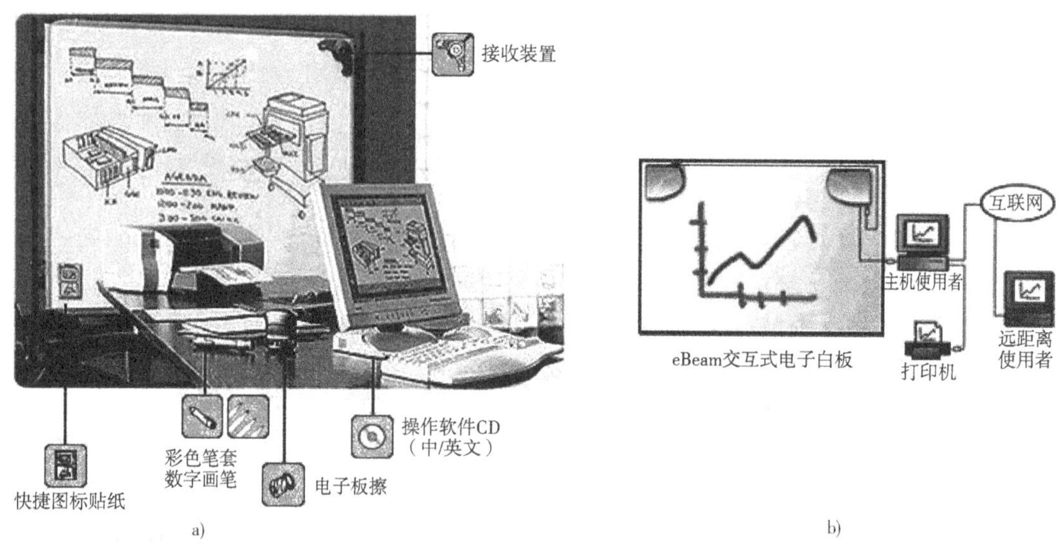

图9-7　eBeam电子白板系统图

a）系统组成　b）系统连线

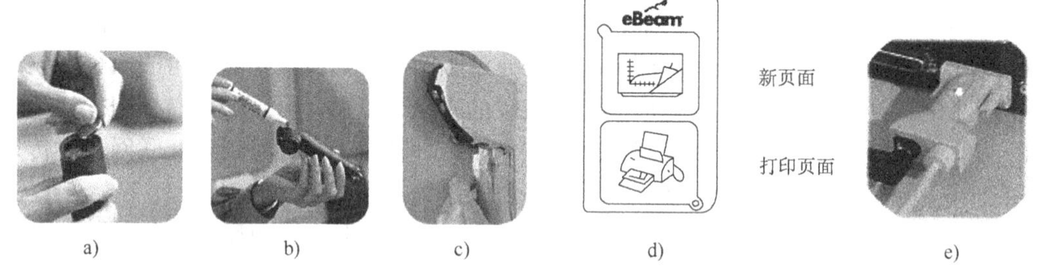

图9-8　eBeam电子白板的安装

a）安装电池　b）安装记录笔套　c）安装接收器　d）粘贴快捷图标贴纸　e）连接序列线

9.1.3　电子白板的维护与保养

1. 普通电子白板使用注意事项及常见故障

1）屏幕部件展开时，应注意屏幕（书写板）不要有皱折，否则开机复印时复印件有不规则黑条纹。

2）扫描器/打印机部件与屏幕部件对接时，特别注意齿轮的接合，如果错位，将能引起齿轮的损坏。

3）扫描器/打印机部件在安装时不要挤压，以免造成CCD组件变形。电子白板在运输过程中应直立运输。

4）当电子白板出现复印全白或全黑、复印时有黑条纹出现或半黑半白等现象，大部分为CCD变形引起的故障。

2. 保养和清洁

在进行清洁之前应关闭电源，拔下电源插头。

1）清洁薄膜屏幕和白板主体：用软布轻轻地进行擦洗，软布必须蘸水并完全拧干，切勿用干布擦洗屏幕，以免产生静电电荷。对于难以清洗掉的污斑，可用少量的家用清洁剂溶于水中；如果不小心使用了油笔，可用少量的酒精擦洗。

2）擦除器的保养：当擦除器擦消表面变脏了时，可用拇指摁住下面几层，然后将脏污层揭掉。

电子白板的应用已经越来越普及，新品种也不断地涌现，在这方面需要同学们不断地去探究。你还有哪些不清楚的地方请写在下面，可查阅一些资料，或与老师、同学一起探讨。

把你的问题记在这里：

上面问题的答案：

9.2　碎纸机

小知识

保密目前已经成为现代办公工作中重要的一个环节。为防止信息在交换、传递和处理的过程中泄露和失密，必须采取一定的措施并采用必要的保密设备。碎纸机可在销毁文件的同时不泄露任何机密。通过碎纸机，被切碎过的文件、记录、收据、笔记等机密信息根本无法辨认，完全可以达到保密要求。

9.2.1　碎纸机的结构及使用

1. 碎纸机的外形结构

图9-9所示为一款迷你型手摇碎纸机，图9-10所示为电动碎纸机（常用）。

图9-9　迷你型手摇碎纸机

图9-10　电动碎纸机

碎纸机一般由切纸部件（切纸器）和箱体两大部分组成。切纸部件包括锋利的刀具和电动机。电动机带动刀具快速转动，可将文件快速粉碎成条状、段状、粒状或碎粒状，达到不同级别的保密程度，以满足不同需求层次的要求。箱体包括容纳纸屑的窗口和机壳，主要是用来容纳纸屑。

2. 碎纸机的使用

碎纸机的操作比较简单。在开机前先检查室内的电源是否与碎纸机的额定电压一致。要仔细阅读使用说明书，有些型号的碎纸机不能粉碎曲别针、订书钉一类的硬物，否则可能损坏刀具。一般碎纸机具备自动开关系统，只要放入纸张，切纸器就会自动旋转把纸切碎。也有的碎纸机则需要按一下“启动”键，在机器运转后，再放入需要切碎的文件。

（1）碎纸　要碎纸时，按下“向前”键，切纸器便会转动，可持续切纸。碎纸完毕，按下“停止/反向”键，使切纸机停止转动。

（2）纸屑的清理　不同的机器对于纸屑的清理方法是不同的。图9-11所示为一种封闭式箱体碎纸机的纸屑清理示意图，其步骤如下：

1）拿开机头。首先关闭电源，手持机侧的把手，将机头拉起拿走。

2）倒去纸屑。

3）将主机放回盛纸箱上。图9-12所示为另外两种碎纸机结构的纸屑清理示意图。

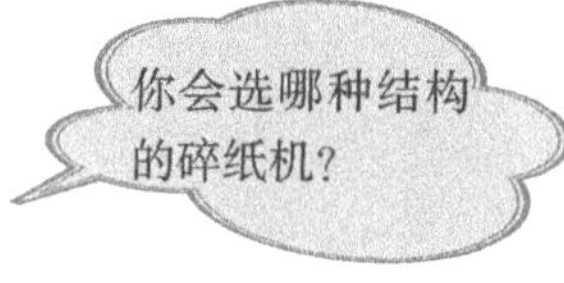

图9-11　封闭式箱体纸屑的清理

图9-12　两种碎纸机的纸屑清理示意图

a）开门式盛纸箱　b）抽屉式盛纸箱

9.2.2　碎纸机的主要技术指标

1. 碎纸方式

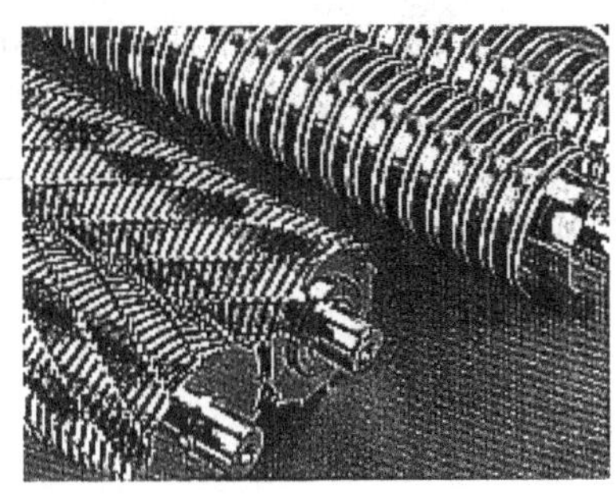

图 9-13　碎纸刀的形状

碎纸机是由一组旋转的刀刃、纸梳和驱动电动机组成。纸张从相互咬合的刀刃中间送入，被分割成很多细小的碎片，以达到不可复原的目的。碎纸方式是指当纸张经过碎纸机处理后被碎纸刀切碎的形状，一般有碎状、粒状、段状、沫状、条状和丝状等，以对应不同保密等级。有的碎纸机可选择两种或两种以上的碎纸方式。当前采用四把刀组成的碎纸方式是最先进的工作方法。图 9-13 所示为碎纸刀的形状。

碎纸机虽然主要只有碎纸功能，但耐用性却差异很大，而耐用性体现在生产工艺、材质（主要是“切刀”）等方面。

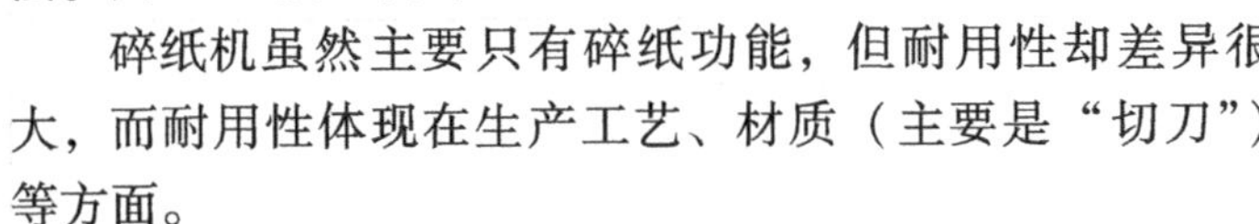

2. 碎纸能力

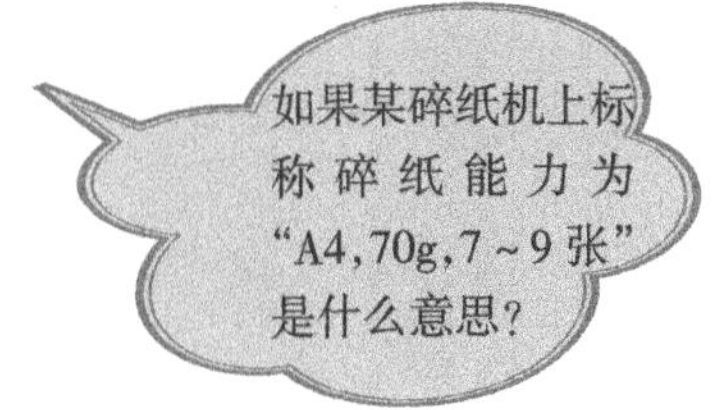

碎纸能力是指一次能处理的纸张最大数目及纸张厚度，即一次能够吞进处理的纸张量。有一些碎纸机采用了进纸斗，这样就能够处理揉成一团的纸张。还有一些碎纸机能够处理更多的东西，如信用卡、光盘都能够被这些机器所粉碎。因此，要根据实际工作中的碎纸量和处理的材质来选择合适的机器。

3. 碎纸箱容量

碎纸箱容量是指碎纸箱盛放切碎后废纸的体积，应考虑实际需要和占地大小来选择。因为碎纸机并不是设计成总在最大容量下运行的状态，所以最好考虑那种容量比实际需要大 25% 左右的机器。

9.2.3　碎纸机常见故障的排除

碎纸机常见故障的排除见表 9-1。

表 9-1　碎纸机常见故障的排除

故　障	原　因	处理方法
切纸机不转动	电源接触不良	接好电源
	熔丝熔断	更换熔丝
	电动机过热	关机等待一段时间
	碎纸过量	减少纸张
	卡纸	按“停止/反向”键，拉出被卡的纸张
	被曲别针、书钉等物品卡住	将切纸器反向转动一次，然后倒转主机，清除
噪声大	机器没有摆放平整	将机器摆放平整

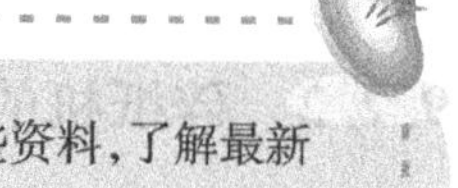

碎纸机的原理和使用比较简单,具有多功能的新品种也不断涌现。可查阅一些资料,了解最新动态。还有哪些不清楚的地方请写在下面。

把你的问题记在这里：

上面问题的答案：

9.3　视频展示及投影设备

视频展示仪又称实物展示仪，近几年广泛应用于办公会议、课堂教学的物品展示活动中，是一种新型的、数字化的图像采集设备。它可把各种实物、书本资料、模型、印刷品、透明胶片、幻灯片和文稿等通过CCD数字摄像头清晰、逼真地显示或储存到计算机中，同时还可以与多种其他外设（如投影机或监视器、电视机等）相连。视频展示仪已经逐渐成为幻灯机的替代产品，是多媒体教室、会议室中不可或缺的展示设备之一。

9.3.1　视频展示仪的结构及使用

1. 视频展示仪的结构

视频展示仪根据照明光源分为双侧灯式和单侧灯式；根据结构类型分为整体式、底板分离式和便携式。图9-14所示为一种双侧灯式视频展示仪外形图。一台普通的视频展示仪包括摄像头、控制电路板、光源和台面，而一些高档的展示仪还包括红外线遥控器、计算机图像捕捉适配器和液晶监视器等附件。图 9-15 所示为一种单侧灯式视频展示仪结构示意图。

图 9-14　视频展示仪外形图

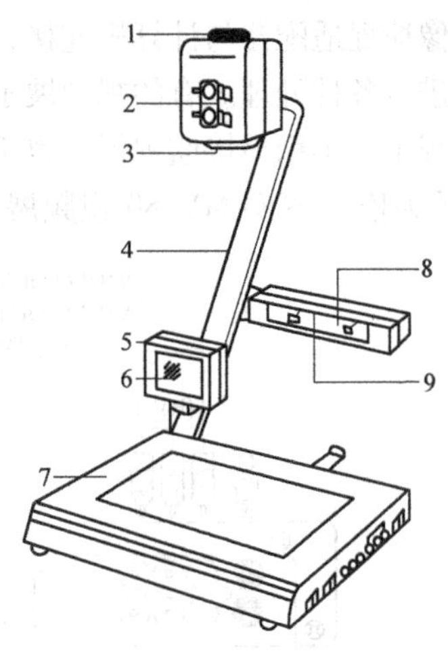

图 9-15　视频展示仪结构示意图

1—摄像机转动旋盘　2—变焦距按钮　3—镜头　4—摄像机臂
5—亮度控制　6—LCD（液晶显示器）　7—平台
8—臂光灯　9—臂光灯遮光罩

使用时可把资料（包括纸质的或实物）直接置于展示仪台面上，通过灯光的应用以及放大功能的调整，就可以清晰显示出来。视频展示仪可以和多媒体投影机、大屏幕背投电视、普通电视机、液晶监视器、录像机、VCD、DVD 机、传声器等输出、输入设备配套使用，如图 9-16 所示。

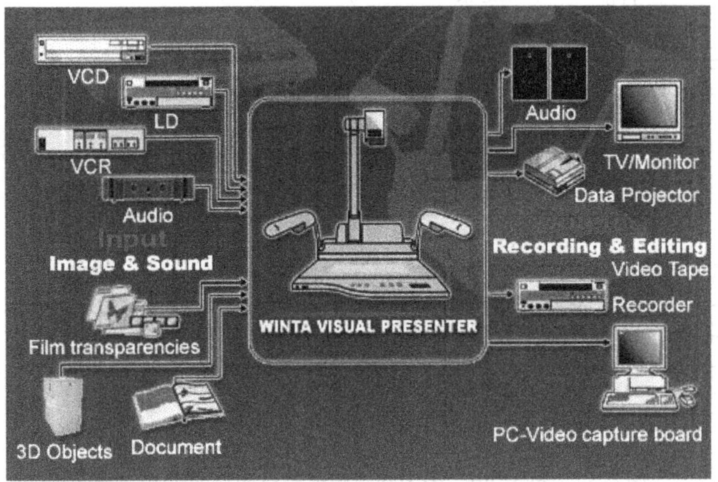

图 9-16　视频展示仪配套设备示意图

2. 视频展示仪的使用

由摄像头将展示仪台面上放置的物体转换为视频信号，输入到放映设备；光源用来照亮物体，以保证图像清晰明亮；接口则用来输出各种视频信号和控制信号。通过改变视频展示仪上摄像头的角度，可以拍摄放置在视频展示仪平台上的讲稿和物体，以及拍摄装置附近的墙壁上的物体或讲演者的脸部。用背光等机构可以投影透明文件和负片胶片的图像。高档的数字展示仪通过计算机图像捕捉适配器与计算机连接，通过相关程序软件，可将视频展示台输出的视频信号输入计算机进行各种处理。有的视频展示仪上有小液晶监视器，便于直接观察被投物体的图像，在展示过程中可不用另接监视器，也不用看着屏幕被投物体的影像，操作更方便。

图 9-17 所示为松下 WE-MV180 视频展示仪的接线方式示意图。

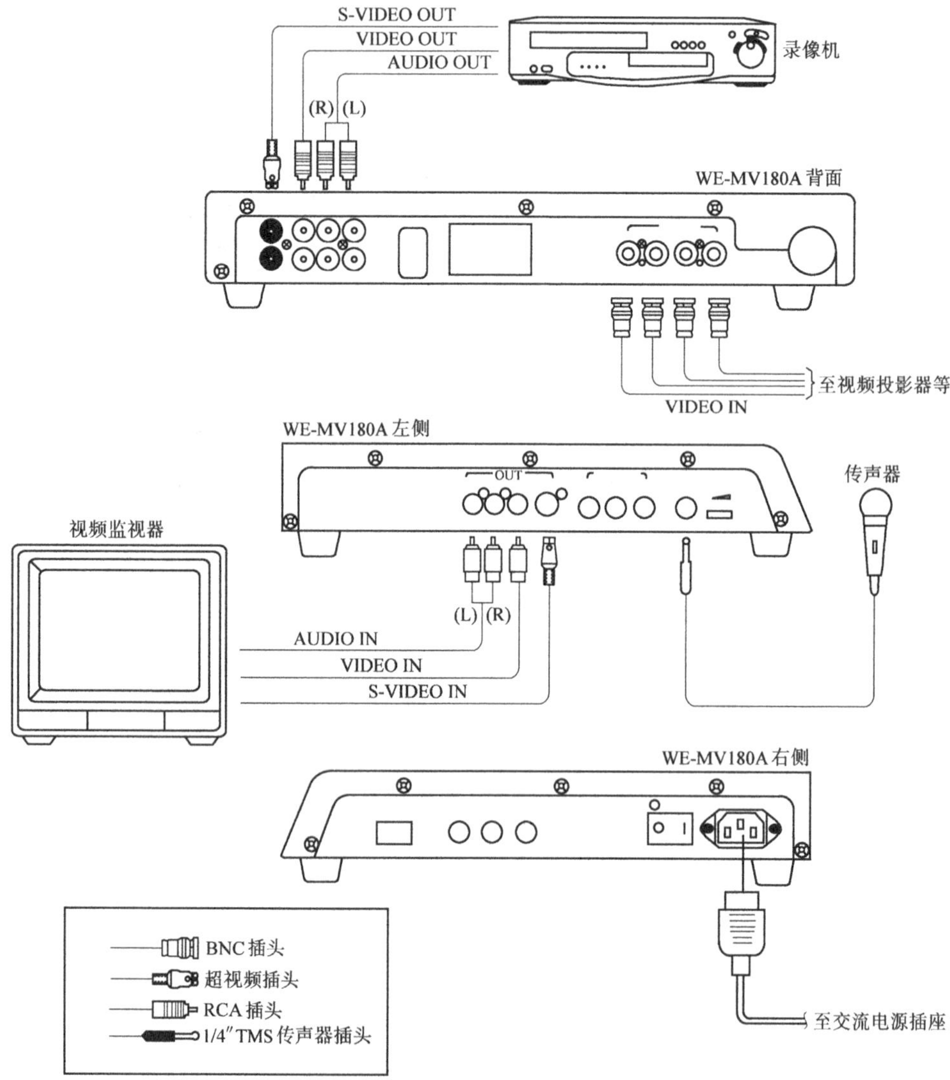

图 9-17　松下 WE-MV180 视频展示仪的接线方式示意图

9.3.2　视频展示仪的维护

1. 视频展示仪上摄像机镜头的清理

当镜头上有污垢时，使用专用气喷嘴吹掉镜头上的灰尘，也可以使用脱脂棉或麂皮沾专用清洗液轻擦镜头表面。

2. 使用视频展示仪的注意事项

不要在高温或潮湿的环境下使用，应在温度为 5 ~ 35℃及湿度低于 80% 的环境中使用。不要使用腐蚀性强的清洗剂清理机器上的污垢。应避免冲击振动，也不要用尖利的笔在平台上直接书写。

3. 视频展示仪常见故障的排除

（1）在监视器上无图像显示

1）检查电源是否接通。

2）检查各种电缆是否接牢。

3）检查输入选择器设定的视频源的位置。

（2）在 LCD 上无图像显示

1）试着转动 LCD 上的 BRIGHT 旋钮。

2）调整 LCD 角度。

（3）自动聚焦不能正常工作

1）检查物体高度是否高于 15cm，如果高于 15cm 会出现不正常动作。

2）检查摄像机臂是否处于正确拍摄的位置。

9.3.3　投影仪的结构及使用

投影仪又称多媒体投影机，是一种可以将视频信号与计算机信号等进行显示的大屏幕投影系统设备。它既可以同步显示高分辨率的计算机和工作站的图像，又能连接录像机、电视机、影碟机（VCD、DVD）及视频展示仪等视频图像信号的输入，目前已广泛应用于办公、教育等领域。投影仪使用时可放置于地面或悬挂安装于顶棚。

1. 投影仪的结构

东芝 TLP560 液晶式投影仪外形结构如图 9-18 所示。

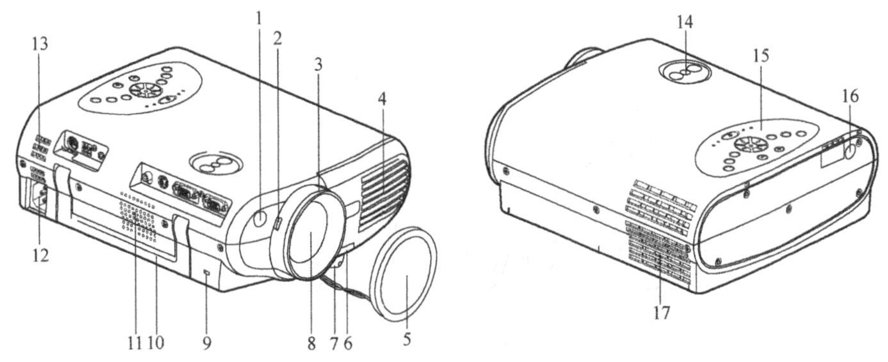

图 9-18　东芝 TLP560 液晶式投影仪外形结构图

1、16—遥控传感器　2—变焦距杆　3—对焦镜环　4、13—吸气口　5—镜头盖　6—底脚调整器解除按钮　7—底脚调整器　8—镜头　9—防盗锁孔　10—搬运用提手　11—扬声器　12—AC IN 电源插座　14—镜头移动转盘　15—操作面板　17—排气口东芝 TLP560 液晶式投影仪侧面接口如图 9-19 所示。

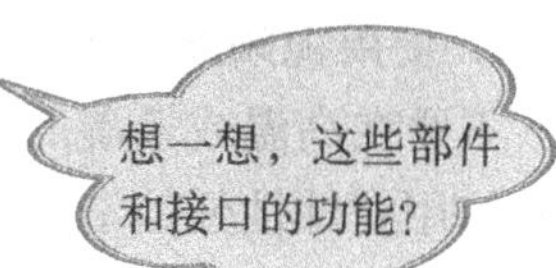

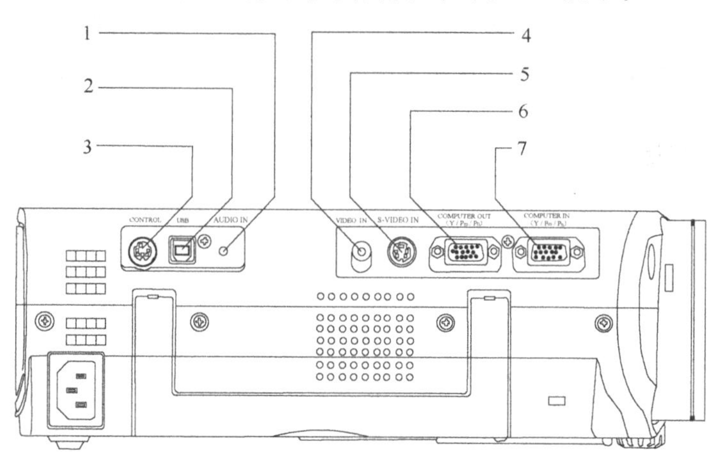

图 9-19　东芝 TLP560 液晶式投影仪侧面接口图

图中　1—AUDIO IN 插孔（音频输入）：ϕ3.5mm 立体声小插孔，输入来自计算机或视频机器的音频信号

2—USB 插口：当使用演示模式时，连接计算机的 USB 插口

3—CONTROL（控制）插口（RS-232C 插口）：连接计算机来操作投影机

4—VIDEO IN（视频输入）插孔：输入来自视频机器等装置的视频信号

5—S-VIDEO IN（S 视频输入）插口：输入来自视频机器等装置的 S 视频信号

6—COMPUTER OUT（计算机输出）插口：连接监视器等

7—COMPUTER IN（计算机输入）插口：输入来自计算机等装置的 RGB 信号或来自视频机器的色差视频信号（$Y/P_B/P_R$ 信号）

2. 控制面板和遥控器

东芝 TLP560 液晶式投影仪控制面板如图 9-20 所示，其遥控器如图 9-21 所示。

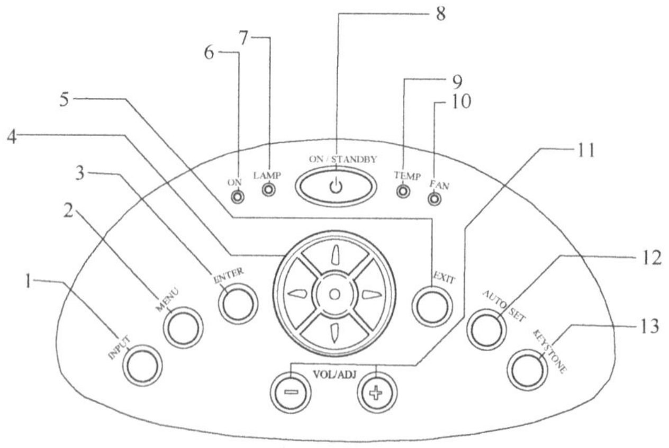

图 9-20　东芝 TLP560 液晶式投影仪控制面板图

图中　1—INPUT（输入）按钮：选择输入源

2—MENU（菜单）按钮：弹出菜单选择窗口

3—ENTER（确定）按钮：确定所选项
4—选择按钮：按方向键选择菜单项
5—EXIT（退出）按钮：退出控制面板
6—ON（打开）指示灯
7—LAMP（灯光）指示灯
8—ON/STANDBY（打开/待机）按钮：用于开机/关机（待机）
9—TEMP（温度）指示灯
10—FAN（风扇）指示灯
11—VOL/ADJ（音量/调整）按钮：在菜单屏幕上进行设定和调整。当不显示菜单屏幕时，调节音量
12—AUTO SET（自动设定）按钮：自动调节 Computer（计算机）输入的影像
13—KEYSTONE（矫正梯形失真）按钮：矫正图像的梯形失真

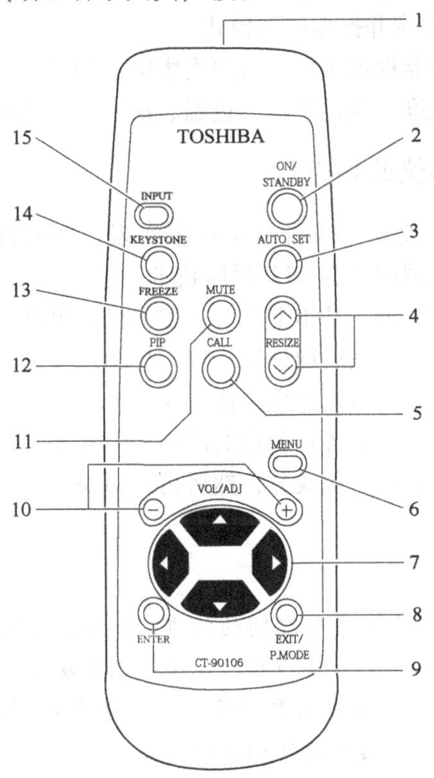

图 9-21　东芝 TLP560 液晶式投影仪遥控器

图中　1—镭射激光发光部
2—ON/STANDBY（打开/待机）按钮：用于开机/关机（待机）
3—AUTO SET（自动设定）按钮：自动调节 Computer（计算机）输入的影像
4—RESIZE（调节大小）按钮：放大图像的尺寸
5—CALL（呼叫）按钮：显示信息
6—MENU（菜单）按钮：弹出菜单选择窗口

7—选择按钮：按方向键选择菜单项
8—EXIT（退出）按钮：退出控制面板
9—ENTER（确定）按钮：确定所选项
10—VOL/ADJ（音量/调整）按钮：在菜单屏幕上进行设定和调整。当不显示菜单屏幕时，调节音量
11—MUTE（静噪）按钮：暂时消除图像和声音
12—PIP（画中画）按钮：在所显示的计算机的影像中以小画面来显示视频输入的影像
13—FREEZE（静像）按钮：使画面静止
14—KEYSTONE（矫正梯形失真）按钮：矫正图像的梯形失真
15—INPUT（输入）按钮：选择输入源

注意：6、7、8、9—显示菜单屏幕及在菜单屏幕上进行各种操作，亦能使用选择按钮、EXIT（退出）按钮来放大影像并操作演示模式

在调整时，一般用遥控器根据需要，参照投影屏上的显示进行操作。经常调整的项目是图像设定，包括对比度、光度、颜色调校、色温、清晰度、色调等。

9.3.4　投影技术及投影仪的种类

到目前为止，投影仪主要通过3种显示技术实现，即CRT投影技术（已基本淘汰）、LCD投影技术以及近些年发展起来的DLP投影技术。

说到投影仪显示图像的原理，基本上所有类型的投影仪都一样。投影仪先将光线照射到图像显示元器件上来产生影像，然后通过镜头进行投影。投影仪的图像显示元器件包括利用透光产生图像的透过型和利用反射光产生图像的反射型。无论哪一种类型，都是将投影灯的光线分成红、绿、蓝三色，再产生各种颜色的图像。因为元器件本身只能进行单色显示，因此就要利用3枚元器件分别生成三色成分，然后再通过棱镜将这三色图像合成为一个图像，最后通过镜头投影到屏幕上。

1. LCD（液晶）投影机

液晶是介于液体和固体之间的物质，本身不发光，工作性质受温度影响很大，其工作温度为-55～+77℃。液晶有光电效应，即液晶分子的排列在电场作用下发生变化，影响其液晶单元的透光率或反射率，从而影响它的光学性质，产生具有不同灰度层次及颜色的图像。

LCD是Liquid Crystal Display的英文缩写。LCD投影机分为液晶板和液晶光阀两种。

（1）液晶光阀投影机　采用CRT管（阴极射线管）和液晶光阀作为成像器件，是CRT投影机与液晶、光阀相结合的产物。为了解决图像分辨率与亮度间的矛盾，它采用外光源，因此也叫被动式投影方式。一般的光阀主要由三部分组成：光电转换器、镜子、光调制器，是一种可控开关。通过CRT输出的光信号照射到光电转换器上，将光信号转换为持续变化的电信号；外光源产生一束强光，投射到光阀上，由内部的镜子反射；能过光调制器改变其光学特性；紧随光阀的偏振滤光片将滤去其他方向的光，而只允许与其光学缝隙方向一致的光通过，这个光与CRT信号相复合，投射到屏幕上。液晶光阀投影机是目前为止亮度、分

辨率最高的投影机，亮度可达 6000ANSI lm，分辨率为 2500×2000 像素，适用于环境光较强、人多的场合，如超大规模的指挥中心、会议中心及大型娱乐场所等。

(2) 液晶板投影机 按照液晶板的片数，LCD 投影机分为三片机和单片机。三片 LCD 板投影机原理是光学系统把强光通过分光镜形成 RGB（红、绿、蓝）三束光，分别透射过 RGB 三色液晶板；信号源经过 A-D（模-数）转换，调制加到液晶板上，通过控制液晶单元的开启、闭合，从而控制光路的通断；RGB 光最后在棱镜中汇聚，由投影镜头投射在屏幕上形成彩色图像，如图 9-22 所示。目前，三片板投影机是液晶板投影机的主要机种，单板投影机的机型已经很少使用。

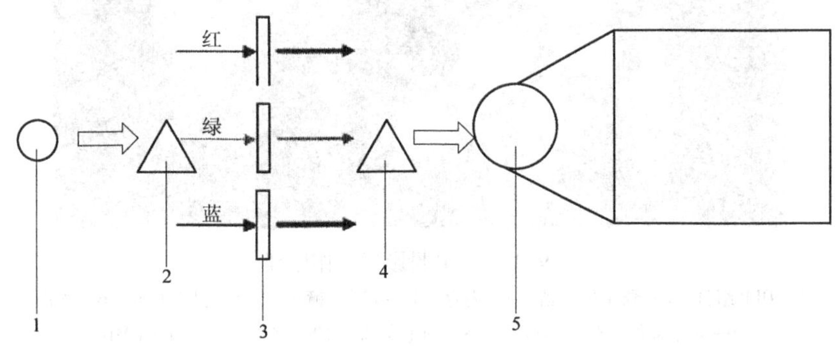

图 9-22 液晶板投影机工作原理示意图

1—白色光源 2—分色镜分色 3—液晶成像 4—成像叠加 5—镜头组投影

2. DLP 数码投影仪

DLP（Digital Light Processor，数字光处理器）技术是美国德州仪器公司开发的一种专利技术，是一种全数字反射式投影技术。其主要是以 DMD（Digital Micromirror Device）数字微反射器作为光阀成像的器件。单片 DMD 是由很多微镜组成，每块微镜都对应着一个成像点，因此 DLP 投影仪的物理分辨率就是由微镜的数目决定的。DLP 主要的特点是数字优势，采用了数字技术之后，可以大大提高图像的灰度等级，使图像噪声消失，画面质量稳定，数字图像定位非常精确；其次是反射优势，采用反射式 DMD 器件之后，成像器件的总光效率得到很大提高，对比度、亮度、均匀性都非常出色。但 DLP 技术的最大优势是可以把投影仪体积做得很小，这也导致了超便携式投影仪这一分支的出现，目前超便携式 DLP 投影仪的重量可以达到 1.5kg 以下。根据使用的 DMD 单元的数量，DLP 投影仪可分为单片式、双片式和三片式 DLP 投影仪。DLP 投影仪工作原理如图 9-23 所示。

3. sRGB 投影显示系统

不同显示设备间的 RGB 色彩，自然会发生一些变化，因而经过不同的显示设备后就无法正确地再现色彩。sRGB 投影显示系统是微软公司与精工爱普生公司、三菱公司合作开发的，目的是建立一个可以满足计算机和投影显示需求的色彩管理标准，使得显示设备无须经过特别的色彩信息分析就可以正确地表现出图像文件。sRGB 消除了不同显示系统在色彩还原上原有的差异。现在，随着以计算机为辅助的演示设备越来越成为市场发展的关键工具，正确的图像和色彩还原变得尤为重要。有了 sRGB 技术，用户无论使用 CRT 设备观看，或者通过适应 sRGB 标准的投影仪投放观看，都可以确保得到统一的色彩。

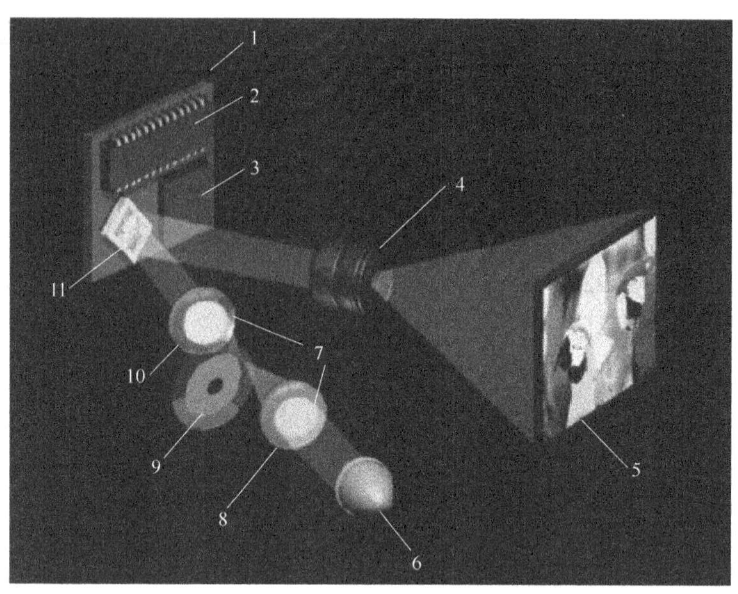

图9-23　DLP投影仪工作原理

1—DLP组件　2—数字处理器　3—内存　4—投影仪镜头组　5—投影画面　6—光源
7—光学部件　8—冷凝镜头　9—滤色转盘　10—修整镜头　11—DMD

9.3.5　投影仪的维护

1. 空气过滤器的清洁

投影仪中一般都有空气过滤器（或称空气滤网），以阻挡灰尘或脏物引入机内。空气过滤器要保持清洁，以免堵塞使机内温度升高，影响投影仪寿命。现以东芝TLP560液晶式投影仪为例，说明清洁方法。

1）拔下电源线。

2）前盖向右滑动，卸下前盖，如图9-24所示。

3）取出空气过滤器，如图9-25所示。

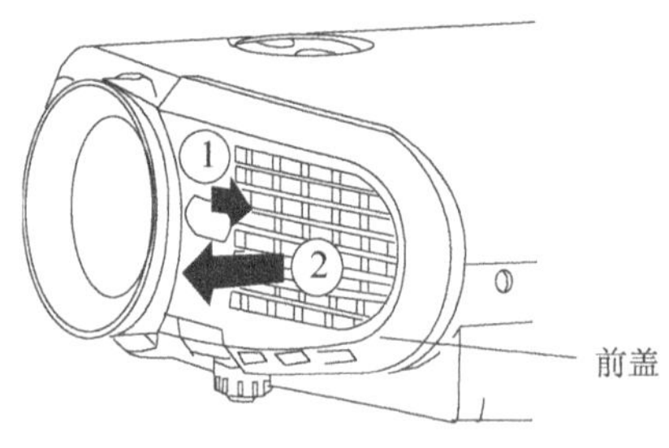

图9-24　卸下前盖

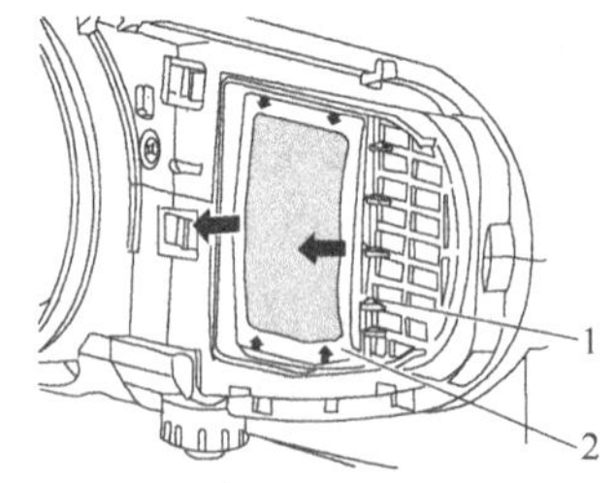

图9-25　取出空气过滤器

1—空气过滤器　2—过滤器框架

4）可用吸尘器清洁前盖、空气过滤器和过滤器框架。如用水清洁，待全干后再安装。

5）将空气过滤器装入空气过滤器盖，然后将过滤器框架上的4个突起部嵌入空气过滤器盖的孔中，如图9-26所示。

6）将前盖的勾脚插入机内，然后拉向镜头侧将其固定，如图9-27所示。

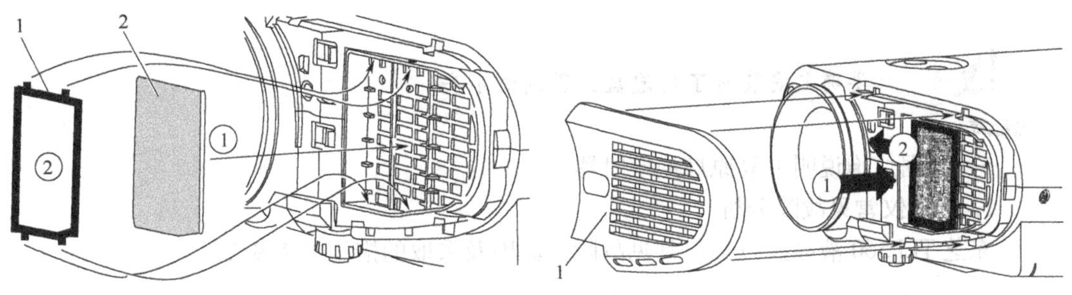

图9-26　安装过滤器

1—过滤器框架　2—空气过滤器

图9-27　安装前盖

1—前盖

2. 灯泡的更换

图9-28　灯泡实物图

扫描仪上的光源用灯泡都有一定的寿命。根据使用状况的不同，其寿命也不同，大约在2000h左右。灯泡到寿命后或灯已坏，就要更换灯泡。以东芝TLP560液晶式投影仪为例，说明更换方法。灯泡实物如图9-28所示。

1）拔下电源线，待灯泡完全冷却。

2）轻轻将投影仪翻转，用十字旋具卸下两个螺钉，取下灯泡盖，如图9-29所示。

3）再用十字旋具卸下两个螺钉，提起把手后取出灯泡，如图9-30所示。

4）将新灯泡滑入到底部，然后拧上两个螺钉，如图9-31所示。

5）将灯泡盖滑入嵌上，然后拧上两个螺钉，如图9-32所示。

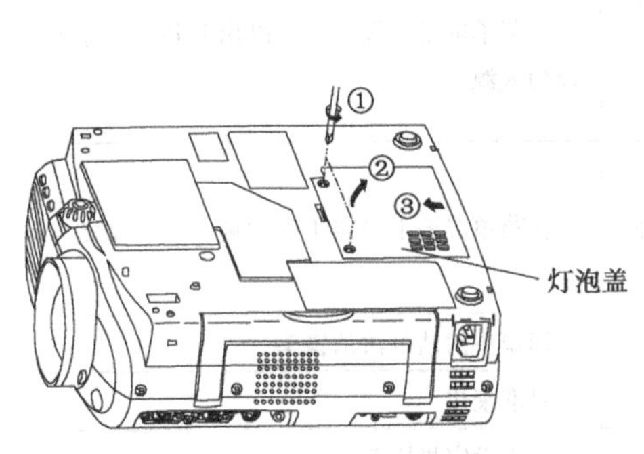

图9-29　取下灯泡盖

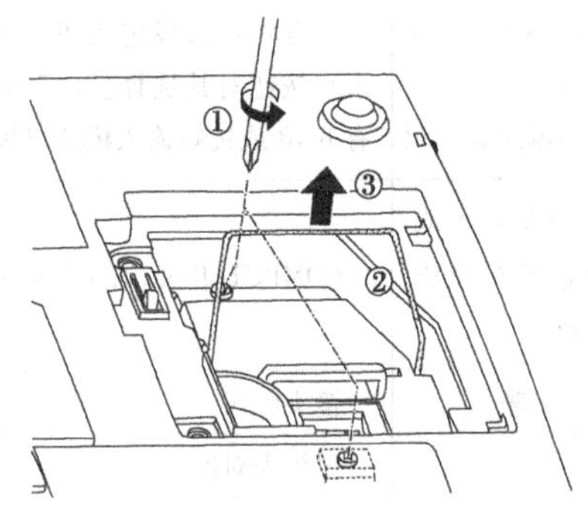

图9-30　取出灯泡

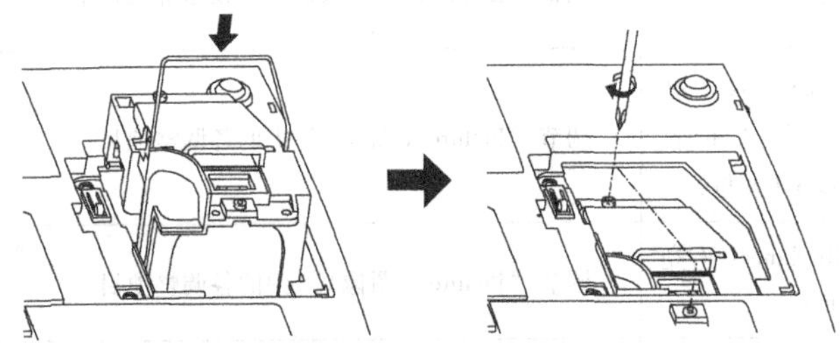

图9-31　安装新灯泡

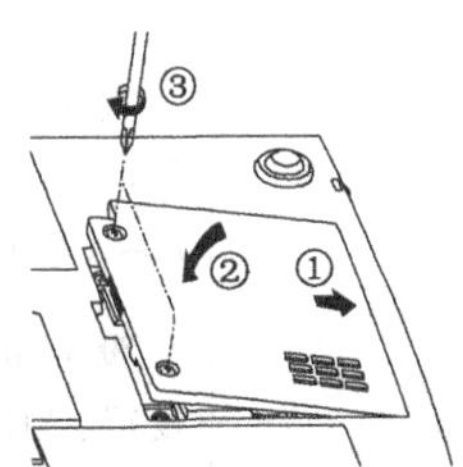

图9-32　安装灯泡盖

要确定安装好了灯泡盖，否则灯不亮。

注意

6）根据灯泡说明书复原灯泡定时器。

3. 投影仪常见故障分析

东芝TLP560液晶式投影仪常见故障、原因及采取的措施见表9-2。

表9-2　东芝TLP560液晶式投影仪常见故障、原因及采取的措施表

症　状	原　因	措　施
不通电	电源插头脱落	将电源插头插牢
	灯泡盖未安装好	牢固安装好灯泡盖
使用中电源中断	周围温度过高	降低周围温度，重新打开电源
无图像	镜头盖未取下	取下镜头盖
	输入源选择错误	正确选择输入源
	处于静噪模式状态	按下MUTE（静噪）按钮解除静噪模式，恢复图像
	“Brightness（亮度）”调整调在最暗处	调整“Brightness（亮度）”
	输入源与投影机连接不正确	将输入源与投影机正确连接
无声音	输入源选择错误	正确选择输入源
	处于静噪模式状态	按下MUTE（静噪）按钮解除静噪模式，恢复声音
	音量调在最低	调节音量
	输入源与投影机连接不正确	将输入源与投影机正确连接
不能用INPUT（输入）按钮选择所需的输入源	没有将输入设定为可用INPUT（输入）按钮对其选择。出厂时设定为只有RGB或视频输入模式可被选择	在菜单屏幕上设定为可以用INPUT（输入）按钮选择输入源
模拟RGB输入或$Y/P_B/P_R$输入的色彩不正确	COMPUTER插口的输入设定不正确	在菜单屏幕上设定正确的输入信号种类
图像不清晰	镜头脏污	用镜头清洁剂清洁镜头
	聚焦未对准	对准聚焦
	投影距离不准确	正确设定投影距离
只有部分图像清晰	投影光与投影屏未成直角	调整投影方向，以使投影光与投影屏成直角
	没有正确调节“Brightness（亮度）”、“Contrast（对比度）”、“Sharpness（清晰度）”或“Phase（相位）”	调节“Picture（图像）”中的各调整项目
图像暗	没有正确调节“Brightness（亮度）”、“Contrast（对比度）”	调节“Picture（图像）”中的各调整项目
	灯泡接近使用寿命	更换新灯泡

（续）

症　状	原　因	措　施
颜色淡，色调不好	没有正确调节“Color（色彩）”、“Tint（色调）”、“R-level（红色色度）”、“G-level（绿色色度）”或“B-level（蓝色色度）”	调节“Color（色彩）”中的各调整项目
	灯泡接近使用寿命	更换新灯泡
遥控器不动	遥控器没有指向遥控传感器	把遥控器对准投影机的遥控传感器
	遥控器离遥控传感器的距离太远	在 5m 以内的范围内操作
	遥控器与遥控传感器之间有障碍物	消除障碍物
	遥控器的电池耗尽	更换电池
不能使用遥控器操作演示功能	没有正确连接 USB 电缆	正确连接 USB 电缆
	所使用的计算机或 OS 操作系统不对应	不能使用遥控器的鼠标遥控功能
	遥控器的电池耗尽	更换电池

9.4　检测练习

1. 智能白板与普通的电子白板的最大区别是什么？
2. 碎纸机操作时应注意什么？
3. 从设计到使用，如何快捷方便地知道投影仪的灯泡已快到寿命？

附录　技能训练评分表

附表1　针式打印机使用评分标准

项　　目	配分/分	评 分 标 准		扣　　分
结构识别	20	判断错误，每个扣1~2分		
打印机的安装	30	（1）导纸器放置不到位，扣5分 （2）装纸位置调整错误，扣5分 （3）接线有失误，扣5分		
打印操作	35	打印操作有失误，扣8分		
测试打印机	15	操作错误，扣10分		
安全文明生产	违反安全、文明生产规程扣5~40分			
额定时间：1课时	每超出5min扣5分			
备注	除定额时间外，各项最高扣分不应超过配分		成绩	
开始时间		结束时间		实际时间

附表2　针式打印机调整及更换耗材评分标准

项　　目	配分/分	评 分 标 准		扣　　分
打印头与打印辊间隙的调整	20	（1）调整有误，扣10分 （2）操作不规范，扣10分		
打印头调节杆的位置	25	（1）调节有误，扣10分 （2）操作不规范，扣10分		
打印色带的更换	35	（1）不能正确取出旧色带，扣10分 （2）不能正确更换新色带，扣20分 （3）安装不正确，扣5分 （4）操作不规范，扣10分		
打印机整机清洁	20	（1）机内清洁错误，扣6分 （2）机外清洁不当，扣4分 （3）打印辊清洁错误，扣6分 （4）操作不规范，扣10分		
安全文明生产	违反安全、文明生产规程扣5~40分			
额定时间：1课时	每超出5min扣5分			
备注	除额定时间外，各项最高扣分不应超过配分		成绩	
开始时间		结束时间		实际时间

附表3 喷墨打印机安装调整评分标准

项 目	配分/分	评分标准			扣 分
零件识别	10	写错或漏写名称，每个扣2分			
打印机安装	35	(1) 电源接错，扣10分 (2) 墨盒安装错误，扣5分 (3) 墨水盒顺序装错，扣8分 (4) 纸张厚度选择错误，扣5分 (5) 操作不规范，扣10分			
打印驱动程序安装	35	(1) 并行接口驱动程序的安装，每错一步，扣5分 (2) USB接口驱动程序的安装，每错一步，扣5分			
调校打印头	20	不能正确调整其位置，扣10分			
安全文明生产	违反安全、文明生产规程扣5～40分				
额定时间：1课时	每超出5min扣5分				
备注	除额定时间外，各项最高扣分不应超过配分			成绩	
开始时间		结束时间		实际时间	

附表4 喷墨打印机更换墨盒和清洁打印头评分标准

项 目	配分/分	评分标准			扣 分
更换墨水盒	40	(1) 更换墨水盒时将墨水洒出，扣10分 (2) 墨水盒排列顺序错，扣10分 (3) 操作不规范，扣10分			
清洗打印头	30	(1) 不能正确选择清洗方法，扣5分 (2) 具体操作时，每错一步，扣5分			
打印喷嘴检查图案	30	(1) 不能正确判断喷嘴喷出墨水是否合适，扣5分 (2) 具体操作时，每错一步，扣5分			
安全文明生产	违反安全、文明生产规程扣5～40分				
额定时间：1课时	每超出5min扣5分				
备注	除额定时间外，各项最高扣分不应超过配分			成绩	
开始时间		结束时间		实际时间	

附表5　喷墨打印机打印质量分析及故障处理评分标准

<table>
<tr><th>项　目</th><th>配分/分</th><th colspan="3">评分标准</th><th>扣　分</th></tr>
<tr><td>打印质量不好</td><td>50</td><td colspan="3">（1）不能分辨打印纸合格与否，扣5分
（2）喷嘴沾污或阻塞，不会进行清洗操作，或更换喷头，扣10分
（3）墨盒中墨水用完，不会更换，扣10分
（4）输纸辊沾污，清洁不当，扣10分
（5）不能判断清洗系统产生故障，扣5分
（6）不能判断逻辑电路或字车电路板产生故障，扣5分
（7）操作不规范，扣10分</td><td></td></tr>
<tr><td>打印机卡纸或不走纸</td><td>50</td><td colspan="3">（1）不能分辨打印纸不合格，扣5分
（2）没有检查送纸路径情况，扣10分
（3）没有检查送纸传感器，扣10分
（4）没有检查输纸电机或输纸电动机、控制与驱动电路，扣10分
（5）没有检查输纸机构的机械部分，扣10分</td><td></td></tr>
<tr><td>安全文明生产</td><td colspan="4">违反安全、文明生产规程扣5～40分</td><td></td></tr>
<tr><td>额定时间：1课时</td><td colspan="4">每超出5min扣5分</td><td></td></tr>
<tr><td>备注</td><td colspan="3">除额定时间外，各项最高扣分不应超过配分</td><td>成绩</td><td></td></tr>
<tr><td>开始时间</td><td></td><td>结束时间</td><td></td><td>实际时间</td><td></td></tr>
</table>

附表6　激光打印机安装使用评分标准

<table>
<tr><th>项　目</th><th>配分/分</th><th colspan="3">评分标准</th><th>扣　分</th></tr>
<tr><td>零部件的识别</td><td>15</td><td colspan="3">写错或漏写名称，每个扣5分</td><td></td></tr>
<tr><td>打印机安装</td><td>40</td><td colspan="3">（1）光导体组件的安装，每错一步，扣5分
（2）电源线的安装有错，扣5分
（3）操作不规范，扣10分</td><td></td></tr>
<tr><td>打印机使用</td><td>45</td><td colspan="3">（1）根据控制面板指示灯判断打印机状况有误，每次扣5分
（2）厚纸的选择有误，扣5分
（3）单页纸的选择有误，扣5分
（4）信头和信封打印的选择有误，扣5分
（5）操作不规范，扣10分</td><td></td></tr>
<tr><td>安全文明生产</td><td colspan="4">违反安全、文明生产规程扣5～40分</td><td></td></tr>
<tr><td>额定时间：1课时</td><td colspan="4">每超出5min扣5分</td><td></td></tr>
<tr><td>备注</td><td colspan="3">除额定时间外，各项最高扣分不应超过配分</td><td>成绩</td><td></td></tr>
<tr><td>开始时间</td><td></td><td>结束时间</td><td></td><td>实际时间</td><td></td></tr>
</table>

附表7　激光打印机维护评分标准

项　　目	配分/分	评 分 标 准			扣　　分
打印机自检	10	按步骤操作打印机自检，每错一步，扣2分			
清除卡纸	30	（1）清除进纸区域的卡纸，每错一步，扣5分 （2）清除内部区域的卡纸，每错一步，扣5分 （3）不送入纸张的处理，每错一步，扣5分			
清洁打印机	30	（1）没有断开打印机电源，扣5分 （2）清洁用布过湿，扣5分 （3）打印机内部清洁不当，扣5分 （4）操作不规范，扣10分			
光导体组件的维护	30	（1）拆装光导体组件有误，每错一步，扣5分 （2）重新分布色粉操作不当，扣5分 （3）操作不规范，扣10分			
安全文明生产	违反安全、文明生产规程扣5～40分				
额定时间：1课时	每超出5min扣5分				
备注	除额定时间外，各项最高扣分不应超过配分			成绩	
开始时间		结束时间		实际时间	

附表8　扫描仪操作评分标准

项　　目	配分/分	评 分 标 准			扣　　分
扫描仪开锁	5	找不着开锁位置，扣5分			
扫描仪的打开及文件的放入	10	（1）不会打开扫描仪，扣5分 （2）不能正确放入材料，扣5分			
启动扫描软件	10	不能正确启动扫描软件，扣10分			
扫描软件的使用	40	（1）不会使用预览键，扣15分 （2）不会设置图像的色彩模式，扣10分 （3）不会用选择框选择图像，扣10分 （4）不能正确扫描，扣10分 （5）不会使用图像增强工具，扣10分			
汉字识别系统的使用	25	使用步骤有误，每失误一步扣5分			
图像的保存	5	不能正确保存图像，扣5分			
软件的退出	5	不能正确退出软件，扣5分			
安全文明生产	违反安全、文明生产规程扣5～40分				
额定时间：1课时	每超出5min扣5分				
备注	除定额时间外，各项最高扣分不应超过配分数			成绩	
开始时间		结束时间		实际时间	

附表9 传真机的连接设置评分标准

项 目	配分/分	评 分 标 准		扣 分
熟悉面板	20	(1) 不能正确说出各功能键的名称，每错一次扣5分 (2) 不能正确说出各功能键的作用，每错一次扣5分		
传真机的连接	20	(1) 不能正确的连接，扣10分 (2) 操作不规范，扣10分		
记录纸的安装	15	(1) 不能正确安装记录纸，扣10分 (2) 操作不规范，扣5分		
传真机的设置	45	(1) 不能正确设置时间，每错一步扣5分 (2) 不能正确设置电话号码，每错一步扣5分 (3) 不能正确设置单位名称，每错一步扣5分 (4) 不能正确设置发送标记，每错一步扣5分 (5) 不能正确设置振铃次数，每错一步扣5分		
安全文明生产	违反安全、文明生产规程扣5~40分			
定额时间：1课时	每超出5min扣5分			
备注	除额定时间外，各项最高扣分不应超过配分		成绩	
开始时间		结束时间	实际时间	

附表10 传真机操作评分标准

项 目	配分/分	评 分 标 准	扣 分
电话的接打	15	(1) 不能正确打出电话，每次扣5分 (2) 不能正确接听电话，每次扣5分	
发送传真	25	(1) 发送传真的方法没有掌握全，每错一次扣5分 (2) 免提发送的方法没有掌握，每错一次扣5分 (3) 不知道对（发送、复印）原稿的要求，扣5分 (4) 操作不规范，扣10分	
接收传真	30	(1) 不能正确设定接收传真的几种工作方式，每错一项扣5分 (2) 不能掌握几种典型接收传真方式的操作方法，每错一项扣5分 (3) 操作不规范，扣10分	
复印	10	(1) 不能掌握复印的操作方法，每次扣5分 (2) 操作不规范，扣5分	
传真机主要信息的打印	20	(1) 不会打印通信管理报告，每错一步扣5分 (2) 不会打印缩位电话号码表，每错一步扣5分 (3) 操作不规范，扣10分	

（续）

项　　目	配分/分	评 分 标 准			扣　　分
安全文明生产	违反安全、文明生产规程扣5～40分				
定额时间：1课时	每超出5min扣5分				
备注	除额定时间外，各项最高扣分不应超过配分			成绩	
开始时间		结束时间		实际时间	

附表11　传真机的清洁评分标准

项　　目	配分/分	评 分 标 准			扣　　分
反光镜的清洁	25	（1）拆卸步骤不正确，每错一步扣5分 （2）清洁操作不正确，扣8分 （3）清洁不干净，扣8分 （4）操作不规范，扣10分			
光源的清洁	25	（1）清洁操作不正确，扣5分 （2）清洁不干净，扣8分 （3）操作不规范，扣10分			
热敏头的清洗	25	（1）拆卸步骤不正确，每错一步扣5分 （2）清除操作不正确，扣8分 （3）清洁不干净，扣8分 （4）操作不规范，扣10分			
传感器的检查	25	（1）传感器的作用不知道，扣5分 （2）传感器的位置找不着，扣10分 （3）不能判断传感器的动作是否灵活，每错一项扣5分 （4）操作不规范，扣10分			
安全文明生产	违反安全、文明生产规程扣5～40分				
定额时间：1课时	每超出5min扣5分				
备注	除额定时间外，各项最高扣分不应超过配分			成绩	
开始时间		结束时间		实际时间	

附表12　传真机的维护评分标准

项　　目	配分/分	评 分 标 准	扣　　分
发送时，稿件不能正常推进	30	（1）不能正确判断故障原因，每错一步扣5分 （2）不能正确处理故障，每错一项扣5分 （3）操作不规范，扣10分	
接收、复印时记录纸不能正常馈送	30	（1）不能正确判断故障原因，每错一项扣5分 （2）不能正确处理故障，每错一项扣5分 （3）操作不规范，扣10分	

（续）

项　　目	配分/分	评分标准			扣　　分
复印质量不好	40	（1）不能正确判断故障原因，每错一项扣5分 （2）不能正确处理故障，每错一项扣5分 （3）操作不规范，扣10分			
安全文明生产	违反安全、文明生产规程扣5～40分				
定额时间：2课时	每超出5min扣5分				
备注	除额定时间外，各项最高扣分不应超过配分			成绩	
开始时间		结束时间		实际时间	

附表13　数码复合机简单操作评分标准

项　　目	配分/分	评分标准			扣　　分
识别操作面板上的按键和显示	20	不能辨认或认错操作面板上常用的按键和显示，出现一次，扣2分			
各部件的认识	20	某一部件不认识，扣5分			
原稿放置	10	原稿放置不正确，出现一次，扣5分			
安放复印纸	20	（1）安放不正确，一次扣5分 （2）填表不正确，一次扣2分			
按要求进行复印	30	（1）不能按要求的倍率进行复印，扣10分 （2）填表不正确，一次扣2分 （3）不会连续复印，扣5分 （4）没按要求调整复印浓度，扣10分 （5）不会或手动送纸不正确，扣10分			
安全文明生产	违反安全、文明生产规程扣5～40分				
定额时间：1课时	每超出5min扣5分				
备注	除定额时间外，各项最高扣分不应超过配分			成绩	
开始时间		结束时间		实际时间	

附表14　数码复合机多功能操作评分标准

项　　目	配分/分	评分标准	扣　　分
选购件位置的认识	25	某一种选购件不认识，扣5分	
双页复印	15	操作不规范，扣5分	
双面复印	15	操作不规范，扣5分	
分页复印	15	操作不规范，扣5分	
插入复印	10	操作不规范，扣5分	
去边和消中缝	10	操作不规范，扣5分	

（续）

项　　目	配分/分	评分标准			扣　　分
边位移动	10	操作不规范，扣5分			
安全文明生产	违反安全、文明生产规程扣5～40分				
定额时间：1课时	每超出5min扣5分				
备注	除定额时间外，各项最高扣分不应超过配分			成绩	
开始时间		结束时间		实际时间	

附表15　数码复合机处理卡纸、更换色粉和判断复印品质量评分标准

项　　目	配分/分	评分标准			扣　　分
处理卡纸故障	25	操作不规范，扣10分			
更换色粉	25	操作不规范，扣10分			
判断复印品质量	50	每判断失误一次，扣5分			
安全文明生产	违反安全、文明生产规程扣5～40分				
定额时间：2课时	每超出5min扣5分				
备注	除定额时间外，各项最高扣分不应超过配分			成绩	
开始时间		结束时间		实际时间	

附表16　数码复合机的清洁评分标准

项　　目	配分/分	评分标准			扣　　分
扫描部位的清洁	20	（1）拆装时，螺钉每掉落一次，扣5分 （2）清洁玻璃不规范或不干净，扣10分 （3）安装时装反，扣10分			
清洁电极丝	30	（1）没擦拭干净，扣5分 （2）电极丝上留有异物，扣5分 （3）操作不规范，扣10分			
曝光部位清洁	20	（1）没擦拭干净，扣10分 （2）操作不规范，扣10分			
清洁定影辊	30	（1）未清洁干净，扣5分 （2）操作不规范，扣5分			
安全文明生产	违反安全、文明生产规程扣5～40分				
定额时间：1课时	每超出5min扣5分				
备注	除定额时间外，各项最高扣分不应超过配分			成绩	
开始时间		结束时间		实际时间	

附表17　数码复合机纸盒调整和纸路清洁评分标准

项　　目	配分/分	评分标准			扣　　分
纸盒的调整	30	操作不规范，扣10分			
搓纸轮的清洁	25	(1) 手触摸搓纸轮，扣5分 (2) 操作不规范，扣5分			
输纸轮的清洁	20	操作不规范，扣5分			
输纸传感器的清洁	25	操作不规范，扣5分			
安全的生产	违反安全、文明生产规程扣5~40分				
定额时间：1课时	每超出5min扣5分				
备注	除定额时间外，各项最高扣分不应超过配分			成绩	
开始时间		结束时间		实际时间	

附表18　数字式一体化速印机操作评分标准

项　　目	配分/分	评分标准			扣　　分
识别一体化数码油印机的各组成部分	10	(1) 识别错误，每次扣2分 (2) 不能说明零部件作用，每项扣2分			
识别操作面板各功能键，并说明主要功能键的作用	20	(1) 识别有错误，每错一项扣2分 (2) 说明有错误，每错一项扣2分			
数码速印机的制版操作	15	(1) 放纸或调整进纸台有误，扣2分 (2) 调整出纸台有误，扣2分 (3) 调整缩放比例有误，扣2分 (4) 操作不规范，扣5分			
数码速印机的印刷操作	15	(1) 调整印刷位置有误，扣2分 (2) 调整印刷浓度有误，扣2分 (3) 调整印刷速度有误，扣2分 (4) 操作不规范，扣5分			
拆卸滚筒	15	(1) 没注意释放钮，扣5分 (2) 操作不规范，扣5分			
安装版纸	15	(1) 没注意版纸的正反面，扣5分 (2) 操作不规范，扣10分			
清理废版盒	10	(1) 废版盒没安装到位，扣5分 (2) 操作不规范，扣10分			
安全文明生产	违反安全、文明生产规程扣5~40分				
定额时间：1课时	每超出5min扣5分				
备注	除定额时间外，各项最高扣分不应超过配分			成绩	
开始时间		结束时间		实际时间	

附表19 数码摄像机操作评分标准

项　目	配分/分	评分标准			扣　分
放入电池	10	（1）将电池正负极接反，扣5分 （2）不会安装存储卡，扣5分 （3）操作不规范，扣5分			
设置摄像机的日期和时间	20	（1）不会设置时间，扣10分 （2）不会设置日期，扣10分 （3）设置有误，扣5分 （4）操作不规范，扣5分			
拍摄模式的设定及拍摄	30	（1）不会设置拍摄模式，扣20分 （2）操作不规范，扣5分			
观看所拍画面	10	不能正确观看所拍摄画面，扣10分			
取出录像带	10	操作不规范，扣5分			
将摄像存入计算机	20	（1）不能将计算机与数字照相机相连，扣20分 （2）不能将图像存入计算机，扣10分 （3）操作不规范，扣5分			
安全文明生产	违反安全、文明生产规程扣5～40分				
额定时间：1课时	每超出5min扣5分				
备注	除定额时间外，各项最高扣分不应超过配分			成绩	
开始时间		结束时间		实际时间	

附表20 网络设备设置评分标准

项　目	配分/分	评分标准			扣　分
连接网络设备	20	（1）网线接错，扣5分 （2）操作不规范，扣10分			
安装网络驱动程序	30	（1）安装不熟练，扣10分 （2）操作不规范，扣10分			
设置网络参数	50	（1）不会设置网络参数，扣20分 （2）网络参数设置有误，每项扣5分 （3）操作不规范，扣10分			
安全文明生产	违反安全、文明生产规程扣5～40分				
额定时间：1课时	每超出5min扣5分				
备注	除定额时间外，各项最高扣分不应超过配分			成绩	
开始时间		结束时间		实际时间	

附表21　电子白板的使用评分标准

项　　目	配分/分	评分标准			扣　　分
安装电子白板接收器、快捷图标贴纸	20	（1）安装接收器有误，扣5分 （2）安装快捷图标贴纸有误，扣5分 （3）操作不规范，扣5分			
连接计算机、接收器和投影仪之间的连线	25	（1）连接有误，每步扣5分 （2）操作不规范，扣5分			
调整投影大小和清晰度	15	（1）不会调整投影大小，扣5分 （2）不会调整清晰度，扣10分 （3）清晰度调整不到位，扣5分 （4）操作不规范，扣5分			
存储信息	25	（1）不会存储信息，扣20分 （2）存储信息步骤有误，每步扣5分			
用后整理	15	整理时操作不规范，每出现一次扣5分			
安全文明生产	违反安全、文明生产规程扣5～40分				
定额时间：1课时	每超出5min扣5分				
备注	除定额时间外，各项最高扣分不应超过配分			成绩	
开始时间		结束时间		实际时间	

附表22　碎纸机的使用评分标准

项　　目	配分/分	评分标准			扣　　分
打开碎纸机电源开关	10	不会开机，扣10分			
将纸张送入碎纸机	20	（1）纸张放入时歪斜，扣5分 （2）较窄的纸没有放在进纸口的中央，扣5分			
按“启动”键开始碎纸	10	不会按“启动”键，扣10分			
按“向前”键继续碎纸	10	不会按“向前”键，扣10分			
纸屑清理	20	不能正确拿开机头，处理纸屑，扣10分			
常见故障排除	30	（1）卡纸不会处理，扣10分 （2）不会处理电源不带电，扣10分 （3）不会分析和处理噪声过大，扣10分			
安全文明生产	违反安全、文明生产规程扣5～40分				
定额时间：1课时	每超出5min扣5分				
备注	除定额时间外，各项最高扣分不应超过配分			成绩	
开始时间		结束时间		实际时间	

附表 23　视频展示仪和投影仪的使用评分标准

项　　目	配分/分	评 分 标 准			扣　　分
视频展示仪的连线	15	（1）连线有误，扣 5 分 （2）操作不规范，扣 10 分			
投影仪的连线	15	（1）连线有误，扣 5 分 （2）操作不规范，扣 5 分			
视频展示仪的调整	30	（1）亮度调整有误，扣 5 分 （2）焦距调整有误，扣 5 分 （3）操作不规范，扣 10 分			
投影仪的调整	30	（1）亮度调整有误，扣 5 分 （2）焦距调整有误，扣 5 分 （3）操作不规范，扣 10 分			
投影器的调整和维护	10	操作不规范，扣 5 分			
安全文明生产	违反安全、文明生产规程扣 5 ~40 分				
定额时间：1 课时	每超出 5min 扣 5 分				
备注	除定额时间外，各项最高扣分不应超过配分			成绩	
开始时间		结束时间		实际时间	

参 考 文 献

［1］吕汀．办公设备维修工（单功能机及数码复合机）［M］．北京：中国劳动社会保障出版社，2012.

［2］吕汀．数码复合机原理与维修［M］．北京：机械工业出版社，2008.

［3］王建华．常用现代办公设备的使用与维护［M］．北京：电子工业出版社，2012.

［4］伍云辉，宋翔亮．办公设备使用与维护［M］．成都：电子科技大学出版社，2007.

［5］赵永虹．常用办公设备使用与维护［M］．北京：中央广播电视大学出版社，2011.